U0873773

高等学校经济管理类主干课程教材·物流与供应链管理系列

供应链管理

第4版

马士华 编著

中国人民大学出版社
·北京·

图书在版编目（CIP）数据

供应链管理 / 马士华编著．--4 版．--北京：中国人民大学出版社，2023.4

高等学校经济管理类主干课程教材．物流与供应链管理系列

ISBN 978-7-300-31459-4

Ⅰ.①供… Ⅱ.①马… Ⅲ.①供应链管理-高等学校-教材 Ⅳ.①F252.1

中国国家版本馆 CIP 数据核字（2023）第 030043 号

高等学校经济管理类主干课程教材·物流与供应链管理系列

供应链管理（第 4 版）

马士华　编著

Gongyinglian Guanli

出版发行	中国人民大学出版社		
社　　址	北京中关村大街 31 号	**邮政编码**	100080
电　　话	010－62511242（总编室）		010－62511770（质管部）
	010－82501766（邮购部）		010－62514148（门市部）
	010－62511173（发行公司）		010－62515275（盗版举报）
网　　址	http://www.crup.com.cn		
经　　销	新华书店		
印　　刷	北京昌联印刷有限公司	**版　　次**	2008 年 1 月第 1 版
开　　本	787 mm×1092 mm　1/16		2023 年 4 月第 4 版
印　　张	18 插页 1	**印　　次**	2025 年 6 月第 3 次印刷
字　　数	410 000	**定　　价**	49.00 元

前言 FOREWORD

本书第4版修订之际，恰逢21世纪全球环境面临百年未有之大变局。企业供应链面临的市场竞争更加严峻。进入21世纪，特别是新冠疫情的爆发，以及地缘政治变局和其他灾害事件，已经改变了之前30年供应链管理产生和发展的历史环境和轨迹，原有的供应链管理的目标和理念已不能满足今天的需要。那么，未来的供应链如何发展？供应链管理需要哪些创新？为此，首先要做的，还是要加强对供应链管理的基本理论的学习，进一步深刻认识供应链的本质特征，深刻理解供应链管理的内涵。有了坚实的理论基础和深刻的思想认识，才能看懂供应链在21世纪的今天所具有的独特性质，才能找到破解的方法。

在第4版的修订过程中，我们在保持本书第3版的原有结构基本特征的同时，结合时代的发展做了一些修改、补充和完善。首先，在新版本的适当地方，增加了对当前供应链管理所处环境的分析，增加了供应链敏捷性、韧性管理等方面的内容，在供应链运作的协调管理、供应链合作伙伴关系管理及供应链企业运作的绩效评价等章节做了较多的更新。其次，对书中不合时宜的表述进行了删减，一些内容进行了更新，并对部分案例进行了调整。最后，对书中的表达错误做了更正。

在本书写作及本版的修订过程中，参考了不少资料，作者已尽可能详细地在参考文献中指出，特别是AMT的《前沿论丛》、有关企业家提供了很好的案例，在此对这些专家学者表示深深的谢意。若有遗漏，在此表示万分歉意。

由于作者水平有限，再加上供应链管理在不断发展，对它的认识和研究都还在继续深入，因此在本书中难免出现谬误。作者真心希望读者提出批评意见，以便在今后的修订中改正。

马士华

于武汉

目录 CONTENTS

第1章 导 论

| 学习目的 |

本章首先介绍供应链和供应链管理的概念，然后介绍供应链管理思想产生的历史背景，分析传统管理模式存在的弊端，阐述供应链管理的主要特征及实施战略，还介绍了供应链管理研究的进展和现状。通过这些内容的学习，读者能够对供应链管理产生的历史环境有一个基本了解，理解供应链管理这一先进思想形成和发展的必然性，明确它在今后企业竞争中的地位和作用，以期为后续供应链管理理论和方法的学习打下良好的基础。

第1节 供应链管理概述

19世纪末、20世纪初，泰勒（Frederick W. Taylor）的科学管理理论极大地影响了企业管理活动。从那时起，企业管理从经验型上升到科学管理，逐步建立了严密的组织管理体系。那时的经济发展比较缓慢，企业面对的是一个以卖方市场为特征的环境。企业为了最大限度地占领市场、增加产品的产出和销售，就必须加强对生产的管理和控制，基本上采取“纵向一体化”（vertical integration）管理模式（国内将这种管理模式形象地称为“大而全、小而全”）。在这种管理模式下，企业构建了一整套的原材料、半成品或零部件的生产体系，企业在整个产业链上、下游各个环节“自产自用”的比例非常高（亦即产业链上、下游是隶属关系，“纵向一体化”由此而来），其目的是加强对原材料供应、产品制造、分销和销售全过程的控制，使企业最大限度地提高生产效率和产出，能够在市场竞争中掌握主动，获得最大利润。这种模式在传统的、市场需求相对稳定的竞争环境中有存在的合理性，但是随着社会的发展，这种模式就逐渐显现出无法适应市场需求变化的弊端。

特别是进入 20 世纪 90 年代以后，随着人类社会进入信息化时代，信息技术和生产力快速发展，顾客消费水平不断提高，企业之间竞争加剧，加上政治、经济、社会环境的巨大变化，需求的不确定性大大增加，需求日益多样化与个性化，消费者更加强调体验。在激烈的市场竞争中，面对变化迅速且无法预测的全球市场，在工业化时代形成的传统的生产与经营模式对市场剧变的响应越来越迟缓和被动。为了摆脱困境，企业采取了许多先进的单项制造技术和管理方法，如计算机辅助设计（computer aided design，CAD）、柔性制造系统（flexible manufacturing system，FMS）、准时化生产（just-in-time，JIT）、制造资源计划（manufacturing resource planning，MRPⅡ）和企业资源计划（enterprise resource planning，ERP）等，这些方法取得了一定的实效，但在经营的灵活性、对顾客需求响应的敏捷性等方面还是不能很好地适应市场变化的要求。随着不断深入了解和研究，人们终于意识到问题不在于具体的制造技术与管理方法，而在于企业仍囿于传统管理模式。

因此，越来越多的企业开始对传统管理模式进行改革或改造，把原来由企业自己生产零部件外包出去，充分利用外部资源，形成一种平等合作关系，使产业链的上、下游从过去的隶属关系（纵向一体化）变成了今天的平等合作关系，人们形象地称之为“横向一体化”（horizontal integration）。到 20 世纪 90 年代前后，出现了供应链管理的概念，这其实就是横向一体化思想的体现。

一、供应链的概念

要很好地理解供应链管理，首先要清楚什么是供应链。

“供应链”这一名词直接译自英文 supply chain，目前尚未形成统一的定义，许多学者从不同的角度给出了不同的定义。虽然表述不完全一致，但它们的共同之处是，认为供应链是一个系统，是人类生产活动和社会经济活动中客观存在的事物。人类生产和生活的必需品都要经历从最初的原材料生产、零部件加工、产品装配、分销、零售到最终消费这一过程，近年来废弃物回收和退货（简称“逆向物流”）也被包括进来。其中既有物质材料的生产和消费，也有非物质形态（如服务）产品的生产（提供服务）和消费（享受服务）。生产、流通、交易、消费等环节形成了一个完整的供应链系统。图 1－1 就是一个供应链的示意图。为简洁起见，图中只给出了信息流和物流，资金流等其他要素则未加显示。

20 世纪 90 年代初，人们认为供应链是制造企业的一个内部过程，是将从企业外部采购的原材料和零部件，通过生产转换和销售等活动，再传递到零售商和用户的一个过程。传统的供应链概念局限于企业的内部操作层面，注重企业自身的资源利用目标。

有些学者把供应链的概念与采购、供应管理联系起来，用来表示与供应商之间的关系，这种观点受到了那些研究合作关系、准时化生产方式、精细化供应、供应商行为评估等问题的学者的重视。但这种理解仅仅局限于制造商和供应商之间的关系，而且供应链中

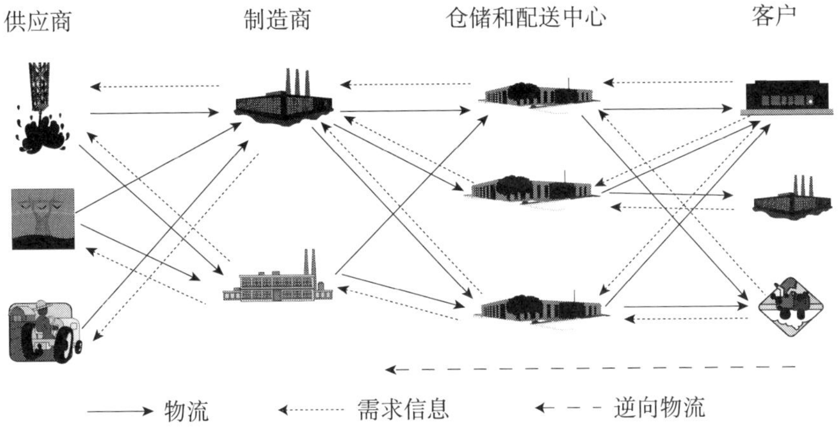

图 1-1 供应链结构示意

的各企业独立运作，忽略了与外部供应链成员企业的联系，往往造成企业间的目标冲突。

其后发展起来的供应链管理概念关注与其他企业的联系，注意供应链企业的外部环境，认为供应链管理应是一个“通过链中不同企业的制造、组装、分销、零售等过程将原材料转换成产品，再到最终用户的转换过程”，这是更大范围、更为系统的概念。例如，美国的史蒂文斯（Stevens）认为：“通过增值过程和分销渠道控制从供应商的供应商到用户的用户的流就是供应链，它开始于供应的源点，结束于消费的终点。”伊文斯（Evens）认为：“供应链管理是通过前馈的信息流和反馈的物流及信息流，将供应商、制造商、分销商、零售商，直至最终用户连成一个整体的管理模式。”可见，供应链的完整性、供应链中所有成员操作的一致性，都体现在这样的定义中。

20 世纪 90 年代后期，供应链的概念更加成熟，注重围绕核心企业的战略联盟关系，如核心企业（盟主）与供应商、供应商的供应商乃至一切前向（或称供应链的上游）的关系，核心企业与用户、用户的用户及一切后向（或称供应链的下游）的关系。哈里森（Harrison）将供应链定义为：“供应链是执行采购原材料，将它们转换为中间产品和成品，并且将成品销售到用户的功能网链。”这些概念都强调供应链的战略伙伴关系问题。菲利普（Phillip）和温德尔（Wendell）认为，供应链中战略伙伴关系是很重要的，通过建立战略伙伴关系，可以与重要的供应商和用户更有效地开展工作。此时对供应链的认识形成了一个网链的概念，如丰田、耐克、日产、麦当劳和苹果等公司的供应链管理都从网链的角度来理解和实施。

本书综合参考现有研究的观点，给出的定义是：供应链是围绕核心企业，由上下游多层合作伙伴构成的，从原材料供应开始，到制成半成品及最终产品，最后由销售网络把产品送到用户手中，将供应商、制造商、分销商、零售商直至最终用户连成一个整体的功能网链结构。供应链实际上可以看作一个以核心企业为中心的扩展的企业模式，包含所有加盟的节点企业，从原材料供应开始，经过链中不同企业的零件制造、部件组装、产品装配、产品分销等过程，直至交付给最终用户。它不仅是一条连接供应商到用户的物流链、信息链、资金链，而且是一条增值链，物料在供应链上经过加工、包装、运输、销售及售后服务等过程实现价值增值，给相关企业及整个社会都带来效益。

二、供应链的结构模型

根据供应链的含义及供应链的实际运行情况可知，在任何一个供应链系统中，都会有一个企业处于核心地位。该企业起着对供应链上的信息流、资金流和物流的调度和协调的作用。从这个角度出发，供应链系统的结构可以简要地表示为图 1－2。这个系统覆盖从原材料供应商、零部件供应商、产品制造商、分销商、零售商以及物流服务商直至最终用户的整个过程。

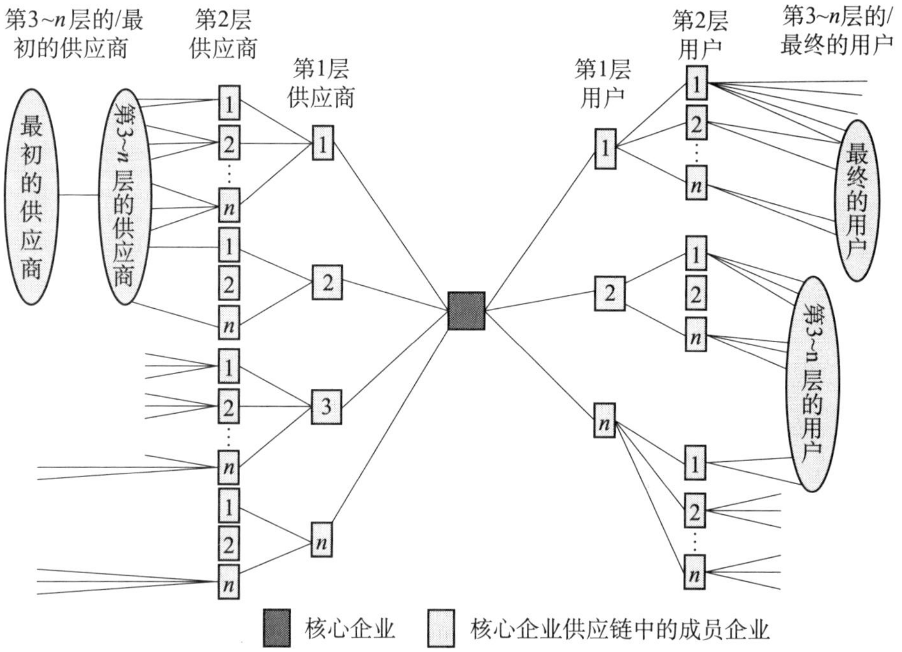

图 1－2　供应链系统示意图

从图 1－2 中可以看出，供应链由所有加盟的节点企业组成，其中有一个核心企业(可以是制造型企业如汽车制造商，也可以是零售型企业如美国的沃尔玛)，其他节点企业在核心企业的组织和协调下，通过供应链的分工与合作（生产、分销、物流、零售等），以资金流、物流或/和服务流为媒介实现整个供应链的稳定运作和不断增值。

通过以上介绍可以看出，供应链是人类生产活动的一种客观存在的系统。过去这种客观存在的供应链系统一直处于一种自发、松散的运动状态，供应链上的各个企业各自为政，缺乏共同的目标。由于过去的市场竞争远没有今天这么激烈，因此，这种自发运行的供应链系统并没有表现出不适应性。进入 21 世纪，经济全球化、市场竞争全球化浪潮一浪高过一浪，消费者的个性化需求越来越突出，市场响应时间越来越短，这种自发供应链所存在的种种弊端开始显现，企业必须寻找更有效的方法，才能在这种形势下生存和发展。人们发现，必须对供应链这一复杂系统进行有效的协调和管理，才能取得更好的绩效，才能从整体上降低产品（服务）成本，才能更好地满足消费者的个性化需求。供应链管理的理论与方法就是在这种环境下产生和发展起来的。

三、供应链管理的概念

对于供应链管理（supply chain management，SCM），国外在早期也有许多不同的定义和名称，如有效用户反应（efficiency consumer response，ECR）、快速反应（quick response，QR）、虚拟物流（virtual logistics，VL）或连续补充（continuous replenishment，CR）等等。这些名称因提出的年代、考虑的层次、所站的角度不同而不同，但都是通过计划和控制实现企业内部和与外部企业之间的合作，实质上它们在一定程度上都反映了对供应链各种活动进行人为干预和管理的特点，使过去那种自发的供应链成为自觉的供应链系统，有目的地为企业服务。

不难理解，供应链管理就是要以供应链为对象，对传统的、自发运作的供应链进行人为的干预，使其能够按照企业（核心企业）的意愿，对相关合作伙伴的工作流程进行整合和协调运行，从而达到供应链整体运作绩效最佳的效果。但是，供应链管理不像传统管理理论中的单个企业的管理那样，不能通过行政命令式的手段调整企业之间的关系，只能通过共担风险、协同运作、共享收益来提高供应链的整体效益及每个参与者的收益。因此，供应链管理所反映的是一种集成的、共享的、协调的管理思想和方法，即通过所有成员企业的合作共同成长，获得收益。

关于供应链管理的定义，还有其他许多说法。例如，菲利普认为，供应链管理不是供应商管理的别称，而是一种新的管理策略，它把不同企业集成起来以增进整个供应链的效率，注重企业之间的合作。最初人们把供应链管理的重点放在管理库存上，作为平衡有限的生产能力和适应用户需求变化的缓冲手段，它通过各种协调手段，寻求把产品迅速可靠地送到用户手中所需的费用与生产、库存管理费用之间的平衡，从而确定最佳的库存水平，因此，其主要的工作任务是库存控制和运输。现在的供应链管理则把供应链上的各个企业作为一个不可分割的整体，使供应链上各企业分担的采购、生产、分销和销售的职能成为一个协调发展的有机体。

关于供应链管理的各种比较典型的定义如表 1-1 所示。

表 1-1 几种典型的供应链管理的定义

Monczka，Trent，and Handfiel（1998）	供应链管理（SCM）要求将传统上分离的职能作为整个过程由一个负责的经理人员协调整个物流过程，并且要求与横贯整个流程各个层次上的供应商形成伙伴关系。供应链管理是这样一个概念，“它的主要目标是以系统的观点，对多个职能和多层供应商进行整合并管理外购、业务流程和物料控制”
La Londe and Masters（1994）	供应链战略包括“……供应链上的两个或更多企业进入一个长期协定……信任和承诺发展成伙伴关系……需求和销售信息共享的物流活动的整合……提升对物流过程运动轨迹控制的潜力”
Stevens（1989）	管理供应链的目标是使来自供应商的物流与满足客户需求协同运作，以协调高客户服务水平和低库存、低成本之间相互冲突的目标

续表

Houlihan（1988）	供应链管理和传统物料制造控制的区别是：（1）供应链被看成一个统一的过程，链上的各个环节不能分割成诸如制造、采购、分销、销售等职能部门。（2）供应链管理强调战略决策。“供应”是链上每一个职能的共同目标并具有特别的战略意义，因为它影响整个链的成本及市场份额。（3）供应链管理强调以不同的观点看待库存，将其看成新的平衡机制。（4）采用一种新的系统方法——整合而不是接口连接
Cooper et al.（1997）	供应链管理是一种管理从供应商到最终客户的整个渠道的总体流程的集成哲学
Mentzer et al.（2001）	供应链管理是对传统的企业内部各业务部门间及企业之间的职能从整个供应链进行系统的、战略性的协调，目的是提高供应链及每个企业的长期绩效
Ling Li（2007）	供应链管理是一组有效整合供应商、制造商、批发商、承运人、零售商和客户的协同决策及活动，以便将正确的产品或服务以正确的数量在正确的时间送到正确的地方，以最低的系统总成本满足客户服务水平的要求

在综合各种观点的基础上，本书给出一个供应链管理的定义：供应链管理就是使供应链运作达到最优化，以计划、组织、指挥、协调为管理手段，以端到端可视化为管理基础，让供应链从采购开始，到制成中间产品及最终产品，直至满足最终客户的所有过程均能有效地操作，把合适的产品，以合理的价格，及时准确地交付给客户。

四、供应链管理的主要内容

供应链管理主要涉及六个领域：需求（demand）、计划（plan）、物流（logistics，包括逆向物流（reverse logistics））、供应（sourcing）、生产（make）以及支撑系统（enable）。由图 1－3 可见，供应链管理是以同步化、集成化生产计划为指导，以各种技术为支持，尤其以互联网、数字化为依托，围绕供应、生产、物流、满足客户需求（订单履行）来实施的。供应链管理的目标是提高客户服务水平和降低总的交易成本，并且在这两个目标之间找到最佳的平衡（这两个目标往往有冲突）。

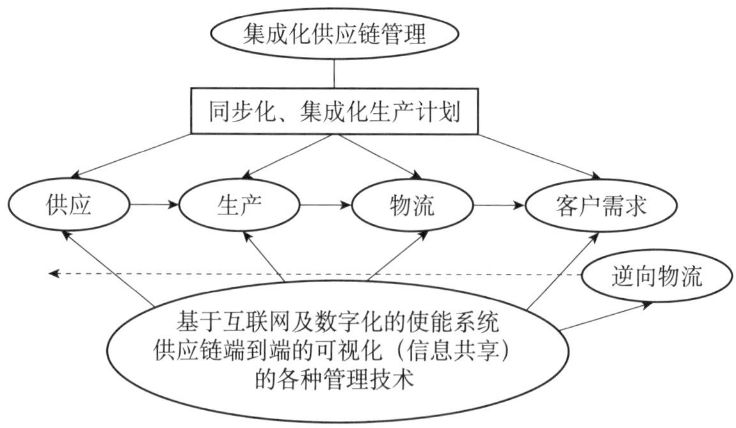

图 1－3　供应链管理涉及的领域

在实际管理工作中，供应链管理关注的领域不仅仅是物质资料在供应链中的流动。除了企业内部与企业之间的采购、生产和产品分销等物质形态的属性，供应链管理还包括以下非物质形态（主要是各种管理性活动）的内容：

◆ 战略性供应商和用户合作伙伴关系管理
◆ 供应链产品需求预测和需求计划管理
◆ 供应链的设计（节点企业、资源、设备等的评价、选择和布局）与优化
◆ 企业内部各工序与企业之间物料供应与需求同步管理
◆ 基于供应链管理的产品设计与制造管理、生产集成化计划、跟踪和控制
◆ 基于供应链的用户服务和物流（运输、库存、包装、配送等）管理
◆ 企业间资金流管理（融资、汇率、资金使用成本等问题）
◆ 供应链企业间的信息交互管理

供应链管理注重在供应链总成本（从原材料到半成品再到最终产成品的费用）与客户服务水平之间取得平衡，为此要把供应链的各项职能活动有机地结合在一起，从而最大限度地发挥供应链整体的力量，达到供应链企业群体共同获益的目的。

供应链管理中的业务流程及其构成情况如图 1－4 所示。

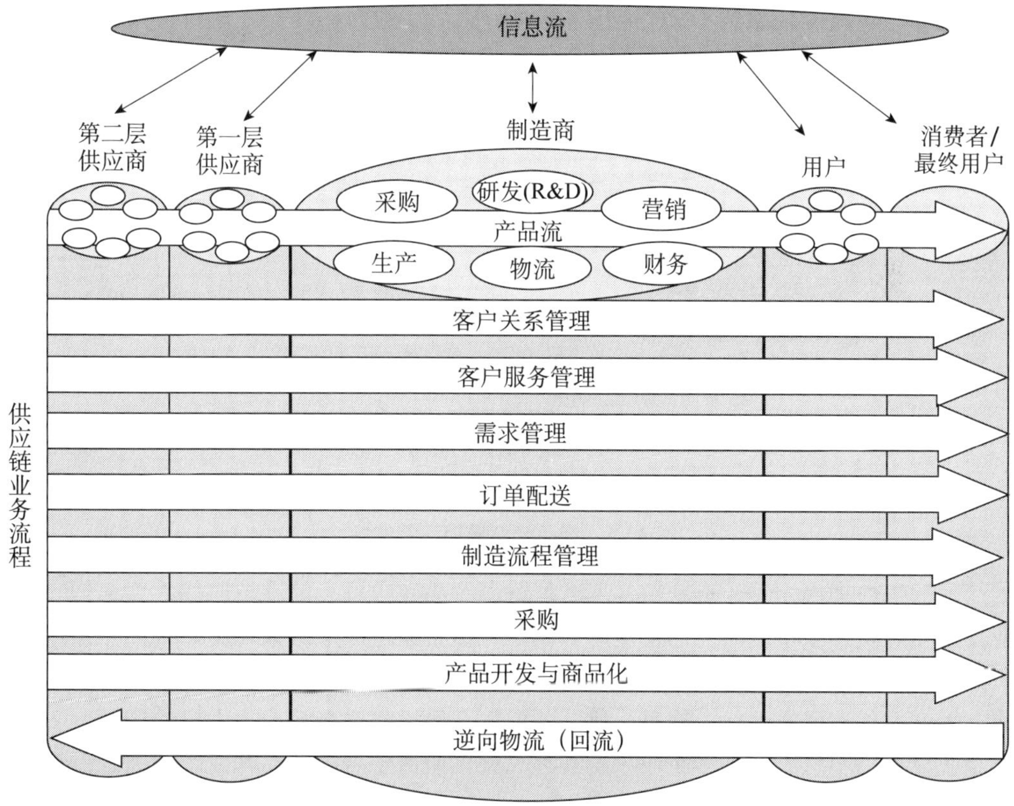

图 1－4　供应链管理流程结构

资料来源：Douglas M. Lambert，Martha Cooper，Janus D. Pagh. Supply Chain Management：Implementation Issues and Research Opportunities. *The International Journal of Logistics Management*，1998，9（2）.

第 2 节　供应链管理模式的产生及其基本思想

前面简要叙述了供应链管理思想的基本概念，在这一节，我们将以历史发展的眼光对供应链管理模式的产生和发展进行更详细的分析。

一、全球市场竞争的主要特点

随着经济的发展，影响企业在市场上获取竞争优势的主要因素也发生着变化。认清主要竞争因素的影响力，对于企业管理者把握资源应用、获取最大竞争优势具有非常重要的意义。

1. 产品生命周期越来越短

随着消费者需求的多样化发展，企业的产品开发能力也在不断提高。为了满足消费者的需求，企业不断加快产品开发的速度。特别是进入 20 世纪 80 年代以后，新产品的研发周期大大缩短，这一现象到了 21 世纪就更加明显了。例如，惠普公司新打印机的开发时间从过去的 4.5 年缩短到 22 个月；AT&T 新电话的开发时间从过去的 2 年缩短为 1 年；现在的手机开发周期甚至只有短短的几个月。图 1－5 大致描绘了产品生命周期变化的情况。

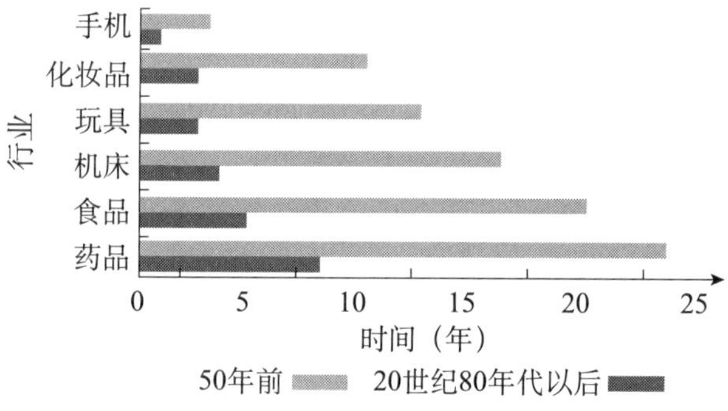

图 1－5　产品生命周期不断缩短

产品的生命周期缩短、更新换代速度加快，产品在市场上的存留时间大大缩短，留给企业在产品开发和上市时间上的余地越来越小，给企业造成了巨大压力。例如，当今的很多产品几乎一上市就已经过时，就连消费者都有些目不暇接。虽然在企业中流行着“销售一代、生产一代、研究一代、构思一代”的说法，但这需要企业投入大量的资源，一般的中小企业显得力不从心。许多企业一度红红火火，但由于后续产品开发跟不上，最终因产品落伍而被市场淘汰。

2. 产品品种数飞速增加

消费者需求的多样化越来越突出，厂家为了更好地满足消费者的要求，便不断推出新产品，这样一来引起了一轮又一轮的产品开发竞争，结果是产品的品种数成倍增长。以日用百货为例，据有关资料统计，仅1975—1991年，产品的品种数就从2 000种左右增加到20 000种左右（见图1-6）。为了留住顾客，厂家绞尽脑汁，不断增加花色品种。如果按照传统的思路，每一种产品都生产一批以备用户选择，那么制造商和销售商都要背上沉重的负担。例如，从美国的超级市场的发展历史来看，它们的平均单店库存在1964年前后约为6 900个库存单位（stock keep unit，SKU），而到1980年增至约为15 000个SKU。超级市场的库存占用了大量的资金，严重影响企业的资金周转速度，进而影响企业的竞争力。

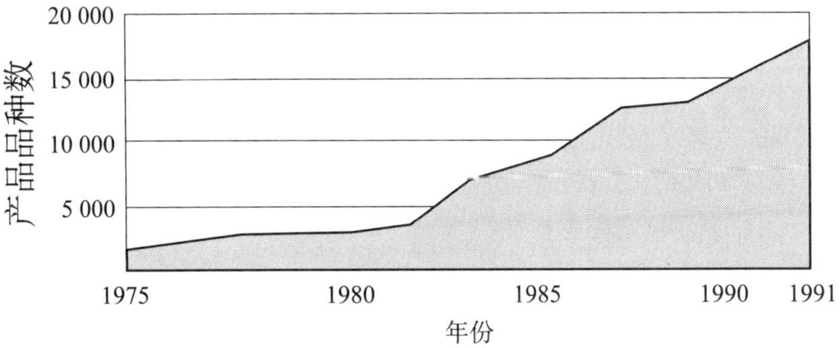

图1-6 日用品产品品种数增加情况

3. 对快速交货的要求越来越高

随着社会的发展和市场竞争的加剧，经济活动的节奏越来越快，每个企业都感到用户对交付时间的要求越来越高。对这一变化的直接反映就是主要竞争因素的变化。20世纪60年代企业间竞争的主要因素是成本，到70年代竞争的主要因素转变为质量，80年代以后竞争的主要因素转变为时间。这里所说的时间要素，主要是指交货期和响应周期。用户不但要求厂家按期交货，而且要求的交货期越来越短。我们所说的企业要有很强的产品开发能力，不仅指产品品种，更重要的是指产品上市时间，即尽可能提高对客户需求的响应速度。例如，在20世纪90年代初期，日本汽车制造商平均两年可向市场推出一款新车型，同期的美国汽车制造商推出相同档次的车型却需要5～7年。可以想象，美国的汽车制造商在市场竞争中该有多么被动。对于现在的厂家来说，市场机会几乎是稍纵即逝，留给企业思考和决策的时间极为短暂。如果一个企业对用户要求的反应稍微慢一点，很可能就会被竞争对手抢占先机。因此，缩短产品的开发周期、生产周期，在尽可能短的时间内满足用户要求，已成为当今所有管理者最为关注的问题之一。

4. 对产品和服务质量的期望越来越高

进入20世纪90年代以后，用户对产品质量和服务质量的要求越来越高。用户已不满足于从市场上买到标准化的产品，他们希望得到按照自身要求定制的产品或服务。这一变化导致产品生产方式发生革命性的变化。传统的标准化生产方式是“一对多”，即企业开发出一种产品，然后组织规模化大批量生产，用一种标准化的产品满足不同消费者的需求。然而，这种模式已不再能使企业继续获得收益。现在的企业必须具有根据每一个顾客的要求定制产品或服务的能力，即“一对一”（one-to-one）的定制化服务（customized service）。企业为了能在新的环境中继续发展，纷纷转变生产管理模式，采取措施从大量生产（mass production）转向定制化大量生产（mass customization）。

例如，以生产芭比娃娃著称的美泰公司从 1998 年 10 月起，可以让孩子登录到网站（barbie. com）上设计自己的芭比娃娃。孩子可以选择娃娃的皮肤和眼睛颜色、发型和颜色、附件和名字。当娃娃邮寄到孩子手上时，他们可以在上面找到娃娃的名字。这是美泰公司第一次大量制造“一个娃娃一个样式”的产品。又如，位于美国代顿的一家化学品公司有 1 700 多种工业肥皂配方，用于汽车、工厂、铁路和矿山的清洗工作。公司先分析客户要清洗的东西或者访问客户，然后配制一批清洁剂提供给客户使用。这一做法使得大多数客户都觉得没有必要再选择其他的公司，所以该化学品公司 95%的客户都不会流失。再如，海尔是一家全球著名的家电制造企业，每年的产品产量非常大，一般人看来应属于备货型（make-to-stock）生产类型，但是，2001 年以后，海尔采取了一套按订单生产（make-to-order）的战略来组织生产，不仅满足客户的个性化需求，而且把库存降到最低限度，拉近了与用户的距离，实现了向三个“零”（零距离、零缺陷、零营运资本）目标的迈进。应该看到，个性化定制生产能高质量、低成本地快速响应客户需求，但是对企业的运作模式也提出了更高的要求。

企业面临外部环境变化带来的不确定性，包括市场因素（顾客对产品、产量、质量、交货期的要求和供应方面）和企业经营目标（新产品开发、市场扩展等）的变化，这些变化增加了企业管理的复杂性。企业要想在严峻的竞争环境中生存，必须具有强大的处理环境变化和由环境引起的不确定性的能力。

二、新的竞争环境对企业管理模式的影响

（一）管理模式

管理模式是一种系统化的指导与控制方法，它把企业中的人、财、物和信息等资源，高质量、低成本、快速、及时地转换为市场所需的产品和服务。因此，质量、成本和时间（生产周期）一直是企业的三项核心活动，企业管理模式也是围绕这三个方面不断发展的。企业的生存和发展有赖于对这三项核心活动的管理水平，因为质量是企业的立足之本，成本是企业的生存之道，时间则是企业的发展之源。没有好的质量，就无法得到消费者的认可，企业所提供的产品或服务就无法在市场上立足，迟早会被市场淘汰；没有低的成本，企业就没有实力进行价格竞争，会因无法获得再生产所需资金而难以为继；企业要适应不断发展的消费者需求，就必须能在最短的时间里提供消费者所需的产品或服务，因此，生产周期（包括产品研制和生产时间）就成了能否适应发展要求的关键。

为了做好这三个方面的工作，企业一直在寻找最有效的管理方法。

（二）传统管理模式的做法

从管理模式上看，企业出于对制造资源的占有要求和对生产过程直接控制的需要，传统上经常采用的做法是要么扩大自身规模，要么参股到供应商企业，与为其提供原材料、

半成品或零部件的企业形成一种所有关系，这就是人们所说的“纵向一体化”管理模式。我国企业在计划经济时期基本上采取的是“大而全”“小而全”的经营方式，这可以认为是纵向一体化的另一种表达方式。例如，许多企业拥有从铸造、毛坯准备、零件加工、装配、包装到运输等一整套设备设施及组织机构。但其构成比例又是畸形的：受长期计划经济的影响，其产品开发能力和市场营销能力都非常弱，而加工体系则相当庞大。产品开发、加工、市场营销三个基本环节呈现出中间大、两头小的“腰鼓型”。“腰鼓型”企业适合计划经济体制，而在市场经济环境中无法对用户需求做出快速响应。

从生产计划与控制机制看，企业生产管理系统在不同的时期有不同的发展和变化。20世纪60年代以前，盛行的方法是通过确定经济生产批量、安全库存和订货点，来保证生产的稳定性，但由于没有注意独立需求和相关需求的差别，采用这种方法并未取得期望的效果。60年代中期，出现了物料需求计划（material requirements planning，MRP），较好地解决了相关需求管理问题。此后，人们一直探求更好的制造组织和管理模式，出现了诸如制造资源计划、准时化生产及精细生产（lean production）等新的生产方式。这些新的生产方式对提高企业整体效益和在市场上的竞争力确实做出了贡献。然而，进入90年代以来，消费者的需求特征发生了变化，整个世界的经济活动呈现出全球经济一体化特征，这些变化对企业参与竞争的能力提出了更高的要求，原有的管理思想已不能完全适应新的竞争形势。以制造资源计划和准时化生产为例，这两种生产方式都只考虑企业内部资源的利用问题，其管理优化工作均着眼于本企业资源的最优应用。这种指导思想在21世纪的市场环境下显得有些不适应，因为在当前的市场环境下，一切都要求能够快速响应用户需求，要达到这一目的，仅靠一个企业所拥有的资源是不够的。在这种情况下，人们自然会将目光延伸到企业以外的其他地方，借助其他企业的资源达到快速响应市场需求的目的就是目前的一个热点。

（三）促使企业管理模式变化的内在因素

以上所介绍的企业管理模式的转变不是偶然的，有其必然的变化规律。20世纪40—80年代，企业处于相对稳定的市场环境中，这时纵向一体化模式是有效的。但是到了90年代，在科技迅速发展、世界竞争日益激烈、顾客需求不断变化的形势下，纵向一体化模式暴露出种种如下所述的缺陷。

1. 增加企业投资负担

不管是投资建新厂，还是控股其他公司，都需要企业自己筹集必要的资金，这给企业带来了许多不利之处。首先，企业必须花费人力、物力，设法在金融市场上筹集所需的资金。其次，资金到位后，随即进入项目建设周期（假设新建一个工厂）。为了尽快完成基本建设任务，企业还要花费精力从事项目实施的监管工作，这样一来又消耗了大量的企业资源。由于项目有一个建设周期，在此期间企业不仅不能安排生产，而且要按期偿还借款利息。显而易见，用于项目基本建设的时间越长，企业背负的利息负担就越重。

2. 承担丧失市场时机的风险

对于某些新建项目来说，由于有一定的建设周期，往往出现项目建成之日也就是项目下马之时的现象。市场机会早已在项目建设过程中消逝，这样的案例有很多。从选择投资方向看，决策者当时的决策可能是正确的，但因为花在生产系统基本建设上的时间太长，等生产系统建成投产时，市场行情早已发生变化，错过了进入市场的最佳时机而使企业遭受损失。因此，项目建设周期越长，企业承担的风险就越高。

另外，纵向一体化模式还不利于企业迅速抓住市场机遇获得发展机会，甚至会因此丧失生存空间。例如，我国某知名企业在 2007 年决定进入汽车市场，采用了“人工+夹具”的劳动密集型方式制造汽车，它除了不生产轮胎、玻璃等部件，几乎生产所有汽车零部件。虽然这种纵向一体化的生产方式在生产上取得了规模效应，成本大幅降低，短期内企业获得飞速发展，但是随着汽车市场多样化的发展，该企业由于自制件比例太大而无法及时更换大量的加工装备，只能眼睁睁地看着销量下滑。这个实例说明，企业发展的确需要遵守规模经济规律，但是，由于不同汽车零部件的有效规模经济不一样，并非所有的零部件都是自己制造就能降低成本，而且由于整个生产系统的拖累，企业无法及时更新换代，失去市场上的竞争优势也就不难理解了。

3. 迫使企业从事不擅长的业务活动

实施纵向一体化管理模式的企业实际上是“大而全”“小而全”的翻版，这种企业把产品设计、计划、财务、会计、生产、人事、管理信息、设备维修等看作本企业必不可少的业务，管理人员往往花费过多的时间、精力和资源去从事辅助性的管理工作。由于精力分散，他们无法做好关键业务活动的管理工作。结果是，辅助性的管理工作没有抓起来，关键业务也无法发挥核心作用，企业不仅失去了竞争特色，而且增加了产品的成本。例如，1996 年，某顾问机构指出，美国的通用汽车公司死抱着大而全的管理思想不放，自己生产 70%的零部件，而福特公司只有 50%的零部件是自己生产的，克莱斯勒只有 30%。正是由于通用汽车公司的顽固做法，该公司现在不得不经受多方面竞争的压力。通用汽车公司因为生产汽车零部件而支付的劳动费用高于其他两个公司，每生产一个动力系统，就比福特公司多花费 440 美元，而比克莱斯勒公司多出 600 美元，在市场竞争中始终处于劣势。这种情况在我国的企业也经常出现。例如，某机器制造厂为了解决富余人员的再就业问题，成立了一个附属企业，把原来委托给供应商生产的某种机床控制电器转由自己生产。由于缺乏技术和管理能力，不仅成本比外购的高，而且产品质量低劣，最后影响到整机产品的整体性能和质量水平，一些老客户纷纷撤走订单，使企业蒙受损失。

4. 在每个业务领域都直接面临众多竞争对手

采用纵向一体化管理模式的企业的另一个问题是，它必须在不同业务领域直接与不同的竞争对手竞争。例如，有的制造商不仅生产产品，而且拥有自己的运输公司，这样一来，企业不仅要与制造业的对手竞争，而且要与运输业的对手竞争。在企业资源、精力、经验都十分有限的情况下，四面出击的结果可想而知。事实上，即使是 IBM 这样的大公司，也不可能拥有开展所有业务活动所必需的能力。从 20 世纪 80 年代末起，IBM 就不再进行纵向发展，而是与其他企业建立广泛的合作关系。例如，IBM 与苹果公司合作开发软件，协助 MCT 联营公司进行计算机基本技术研究工作，与西门子公司合作设计动态随机存储器，等等。

5. 增大企业的行业风险

如果整个行业不景气，或者整体产品销售不畅，采用纵向一体化模式的企业不仅会在最终用户市场遭受损失，而且会在各个纵向发展的市场遭受损失。曾有这样一个例子，某味精厂为了保证原材料供应，自己建了一个辅料厂，但后来味精市场饱和，该厂生产的味精没有销路，不仅味精厂遭受损失，与之配套的辅料厂也举步维艰。

三、供应链管理模式的产生与发展

由于纵向一体化管理模式在新的市场环境中暴露出了种种弊端，从 20 世纪 80 年代末、90 年代初期开始，首先是美国的一些企业，其后是国际上很多企业逐渐放弃了这种模式，取而代之的是“横向一体化”思想的兴起：它提倡利用企业外部资源快速响应市场的需求，企业只抓自己具有核心竞争力的业务，而将非核心业务委托或外包给合作伙伴企业。这样一来，很多企业逐渐将有限的资源集中于核心业务，而将本企业不具有优势的业务外包给更具优势的企业，形成了较为广泛的、不同地域的企业与企业的合作。例如，福特公司的 Festiva 车就是由美国人设计，在日本的马自达厂生产发动机，由韩国的制造厂生产其他零件和装配，最后在美国市场上销售。福特公司把零部件生产和整车装配都放在了企业外部，这样做的目的是利用其他企业的资源促使产品快速上市，避免自己投资带来的基建周期长等问题，赢得产品在低成本、高质量、早上市等诸方面的竞争优势。横向一体化形成了一条从供应商到制造商再到分销商、零售商的贯穿所有企业的链。由于相邻节点企业表现出一种需求与供给的关系，当把所有相邻企业依次连接起来，便形成了供应链（supply chain）。这条链上的节点企业必须达到同步、协调运行，才有可能使链上的所有企业都受益。于是便产生了供应链管理这一新的经营与运作模式。

根据美国科尔尼咨询公司的研究，企业应该将供应职能提升到战略的高度来认识，以降低成本、提高投资回报率。创造供应优势取决于建立采购的战略地位，企业和供应商伙伴形成一个共同的产品开发小组。伙伴成员从共享信息上升到共享思想，决定如何和在哪里生产零部件或产品，或者如何重新定义使双方获益的服务。所有企业一起研究和确定哪些活动能给用户带来最大价值，而不是像过去那样由一个企业设计和制造一个产品的绝大部分零件。比较研究发现，到了 20 世纪 80 年代后期，美国厂商仍然普遍采用纵向一体化模式进行管理，而日本厂商则已更多采用横向一体化。美日企业管理模式的选择直接导致了二者的市场竞争力的差异：美国企业生产的一辆汽车，其中 45%由企业内部生产制造，55%由外部企业协作制造；日本厂商生产一辆汽车，只有 25%由企业内部生产制造，外包的比例很大。这也许能在某种程度上说明当时美国汽车缺乏竞争力的原因。

供应链管理的概念是把企业资源的范畴从过去单个企业扩大到整个社会，使企业之间为了共同的市场利益而结成战略联盟，这个联盟要解决的往往是具体顾客的特殊需要（至少有别于其他顾客）。例如，供应商与企业共同研究如何满足客户需要，还可能要对原设计重新思考、重新设计，这样一来供应商和企业之间就建立了一种长期联系的依存关系。供应商以满足企业、为企业服务为目标，企业当然也愿意依靠这个供应商，当原来的产品用完或报废而需要更新时，还会找同一个供应商。借助敏捷制造战略的实施，供应链管理越来越受重视，成为当代国际上最有影响力的一种企业运作模式。

供应链管理利用现代信息技术，通过改造和集成业务流程，企业与供应商以及客户建立协同的业务伙伴联盟，实施有效的协调管理，从而大大提高了企业的竞争力，使企业在复杂的市场环境中立于不败之地。根据 20 世纪 90 年代末的有关资料统计，供应链管理的实施可以使企业总成本下降 10%；供应链上的节点企业按时交货率提高 15%以上；“订货—生产”的周期时间缩短 25%～35%；供应链上的节点企业增值生产率提高 10%以上。这些数据说明，供应链企业在不同程度上都取得了发展，其中以“接单—生产—交付”的周期时间缩短最为显著。之所以能取得这样的成果，完全得益于供应链企业相互合作、相互利用对方资源的经营策略。如果制造商从产品开发、生产到销售完全自己承担，不仅要背负沉重的投资负担，而且要花费相当长的时间。采用供应链管理模式，则可以使企业在最短时间里找到最好的合作伙伴，用最低的成本、最快的速度、最好的质量赢得市场，而且受益的不止一家企业，而是一个企业群体。因此，供应链管理模式吸引了越来越多的企业。

当供应链管理成为新的主流管理模式后，有人说 21 世纪的竞争不是企业与企业之间的竞争，而是供应链与供应链之间的竞争。那些在零部件制造方面具有独特优势的中小型供应商企业，将成为大型装配主导型企业追逐的对象。日本一位学者将其比喻为足球比赛中的中场争夺战，他认为谁拥有这些具有独特优势的供应商，谁就能赢得竞争优势。显然，这种竞争优势不是哪一个企业所具有的，而是整个供应链的综合能力。企业竞争模式的实践，已经证明这句话的正确性。

四、供应链管理思想产生的必然性

（一）环境变化产生的巨大压力

任何事物的产生都有其合理性，供应链管理思想也不例外。归纳起来，供应链管理思想的产生有如下三个必然性。

（1）进入 21 世纪之后，企业所面临的市场空间和形态都与以往不一样，这种变化必然会对传统管理所形成的思维方式形成挑战。同时，信息社会或网络社会已经深入我们的生活，这必然会带来工作和生活方式的改变，其中最主要的就是消费需求的变化已经从过去满足基本生理需求发展为追求更高层次的生活。

在短缺经济时代，量的供给不足是主要矛盾，因此企业的管理模式主要以提高效率、最大限度地增加产出，从数量上满足人们的需求为主要特征。随着人们生活水平的提高，量的不足已经不是主要矛盾了。当代消费者更加追求个性化需求，而满足个性化需求不能仅仅靠增加产量，而是要想方设法通过品种的多样化来提高消费者的满意度，这对企业管理的影响越来越大。品种的增加必然增大企业运作管理和资源获取的难度。此外，当代企业在兼顾社会利益方面的压力也越来越大，如环保问题、可持续发展问题等，使企业既要考虑自己的经济利益，又要考虑社会效益。

(2) 传统的管理模式在新环境下表现出不适应性。传统的管理模式以规模化需求和区域性的卖方市场为决策背景，通过规模效应降低成本，获得效益，生产方式必然是少品种、大批量的流水作业。虽然这种生产方式可以最大限度地提高效率，降低成本，取得良好的规模效益，但它适应品种变化的能力很差。另外，传统企业组织结构是一种多级递阶控制，管理的跨度小、层次多，且采用集权式管理，以追求稳定和控制为主。管理层次的增加影响指令传递效率，对外界的变化反应迟钝，必然会影响整个企业的响应速度。

(3) 传统的纵向一体化管理模式增加了企业的投资负担，对进入市场的时机带来不利影响。在这种模式下，企业发现一个新的市场机会时必须自己筹集资金进行建设，自己经营和管理。因为要进行扩建或改建，延长了企业响应市场的时间（至少是一个基本建设周期）。此外，纵向一体化模式还迫使企业从事自己并不擅长的业务。这样的管理模式显然不适应瞬息万变的市场需求，企业面临错失市场时机的风险。

在这样的外部压力下，企业必须寻求合作，以整合各自的核心竞争力，供应链管理思想应运而生。

（二）交易成本变动形成的无限动力

20 世纪 90 年代，全球制造的出现导致全球竞争日益加剧，同时用户需求呈现多样化、变化频繁的趋势，企业面临前所未有的“超竞争”。原有的纵向一体化的组织模式给企业带来了大量的机会成本，已完全不适应市场发展的需要。企业要想生存与发展，必须制定以尽可能快的速度、尽可能低的成本、尽可能多的产品品种为特征的战略，将主要精力用于核心竞争力，同时尽可能地利用外部资源。供应链就是企业群在这一特定环境下的积极应变（见图 1-7）。

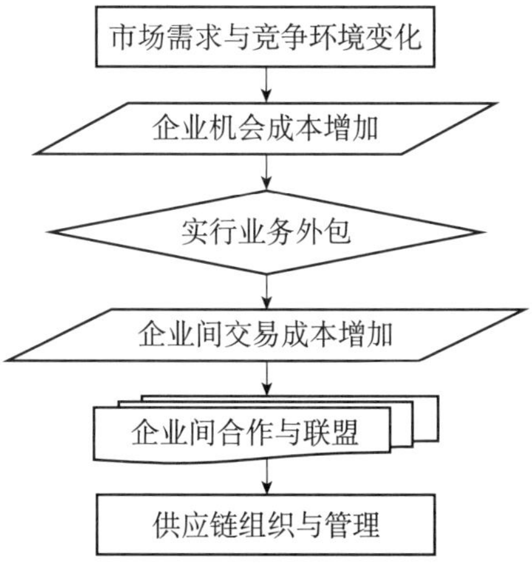

图 1-7　供应链产生的原理

这里，交易成本包括发现相对价格的工作、谈判、签约、激励、监督履约等的费用。毫无疑问，利用外部资源将产生大量的交易成本。这就需要一种围绕核心企业，通过信息流、物流、资金流的控制，从采购原材料开始，制成中间产品以及最终产品，最后由销售网络把产品送到消费者手中的将供应商、分销商、零售商直到最终用户连成一个整体的功能性网链结构模式，这种模式能够使由供应商、分销商、零销商组成的整体达到最佳竞争绩效，还能使所有参与的企业实现各自的利益，这就是供应链管理。

五、供应链管理与传统管理模式的区别

供应链管理与传统企业管理有明显的区别，主要体现在以下几个方面。

（1）传统企业管理注重单个企业自身环节的管理，供应链管理则把供应链中所有合作企业看成一个整体，供应链管理涵盖从供应商到最终用户的采购、制造、分销、零售等职能领域过程，展现的是一种端到端（end-to-end）的管理原则。

（2）供应链管理强调和依赖战略管理。“供应”是整个供应链中节点企业之间事实上共享的一个概念（任何两个节点之间都是供给与需求关系），同时它又是一个有重要战略意义的概念，因为它影响或者决定了整个供应链的成本和市场占有份额。

（3）供应链管理的关键之处是采用集成的思想和方法，而不是单个企业各自为政或者是简单的业务衔接。

（4）供应链管理的本质是通过与合作企业建立战略合作伙伴关系，实现风险共担、收益共享的高水平的客户服务，而不是仅仅通过传统的订货合同实现企业之间的往来。

六、供应链管理的基本思想

综上所述，供应链管理的基本思想可以概括为：

（1）强调供应链上的每一个企业都着力提升自己的核心竞争力，这也是当今人们谈论的共同话题。为此，要认清本企业的核心业务，狠抓核心资源，以提高核心竞争力。

（2）对于非核心业务则应采取外包的方式分散给业务伙伴，并与业务伙伴结成战略联盟关系，这就是横向一体化的管理思想。

（3）供应链企业间形成的是一种合作性竞争。合作性竞争可以从两个层面理解：一是过去的竞争对手相互结盟，共同开发新技术，成果共享；二是将过去由本企业生产的非核心零部件外包给供应商，双方合作共同参与竞争，这实际上也体现出核心竞争力的互补效应。

（4）以顾客满意度作为目标的服务化管理。对下游企业来讲，供应链上游企业的功能不是简单地提供物料，而是要用最低的成本提供最好的服务。

（5）供应链管理追求物流、信息流、资金流、工作流和组织流的集成。这几种“流”在企业日常经营中都会发生，但过去是每个企业各自为政，不考虑整个流程的连续性，因而影响企业间的协调，最终导致整体竞争力下降。供应链管理则强调这几种“流”必须集成起来，只有跨企业流程实现集成化，才能实现供应链企业协调运作的目标。

（6）采用信息技术实现目标管理，这是供应链管理的基础条件。

（7）更加关注物流企业的参与。在供应链管理环境下，物流的作用特别重要，因为缩短物流周期比缩短制造周期更关键。供应链管理强调的是一种从整体上响应最终用户的协调性，没有物流企业的参与是不可想象的。

第3节 供应链管理研究的进展

20世纪90年代以来，供应链作为一种帮助企业提高生存能力与竞争能力的战略管理思想，受到了世界各国的普遍关注。各国的学者与管理专家对供应链进行了大量的研究与探讨。首先，人们从核心企业出发讨论供应链的组成问题，研究供应链的运作方法与运作效率；其次，关于供应链中一些具有共性的问题得到了研究，如供应商与制造商、制造商与分销商的关系问题，供应链中的库存问题等。

随着对供应链管理理论的研究不断深入以及应用上的发展，对于供应链运作特征的研究逐步从点到线、从线到网络，如供应链的系统支持与协调控制方法、供应链中的信任机制、供应链中的不确定性问题、供应链的全球化趋势以及由此带来的一系列问题等。

一、关于供应链整合管理的研究

供应链管理的基本思想之一是，主张每个企业集中资源强化自己的核心业务，从而提高有别于竞争对手的核心竞争力，将非核心业务或者自己不擅长的业务委托给其他企业，并与这些企业建立合作共赢的伙伴关系，共同占领市场竞争制高点。但是，实践证明，将业务外包给合作企业之后，还要加强相互之间的整合管理，从整体利益最大化的角度出发，共同制定竞争策略，加强沟通与协调，减少信息不对称的风险。同时，还要兼顾各方的利益，不能依靠侵占合作伙伴的利益使自己获利，防范可能出现的道德风险。因此，近年来，加强供应链企业间的整合管理成为热点问题之一。

二、供应链管理策略研究

供应链管理策略研究并没有具体的范畴，一般包括准时化采购、快速响应、有效用户响应、数字化与IT技术、延迟技术（postponement technology）、柔韧性管理等。

在供应链管理思想出现的初期（20世纪80—90年代），市场需求及全球运作环境相对稳定，为了最大限度地降低供应链总成本，当时的准时化管理占据了重要地位，如准时化制造、准时化采购等，直接促成了精益供应链的发展。但是当外部环境剧烈波动时，准时化采购就会面临中断的风险。

有效用户响应与快速响应分别基于不同行业的策略研究。有效用户响应主要是1992年以后在美国食品业兴起的一种供应链管理策略。其主要观点是不断降低供应链的成本，通过企业间的密切合作带给用户更大的利益与更有效的响应。快速响应则是美国纺织与服装行业在20世纪80年代以后发展起来的。其主要观点是最大限度地减少从原材料到最终销售的运行时间与库存数量，以提高对于用户的快速响应性。这两种策略各有侧重：有效用户响应侧重于降低成本，而快速响应则侧重于缩短时间。二者也有共同之处，即都要有供应链企业间的良好合作关系与信息技术的支持。

供应链的协调运作必须以信息化为支撑，这一点从一开始就为人们所认识，因此，利用 IT 技术乃至后来的数字化技术、互联网技术建成供应链运作的支撑平台，就是供应链管理的基本策略。如果当今的企业没有信息化、数字化的支持，要想有效实施供应链管理几乎是不可能的。

延迟技术是为了响应用户需求、提高产品设计与制造的柔性而实施的一种策略。延迟技术最早用于市场营销，后来逐渐用于物流管理。其根本思想是把产品最终定型的位置与时间尽可能地靠近用户以便产品顾客化。为此，在产品生产过程中，采用标准化、模块化方法进行设计制造，当产品运送到分销中心后，再由分销中心根据用户对产品款式、外观、包装等方面的要求进行定位。如此可以大大满足用户对产品多样化的要求，在此基础上提高供应链的市场响应能力。惠普公司就成功地运用了延迟化策略生产与销售打印机。

进入 21 世纪 20 年代，全球化的场景与 20 世纪末相比出现了较大变化，经济发展、疫情、地缘政治等都给供应链的运作环境带来了巨大挑战，尤其是导致供应链运行中断的现象极大地影响了供应链的竞争力。因此，当下人们最关心的问题之一就是如何提高供应链的韧性，在各种危机的冲击下仍然能使供应链保持正常运转。

三、供应链的建模技术

供应链的理论研究文献中，有相当一部分与供应链建模技术有关。概括起来，大致有三种模型：信息系统模型、经济运行模型和功能结构模型。经济运行模型又是前期研究的重点，后来陆续出现了一些信息系统模型。

从供应链模型的发展来看，经历了从简单模型到复杂模型、从单阶段模型到多阶段模型、从单产品模型到多产品模型、从国家模型到国际模型、从确定型模型到随机型模型的发展过程。

按分析和研究的方法不同，供应链模型又可以分为排队论模型（queuing theoretic models）、对策论模型（game theoretic models）、网络流模型（network flow models）和策略评价模型（option valuation models）等。

排队论模型主要用于研究生产企业在平稳生产状态下的情况，如各个设备或车间等的输出率等，并对资源分配进行优化，如合理安排各个设备的加工任务、合理安排人员的加工任务等，以达到提高生产效率的目的。例如，利用 M/G/1 排队系统研究生产批量和生产准备时间的关系等问题。

对策论模型主要用于研究供应商与制造商之间、制造商与销售商之间的相互协调，如研究制造商和销售商之间的协调，确定制造商和销售商各自的对策，确定产品价格、订货时间等，使它们都能获得比原来更高的收益。

网络流模型主要用于研究供应链中成员的选择、布局以及供应链的协调问题。网络提供了一种描述供应链结构的方法，用网络流模型来表示一个供应链有其独特的优点，它能很方便地表示供应链中各种活动的先后次序。

策略评价模型主要用于研究供应链在不确定情况下的管理和协调问题。对跨国企业而言，经常会有不确定事件发生，如汇率波动、政府政策改变或新技术的开发等。企业会采取各种策略对此做出反应，如调整供应链成员的数量、采用不同的生产技术等。策略评价模型提供了一种对采取的措施和策略进行评价的方法。策略评价模型一般是随机动态规划模型，目标是使各个时期的期望费用总和最小或总收益最大。

在这些模型中，有的运用整数规划或混合整数规划法，建立全球供应链模型、全球制造与分销的资源优化供应链模型、面向供应链优化的动态需求计划模型，也有的将整数规划与线性规划方法相结合，如提出基于资源配置的供应链设计模型。

由于供应链所涉及的问题很多，在一个模型中同时考虑所有的因素几乎是不可能的，要建立一个比较接近实际情况而又可以求解的供应链模型是很困难的。从上面的介绍可以看出，一部分研究人员仅提出一个模型框架，并没有对具体模型进行研究，甚至没有任何数学公式表示，而且在现有的模型中，有些重要的因素没有或很少考虑，例如，很少考虑供应链中的信息流、现金流，很少考虑供应链重组等。

四、供应链企业间的合作关系研究

在对供应链管理的基本理论进行研究的基础上，人们对于供应链企业间的合作关系进行了深入研究，如供应链企业间的合作对策与委托实现机制问题，认为“合作对策与委托实现机制是合作型竞争企业实现供应链管理的重要环节”。研究人员探讨了供应链系统中企业间合作关系与委托实现机制的发展动态，提出了在我国企业改革中面临的问题和实现供应链管理的对策措施。有人研究了供应链系统中合作伙伴的选择问题，提出了基于企业间战略伙伴关系的企业集成模式；指出了供应链组织的五个评价指标——柔性、集成、协调、简洁、稳定；讨论了柔性和柔性度量的三维指标——范围（range）、费用（cost）、时间（time）；研究了供应链企业间的激励机制，提出了基于企业间委托-代理关系的三种激励模型；研究了供应链系统中的绩效评价问题；对供应链企业间委托-代理的激励问题进行了博弈分析。

成功的供应链管理必须高度重视企业间的合作关系，因此关于合作关系研究的文献比较多见。这些文献的作者认为，建立企业间的合作关系是一种重要的战略思想，提出了“合作竞争”（cooperative competition）与“无边界组织”（borderless organization）的概念，指出要在一个跨越企业界限的范围内集成企业的活动。

在建立企业间合作关系的研究中，研究人员认为供应商-制造商关系在供应链企业关系中最为重要。同时，他们都注意到，建立企业间良好的合作关系，需要双方相互信任。制造商对于供应商的信任程度与供应商的声誉和规模正相关，与供应商为采购商进行专门投资的意愿、信息共享的程度、双方合作时间的长短正相关。

五、供应链绩效评价

供应链系统的运行状况如何，还需进行哪些改进，是供应链绩效评价需要解决的问题。关于供应链绩效评价问题的研究也是学者们关心的问题。例如有学者提出了一个供应链绩效评价的框架；有学者在研究了供应链上不同企业对各自行为以及相互行为的满意度评价问题后，认为不同节点企业对于用户需求和各自工作业绩的评价是不同的，顾客对交货期更敏感，下游企业对顾客需求更为敏感。

对于供应链的绩效评价，学者们提出了一个量化的方法体系，即资源指标、输出指标、柔性指标。其中，资源指标主要是关于成本、投资回收率等方面；输出指标是关于产出与用户服务方面；柔性指标是关于供应链对变化的响应性方面。

近几年，有很多研究人员提出了“供应链指数”（supply chain index）的概念，这是一种反映供应链企业在增长性、盈利性、周转速度、复杂性方面的运营情况的公式化表征方法，可以更好地让人们了解有哪些重要的供应链度量指标，帮助企业领导者更好地把供应链运营与财务绩效联系起来，还可以为资本市场上关注供应链的人士评估某供应链企业的市值提供参考。

六、供应链运作的协调与协同运作

供应链的核心机制是“竞争-合作-协调”，其中协调是供应链管理成功与否的关键。供应链由不同的经济实体组成，各自有不同的优化目标和个体利益，这些优化目标往往与供应链整体目标相冲突。同时，供应链中存在许多不确定性因素，如客户可能会中途改变或取消订单，材料或零部件不能准时到达，生产过程中设备突然发生故障等，使得供应链系统具有很强的动态特性。

为了使信息流、资金流和物流在供应链成员企业之间和企业内部顺畅地流动，从而达到降低成本、缩短交货期、提高顾客满意度、改善供应链绩效的目标，就必须有效协调供应链各个成员企业之间的各项行为和活动，使供应链作为一个整体来运行。

关于运作管理的协调研究始于克拉克等（Clark et al.，1960）对多级库存/销售系统的研究，后来又有美国宝洁公司与零售商之间就婴儿纸尿裤自动连续补货的实践，这是一次真正的供应链协调的实践。目前，对供应链协调（supply chain coordination，SCC）的研究越来越受重视。

对供应链协调的研究主要反映在以下方面：买方-卖方协调（buyer-vendor coordination），如各种供应契约的设计与优化；生产-分销协调（production-distribution coordination）；库存-分销协调（inventory-distribution coordination）；供应链网络结构中物流过程的协调；基于互联网的供应链协调机制，如拍卖、多维拍卖、封闭式拍卖、电子采购和电子代理等。

七、供应链风险管理

近年来，各种供应链运作中的风险事件让很多著名的供应链企业损失惨重，例如：

● 2000 年，美国新墨西哥州飞利浦公司的第 22 号芯片厂发生火灾，爱立信公司因此损失了 4 亿美元的销售额，市场占有率也从原来的 12%下降为 9%。

● 2001 年耐克公司因为供应链管理软件的错误，损失了 3/4 的销售收入，公司的市场占有率也下降了 20%之多。

● 2001 年思科公司因为对需求预测的失误造成 25 亿美元的存货报废。

● 2001 年的“9·11”恐怖袭击事件使得美国的机场被迫关闭，数千条供应链中断，造成难以估计的损失。

● 2002 年 9 月，美国西海岸发生工人罢工，由于这里是我国中远集团进入美国的主要门户，致使中远集团在两周内损失至少 2 400 万美元。

● 2005 年，雀巢奶粉碘含量超标，宝洁 SK-Ⅱ被诉含有有害成分，光明“回奶事件”，亨氏、肯德基部分产品发现含有苏丹红一号，消费者信心大受打击。

● 2008 年三鹿奶粉事件让一个行业龙头企业陷入困境。

● 2011 年双汇“瘦肉精”事件再次让人们对食品安全忧虑重重。

● 2019 年以来的新冠肺炎疫情引起供应链中断。

越来越多的案例表明，随着现代供应链的复杂性不断提高，供应链的脆弱性逐渐增加。为了增强供应链的竞争力，获取竞争优势，企业需要高度重视供应链的风险管理，风险管理不仅是供应链管理理论体系的核心内容之一，而且是供应链管理的内在要求。企业必须采取措施使供应链避免可能对其产生破坏的风险，尽量降低风险给供应链带来的损失。这些目标只有通过合理的风险管理与控制措施才能达到。面对不确定性事件及突发事件的冲击，供应链如何保持稳健运行，尽快从各种危机和冲击中恢复，尽量减少损失，成为 21 世纪供应链管理的重要内容。

思考题

1. 供应链的结构特征是什么？

2. 何为供应链管理？简述供应链管理与传统管理模式的区别和联系。

3. 供应链管理的关键在于实现企业内部及企业之间资源的集成。从这一意义出发，分析互联网在供应链管理中的重要地位。

4. 电子商务已成为 21 世纪最主要的商业模式之一，它给企业传统的业务流程带来巨大变革。请阐述供应链管理对我国企业成功实施电子商务的重要意义。

5. 为了实现对消费者需求快速、有效的响应，你认为供应链上各成员之间应建立一种怎样的关系？简述这种关系的内涵。

6. 实施供应链管理战略有哪些策略可选用？请作具体说明。

7. 有效用户反应供应系统是怎样发展起来的？它为什么会有优势？实施中要注意哪些问题？

8. 你是怎样理解一体化管理原理的？

9. 结合当前社会政治与经济发展，谈一谈你对供应链柔韧性的认识。你认为应该如何提高供应链的柔韧性？

案例

供应链管理在风神汽车有限公司的应用研究

一、风神公司的供应链体系

风神汽车有限公司（以下简称风神公司）在竞争日益激烈的大环境下，通过实施供应链管理思想和方法（简称风神供应链），取得了当年组建、当年获利的业绩。

在风神供应链中，核心企业是风神汽车公司，成立时其总部设在深圳，整车生产基地设在湖北的襄阳、广东的花都和惠州。“两地生产，委托加工”的供应链结构模式使得公司组织结构既灵活又科学。在风神供应链中，风神公司与所有供应链成员企业建立起了合作伙伴型的业务关系，形成一体化的供应链，实现了从原材料到客户订单交付的信息流共享，促进了供应链活动的协调运行。

风神公司的供应链结构如图1-8所示。

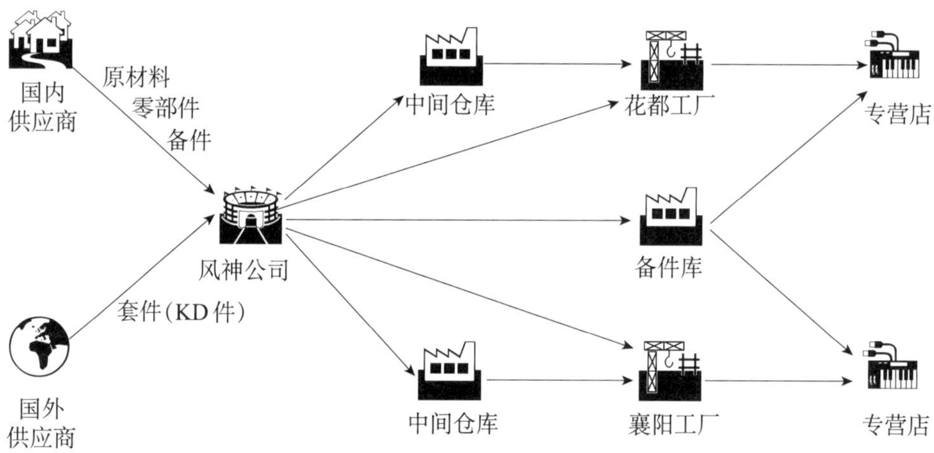

图1-8 风神公司供应链结构示意图

在风神供应链中，风神公司通过自己所处的核心地位，对整个供应链的运行进行信息流和物流的协调，各节点企业（供应商、中间仓库、工厂、专营店）在需求信息的驱动下，通过供应链的职能分工与合作（供应、库存、生产、分销等），以资金流、物流或/和服务流为媒介，实现整个风神供应链的不断增值。

二、风神供应链的结构特征

为了适应产品生命周期不断缩短、企业之间的合作日益复杂以及顾客的要求更加挑剔的环境，风神供应链中的供应商、产品（整车）制造商和分销商（专营店）有机组织起来，形成了供应—生产—销售的供应链。风神的供应商包括多家国内供应商和多家国外供应商（KD件），并且在全国各地设有多家专营店。供应商、制造商和分销商在战略、任务、资源和能力方面相互依赖，构成了十分复杂的供应—生产—销售网链。风神供应链具有如下特征：

第一，风神供应链的结构具有层次性。从组织边界的角度看，虽然每个业务实体都是供应链的成员，但是它们可以通过不同的组织边界体现出来。这些实体在法律上是平等的，在业务关系上是有层次的，这与产品结构的层次是一致的。

第二，风神供应链的结构表现为双向性。在风神供应链的企业中，使用某一共同资源（如原材料、半成品或产品）的实体之间既相互竞争又相互合作，如襄阳厂和花都厂作为汽车制造厂，必然在产量、质量等很多方面存在竞争，但是在整个风神供应链运作中又是紧密合作的。花都厂为襄阳厂提供冲压件，在备件、零部件发生短缺时，相互之间又会进行协调调拨，保证生产的连续性，最终保证供应链系统的整体最优。

第三，风神供应链的结构呈现多级性。随着供应、生产和销售关系的复杂化，风神供应链的成员越来越多，形成了多级供应链的网链结构，而且同一级涉及多个供应商。供应链的多级结构增加了供应链管理的困难，同时也为供应链的优化组合提供了基础，可以使风神公司根据市场变化随时对备选伙伴进行组合，省去了重新寻找合作伙伴的时间。

第四，风神供应链的结构是动态的。供应链的成员通过物流和信息流联结起来，但它们之间的关系并不是一成不变的。根据风神公司战略转变和适应市场变化的需要，风神供应链中的节点企业需要动态地进行更新，而且供应链成员之间的关系也由于顾客需求的变化而经常做出适应性的调整。

利用风神供应链的这些特征，风神公司找到了管理的重点。例如，风神公司对供应链系统进行了层次区分，确定了主干供应链和分支供应链，在此基础上建立起最具竞争力的一体化供应链。另外，利用供应链的多级性特征，对供应链进行等级排列，对供应商/分销商作进一步细分，进而制定出具体的供应/营销组合策略。利用供应链结构的动态性指导风神公司建立供应链适时修正战略，有效地运用供应商多级细分策略，使之不断适应外部环境的变化。

三、风神供应链的管理策略

风神供应链在结构上具有层次性、双向性、多级性、动态性和跨地域性等特点，在管理上涉及生产设计部门、计划与控制部门、采购与市场营销部门等多个业务实体，因此，在实现供应链的目标、运作过程和成员类型等方面存在较大的差异。面对如此复杂的供应链系统，如何选择恰当的管理策略是非常重要的。

1. 供应链核心企业的选址战略

风神汽车供应链中的核心企业（总部）设在广东深圳，这是因为深圳有优惠的税收政策和发达的资本市场，并且可为今后的增资扩股、发行企业债券等提供财务支援。此外，在便利的口岸、交通、技术引进及资讯等方面，深圳具有无可替代的地理优势，这些都是构成风神供应链核心竞争力的重要因素。位于湖北的襄阳工厂有资金、管理及技术资源的优势，广东花都工厂具有整车组装能力，这样就形成了以深圳作为供应链中销售、财务、技术、服务及管理的枢纽，而将整车装配等生产过程放在襄阳和花都，又以襄阳和花都为中心连接起众多的上游供应商，从而可以集中公司的核心竞争力完成销售、采购等核心业务，在整个供应链中就像扁担一样扛起了襄阳、花都两大生产基地。

2. 优化资源配置与业务外包战略

风神公司“总体规划，分期吸纳，优化组合”的方式很好地体现了供应链管理中优化资源配置与业务外包思想。这种组合的优势体现在充分利用国际国内大平台的制造基础，根据市场需求的变化选择新的产品，并且可以最大限度地减少基建投资及缩短生产准备期，还可以共享销售网络和市场，共摊研发成本、生产成本和物流成本，从而减少了供应链整体运行的总成本，最后确保风神汽车公司能生产出最具个性化、最适合中国国情的中高档轿车，还具有最强的竞争力。风神公司紧紧抓住核心业务，而将其他业务（如部分零件制造、仓储、物流等）外包出去。

3. 供应商管理库存的方式

风神公司通过 VMI（供应商管理库存，vendor managed inventory）管理策略，与公司的供应商建立了战略性长期合作伙伴关系，打破传统的各自为政的库存管理模式，体现了供应链的集成化管理和“双赢”思想，能更好地适应市场化的要求。在风神公司的采购过程中，风神公司每 6 个月与供应商签订一份开口合同或者闭口合同，在每个月月初告诉供应商每个月的要货计划，供应商根据这个要货计划安排自己的生产，然后将产品运送到风神公司的中间仓库，而风神公司的装配厂只需要按照生产计划凭领料单按时到中间仓库提取产品即可，库存的消耗信息由供应商采集并及时做出补充库存的决策，实现了准时化供货，节约了库存成本，为提高整个供应链的竞争力做出了贡献。

4. 战略联盟的合作意识

风神供应链中的合作企业都认识到，它们已经构成相互依存的联合体，各方都十分珍惜这种合作伙伴关系，培育出了与合作伙伴结成长期战略联盟的意识。当风神供应链中每个成员企业的活动都能像乐队成员按乐谱演奏时，制造商能够及时了解市场动态，供应商知道何时增加/减少生产，物流公司能够掌握何时提供准时物流服务，分销商也可及时进行调整，这样就能把传统经营中经常出现的流通中断或库存积压过长等问题消除或者降到最低限度，从而真正实现精细化生产。

问题讨论：

1. 从历史研究的角度讨论一下风神供应链管理所体现的真正价值。
2. 风神供应链上的伙伴是如何分享它们所需的各种信息的？

第 2 章

供应链的系统特征与运行机制

| 学习目的 |

本章围绕供应链管理的基本内容，着重讨论供应链系统的特征与类型、供应链管理的运行策略及机制、集成化供应链管理，以及与供应链管理有关的战略决策等问题。通过本章的学习，读者能够认识到不同企业或同一企业的不同产品都有不同的竞争特性，管理人员应该能够根据产品的竞争特性选择与之相适应的供应链管理模式。这是企业实施供应链管理的一个基本的但很重要的问题。

第 1 节 供应链系统的特征与类型

一、供应链系统的特征

从前面介绍的供应链结构模型可以看出，供应链是一个网链结构，由核心企业及围绕核心企业的供应商、供应商的供应商和用户、用户的用户组成，每一个企业都是供应链上的一个节点，上下游节点企业之间是一种需求与供应关系。供应链是一个非常复杂的系统，一般来说主要有以下几个方面的特征。

1. 系统性

供应链是由不同相关企业和组织组成的有机体，具有共同的目标。供应链是一个大的系统，系统内又有若干子系统或子链。

2. 复杂性

因为供应链节点企业组成的跨度（层次）问题，供应链往往由多个、多类型甚至多国企业构成，所以供应链结构模式比一般单个企业的结构模式更为复杂。

3. 动态性

供应链系统的运行根据企业战略和适应市场变化的需要而呈现动态性，核心企业可根据不同的市场需要组合不同节点企业，当原有的市场需要得到满足或者出现新的市场需求时，供应链系统也将随之变化，再根据新的需求组成新的供应链系统，因此供应链系统具有明显的动态性。

4. 响应性

供应链的形成、存在、重构都是基于一定的市场需求。供应链中信息流、产品/服务流、资金流的运作要具有很好的响应性，能够及时、准确满足各种各样的用户个性化需求。

5. 交叉性

节点企业可以是这个供应链的成员，同时又是另一个供应链的成员，众多的供应链形成交叉结构，增加了协调管理的难度。

由此可见，供应链是一个复杂的大系统。面对如此复杂的系统，必须了解不同情况下供应链系统的特征，才能有目的地选择适合本企业的运作模式，同时，必须分清不同的类型，才能有针对性地选择最适合的管理模式。

二、供应链的类型

根据不同的划分标准，可以将供应链分为以下几种类型。

（一）效率型供应链和响应型供应链

费希尔（Fisher）等认为，供应链构成类型及特点与它所支持的产品在市场上的表现特点有很大关系，进而提出了功能性产品和创新性产品、效率型供应链（efficient supply chain）和响应型供应链（responsive supply chain）几个新的概念，并给出了供应链设计时的匹配策略。功能性产品和创新性产品的特点对比如表 2-1 所示。

表 2-1 产品在市场上表现出的特征对比

比较项目	功能性产品	创新性产品
需求特征	可预测	不可预测
产品生命周期	>2 年	3 个月至 1 年
边际收益率	5%～20%	20%～60%
产品多样性	低（10～20 种）	高（上百种）
平均预测误差幅度	10%或更低	40%～100%
平均缺货率	1%～2%	10%～40%
平均销售期末降价比率	几乎为 0	10%～25%
产品的提前期	6 个月至 1 年	1 天至 2 周

在实施供应链管理时，应该根据不同的产品特点，选择和设计不同类型的供应链系统。根据支持功能性产品还是支持创新性产品，出现了两种类型的供应链：效率型供应链和响应型供应链。效率型供应链主要体现供应链在完成物料转换功能（从原材料到产成品）过程中，要以最低的成本将原材料转化成零部件、半成品、产品，并完成在供应链中的运输、配送等活动，把低成本属性放在第一位；响应型供应链主要体现供应链对市场需求的响应功能，强调及时准确地把产品交到用户手中，且能够对未知的需求做出快速调整等，把快速响应用户需求放在第一位。两种类型供应链的比较如表 2-2 所示。

表 2-2　响应型供应链与效率型供应链的比较

比较项目	效率型供应链	响应型供应链
主要管理背景及目标	认为需求是可预测的，以最低的成本有效满足需求	认为需求是不可预测的，以快速响应出现的需求为目标
生产过程的管理重点	维持设备设施比较高的平均利用率	消除多余的缓冲能力
库存战略	追求高回报，使供应链上的库存最小	消除大量的零部件和产品缓冲库存，降低库存损失
提前期	在不增加成本的前提下缩短提前期	采取主动措施缩短提前期
选择供应商的方法	选择的重点是依据成本和质量	选择的重点是依据速度、柔性和质量
产品设计战略	尽可能使产品标准化，减少变动性，使规模效应最大、成本最小	使用模块化设计和延迟制造技术满足产品差异化需求

当知道产品和供应链的特性后，就可以设计出与产品需求一致的供应链。供应链设计策略矩阵如图 2-1 所示。

	功能性产品	创新性产品
效率型供应链	匹配	不匹配
响应型供应链	不匹配	匹配

图 2-1　供应链设计策略矩阵

供应链设计策略矩阵的四个象限代表四种可能的产品和供应链的组合，管理者可以据此判断企业的供应链系统的设计是否与产品类型一致。这就是基于产品的供应链设计策略：效率型供应链适用于功能性产品，响应型供应链适用于创新性产品，否则就会产生问题。

例如，根据一份资料介绍，海尔物流曾遭遇过一次不大不小的问题。海尔物流在组建的头两年取得的成绩是有目共睹的，为海尔做出了巨大贡献，主要是源于海尔集团庞大的家电产业规模，从冰箱到空调、冷柜、洗衣机、彩色电视机，海尔共涉及 96 大门类、15 100 多个规格的产品群，重要家电产品线已接近完整。从这类产品的属性来看，应该属于功能性产品，通过规模效应降低了供应链成本。但是，2004 年 3 月，海尔取消各地的电脑分公司，改为大区制；将电脑事业部的资金流和物流收回，分别并入工贸公司和集团的物流本部，由集团统一控制；海尔 3C 负责商流和销售，并拿出 5%的利润给上述两个部门，以获得相应的资金流和物流的支持。2004 年 3 月整改后，相当一部分经销商感觉到物流不仅没有加快，反而更慢了——原来通过北京分公司发一批货到山西，可能 1 天就到了，只需要几十元费用，改为海尔集团的物流本部统一平台之后，要好几天才能到，费用也增加到几百元。IT 物流周转率高、批量小、品种多、速度快、个性化的特点被家电的固有渠道扭曲。海尔电脑的原料由集团内部统一规划、统一采购和统一运输后，表面上共享了平台，但由于规模没有上来，机制又不灵活，反而造成采购成本过高，这直接影响了海尔电脑的价格政策。对于本不具有家电物流特点的手机、电脑等 IT 产品，放到海尔家电物流平台反而影响了其物流效率。

（二）风险规避型供应链和敏捷型供应链

效率型供应链和响应型供应链的划分主要是从需求端的变化出发，重点是供应链如何处理市场需求不确定的运作问题。在实际供应链管理中，不仅要处理来自需求端的不确定性问题，而且要考虑来自供应端的不确定性问题。在有些情况下，来自供应端的不确定性对整个供应链运作绩效的影响可能更大一些。例如，新冠疫情使得全球不同国家的企业生产活动出现中断，进而导致几乎所有供应链都面临供应紧张问题，所有供应链企业都感到前所未有的压力。在新冠疫情中，那些具有较高应变能力的供应链企业能够及时调整策略渡过难关，而那些不具备应变能力的供应链企业则面临被市场淘汰的局面。更有甚者，需求端与供应端同时发生不可预测的波动，使原有供应链系统的运作不能适应如此复杂的市场环境，在这种情况下，就要求供应链必须具备较好的敏捷性，及时调整系统结构和管理流程，以快速适应新的竞争环境。

图 2-2 是需求不确定性和供应不确定性对某些典型行业影响的示意图。

		需求不确定性	
		低(功能性产品)	高(创新性产品)
供应不确定性	低（稳定流程）	Ⅰ 杂货、服装、食品、石油和天然气	Ⅱ 时装、家具
	高（变化流程）	Ⅲ 水力发电	Ⅳ 电信产品、半导体芯片

图 2-2　需求不确定性和供应不确定性示例

从供应和需求两个方面的不确定性对供应链运作的影响出发，人们进一步细分了供应链的类型，如图 2-3 所示。

供应不确定性 \ 需求不确定性	低（功能型产品）	高（创新型产品）
低（稳定流程）	效率型供应链	响应型供应链
高（变化流程）	风险规避型供应链	敏捷型供应链

图 2-3 考虑需求不确定性和供应不确定性的供应链类型

（1）风险规避型供应链。风险规避型供应链是指企业在供应链管理中要根据可能出现的供应不确定性做好对冲风险的预案，以防供应链突然出现断裂，进而影响对需求端的供应能力。例如，2017 年德国舍弗勒集团唯一的滚针原材料供应商上海界龙金属拉丝厂，由于环保方面的原因，被当地有关部门责令整改停产，导致舍弗勒的总成产品面临断货风险，进而导致下游整车厂的近 300 多万辆车不能装配出厂。其实，在此次停产整顿的半年之前，上海界龙就已经接到环保整改的通知，但是该企业并未认真整改，而德国舍弗勒集团也未做好万一环保不过关而导致断供的风险对冲计划，当供应商真的出现了断供时，整个供应链马上陷入停顿，舍弗勒这个时候再去寻找新的替代供应商，至少需要三四个月的时间。

（2）敏捷型供应链。敏捷型供应链是一种综合能力最强的供应链系统，它能够对来自需求和供应的不确定性做出及时反应，使自己能够始终围绕运行环境的变化而变化。例如，新冠疫情出现之后，社会上对医疗防护用品如口罩、防护服等产生了突发的巨量需求。有些企业看到这一需求后，即使过去从未生产过口罩，也立刻组织供应链转产。企业根据防疫对口罩的需求，很快确定好原材料供应商，快速采购和安装好设备并开工生产，在短短几天内就向市场提供了大量的口罩，既为本企业增加了收益，又为抗疫贡献了力量。再如，在新冠疫情期间，京东物流凭借其一体化供应链的敏捷性，立刻调整新的物流路径，调配各仓库库存满足客户的需求，使客户的供应链能够维持正常运转，这就是敏捷型供应链给企业带来的竞争优势。

（三）推-拉结合的供应链系统

在供应链构成的类型中，一般很难见到单纯的效率型供应链或者单纯的响应型供应链，现实中的供应链结构类型更多的是“推-拉”组合形式，实际上就是将效率型供应链的优点和响应型供应链的优点结合起来形成一种综合优势。供应链面向市场一端主要以客户需求为驱动力，主张快速响应客户的需求，因此以需求拉动式为主；供应链上游供应商一端更多的是以预测需求来驱动生产和供应，因此以推动式为主。推动式与拉动式的接口处称为“推-拉”边界，如图 2-4 所示。

以戴尔计算机为例，虽然其需求具有较大的不确定性，规模效益也不十分突出，理论上应当采取拉动战略，但实际上戴尔计算机并不是完全采取拉动战略，因为如果那样的话，它的成本会非常高。它采用“推-拉”组合战略的供应链系统。戴尔计算机的整机装配完全是根据最终顾客订单进行的，此时它的运作是典型的拉动战略，追求的是快速响应目标。但戴尔计算机的零部件供应商是按中长期预测进行生产和供应的，此时它执行的是推动战略，追求的是零部件供应的低成本目标。也就是说，供应链的推动部分是在装配之前，而拉动部分则从装配开始，按实际的顾客需求进行，是一种前推后拉的混合供应链战略。

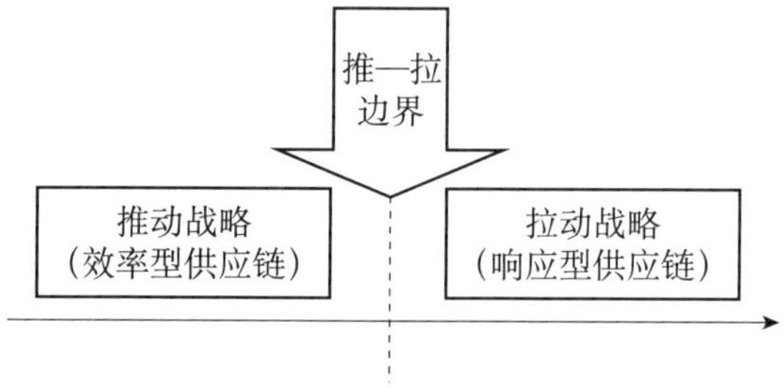

图 2-4 “推-拉”供应链分界线

“推-拉”组合战略的另一种形式是采取前拉后推的供应链组合战略。例如，图 2-2 中的区域Ⅱ表示的是那些需求不确定性高，但生产和运输过程中规模效益十分明显的产品和行业。家具行业是最典型的例子。一般家具生产商提供的产品在材料上差不多，但在家具外形、颜色、构造等方面的差异很大，因此它的需求不确定性相当大。由于家具产品的体积大，运输成本也非常高，就有必要对生产、分销策略进行区分。从生产角度看，因为需求不确定性大，企业不可能根据长期的需求预测进行生产，所以生产要采用拉动战略，分销策略又必须充分考虑规模经济的特性，通过大规模运输来降低运输成本。事实上，许多家具厂商采取的正是这种战略。也就是说，家具制造商是在接到顾客订单后才开始生产，当产品生产完成后，将此类产品与其他所有需要运输到某一地区的产品一起送到零售商的商店里，进而送到顾客手中。因此，家具厂商的供应链战略是这样的：采用拉动战略按照实际需求进行生产，采用推动战略根据固定的时间表进行运输，是一种前拉后推的组合供应链战略。

第 2 节　供应链管理的运行机制

供应链运作以物流、信息流、资金流等的运动过程为主体，贯穿整个供应链中各个企业。实现供应链管理的最终目标，就是要把分散在不同企业中的物流、信息流、资金流等多种要素整合成一种基于“竞争-合作-协调”的机制，以分布企业集成和分布运作协调为保证的新的企业运作管理模式。在供应链管理实践中，逐渐形成了供应链管理的合作机制（cooperation mechanism）、分享机制（benefit-sharing mechanism）、激励机制（encourage mechanism）、自律机制（benchmarking）等管理体系，使供应链能够满足市场需求的变化，进而实现供应链管理的综合目标，即社会目标（满足社会就业需求）、经济目标（创造最佳利益）和环境目标（保持生态与环境平衡）的合一（见图 2-5），可以说这是对供应链管理思想的哲学概括。

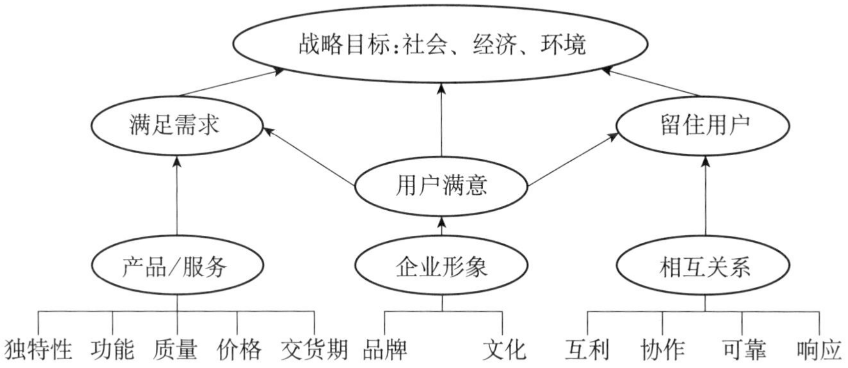

图 2-5　供应链管理目标的实现过程

一、合作机制

供应链合作机制体现了战略伙伴关系和企业内外部资源的集成与优化利用。基于这种企业环境的产品制造过程，从产品的研发到投放市场的周期大大缩短，而且顾客导向程度更高，模块化、简单化产品以及标准化组件使企业在多变的市场中柔性和敏捷性显著增强，虚拟制造与动态联盟提高了业务外包策略的利用程度。企业集成的范围扩大了，从原来的中低层次的内部业务流程重组上升到企业间的协作，这是一种更高级别的企业集成模式。在这种企业关系中，市场竞争策略最明显的变化就是基于时间的竞争和价值链及价值让渡系统管理或基于价值的供应链管理。

二、激励机制

归根结底，供应链管理和其他任何管理一样，都是要使企业在面向 21 世纪的竞争中在 TQCSF 上有上佳表现①。缺乏均衡一致的供应链管理绩效评价指标和评价方法是供应链管理实践效果不好的一个主要原因。为了掌握供应链管理的技术，必须建立健全业绩评价和激励机制，使我们知道供应链管理思想在哪些方面、多大程度上促使企业改进和提高，以推动企业管理工作不断完善，也使得供应链管理能够沿着正确的轨道与方向发展，真正成为企业管理者乐于接受和实践的新的管理模式。

① T 为时间，指反应快，如提前期短、交货迅速等；Q 为质量，意指产品、工作及服务质量高；C 为成本，即企业要以更低的成本获取更大的收益；S 为服务，指企业要不断提高用户服务水平，提高用户满意度；F 为柔性，指企业要有较好的应变能力

三、自律机制

自律机制要求供应链企业向行业的领头企业或最具竞争力的竞争对手看齐，不断对产品、服务和供应链业绩进行评价，并不断加以改进，使企业能保持自己的竞争力和持续发展。自律机制主要包括企业内部的自律、对比竞争对手的自律、对比同行企业的自律和对比领头企业的自律。企业通过推行自律机制，可以降低成本，增加利润和销售量，更好地了解竞争对手，减少用户的抱怨，从而提高客户满意度，增加信誉；同时，企业各部门之间的业绩差距也得以缩小，企业的整体竞争力得以提高。

四、风险防范机制

供应链企业之间的合作会因为信息不对称、信息扭曲、市场不确定性、政治、经济、法律等因素的存在而产生各种风险，必须针对供应链运作存在的各种风险及其特征，采取相应的防范对策。供应链风险防范策略可以从战略层和战术层分别加以考虑，主要措施包括：

（1）建立战略合作伙伴关系。供应链企业要实现预期的战略目标，客观上要求供应链企业进行合作，形成利益共享、风险共担的双赢局面。因此，与供应链中的其他成员建立紧密的合作伙伴关系，成为供应链成功运作和风险防范的一个非常重要的先决条件。建立长期的战略合作伙伴关系，首先要求供应链的成员加强信任；其次，应该加强成员间信息的交流与共享；最后，建立正式的合作机制，在供应链成员间实现利益共享和风险共担。

（2）加强信息交流与共享，提高供应链透明度和可视化水平。供应链企业之间应该通过相互之间的信息交流和沟通来消除信息扭曲，从而降低不确定性和风险。

（3）加强激励机制的应用。道德风险的防范主要是通过对信息不对称和委托-代理问题的研究，采用一定的激励手段和机制（如利益共享），来消除代理人的道德风险。

（4）柔性设计。供应链合作中存在需求和供应两方面的不确定性。供应链企业合作时，通过在合同设计中互相提供柔性，可以部分消除外界环境不确定性的影响，传递供给和需求的信息。柔性设计是消除由外界环境不确定性引起的变动因素的一种重要手段。

（5）构建完善的风险管理体系。企业时刻面临着风险，对于风险的管理必须持之以恒，建立专门（至少是合署办公的）的风险防范的组织管理部门，形成制度化的风险管理机制。供应链风险管理部门的日常工作包括风险预测与分析、风险跟踪和监控、风险预警、危机处理、供应链灾后恢复等。

五、信任机制

信任机制是供应链管理中企业之间合作的基础和关键。信任在供应链管理中具有重要作用。供应链管理的目的是加强节点企业的核心竞争能力，快速响应市场需求，最终提高整个供应链的市场竞争能力。要达到这一目的，加强供应链节点企业之间的合作是供应链管理的核心，在供应链企业的相互合作中，信任是基础和核心。企业间没有起码的信任，任何合作、伙伴关系、利益共享等都只能成为一种良好的愿望，因此，建立供应链企业间的信任机制是至关重要的。供应链企业之间的信任机制可以简要地以图2-6来表示。

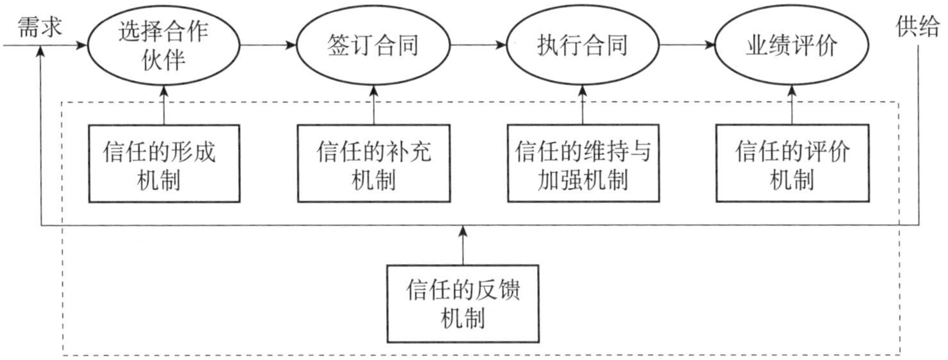

图2-6　供应链管理中的信任机制

六、分享机制

通过供应链资源整合和协调运作达到供应链收益最大化，这还不是供应链运行机制的全部。事实上，能否达成供应链管理的最终目标，还有一个重要机制，即供应链的收益共享，或称分享机制。供应链上的合作企业之所以愿意在一个供应链体系内共创价值，是因为它们看到这个供应链能够创造更多的收益，但是这些收益必须实现共享，才有可能将供应链的资源整合起来。如果合作企业发现供应链的利益被某企业独占，它们是不可能参与到供应链的管理系统中的，即使介入，可能也是抱着短期利益最大化的心态，捞一把就跑，而牺牲的是供应链的未来发展。因此，供应链的分享机制是最为核心的理念之一，只有让合作伙伴能够从供应链获得应得的收益，才能使供应链保持持续的发展。

第3节　集成化供应链管理

如前所述，供应链是一个由若干企业组成的网络结构体系，要使不同企业在一个共同体内协调运作，就必须从集成化的角度研究供应链管理模式，探讨供应链体系的企业群体是如何由内向外、由表及里，由企业内部的协调分工到企业间的协调运行的。

使供应链管理真正成为有竞争力的武器，就要抛弃传统的管理思想，把企业内部以及节点企业之间的各种业务看作一个整体功能过程，形成集成化供应链管理体系。通过信息、制造和现代管理技术，将企业生产经营过程中有关的人、技术、经营管理三要素有机地集成并优化运行，通过对生产经营过程的物料流、管理过程的信息流和决策过程的决策流进行有效的控制和协调，将企业内部的供应链与企业外部的供应链有机地集成起来进行管理，达到全局动态最优目标，以适应新的竞争环境下市场对生产和管理过程提出的高质量、高柔性和低成本的要求。

一、集成化供应链管理的思想

集成化供应链管理模式的总体概念模型如图 2－7 所示。该模型很像英文字母“X”，因此简称为“X”模型。这一模型的提出奠定了集成化供应链管理研究的基础，更为重要的是，该模型蕴含了集成化供应链管理的哲理。

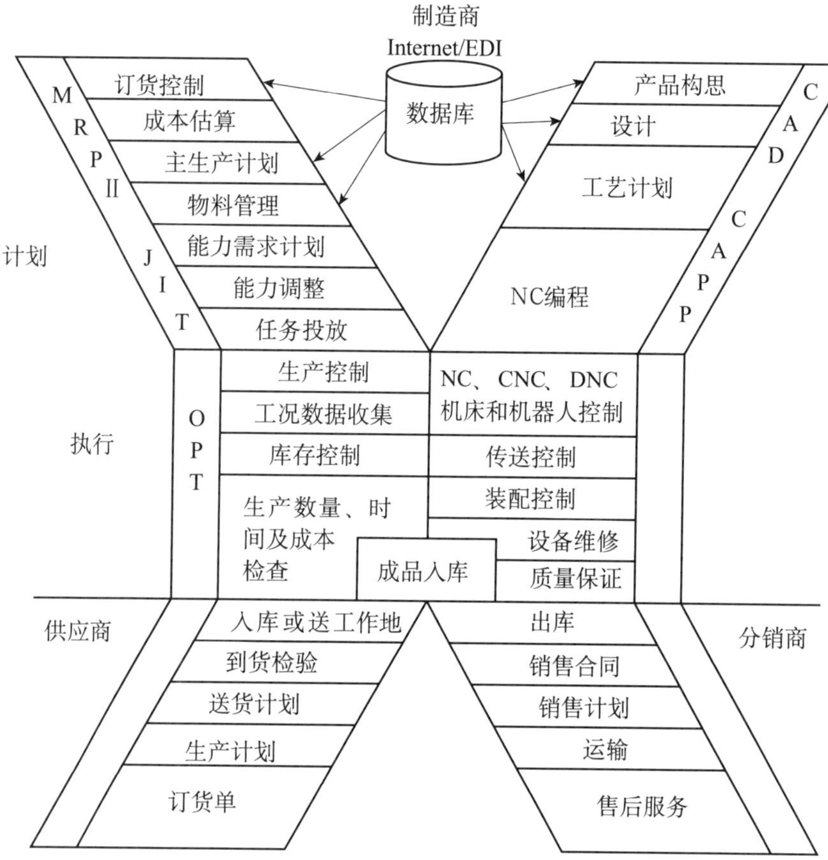

图 2－7　基于供应链的总体概念模型

1. 生产系统设计思想

传统的企业管理者设计生产系统时，主要从企业自身的生产需要出发考虑各种资源要素的匹配，没有考虑企业内外资源及物流、信息流的集成，供应、生产、分销没有形成真正的有机整体。“X”模型体现了系统工程的思想，以供应链系统为载体把三者有机地结合起来。

2. 产品设计与制造过程设计

为了提高管理质量（成本、服务、提前期、响应时间），过去人们只是从企业的内部考虑如何挖掘潜能，没有从市场的角度考虑供应商与制造商之间的合作关系，没有考虑业务外包问题。“X”模型体现了并行工程的思想，把产品与制造设计工作和供应商、分销商乃至顾客都考虑进去，建立协同的工作环境。

3. 集成的生产计划与控制模式

传统的企业生产计划是以物料需求为中心展开的，缺乏与供应商及用户的协调，企业制订计划时很少考虑供应商以及分销商的实际情况，不确定性对库存和服务水平影响较大，库存控制策略也难以发挥作用。在“X”模型中，供应链上任何一个企业的生产和库存决策都会影响供应链上其他企业的决策，也就是说，企业的生产计划与库存的优化控制不但要优化内部的业务流程，而且要从供应链的整体出发，进行全面的优化控制，跳出以本企业物料需求为中心的生产制造管理界限，充分了解用户需求并与供应商在经营上协调一致，实现信息的共享与集成，以顾客的需求驱动定制化的生产计划与优化控制，获得柔性、敏捷的市场响应能力。

4. 体现企业间的战略伙伴关系

“X”模型除了信息的集成、经济利益的联系，还体现了企业间的一种新型的合作关系——战略伙伴关系。“X”模型寓意着企业与企业之间不是简单的交易关系，而应该是一种战略性的合作伙伴关系，充分的信任和信息透明有利于企业改进生产系统、提高产品质量、降低成本及实现准时化生产，使供应链能够同步化运作。

今天的企业面临着比以往更复杂的环境和更激烈的竞争，新的全球化已经不同于以往的全球化。受到新冠疫情以及地缘政治变化的影响，人们已经在思考供应链的区域性问题，有的企业提出要打造“短链”，这样的供应链更能承受波动性的影响。我们只有坚持开放的市场体系、开放式的供应链结构，才能使企业与供应商和顾客建立更加紧密的联系，以此响应市场不确定性的挑战。

二、集成化供应链管理理论模型

集成化供应链管理的架构可以描述为三个管理闭环：一是由顾客化需求-集成化计划-业务流程重组-面向对象的过程控制组成第一个控制回路（运作回路）；二是由顾客化策略-信息共享-调整适应性-创造性团队组成第二个回路（策略回路）；三是在运作回路的每个部分形成相应的性能评价与提高回路（性能评价回路）。供应链管理的各种活动围绕这三个回路形成了一个协调的整体。

根据集成化思想构建的集成化供应链管理理论模型如图2-8所示。

在三大管理回路的基础上，又可以进一步分为四个管理回路：

（1）调整适应性-业务流程重组回路，主要涉及供需合作关系、战略伙伴关系、供应链（重建）精细化策略等问题。

（2）面向对象的过程控制-创造性团队回路，主要涉及面向对象的集成化生产计划与控制策略、基于价值增值的多级库存控制理论、资源约束理论在供应链中的应用、质量保证体系、群体决策理论等。

（3）顾客化需求-顾客化策略回路，主要涉及用户满意策略与用户满意评价理论、面向定制化的产品决策理论研究、供应链的柔性敏捷化策略等。

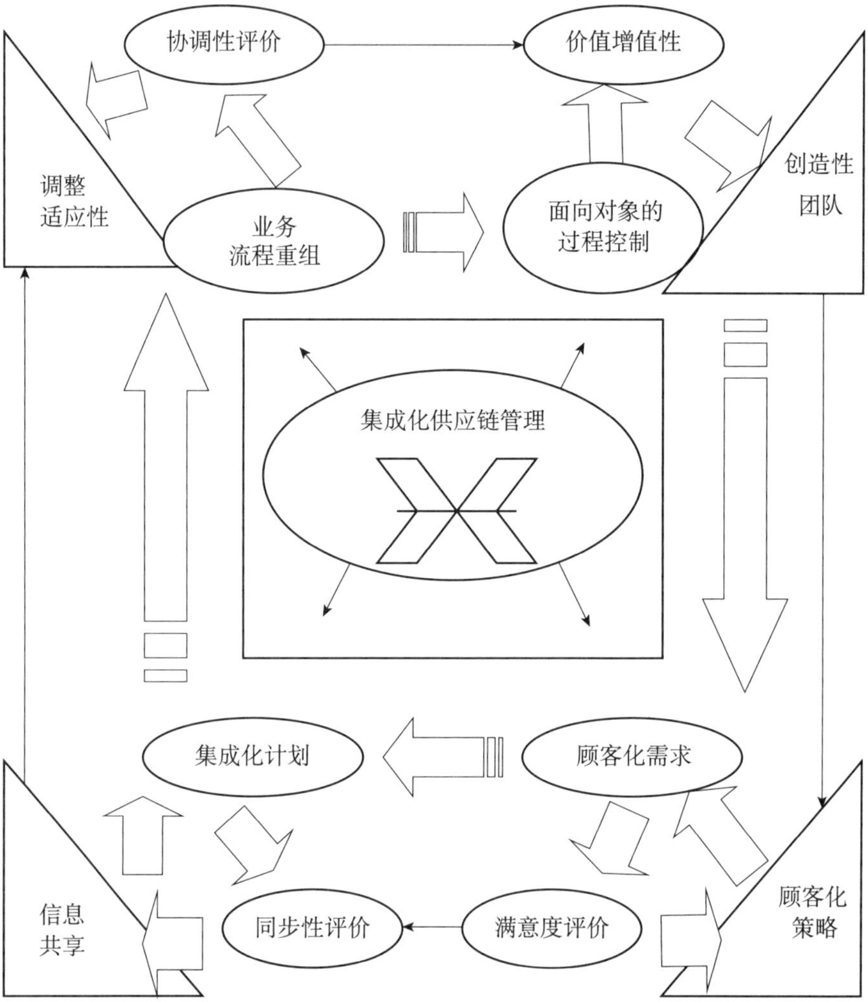

图 2－8　集成化供应链管理理论模型

（4）信息共享-集成化计划回路，主要涉及 JIT 供销一体化策略、供应链的信息组织与集成、并行化经营策略等。

三、集成化供应链管理的实现

为什么要实施集成化供应链管理？因为企业面对的许多有关供应链的问题，不是传统管理方法能够解决的，必须借助集成化的思想，才能有效解决。这些问题主要包括：

- 供应链的成本过高（占净销售额的 5％～20％）。
- 库存水平过高（库存水平经常保持在 3～5 个月）。
- 部门之间的冲突。
- 原有目标不适应要求。
- 产品生命周期越来越短。
- 外部竞争加剧。

- 经济发展的不确定性增加。
- 价格和汇率的影响。
- 用户的多样化需求。

（一）实施集成化供应链管理的思想转变

要想实现集成化供应链管理，真正解决上述这些问题，企业要在以下几个方面实现转变：

（1）要从供应链的整体出发，重新优化企业内部的结构。

（2）要转变思维模式，从纵向一维空间思维向纵横一体的多维空间思维方式转变。

（3）要转变过去“大而全”“小而全”的封闭的经营思想，与供应链中的合作伙伴企业建立以战略伙伴关系为纽带的优势互补、风险共担、利益共享的合作关系。

（4）要建立分布的、透明的信息集成系统，保持供应链“端到端”（end-to-end）的信息沟通渠道的畅通和透明，提高供应链的可视化。

（5）所有的人员和部门都应对共同任务有统一的认识和了解，消除部门障碍，实行协调工作和同步化运作。

（二）集成化供应链管理实施的步骤

一个企业从传统的管理模式转向集成化供应链管理模式并不是一蹴而就的。从成功企业的实践来看，一般要经过五个阶段，才能完成从最低层次的基础建设到最高层次的集成化供应链管理的转变。各个阶段的不同之处主要体现在组织结构、管理核心、计划与控制系统、应用的信息技术等方面的水平与要求，其步骤如图 2－9 所示。

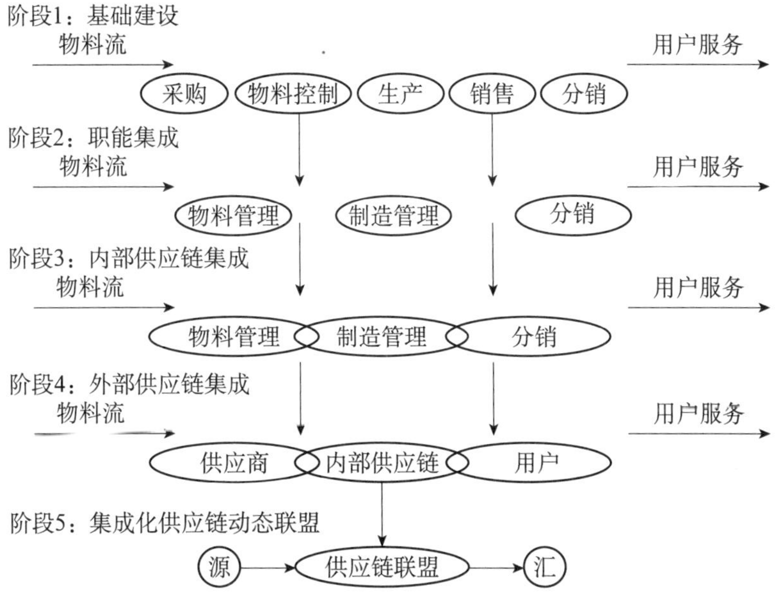

图 2－9　集成化供应链管理实施步骤模型

阶段 1：基础建设

这一阶段是以企业现有供应链运作为基础，厘清企业内部影响实施供应链管理的阻力和存在的不足之处，同时对市场的特征和不确定性做出分析和评价，制定出加强企业供应链集成化管理基础建设的相关措施。

在传统的供应链中，由于企业职能部门分散、独立地控制供应链中的不同业务，企业组织结构比较松散。企业这时的供应链管理主要具有以下特征和问题：

● 受“成本-质量”导向的影响，企业的供应链管理围绕“产量-质量-成本”展开，追求生产产出的规模化、批量化，对市场变化的反应比较迟钝。

● 销售、制造、计划、物料管理、采购等业务过程相互独立，不相匹配，导致原材料、半成品、产成品及外部库存等各个环节出现库存积压及物流停滞等问题。

● 不同职能的组织部门界限分明，都是单独操作，往往导致不同部门之间的利益冲突。例如，采购部门可能只控制物料来源和原材料库存，制造和生产部门通过各种工艺过程实现原材料到成品的转换，而销售和分销部门可能只处理外部的供应链和库存，部门之间的关联业务往往会因各自为政而发生冲突。

处于这一阶段的企业主要采取“长计划、短安排”的策略，也就是以实现集成化供应链管理为长期性的战略计划，在该计划的指引下，重点对存在的问题和出现的困难逐个加以解决，为未来发展扎牢企业的管理基础。虽然企业可以逐步解决内部管理的问题，但对改善整个供应链的效率作用有限，同时影响企业对供应和需求变化的敏感度。

阶段 2：职能集成

职能集成阶段聚焦于处理企业内部的物流，即以贯通物流流程为牵引，围绕核心职能对物流实施集成化管理，并以此为基础对组织实行业务流程重组，实现职能部门的优化集成。在具体的工作中，通常可以建立交叉职能小组，参与计划和执行项目，以增加职能部门之间的合作，消除可能存在的影响集成化管理的障碍。

职能集成可以更好地满足用户的需求。事实上，用户需求在今天已经成为驱动企业生产的主要动力，成本有时倒在其次。比如新冠疫情发生后，很多企业以满足订单为优先目标，想尽一切办法按时交货而不拘泥于成本的影响。当然，这样往往导致生产、运输、库存等成本的增加。此时供应链管理主要具有以下特征：

● 将分销和运输等职能集成到物流管理中，制造和采购职能集成到生产职能中。

● 强调降低成本，同时注重日常管理水平的提高。

● 积极为用户提供各种服务，满足用户需求。

● 调整职能部门结构，设置必要的库存做缓冲。

● 主要以订单完成情况及其准确性作为评价指标。

在集成化供应链管理的第二阶段，一般采用 MRP 系统进行计划和控制，通过信息化手段加强计划管理和生产控制。

对于分销网络，若需求得不到准确的预测和控制，分销的基础设施与制造难以实现有效连接。由于用户的需求得不到确切的理解，容易导致计划不准确和业务的失误，因此在第二阶段要采用有效的预测技术和工具对用户的需求做出较为准确的预测、计划和控制。

由于以上采用的各项技术之间、各项业务流程之间、技术与业务流程之间都缺乏更高层次的集成，库存和浪费等问题可能困扰企业。

阶段 3：内部供应链集成

这一阶段要实现企业直接控制的领域的集成，实现内部集成化供应链，同时也要实现企业内部供应链与外部供应链中供应商和用户管理部分的集成。

为了支持企业内部集成化供应链管理，主要采用供应链计划（supply chain planning，SCP）和 ERP 系统来实施集成化计划和控制。有效的 SCP 集成了企业所有的主要计划和决策业务，包括需求预测、库存计划、资源配置、设备管理、路径优化、基于能力约束的生产计划和作业计划、物料和能力计划、采购计划等。ERP 系统集成了企业业务流程中主要的执行职能，包括订单管理、财务管理、库存管理、生产制造管理、采购等职能。SCP 和 ERP 通过基于事件的集成技术联结在一起。

本阶段企业管理的核心是内部集成化供应链管理的效率问题，主要考虑在优化资源及生产能力的基础上，以最低的成本和最快的速度生产最好的产品，快速地满足用户的需求，提高企业的反应能力。这对于生产多品种或提供多种服务的企业来说意义更大，提高企业的运作柔性也越来越重要。在第三阶段需要构建新的交叉职能业务流程，逐步取代传统的职能模块，以用户需求和高质量的预测信息驱动整个企业供应链的运作。降低比较高的服务成本是此阶段管理的主要问题。

这一阶段可以采用 DRP 系统、MRP Ⅱ 系统管理物料，运用 JIT 等技术支持物料计划的执行。JIT 的应用可以使企业缩短市场反应时间、降低库存水平和减少浪费。

企业还应该考虑同步化的需求管理，将用户的需求与制造计划和供应商的物料流同步化，减少不增值的业务。同时，企业可以通过优质的信息网络（而不是大量的库存）来获得巨大的利润。

此阶段的供应链管理具有以下特征：

- 突出解决各种战术问题。
- 注重制订中期计划，实施集成化的计划和控制体系。
- 强调效率性，即保证要做的事情尽可能好、尽可能快地完成。
- 从采购到分销的整个系统具有可视性，提高信息化水平。
- 信息技术的应用。广泛地运用 EDI 和互联网等信息技术支持与供应商及用户的联系和获得快速反应能力。EDI 是集成化供应链管理的重要工具，特别是在进行国际贸易合作需要大量关于运输的文件时，利用 EDI 可以使企业快速获得信息和更好地为用户提供优质服务。
- 与用户建立良好的关系而不是“管理”用户。

阶段 4：外部供应链集成

实现集成化供应链管理的关键在于第四阶段，将企业内部供应链与外部的供应商和用户集成起来，形成一个集成化供应链网络。与主要供应商和用户建立良好的合作伙伴关系，即供应链合作伙伴关系（supply chain partnership），是集成化供应链管理的最关键之处。

在这一阶段，企业要特别注重战略伙伴关系管理。管理的焦点要以面向供应商和用户取代面向产品，增加与主要供应商和用户的联系，增进相互之间的了解（对产品、工艺、组织、企业文化等），相互之间保持一定的一致性，实现信息共享等，通过为用户提供与竞争者不同的产品/服务或增值的信息获得收益。供应商管理库存（vendor management inventory，VMI），合作计划、预测和补货（collaborative planning，forecasting and replenishment，CPFR）的应用，就是企业之间建立良好的合作伙伴关系的有效途径。通过建立良好的合作伙伴关系，企业可以很好地与用户、供应商和服务提供商实现集成和合作，共同在预测、产品设计、生产、运输计划和竞争策略等方面设计和控制整个供应链的运作。对于主要用户，企业一般建立以用户为核心的小组，这样的小组具有不同职能领域的功能，从而更好地为主要用户提供有针对性的服务。

处于这个阶段的企业，生产系统必须具有更高的柔性，以提高对用户需求的反应能力和速度。根据不同用户的需求，企业必须既能按订单生产（make-to-order），按订单组装、包装（assemble or package-to-order），又能按备货方式生产（make-to-stock），这样一种根据用户的需求对资源进行不同优化配置的策略称为动态用户约束点策略。延迟制造技术可以很好地实现以上策略。它强调企业产品生产加工到一定阶段后，等待收到用户订单以后根据用户的要求完成产品的最后加工、组装，这样企业供应链的生产就有了更高的柔性。

为了达到与外部供应链的集成，企业必须采用适当的信息技术为企业内部的信息系统提供与外部供应链节点企业的接口，达到信息共享和信息交互，实现操作的一致性。

本阶段企业采用同步化和集成化的计划和控制系统，集成了用户订单数据和合作开发计划、基于约束的动态供应计划、生产计划优化等功能，以保证整个供应链中的成员以一致的目标同步进行供应链管理。

阶段 5：集成化供应链动态联盟

在完成以上四个阶段的集成以后，已经构成了一个网络化的企业集成结构，也可称为供应链共同体，它的战略核心及发展目标是占据市场的领导地位。为了占据市场的领导地位，随着市场竞争的加剧，供应链共同体必将成为一个动态的网链结构，以适应市场变化、柔性、速度、创新等的需要，不能适应供应链需求的企业将从供应链联盟中淘汰，从而使供应链成为一个能快速重构的动态组织结构，即集成化供应链动态联盟。企业通过互联网/物联网/商务协同软件等技术集成在一起以满足用户的需求，一旦用户的需求消失，它也将随之解体。当另一个需求出现时，这样的一个组织结构又由新的企业动态地重新组成。在这样的环境中，企业如何成为能及时快速满足用户需求的供应商，是企业生存、发展的关键。

集成化供应链动态联盟是基于一定的市场需求，根据共同的目标组成的，通过信息的实时共享来实现集成。主要应用的信息技术是互联网/物联网/商务协同软件的集成，同步化的、扩展的供应链计划和控制系统是主要的工具，基于互联网商务协同的电子商务将取代传统的商务手段，这也是供应链管理发展的必然趋势。

第4节　供应链管理的战略性

一、供应链管理从运作层向战略层的转移

供应链管理经过几十年的发展，人们逐渐感到，要想充分发挥供应链管理的潜在作用，应该将供应链管理作为企业的战略性问题来考虑，而不能仅仅将其看作一种操作方法。

根据德勤咨询公司发布的一项研究报告，虽然现在已有91%的北美制造企业将供应链管理列为关键或重要管理活动，但是只有2%的企业达到了世界级水平（world class），差不多有75%的企业在平均及以下水平。一个主要的原因是，50%的企业说它们虽然有供应链的计划，但是没有供应链管理战略。其他原因包括：

- 缺乏应用和集成技术的能力。
- 缺乏协调企业间资源的话语权。
- 改革关键流程的阻力。
- 跨职能的障碍。
- 缺乏有效测量供应链绩效的评价指标。

以上情况反映出一个问题，即供应链管理对提高企业竞争力的重要作用和它在实际运作中的绩效不成比例。产生这些问题的原因并不是供应链管理理论本身有什么大问题，而是企业没有将它看作企业战略的一个组成部分。从德勤咨询公司揭示的影响供应链管理绩效的几个原因看，需要从全局的角度进行规划的战略性思考，才能彻底解决上述问题，因为所有这些影响供应链管理绩效的问题都不是哪一个部门能够解决的，也不是一蹴而就的。因此，从战略的角度考虑供应链管理的地位具有十分重要的意义，否则许多相关问题都无法得到有效解决。

二、供应链管理的战略性议题

供应链管理的战略性就是要从企业发展战略的高度考虑供应链管理的事关全局的核心问题，例如供应链网络的构成、实施战略的制定、运作方式的选择以及信息支持系统的建立问题等。供应链管理的战略性议题就是要解决一个企业在具体实施供应链管理方式时所依据的方法论和策略，避免走弯路或出现失误等。下面逐一简要讨论。

（一）供应链网络的组成

供应链网络是供应链日常运作的载体，是保证供应链竞争力的基础结构，其战略性价值非常突出。如何根据市场需求和资源分布，合理布局供应链的生产基地、物流中心、采购源头等关键组成要素，直接关系到供应链的整体绩效水平。因为供应链网络结构很多都

是固定性的资产投资，一旦设置出现错误，带来的将是毁灭性的灾难。供应链网络结构不仅影响日常经营活动产生的效益，而且对供应链的韧性及风险规避能力有直接影响。例如，新冠疫情的暴发使很多国家的企业无法正常生产，有些供应商出现供货中断。有的供应链网络布局具有较高的灵活性，在这场疫情危机中能够快速调整供应来源，使供应链很快摆脱危机。有的供应链网络设置缺乏灵活性，一个供应商出现供应中断，整个供应链跟着停摆。由此可见，科学规划供应链网络布局、选择好组成供应链的合作伙伴是多么重要。

（二）培养协调运作的合作精神

供应链的核心价值是合作共赢。如前所述，供应链是由不同的企业组合而成，要想取得预期成果，就必须把这些具有独立利益的主体捏合成运作协调的整体。因此，供应链管理的任务之一就是要在企业内部及外部培养起合作精神。从企业内部来说，一方面，要鼓励员工发扬团队合作精神，通过协同工作来解决问题。要把合作看成一种义务，而不是互相推诿。这样，企业就会合作完成新的订单，获取新的市场机遇。另一方面，企业要有明确的智力资源权利条例和道德准则，规范人们的行为和保护员工发明创造的权利。在管理上，强调权力分散，让中层和基层管理人员在保证企业总任务的前提下，有更多的自治权。循循善诱的领导作风、鼓励和信任代替传统的上司对下属的命令和控制，形成一种各级人员都有强烈进取心，责任分担、荣誉分享的企业文化。整个企业，从员工个人到组织机构，都能最有效地适应市场的变化，做出快速响应。

从企业外部来说，合作精神促进了竞争对手之间的合作。例如 20 世纪 70 年代，美国三大汽车巨头——通用、福特、克莱斯勒，都投资几亿美元开发汽车排气管上控制空气污染的装置。当时它们决不愿意联合起来开发。实际上它们最终开发出了类似的产品，白花了很多钱。现在，它们都参加了一个美国汽车研究委员会（USCAR），共同开发各种技术、材料和部件，从结构塑料到电池再到电机车控制系统等。日立公司与 IBM 在计算机主机市场上一直是竞争对手，但现在成了合作伙伴。日立公司买进 IBM 的主机 CMOS 处理机芯片，并制造 IBM 结构的主机（IBM 给予其许可证），打上日立公司的牌子销售。当然，要解决利益分配的问题，使供应商、合作伙伴以及顾客都能共享信息，互相受惠，进而为创建或加入虚拟企业制定明确的标准。

（三）打通供应链信息链

应对市场的急剧变化，最关键的是要掌握用户需求的变化，做到在竞争中知己知彼。如果对本企业内部的信息不能透彻了解，又如何要求员工从全局出发做到集成呢？如果竞争对手采取了新措施，采用了新技术，而本企业却迟迟不了解，又如何能及时采取改进竞争手段的对策呢？为此，一定要解决好信息化的问题，打通供应链上的信息瓶颈，形成高度可视化的信息链。这是做好供应链管理工作的基本要求。

（1）满足用户差异化需求。在市场竞争日益激烈的情况下，如何提高企业的用户服务水平，满足不同顾客的不同需求，是企业生存与发展的重要课题。供应链系统中存在不同需求和不同层次的用户，“顾客”在供应链中是一个广义的概念。在整个供应链工作流中，每一个下级工作流都是上级工作流的顾客，而不同的顾客的需求是不同的。信息流的贯通提高了供应链系统的信息共享程度与共享幅度，可以根据不同的用户需求提供多样化的供应链服务。

（2）实现渠道设计顾客化。渠道战略是供应链管理的一项重要内容。渠道设计如何适应顾客需求的变化，建立适应顾客需求变化的可重组、可重用的快速反应的供需渠道，对提高供应链的有效性和敏捷性是非常重要的，因此要对信息流进行强有力的管理。第一，信息流管理可以随时跟踪和监控顾客需求的变化，使供应链反映顾客需求的不确定性，具有柔性和敏捷性；第二，信息流管理使得供应链可以根据顾客的需求特征和利益偏好进行渠道定位分析，确定最能让顾客满意的渠道；第三，信息流管理将顾客作为最主要的信息源，并与顾客建立有效的协商沟通渠道和反馈机制，让顾客参与渠道的活动和监督，体现“顾客就是上帝”的经营理念。

（3）实现市场运作同步化。同步化、并行化策略能使供应链的运作效率大大提高，获得更快的市场响应速度。市场的变化使供应链的不确定性增加了，不管是来自上游链还是下游链的变化，对信息流的管理都将促使企业从整个供应链的角度去考虑，以获得整体优化的效果，而不是仅仅从企业内部的角度去考虑问题。同时，信息共享与信息集成保证企业对市场需求信息的准确把握，企业之间的并行作业可以大大缩短供应链的多级响应周期，最终提高供应链的效率和有效性。

（4）实现市场响应敏捷化。美国斯坦福大学的李（Hau L. Lee）教授在谈到供应链如何适应顾客个性化需求问题时，用了 postponement 和 customization 这两个重要的概念，可分别译为“延迟化”和“个性化”，指的是在产品差别化中，要使差别的时间和位置尽可能地靠近用户需求的位置，目的是要减少库存投资和运输费用，同时使供应链获得更快的市场响应速度和敏捷性。信息流管理通过增加供应链中信息的透明度，减少供应链中的不确定性，以动态信息代替静态库存，实现市场响应敏捷化。

（5）促进企业协作精益化。供应链管理的一个重要内容是企业之间的战略性合作问题。通过协调企业之间的合作与资源共享，建立互信良好的合作关系，达到降低供应链整体运行成本和化解风险的目的，也就是“双赢”的效果。例如，与供应商建立良好的合作关系有利于供应链的稳定，有利于建立快速的市场反应机制。供应商的选择、评价、考核、合作关系的建立、稳定等，都离不开供应链中通畅、融洽的信息共享和信息协商。正是“无缝”的信息流管理促进了企业协作精细化。

（6）加速信息交流网络化。信息共享是改善和加强供应链管理行之有效的办法。它能使企业快速地捕捉市场信息和在整个供应链范围内进行信息反馈，从而消除信息扭曲与失真。只有在整个供应链范围内利用先进的信息通信技术，才能有效地进行供应链的协调管理，使成员企业的运作达到同步化和获得一致性。供应链信息流的管理使各企业认识到提高企业信息化水平的重要性，再辅以供应链企业间的信息共享激励，能够大大加快供应链中信息交流的网络化速度。

（四）推动式和拉动式的供应链运作策略

有两种供应链运作方式：一种称为推动式，一种称为拉动式，如图 2－10 所示。推动式供应链运作方式以制造商为核心，产品生产出来后从分销商逐级推向用户。分销商和零售商处于被动接受的地位，各个企业之间的集成度较低，通常采取提高安全库存量的办法应付需求变动，因此，整个供应链上的库存量较高，对需求变动的响应能力较差。拉动式供应链的驱动力来自用户的需求，整个供应链的集成度较高，信息交换迅速，可以根据用户的需求提供精准的定制化产品或服务，采取这种运作方式的供应链系统库存量较低。

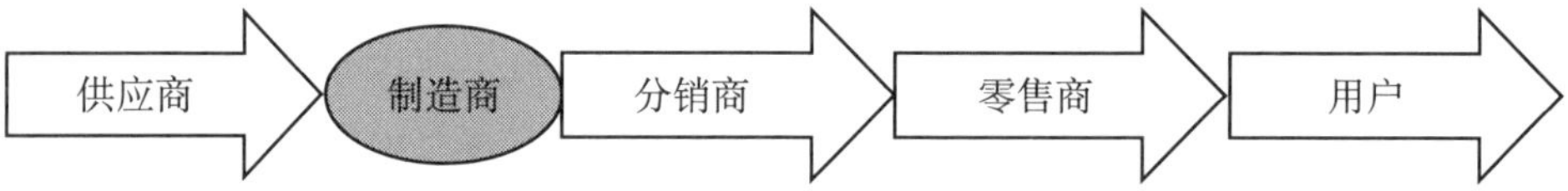

制造商推动的供应链：集成度低、需求变化大、缓冲库存量高

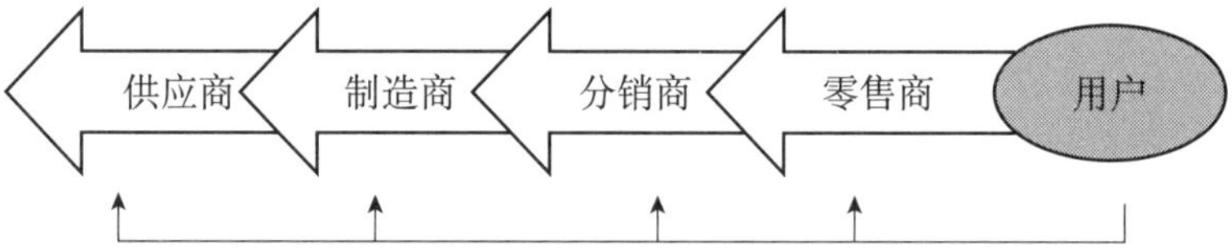

用户拉动的供应链：集成度高、数据交换迅速、缓冲库存量低、快速反应

图 2－10　两种不同性质的供应链

作为供应链管理战略的内容之一，就是要选择适合自己实际情况的运作方式。拉动式供应链虽然整体绩效出色，但对供应链上企业的要求较高，对供应链运作的技术基础要求也较高。推动式供应链方式相对较容易实施。企业采取什么样的供应链运作方式，与企业系统的基础管理水平有很大关系，切不可盲目照搬其他企业的成功做法，因为不同企业有不同的管理文化，盲目跟从反而会得不偿失。

（五）供应链绩效测量与评价体系

传统的企业评价总是着眼于可计量的经济效益，对生产和经营活动的评价依据具体的技术指标。这种方法基本上属于短期行为，侧重于操作层。对于供应链管理、系统集成所提出的战略考虑，如缩短提前期对竞争能力有多少好处，如何度量企业柔性，企业对产品变异的适应能力会产生怎样的经济效益，如何检测雇员和工作小组的技能，技能标准对企业柔性会有什么影响，这一系列问题都是在新形势、新环境下提出来需要解决的。又如会计核算方法，传统的会计核算主要适合静态产品和大批量生产，用核算结果来控制成本，压缩原材料和直接劳动力的成本，是一种消极防御式的核算方法。这些都不适应供应链企业需要，当前要采用一种支持这些变化的核算方法。如作业成本法（activity based costing，ABC）把成本计算与各种形式的经营活动相关联，拓宽了成本的计算范围，使计算出来的产品（服务）成本更准确真实。合作伙伴资格预评是另一个评价问题，供应链企业的成功要求合作伙伴各有所长，而且应有很好的合作信誉。由此可见，供应链管理环境下的绩效测量与评价是一个关系到企业全局的大问题，应该从战略的高度去制定相关的绩效测量与评价指标，制定绩效测量与评价的程序和方法。

三、实施供应链管理战略的几个重点问题

供应链管理战略系统涉及的范围较大，重点可围绕以下五个方面的要求来考虑。

1. 组织创新

供应链管理是一种不同于一般管理的模式。虽然这里用了“管理”一词，但其含义与过去只在一个企业内部发生的管理行为不一样。供应链管理是一种合作企业间的协调问题，供应链企业要认识到这一点，并在组织结构上重新设计，使之能够适应供应链管理的运行要求。如果发生在一个大的集团公司内，公司总部将起到计划和协调的作用。

2. 创新企业的经营思想

供应链管理的实践已经表明，它不是单纯的操作性方法，而是一种改变人们对企业职能再认识的战略。创立供应链优势、改变传统管理模式，就是要认识到只有在经营思想上提高对供应链管理的认识，才能制定出符合企业发展目标和供应链管理运行规律的战略。

3. 采用共享信息战略

通过共享供应链上的信息，供应链企业能够及时制定或调整生产策略，以便在市场上占据主动。制造商、供应商、分销商必须相互开放，并且在供应链中有及早介入供应链运作过程的机会。为此，要加大信息技术在供应链中应用的投资。

根据一份研究报告披露的信息，有80%接受调查的管理人员反映，信息技术的应用是推进供应链系统中信息共享的关键；在希望减少与销售有关的间接费用的企业中，87%的企业计划增加在信息技术上的投资。调查还了解到，改进整个供应链的信息精度、及时性和流动速度，被认为是提高供应链绩效的必要措施。没有全面集成信息的能力，缺乏实用性，是现有供应链难以取得实效的主要原因。

该调查还发现，只有不到33%的企业计划对它们的信息系统进行投资，以支持供应链系统和技术。那些采用了供应链优化系统如先进计划系统（advanced planning system，APS）的企业取得了较大的成功，而采用传统企业资源计划用于供应链管理的企业则感到力不从心。

基于这种考虑，供应链管理战略的一个重要内容就是建设好支持供应链运作的信息平台。在供应链管理发展的过程中，早期阶段的信息交换手段以EDI为主。随着互联网技术的日益发展和完善，越来越多的企业选择了互联网。EDI安装和使用成本高昂，限制了企业特别是中小企业采用EDI与供应链建立信息集成系统。据有关资料统计，采用EDI技术时，最多能对70%的供应链企业实现信息跟踪，这对提高供应链管理的整体绩效是不够的。相比之下，互联网的费用要低得多，有利于更多的中小企业加入供应链。从安全性的角度考虑，EDI则更占优势。

4. 采用先进技术提高供应链竞争力

为从供应链上获得优势，企业要从一些基本技术如物流过程自动化、企业资源计划系统等做起，把先进技术作为支持供应链协调运行的基础，并且要随着技术的发展，随时向

新的、更先进的技术推进。

虽然我们强调人在供应链管理中的作用，但丝毫没有贬低技术所起的作用。计算机辅助设计、辅助制造，计算机仿真与建模分析技术，人工智能，大数据分析，云计算等都应在企业供应链中加以应用。人工智能在生产和经营过程中的应用，是先进技术的一个重要的标志。从底层原始数据检测与收集传感器，到过程控制的机理乃至辅助决策的知识库，都需要应用人工智能技术。

5. 方法论的指导

方法论就是在实现某一目标、完成一项大工程时所需使用的一整套方法的集合。我们强调要实现全企业的整体集成，这是一项十分复杂的任务。对每一时期的每一项具体任务，都应该有明确的规定和指导方法，这些方法的集合就叫"集成方法论"。这样的方法论能帮助人们少走弯路，避免损失。这种效益比一台新设备、一套新软件所能产生的有形的经济效益要大得多、重要得多。

思考题

1. 供应链系统有哪些类型？请举例说明。

2. 如何理解响应型和效率型供应链之间的区别？在目前市场竞争激烈、顾客化需求日益明显的情况下，哪种供应链具有更大的适应性？试阐述你的观点。

3. 供应链企业合作可能会产生哪些风险？对于这些风险，企业应该采取哪些措施来防范？

4. 试讨论风险对冲在供应链风险管理中的作用。

5. 敏捷型供应链具有哪些特征？

6. 集成化供应链管理的本质是什么？

7. 实现集成化供应链管理要解决哪些问题？如何分步骤地实现集成化供应链管理？

8. 为什么说供应链管理战略对于整个供应链管理来说是十分重要的？如何实施供应链管理战略？

9. 推动式和拉动式供应链运作方式是供应链的两种不同的运作方式，试举例阐述二者之间的区别。

10. 本章介绍的供应链管理的六种运行机制是一个整体，你对此是怎样理解的？

案例

极速供应链

×公司是西班牙某集团旗下的一个子公司，是专营某品牌服装的连锁零售品牌。目前在全球各地拥有 3 000 多家专卖店。受 2008 年金融危机以及其后的欧债危机影响，在其他时尚品牌纷纷陷入困境、利润下滑的时候，×公司的收益不但没有下滑，反而以两位数的速度增长，被誉为快时尚的领导品牌。

快时尚以"快"为命。根据时尚行业的观点，当下时尚服装的流行周期为两个月左右，也就是说，如果一家快时尚公司推出的款式能够抓住两个月流行周期的市场机会，增加销售，那么就能为公司创造价值，否则，如果某款时装在流行周期过去以后才姗姗来迟，那么就会造成大量积压，最后只能削价处理。×公司的运营战略就是尽一切可能提高响应速度。例如，其他公司从设计到生产平均需要4～6个月，×公司的平均生产周期是2周，最多不会超过4周，这就超出了竞争对手一大截。×公司不仅响应速度快，而且品种更新非常快。它每年设计和投入市场的服装新款大约为12 000种，平均每款有5～6种花色、5～7种规格。每年投产的约有300 000个SKU，不重复出样。

×公司有如此强大的竞争力，主要得益于它的极速供应链系统，其系统结构和运作模式都有独特的优势。

1. 供应链的选址布局

×公司为保证其供应链的极速响应能力，在供应链系统的组建上，采取了与众不同的模式。

×公司在供应链的选址决策上，采取集群式的布局策略。×公司将生产时尚产品的基地设在西班牙总部所在地，将仓储、生产、物流、合作伙伴（代工厂）等聚集在一个方圆200英里的地理空间上。生产基地有属于×公司的20多家工厂，在周边还聚集着400多家承接外包的工厂，在×公司的协调下共同完成时装的生产。在生产基地附近有一个庞大的物流中心，将服装配送到全球各地的专卖店。

采用这种模式的供应链体系，虽然欧洲的人工成本比亚洲等地的人工成本高出6～16倍，但是整个生产流程聚集在一个空间有限的区域，便于管控，生产物流周转很快，生产周期极短，因此具有极高的响应速度。事实上，×公司这种集群式供应链不仅比竞争对手高出几个量级的响应速度，还省掉了预测客户偏好的麻烦，它甚至可以在得知客户喜爱的某种款式之后再组织生产，都能够赶上流行季。

2. 生产组织方式

×公司在生产基地中拥有20多家工厂，其50%的产品通过自己的工厂来完成。这是一个带有纵向一体化特征的生产系统，拥有染色、设计、裁剪和服装加工的一条龙的最新设备，通过保持对染色和加工领域的控制，大大缩短了产品生产周期。然后把人力密集型的缝制工作外包给周边的代工厂以降低成本。

由于服装生产过程中不可避免地在不同工序、不同工厂间流转半成品，为了提高生产过程中的物流效率，减少半成品在各个环节的等待时间，×公司花费巨资在西班牙生产基地方圆200英里的各个生产单位之间架设地下传送带网络。地下传送带网络将染色、裁剪中心与周边缝制加工工厂连接起来进行流水式传送，避免了因使用地面公共交通道路引起的阻塞而导致生产停顿，保证了运输的高效、快速和生产的连贯性，极大地缩短了服装的生产周期。

3. 产品开发与设计

极速供应链是为生产正确的产品准备的。为了准确抓住市场最畅销的产品，×公司对新款时装的开发模式是基于“诠释流行而非原创流行”的理念。×公司设计师的主要任务不是创新开发产品，而是发现当下流行元素，并在艺术指导决策层的指导下重新组合现成产品。

×公司以各种方式获得时尚产品的市场信息，然后迅速反馈给总部。总部有一个由设计专家、市场分析专家和买手（负责采购样品、面料、外协和生产计划等）组成的专业团队，共同探讨可能流行的服装款式、花色、面料等，讨论大致的成本和零售价格等问题，并迅速达成共识。然后由设计师快速手工绘出服装的样式，再进一步讨论修改。接下来设计师利用计算机进行设计和完善，保证款式、面料纹路、花色等搭配得更好，并给出详细的尺寸和相应的技术要求。之后，团队进一步讨论确定成本和零售价等问题，决定是否投产。在产品组织与设计阶段，×公司与大多数服装企业不同的是，最快地了解顾客需求并迅速对顾客的需求做出反应，始终与时尚保持同步，而不是去预测6～9个月后甚至更长时间的需求。

4. 采购与生产

设计方案确定并决定投产后，马上开始制作样衣。因为面料和小装饰品等辅料在×公司仓库里都有，所以制作样衣只需要很短的时间。

同时，生产计划和采购人员开始制订原材料采购计划和生产计划。首先依据产品特点、产品投放时间的长短、产品需求的数量和速度、专业技术要求、工厂的生产能力、综合性价比、市场专家的意见等，确定各产品是自己生产还是外包出去。

如果决定自产且有现成的布料库存，则从直接领用布料开始生产；如果没有现成的面料，则可以选择采购已染色的面料生产，或采购/领用原纱（一般提前6个月就从西班牙、印度和摩洛哥等地用轮船买来原坯布——未染色的织布，放在仓库里面）染色后整理再生产。一般内部工厂只安排生产下一季预期销量的15%，这样为当期畅销产品补货预留了大量产能。×公司自己的工厂生产产品时，其面料和辅料尽量从本集团内相关厂家购买，其中有50%的布料是未染色的，这样就可以迅速应对市场上花色变换的潮流。为了防止对某个供应商的依赖，同时鼓励供应商更快做出反应，×公司剩余的原材料供应来自附近的260多家供应商，每家供应商的份额最多不超过4%。面料准备好以后，则会下达生产指令，用高速裁床按要求迅速裁剪布料。裁剪好的面料及配套的拉链、纽扣等通过地下传送带运送到当地外协缝制厂，这样所有的缝制工作全部外包。一般一段时间一个工厂集中做一款服装，以减少差错。因此，其他公司需要几个月时间的工作，×公司在几天内就能完成。外协缝制厂把衣服缝制好之后，再送回×公司进行熨烫、贴标签和包装等处理并接受检查，最后送到物流中心等待发往全球各地专卖店。

如果从公司内部的工厂不能获得满意的价格、有效的运输和质量保证，或者产能有限，采购人员可以选择外包。

5. 产品配送

产品包装检查完毕后，每个专卖店的订单都会独立放在各自的箱子里，通过大约20千米的地下传送带运送到配送中心。为确保每一笔订单准时、准确到达目的地，×公司采用激光条形码读取工具（出错率不到0.5%），它每小时能挑选并分拣超过80 000件衣服。

为加快物流周转，×公司总部还设有双车道高速公路直通物流中心。通常订单收到后8个小时以内货物就可以被运走，每周给各专卖店配货2次。物流中心的卡车都按固定的发车时刻表不断开往各地。欧洲的专卖店的订单可以从物流中心用卡车直接运送；美洲和亚洲的专卖店的订单可以利用附近的两个空运基地运送，再通过当地的第三方物流的卡车转运。这样，欧洲的专卖店可在24小时内收到货物，美国的专卖店可在48小时内收到，日本的专卖店可在48～72小时内收到。

6. 销售与反馈

为了减少盲目生产，×公司在当季销售到来之前只生产预期出货量的15%左右，剩下的85%的产量都是根据全球市场的销售情况随时决策的。为此，×公司的各专卖店每天把销售信息发回总部，专卖店也可以根据当前库存和近两周的销售预期每周向总部发两次补货订单。为了保证订单能够集中批量生产，减少生产转换时间和降低成本，各个专卖店必须在规定时间前下达订单，如果错过了最晚的下订单时间，就只有等到下一次了。×公司对这个时间点的管理是非常严格的，因为它将影响供应链上游多个环节。

总部收到各专卖店的销售、库存和订单等消息后，管理人员利用这些信息来决定每周生产什么——×公司的工厂只会生产确定能够销售出去的产品。如果发现滞销，则取消原定生产计划，这样×公司就可以把预测风险控制在最低水平。如果有产品2～3周还没销售出去，就会被送到专门的专卖店集中处理。因此，×公司由于滞销导致的存货很少，一般也就15%～18%。

问题讨论：

1. 如何从供应链竞争力的视角认识×公司的供应链体系结构的独特性？
2. ×公司为何没有把生产基地设在生产成本更低的亚洲或南美洲？
3. ×公司的混合供应链结构模式有哪些优点及问题？

第3章

供应链运作的协调管理

| 学习目的 |

在供应链的日常运行中，供应链企业之间发生着频繁的工作流、物料流、资金流、信息流交换，彼此之间运作的协调性对供应链的整体绩效影响很大。但是，实现供应链运作的协调性又是极具挑战性的，因为供应链上的企业和企业之间并不存在隶属关系，它们在法律上是独立和平等的，相互之间不存在传统的行政隶属关系，无法用命令式的管理。因此，为了提高企业乃至整个供应链的竞争能力，供应链成员需要通过一定的机制实现协调运作。本章首先简单介绍供应链协调运作的重要性，分析几种常见的供应链不协调现象及其产生的原因和解决方法，然后提出供应链协调的激励问题，最后介绍供应链协调机制和常见的供应契约。

第1节 几种常见的供应链不协调现象

传统上，自发运行的供应链往往会由于多方面原因而处于失调状态。首先，成员之间的目标不一致会造成供应链失调；其次，供应链与外部环境之间、供应链内部成员之间的信息往往是不对称的，因此会由于缺乏系统外部信息或系统内部信息而产生外生风险，也会由于成员隐藏行动或隐藏信息而产生内生风险，从而造成供应链的不协调；最后，各成员为了实现自己的利润最大化所作的决策往往与整个供应链利益最大化不一致，也会使供应链产生不协调。凡此种种，都会使供应链的运行不能同步进行，由此产生了不协调现象。下面对供应链运行不协调的几种常见现象及产生的原因做一个简要介绍。

一、需求变异放大现象及产生的原因

需求变异放大现象也被很多人称为“长鞭效应”，它源于英文单词 bullwhip。需求变异放大现象是对需求信息在供应链传递中被扭曲的现象的一种形象描述。其基本含义是：当供应链的各节点企业只根据来自其相邻的下游企业（一般也称为客户或买方）的需求信息做出生产或供给决策时，需求信息的不真实性会沿着供应链向上游企业传递，使订货量逐级放大，到达源头供应商时，其获得的需求信息和市场上的实际顾客需求信息发生了很大的偏差，需求信息的扭曲将实际需求量放大了。由于这种需求放大效应的影响，上游供应商往往维持比下游供应商更高的库存水平。这种现象反映出供应链上需求的不同步现象，反映出供应链库存管理中的一个普遍现象——看到的是非实际的。图 3-1 显示了需求信息在供应链上传递时的需求放大效应。将图 3-1 中的需求信息沿着供应链向上游传递的各个环节的曲线依次连接起来，其图形很像美国西部牛仔使用的赶牛的长鞭，所以被形象地称为“bullwhip effect”，国内大部分人称之为“长鞭效应”，如图 3-2 所示。

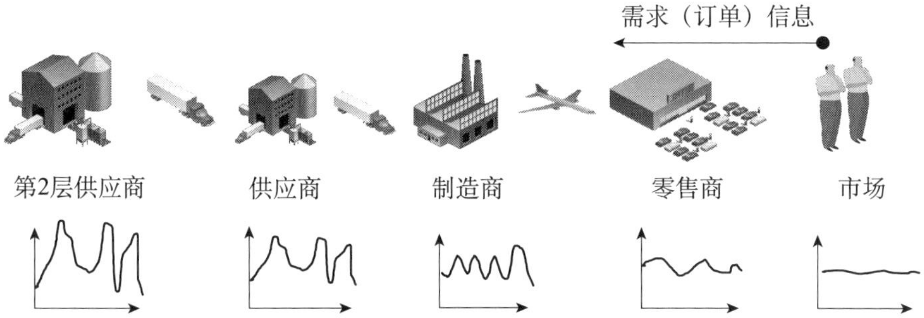

图 3-1　需求信息被扭曲示意图

图 3-2　“长鞭效应”示意图

需求放大效应在很多企业存在。例如，宝洁公司在一次考察该公司最畅销的产品——纸尿裤的订货规律时，发现零售商销售的波动性并不大，但当考察分销中心的订货时，惊奇地发现波动性明显增大了。有趣的是，当进一步考察宝洁公司向其供应商如 3M 公司的订货时，发现其订货的变化更大。除了宝洁公司，其他公司如惠普公司在考察其打印机的销售状况时也曾发现这一现象。

实际上，早在 1958 年，弗雷斯特（Forrester）就通过对一个具有四个环节的渠道的研究，揭示了这种工业组织的动态学特性和时间变化行为，发现各自的决策行为导致需求信息被扭曲和放大了。在库存管理的研究中，斯特曼（Sterman）在 1989 年通过一个啤酒分销游戏验证了这种现象。在实验中，有四个参与者，他们形成了一个供应链，各自独立进行库存决策而不和其他的成员进行协商，决策仅依赖其毗邻的成员的订货信息。斯特曼把这种现象解释为供应链成员的系统性非理性行为的结果，或“反馈误解”。

人们对需求变异放大现象进行了深入的研究，将其产生的原因归纳为以下几个方面。

（1）需求预测修正。需求预测修正是指当供应链的某个节点企业采用其下一客户企业的订货数据作为需求信号时，即会产生需求变异加速放大现象。举例来说，当企业管理人员需要决定向供应商的订货量时，通常会采用一些简单的需求预测方法，如简单移动平均法、指数平滑法等。在指数平滑法中，未来的需求被计划管理人员连续修正，这样，传递到供应商的订单反映的是经过修正的未来库存补给量。计划管理人员为保险起见或考虑到废品率等因素，在修正计划订货量时通常都是稍微放大一点儿，就是所谓的“保险系数”，这样一来，传递到供应商处的需求信息就被扭曲（放大）了。

（2）产品定价策略导致订单规模的变动性。产品的定价策略可以分为两种情况：一种是批量折扣。批量折扣极有可能扩大供应链内订单的批量规模，进而引起供应链上各阶段库存的增加。另一种则是由于批发、预购、促销等因素引起的价格波动。如果库存成本小于由于价格折扣所获得的利益，销售人员当然愿意预先多买，这样订货就不能真实反映需求的变化，从而产生需求变异加速放大现象。

（3）分摊订货成本。由于订货成本及运输的固定成本很高，同时供应商提供批量折扣的优惠，下游企业可能加大订货批量以分摊订货成本。当大批量订购的产品大大超出实际需求量时，订单的失真性就会在供应链上被放大。

（4）订货提前期长。订购企业发出采购订单后，要经过一段时间订货才能到达，这就是通常所说的订货提前期。企业会将提前期内的需求波动计算在订单内。显然，订货提前期越长，计算在提前期内的预测的需求就越多，变动也就越大，长鞭效应的特征就越明显。

（5）短缺博弈。短时间内供不应求的产品在供应链内往往处于短缺供应状态。在这种情况下，供应商就会在分销商或零售商之间调配这些产品的供给。通用的做法是：当需求大于供应量时，理性的决策是按照用户的订货量比例分配现有的库存供应量，比如，当总的供应量只有订货量的50%时，合理的配给办法就是所有的用户获得其订货的50%。此时，分销商或零售商为了获得更大份额的配给量，就会故意夸大其订货需求。被分销商或零售商夸大的需求信息在供应链上也被逐级放大。

总之，由于缺少信息交流和共享，企业无法掌握下游的真正需求和上游的供货能力，只好自行多储货物。同时，供应链上无法实现存货互通有无和转运调拨，只能各自持有较高的库存，从而导致长鞭效应。

造成长鞭效应的系统原因主要有订货周期和供应链的层次结构。这些系统原因是现有供应链自身无法克服的。

造成长鞭效应的非系统原因很多。非系统原因主要是指供应链各成员的有限理性或非理性行为。一般认为，因为各成员之间信息不能有效共享，所以体现为各成员的个体优化的行为，然而对于整条供应链来说，这往往不是最优决策。这些有限理性或非理性行为包括需求信息处理方式、批量订货决策、订货方式、短缺博弈、价格变化、厂商的运营水平等。

二、曲棍球棒现象及产生的原因

在企业供应链的供需活动过程中还存在着另一种不协调现象，被人们称为“曲棍球棒”（hockey-stick）现象，即在一个固定的周期（月、季或年）内，前期销量很低，到期末销量会有一个突发性的增长，这种现象在企业生产和经营活动中会周而复始地出现，其需求曲线的形状类似于曲棍球棒。这种现象在许多公司里非常明显，其管理者甚至认为这是他们的供应链运作中所面临的最大问题。这种现象对公司的生产和物流都非常不利，在每个生产周期的期初，生产和物流能力大量闲置，但是到了期末又会出现能力的紧张甚至短缺。

1. 曲棍球棒现象实例

某国际著名的食品公司在中国的生产厂，年产饮料 20 多万吨，产值约 5 亿元。与其他快速消费品一样，工厂采用按库存生产（MTS）的生产方式，其生产的产品主要在湖北省销售，按不同的品牌和包装计算，该公司共有 20 多种规格的产品，不同的包装规格可以按照统一的容量标准换算为标准箱。公司将销售区域按地理位置进行了划分，并指定一名销售人员负责一个区域，区域内一般有几个到十几个经销商。该公司与行业内的其他公司一样，根据经销商的每月累计订货量向其提供一定的返利，双方事先通过销售契约约定了一个目标订货量，经销商的累计订货量必须达到或超过这个数量才能拿到相应的返利。公司采用 4－4－5 的统计方式（每季前 2 个月按 4 周计，第 3 个月按 5 周计）。

为便于观察，这里将该公司 2005 年和 2006 年日销售出库量按时间序列绘成了曲线图，如图 3－3 所示。

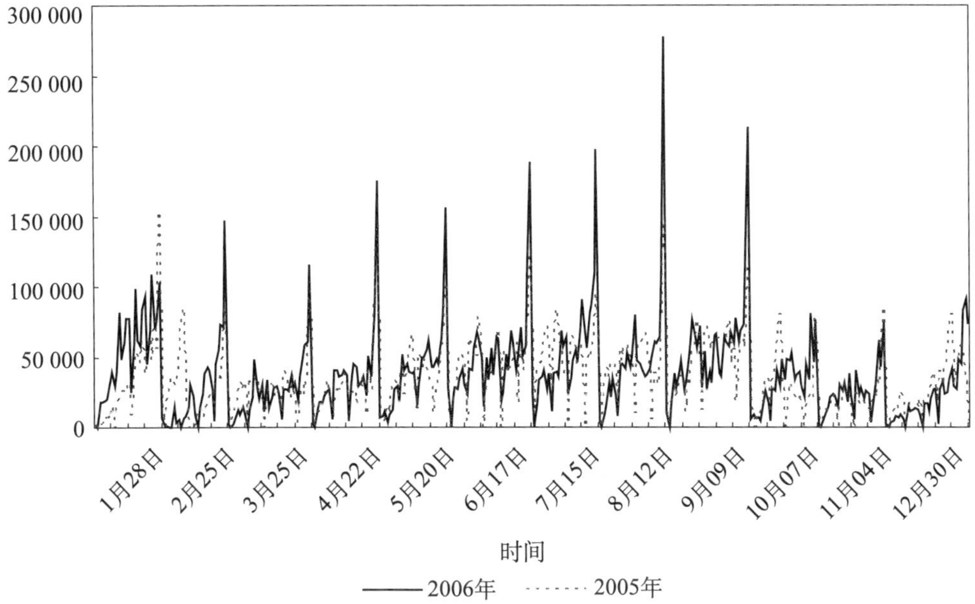

图 3－3　2005 年、2006 年某公司全年每日销售出库量变化趋势

从图 3－3 可见，每月月初销售出库量很低，月中逐步增加并达到相对均衡，月底则急剧增加。

较早提到这种现象的是李等（Lee et al.，1997）。他们认为，公司对销售人员的周期性考评及激励政策造成了这种需求扭曲的现象。在公司的营销系统中，为了激励销售人员努力工作，通常会对他们规定一个固定的工资和一个销量目标，如果销量超过了这个目标，就能够拿到奖励的佣金，超出目标越多，佣金也越多。如果销量在目标以下，就只能拿固定的工资，这就是人们所说的“底薪＋提成”制。销售人员非常聪明，他们在考核期限未到时，会看看不努力能够卖多少，如果什么都不干就能达到目标当然是最理想的，但是快到期末的时候，他们就会觉得不努力不行，如果离目标还有一定的距离，他们就会拼命地干。大家都拼命地干，订单就会非常多。

在快速消费品行业，曲棍球棒现象非常普遍和明显。公司对销售人员的薪资政策如上所述。这些公司为了促使经销商长期更多地购买，普遍采用一种称为总量折扣（volume discounts）的价格政策，这种促销政策也是造成曲棍球棒现象的一个根源。在营销战略中，价格折扣往往被公司用来作为提高分销渠道利润和抢占市场份额的利器，在较长的时期内，公司主要采用基于补货或订单批量（quantity discounts）的折扣方式，但是在近些年，基于买方在某一固定周期（月、季、年）内的累计购买量的折扣方式开始流行起来。

2. 曲棍球棒现象对公司营运的影响

曲棍球棒现象给公司的生产和物流运作带来了很多负面影响。公司在每个考核周期的期初几乎收不到经销商的订单，而在临近期末的时候订货量又大幅增加。对于采用 MTS 生产模式的公司，为了平衡生产能力，必须按每期的最大库存量而非平均库存量建设或租用仓库，导致公司的库存费用比需求均衡时高很多。这种现象还使公司大量的订单处理能力、物流作业人员和相关设施、车辆在期初时闲置，而在期末，大家手头的工作又太多，拼命加班也处理不完，厂内搬运和运输的车辆不停运转，但有时还是短缺，不得不从外部寻求支援。这种情况不仅使公司加班更多，物流费用更高，而且工作人员的差错率也增加，送货延误的情况时有发生，公司的服务水平显著降低。对于运用按订单生产（MTO）和准时化生产（JIT）生产模式的公司，曲棍球棒现象的危害更大，其生产能力在期初由于没有订单而闲置，而在期末又由于生产能力的限制而出现供应短缺，甚至会影响部分经销商对某些产品的正常需求，导致部分终端客户的流失。

此外，基于总量折扣的价格政策并不能增加终端客户的实际需求，经销商增加的订货量大部分积压在渠道中，延长了终端顾客所购买产品的货龄，从而使消费者的福利受损，并增加了供应链的总成本及供应链成员的经营风险。如果经销商的库存太多，或者产品临近失效期，通常会采取两种措施：一种是折价销售，这种方式会对市场造成冲击；另一种是迫使公司退货或换货，从而形成逆向物流，增加公司与经销商处置产品的费用。从长远来看，这两种结果对公司和经销商的正常经营和利润都不利。

三、双重边际效应

双重边际效应（double marginalization）也是存在于供应链中的不协调现象之一。双重边际效应是指供应链上下游企业为了谋求各自收益最大化，在独立决策的过程中确定的产品价格高于其生产边际成本的现象。如果下游企业的定价过高，必然会造成市场需求的萎缩，导致供应链总体收益下降。早在1950年，斯彭格勒（Spengler）就发表了一份研究报告，指出零售商在制定库存订货决策时并不考虑供应商的边际利润，导致批量很小而达不到优化的水平。但是人们真正认识到双重边际效应对企业的影响，特别是如何克服双重边际效应对企业的影响，还是在供应链管理的协调运作的思想出现之后。

考虑一个简单的单周期库存下的供应链系统。该系统由一个制造商和一个零售商组成，如图3-4所示。制造商生产的产品按122元/件批发给零售商，该产品的市场零售价格为200元/件。如果零售商订货过多，销售期末每一件没有卖出去的产品只能按18元/件的残值价格处理掉。制造商的生产成本为40元/件。市场对该产品的需求概率分布如表3-1所示。

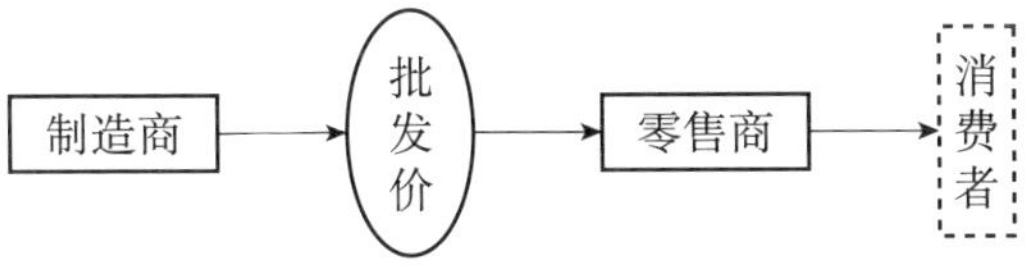

图3-4 由一个制造商和一个零售商组成的供应链

表3-1 市场需求概率分布

需求量（件）	概率
300	0.00
400	0.01
500	0.04
600	0.10
700	0.20
800	0.25
900	0.22
1 000	0.12
1 100	0.05
1 200	0.01
1 300	0.00

熟悉库存控制模型的读者很容易发现，这实际上就是一个报童模型决策问题。在这里，先考虑传统的批发价交易模式（也有人称其为批发价契约）下供应链的决策模式：

传统的批发价交易模式是一种分散决策过程：①零售商根据市场需求确定一个订货量；②向制造商下达订单；③制造商按批发价交付；④零售商按零售价销售。最后计算各自的利润。

符号设定①：

p——单位产品零售价格；

w——制造商的单位产品批发价，即零售商的进货价格；

c——制造商的单位生产成本；

s——剩余库存单位产品残值；

设定 $p>w>c>s\geqslant 0$；

μ——期望需求；

σ——需求标准差；

Q——订购量；

C_u——订货不足（缺货）成本；

C_o——订货过量（超储）成本；

F（Q）——分布函数；

Φ（Q）——标准正态分布函数；

L（Q）——损失函数；

L（z）——标准正态损失函数。

对零售商来说，需求预测为均值 μ、标准差 σ 的正态分布时，其期望利润最大化订货量为 Q：

$$\Phi(Q)=\frac{C_u}{C_o+C_u}$$

查找标准正态分布表对应的 z 统计值：

$$z=\frac{Q-\mu}{\sigma}$$

$$Q=\mu+\sigma z$$

然后计算：

期望销售损失 $=\sigma L(z)$

（在标准正态损失函数表中查找该 z 统计值）

期望销售量 $=\mu-$ 期望销售损失

期望售后剩余库存 $=Q-$ 期望销售量

最后可得

期望利润 $=(p-w)\times$ 期望销售量 $-(w-s)\times$ 期望售后剩余库存

本例计算结果如下：

根据表 4－1 的数据，计算出市场期望需求 μ 为 809，需求标准差 σ 约为 155.6。对于零售商，多订购 1 件产品存在超储风险，第 Q 件产品的期望损失为 $C_o\times\Phi$（Q），其中，

① Cachon G，Terwiesch C. Matching Supply with Demand. New York：McGraw-Hill Education，2012.

Φ（Q）为需求的标准正态分布函数，即需求小于等于 Q 的概率。

当制造商与零售商之间按批发价模式交易时，零售商的超储成本与缺货成本如下：

$$C_o = w - s = 122 - 18 = 104(\text{元})$$
$$C_u = p - w = 200 - 122 = 78(\text{元})$$

从而

$$\Phi(Q) = \frac{C_u}{C_u + C_o} = \frac{78}{78+104} = 0.428\ 6$$

得

$$z = -0.18$$

所以，零售商最优订货量为：

$Q = \mu + \sigma z \approx 781$(件)

查标准正态损失函数表 $L(z) \approx 0.495$，期望销售损失 $= \sigma L(z) = 77$(件)

期望销售量 $= \mu -$ 期望销售损失 $= 732$(件)

期望售后剩余库存 $= Q -$ 期望销售量 $= 49$(件)

最后可得

零售商期望利润 $= (p-w) \times$ 期望销售量 $- (w-s) \times$ 期望售后剩余库存 $= 52\ 000$(元)

制造商利润 $= (w - c) \times Q = 64\ 042$(元)

供应链总利润 $= 116\ 042$(元)

批发价契约的特点是，制造商以一定的批发价将产品交付给零售商后，制造商的收益就得到了保证，因为一旦产品出厂，所有权就属于零售商，至于能否销售出去，制造商是不会关心的。因为这种批发价交易机制只能保证供应链上游企业的利益，风险都集中到了零售环节，所以零售商为了保证自己的利益，在向制造商订货时，就会按照最有利于自己的订货策略发出订单。在本例中根据以上数据不难看出，在零售商订货决策的临界状态，如果零售商多订一件产品并卖出去了，它的收益是 78 元；但如果多订一件产品且没有卖出去的话，它的损失是 104 元。我们假定销售出去与否的概率相同，零售商的期望风险将大于期望收益。于是，零售商就会把订货的数量向减少一件的方向移动，那么整个供应链也就少一件的收益。

站在制造商的角度，它一定希望零售商尽可能多地订货，但是在上述传统合作机制下，零售商是没有任何动力冒着自己承担整个供应链损失的风险增加订货量的。

企业个体利益最大化的目标与整体利益最大化的目标不一致，是造成双重边际效应的重要原因，其内在的根本原因则是没有体现供应链共担风险的原则。为了减弱双重边际效应，就要努力提高供应链在定价和销售决策上的协调性，尽可能消除不协调因素的影响。

供应链运作不协调的现象还有很多，产生的原因也各不相同，这里不一一阐述了。仅从以上描述的现象就可以看出，如果不能很好地解决这些问题，供应链管理的绩效水平会大打折扣，进而影响人们实施供应链管理的信心。

第 2 节　提高供应链协调性的方法

一、缓解长鞭效应的方法

1. 提高供应链企业需求信息的共享性

需求信息扭曲的原因来源于多级供应链需求信息的传递，每一个节点企业的预测需求均成为上游节点企业订货决策的放大因子，并且具有积累效应。要消除需求信息扭曲，供应链上的每一个节点企业必须在自身的需求中消除下游节点企业订货决策对上游企业的影响，这就要求供应链上的需求信息必须共享，每个节点企业都能准确了解产品在市场上的实际需求，减少制订生产计划的盲目性，从而减少不必要的“保险系数”，需求放大效应也就降低了。

2. 科学确定定价策略

解决由价格下降导致的长鞭效应，要求供应商采取每天低价策略和分期供货契约策略，前者通过价格的持续性、后者通过供货的阶段性来抑制市场价格的波动，减少长鞭效应对上游企业的影响。

3. 提高运营管理水平，缩短提前期

企业在传统运作方式下通过确定经济订货量来降低成本，而订货提前期对库存相关成本的影响是很大的。缓解因批量订购而出现的长鞭效应的影响，缩短订货提前期是关键。这对供应链管理提出了新的要求：一是要求需求方通过增加订货次数，以最低的订货成本快速地将需求信息传递给供应商。通常可以通过 EDI 技术或订货看板技术来实现，但应用这些技术的前提条件是组成供应链系统的企业具有基于网络信息的伙伴关系，供应链是稳定的战略联盟。二是要求小批量的物流传递可以低成本来完成，实现的方法通常借助第三方物流的配送优化系统。在引入第三方物流企业后，储存成本是可以减少甚至消除的。第三方物流企业通过供应链及时、准确、高效的配送机制，使供应链节点企业实现最低库存，从而大大降低成本。

4. 提高供应能力的透明度

现代供应链企业应通过共享生产能力与库存信息，采取风险共担、利益共享的策略来应对供应短缺所导致的长鞭效应。实际上，这种策略最终使得联合库存管理出现。联合库存管理强调多方同时参与，共同制订库存控制计划，使供需双方能相互协调，使库存管理成为供需双方连接的桥梁和纽带，从而缓解长鞭效应。

5. 建立战略性合作伙伴关系

通过建立供应链战略性合作伙伴关系可以消除长鞭效应。供需双方在战略联盟中相互信任，公开业务数据，共享信息和业务集成。这样，相互都了解对方的供需情况和能力，避免短缺情况下的博弈行为，从而减少了产生长鞭效应的机会。

二、缓解曲棍球棒现象的方法

为了消除价格折扣导致的曲棍球棒现象，李等（Lee et al.，1997a）建议的最好办法就是宝洁公司的“天天低价”策略。然而，由于商业模式的惯性和市场不成熟，目前在快速消费品行业，基于总量的价格折扣方式仍然盛行，很少有公司运用“天天低价”策略。为了解决这个困扰许多公司的难题，这里结合企业的实践，提出一种可行的解决方案。在快速消费品行业，公司通常会经营不同品牌和不同包装规格的多种产品。为了消除曲棍球棒现象，平衡物流，公司可以采用总量折扣和定期对部分产品降价相结合的方式。假定公司向经销商提供两种规格的产品，在经销商的两种产品月累计进货量达到一定的数量以后，公司根据该数量向经销商提供一定的返利，即总量折扣的价格折扣政策。在具体运用这个政策时，公司可以适当降低返利率，然后在考核周期的初期降低其中一种产品的转让价格，期中再将其价格调高。在这种政策下，经销商为了投机，会在期初多订降价产品，而在期末为了拿到返利而增加另一种产品的进货，期中则进行正常补货，其订货量相对均衡，从而缓解公司出库中的周期性曲棍球棒现象，使销售物流更为平稳，减轻公司库存和物流压力，提高物流运作的效率和效益。这种方式还能够使经销商在不同时期的订货量比较均衡，减少双方订单处理的工作量，并增加公司单品的生产批量，从而提高生产的规模效益，减少转产的频次。

除了以上方法，公司还可以对不同的经销商采用不同的统计和考核周期，让经销商的进货行为产生对冲，以缓和公司出货中的曲棍球棒现象。公司通过延长考核周期可以降低曲棍球棒现象出现的频率，而通过缩短考核周期可以减小出库波动的幅度。此外，通过与经销商共享需求信息和改进预测方法，公司能够更准确地了解经销商的外部实际需求，从而在设计折扣方案时，尽可能让折扣点与经销商的外部需求一致或略高，这样做也能够缓解曲棍球棒现象。当然，最好的方法是公司能够根据每期经销商的实际销量提供折扣方案，但由于信息不对称，公司很难了解经销商的实际销售情况，或需要付出大量的人力和物力去调查和统计数据，可能会得不偿失。

三、解决双重边际效应的方法

实现供应链的协调运作是供应链成功的关键，然而，供应链的协调并不是以牺牲某一个体的利益去提高其他个体或系统的利益，而是以实现双赢甚至多赢为目标，至少也要使企业在供应链上以某种形式合作后的利益不低于以前的利益，也就是达到帕累托改进。

作为一种能够实现供应链协调的有效机制，例如应对前述的双重边际效应，人们提出了供应契约（supply contract）的概念并进行了广泛的研究与应用。帕斯特纳克（Pasternack）是较早提出契约的概念的学者之一，他使用单周期报童模型研究了回购契约（buyback contract)，指出当供应商允许零售商以部分退款返回销售期末的剩余产品时，可以在一定程度上实现供需双方的协调。

随着对契约关注的日益增加，越来越多的学者以帕斯特纳克的研究为基础，希望在供应链上下游之间通过协商，达成最佳（或满意）的契约参数，设计合理的供应契约形式实现供应链的协调，从而有效地解决双重边际效应和长鞭效应等现象，在最大化供应链整体利润的同时，优化供应链绩效。

关于利用供应契约实现供应链协调的具体方法将在以下各节做详细介绍。

第 3 节　供应链的激励问题

一、供应链激励问题的提出

上一节提出了缓解长鞭效应或者曲棍球棒现象对供应链的不良影响的主要措施，这些措施对提高供应链运作的协调性具有重要意义。但是，供应链管理的实践与理论研究证明，即使减少了长鞭效应或者曲棍球棒现象对供应链的不利影响，也不能保证供应链整体实现最佳效益。在大多数情况下，供应链成员总是先关心如何优化企业自身的绩效，然后才考虑供应链的整体绩效，这种各自为政的优化方式导致供应链的低效率与不协调。双重边际效应就是这一现象的表现。因此，如何消除双重边际效应的影响，就成为在解决了长鞭效应和曲棍球棒现象基础上的又一重要任务。前一节简要给出了解决双重边际效应的措施，其基本思想是，通过在供应链企业间设计有利于激励双方共创供应链价值的机制，保证成员企业间形成更紧密的战略伙伴式的联盟，使合作伙伴共担风险、共享收益，企业利益与供应链的整体目标协调一致，从而提高供应链的整体竞争优势。在这一节，从激励机制的角度来详细研究供应契约的价值和作用。

二、供应链激励的实现途径

1. 供应契约

在人们所发现的供应链激励机制中，供应契约是最为有效的措施之一。供应契约是指通过合理设计契约，减少合作双方的机会主义行为，促进企业之间的紧密合作，确保有效完成双方的订单交付，保证产品质量，提高用户满意度，降低供应链成本，提高整条供应链的绩效及每一个成员企业的绩效。在设置了相应的契约参数之后，供应契约通过调整供应链成员之间的关系来协调供应链，使分散决策下的供应链利润与集中决策下的供应链利润尽量相等，尽可能使每一方的利润至少不低于采用供应契约前的利润。

一般而言，判断一种契约是否有效，除了考虑它是否拥有良好的协调条款和利润分配条款，能否提高供应链的利润，还需要分析该契约是否易于管理和操作。如果契约的设计非常复杂，执行成本相当高，那么即使这种契约能够实现利润最大化，由于其执行的复杂性造成了管理费用的增加，甚至超过了利润的增加值，这种契约也并不适用。管理者宁愿选择一种简单的契约，尽管并不能使供应链达到理论上的最优化，但只要供应链的运作水平比较高，那么这种简单的契约就是值得采用的。

2. 基于供应契约的激励机制

仍以第 1 节中所谈到的例子为讨论的对象。现在，制造商提出了一个对零售商有激励作用的合作机制。制造商向零售商承诺，如果零售商仍按 122 元/件的批发价增加了订货量而在期末没有销售出去，制造商会以 78 元/件的价格将未销售出去的产品回收。这时，零售商的考虑是什么呢？他会分析，如果多订购一件产品并且销售出去了，那么他的收益为 200－122＝78 元，而如果多订购一件产品但没有销售出去，他的损失是 122－78＝44 元。假定销售出去与否的概率仍然相同，显然此时零售商的期望收益大于期望损失，他就会把订货的决策向增加一件产品的方向倾斜。如此循环下去，直到期望收益和期望风险发生逆转而停止追加订货。由于零售商增加了订货，制造商的收益可能上升，零售商通过努力尽可能销售出去所订购的产品，也可能增加收益，从而实现了供应链的协调。这就是回购契约的基本思想。

以该例中的数据为基础，概要介绍回购契约的计算过程。

当制造商与零售商之间建立了基于回购契约的交易机制时，供应链的收益情况为：

$$C_o = w - 78 = 122 - 78 = 44(\text{元})$$

$$C_u = p - w = 200 - 122 = 78(\text{元})$$

$$\Phi(Q) = \frac{C_u}{C_u + C_o} == 0.639\ 3$$

同理可得，最优订货量为：

$Q \approx 865$(件)

零售商期望利润 = 56 002(元)

制造商期望利润＝期望销售量×$(w-c)$＋剩余库存×$(w-c-78+s)$＝65 290(元)

供应链总利润 = 121 292(元)

于是，相较传统的批发价契约，在回购契约下零售商通过努力将产品销售出去了，不仅零售商的收益增加了，制造商的收益也随之增加，整个供应链的收益也增加了。这就是能够使供应链运行达到协调的回购契约。

为何回购契约具有这样的效果？实质上，制造商提出的回购策略（回购价＜批发价）本质上是一种分担风险的行为。过去，按批发价完成交易后，产品未能全部销售出去的风险由零售商承担，未销售出去的产品形成存货，损失由零售商一方承担。采用回购契约的合作方式后，期末如有未售出的产品，制造商通过回购的方式承担了一部分风险，在这样的情况下，零售商就愿意增加订货量。这也是供应链基本理念的体现——风险共担，收益共享！

需要指出的是，采用回购契约时要注意科学合理地确定回购价格。回购价设置过高或过低，都会影响回购契约的实施效果。

第 4 节 供应契约的种类与作用

一、供应契约的参数

随着对供应契约的研究日益重视，人们不断建立新的契约模型，深挖原有契约模型的潜在意义，并致力于将供应契约应用到实际管理中。

究其本质，对供应契约的研究离不开契约参数。通过设置不同的参数，可以构建出多种不同的供应契约模型。例如，在契约中研究超储库存的退货问题，就形成了回购契约；在契约中研究供应链利润的分配问题，即为利润共享契约。因此，以不同的契约参数为出发点，就能够以不同类型的供应契约为对象展开研究。

契约参数的具体设定会影响供应契约的作用。例如，数量折扣契约中折扣百分比的设计，最低购买数量契约中最低购买数量的确定，以及利润贡献契约中利润分享参数大小的设定等，都会影响供应契约的效果。在供应链合作中，缔结供应契约的目标是优化供应链绩效，提高供应链竞争力，并确保契约双方共同获利。为了实现上述目标，必须在供应链合作双方的谈判过程中设计合理的契约参数，以影响双方的行为和动机。

供应契约的参数设定必须对供应链节点企业起到激励和约束作用，以影响节点企业的行为，促进节点企业之间建立更紧密的合作，使节点企业通过致力于增大整个供应链的利润来增加自身的收益。契约参数是管理供应契约要解决的主要问题，参数的设计已经成为供应契约中最为重要的一个环节。

一般而言，供应契约的参数有以下几种：

（1）决策权的确定。在传统合作模式下，契约决策权的确定并不是一个非常重要的因素，几乎每个企业都有自己的一套契约模式，并且按照该模式进行日常的交易活动。但是在供应链管理环境下，供应契约决策权的确定却发挥着相当重要的作用，因为在供应契约模式下，合作双方要风险共担、利润共享。

（2）价格。价格是契约双方最关心的因素之一，价格可以表现为线性的形式（按比例增长或者下降）或者非线性的形式。合理的价格使得双方都能获利。卖方在不同时期、不同阶段会有不同的价目表，价格一般会随着订货量的增大和合作时间的延长而降低，以激励买方重复订货。

（3）订货承诺。买方一般根据卖方的生产能力和自身的需求量提出数量承诺。订货承诺大体有两种方式：一种是最小数量承诺，另一种是分期承诺。对于单个产品，最小数量承诺意味着买方承诺其累计购买量必须超过某特定数量，即最低购买数量；对于多品种产品，最小数量承诺则要求购买金额超过某最低金额，即最低购买价值承诺。使用分期承诺时，买方会在每一个周期开始之前提出该期的需求量。

两种数量承诺方式有明显的区别。从一定意义上说，前者给出总需求量，有利于卖方做好整个契约周期内的生产计划，然而一旦市场发生变化，绝大部分市场风险便转移到卖方身上。后者则要求买方在各个期初给出当期的预计订货量承诺，进行了风险共担，使得卖方的风险有所降低，同时也迫使买方加强市场决策的有效性。

（4）订货柔性。任何时候买方提出数量承诺，卖方一般都会提供一些柔性，以调整供应数量。契约会细化调整幅度和频率。这种柔性包括价格、数量以及期权等量化指标。一方面，卖方在完成初始承诺后，提供（或不提供）柔性所决定的服务补偿；另一方面，买方也从中获得收益，当市场变动影响其销售时，就可以使用柔性机制来避免更大的损失。同时，柔性也提供了强有力的约束，使合作双方在契约执行过程中更多地考虑自身利益，改善经营，从而使双方长期受益。

（5）利润分配原则。所有企业最根本的目的都是实现利润最大化，因此，在设定契约参数时，利润分配原则通常是企业协商的重点。在高度合作的情况下，如何维护合作双方的经济利益不受侵害，又尽可能努力增大渠道利润，就成为利润分配所要考虑的问题。

供应契约往往以企业的利润作为建模的基础，在合作双方之间划分供应链的整体渠道收益就是利润的分配问题。供应契约包括按什么原则进行分配，分配的形式是怎样的，以及如何设计利润分配的模型等。

供应链利润的分配原则主要体现为利益共享和风险共担原则。在实际利润分配过程中，供应链的核心企业有决定性影响，它在供应链成本、交易方式、利润激励等方面都有举足轻重的作用。此外，主导企业对利润分配的态度还会影响其他企业合作的积极性以及对供应链利润增加的贡献。

（6）退货方式。从传统意义上讲，退货似乎对卖方很不利，因为它要承担滞销产品的风险和成本。但事实上，实施退货政策能有效激励买方增加订货，从而增加销售额，增加双方收入。从某种意义上讲，如果提高产品销售量带来的收入远大于滞销产品所带来的固定成本，或者买方有意扩大市场占有率，退货政策给卖方带来的好处就会远远大于其要承担的风险。

（7）提前期。在质量、价格可比的情况下，提前期是买方关注的重要因素之一。同时，提前期导致需求信息放大，产生长鞭效应，这对卖方也很不利。因此，有效地缩短提前期，不仅可以降低安全库存水平，节约库存投资，提高客户服务水平，很好地满足供应链时间竞争的要求，还可以减少长鞭效应的影响。

在传统的库存模型中，提前期或被设置为固定值，或用随机变量来表示，其实，将提前期作为变量来调整供应契约，能够为供应链带来利益。

（8）质量控制。在基于供应链的采购管理中，质量控制主要是由供应商进行的，企业只在必要时对质量进行抽查。因此，关于质量控制的条款应明确质量职责，还应激励供应商提高其质量控制水平。对供应商实行免检，是对供应商质量控制水平的最高评价。契约中应指出实行免检的标准和对免检供应商的额外奖励，以激励供应商提高其质量控制水平。

质量问题是买卖双方谈判的矛盾所在。对于卖方而言，提高原材料或零部件的质量，意味着成本的增加；对买方而言，只有在价格不变的前提下，保障原材料或零部件的质量，才能提高成品合格率，增加收益。为此，买方需要在契约的设计中，针对质量条款制定某些激励措施，如进行质量方面的奖励或惩罚等，以达到双赢的目的。

（9）激励方式。对节点企业的激励是使节点企业参与供应链的一个重要条件。为节点企业提供只有参与此供应链才能得到的利益是激励条款所必须表现的。此外，激励条款应包含激励节点企业提高质量控制水平、供货准时水平和供货成本水平等内容，因为节点企业业务水平的提高意味着业务过程更加稳定可靠，费用也会随之降低。

一般而言，有以下几种激励模式可供参考：

1）价格激励。高价格能增强企业的积极性，不合理的低价会挫伤企业的积极性。供应链利润的合理分配有利于供应链企业间合作的稳定和运行的顺畅。

2）订单激励。供应链获得更多的订单是一种极大的激励，供应链内的企业也需要更多的订单激励。一般来说，一个制造商拥有多个供应商，多个供应商竞争来自制造商的订单，获得较多订单对供应商是一种激励。

3）商誉激励。商誉是一个企业的无形资产，对于企业极其重要。商誉来自供应链内其他企业的评价和在公众中的声誉，反映了企业的社会地位（包括经济地位、政治地位和文化地位）。

4）信息激励。信息对供应链的激励实质上属于一种间接的激励模式，如果企业能够快捷地获得合作企业的需求信息，主动采取措施提供优质服务，必然会使供应链合作各方的满意度大为提高，这对合作方建立信任有非常重要的作用。

5）淘汰激励。为了使供应链的整体竞争力保持在一个较高的水平，供应链必须建立对成员企业的淘汰机制，同时供应链自身也面临被淘汰的风险。

（10）信息共享机制。供应链企业之间任何有意隐瞒信息的行为都是有害的，充分的信息交流是供应链的采购管理良好运作的保证。因此，契约应对信息交流提出保障措施，例如规定双方互派通信员和每月举行信息交流会议等，防止信息交流出现问题。

综上所述，契约需要考虑的因素非常多。此外，在契约的签订过程中，还需要考虑众多复杂因素的一些动态的、不断重复的博弈过程。

二、供应契约分类

（一）按照合作程度划分

按照供应链中节点企业的合作程度，可以将供应契约分为单方决策型和联合决策型。

在单方决策型供应契约中，买卖双方之一处于主导地位，在作决策时可以不考虑或者较少考虑另一方的利益，双方之间还没有完全摆脱对立关系。在市场需求确定的情况下，没有完全实现信息共享时，买方的库存、促销策略等是形成卖方风险的主要原因。在市场需求不确定的情况下，卖方的风险一方面来自买方的库存、促销策略；另一方面来自变幻莫测的市场，也就是说，取决于分销商如何把风险转移给供应商。单方决策型供应契约问题在不同需求模式下采用的研究方法有本质的差别。

在联合决策型供应契约中，某一方在进行决策时必须考虑另一方的利益，双方抛开对立关系，强调提高供应链合作伙伴关系的整体运作绩效。在市场需求确定的情况下，联合决策可以减少买方的库存；在市场需求不确定的情况下，联合决策可以对来自市场需求的变化做出快速反应，减少供应链的风险损失。

（二）按照需求的特点划分

按照需求的特点，可以将供应契约分为需求确定型和需求不确定型。

需求确定型供应契约指的是在市场需求比较稳定的情况下制定的契约。在该环境下，制定供应契约时主要采取数量折扣、定价、货物分配、缩短提前期等协调手段。通常将买卖双方就新增利润的分配方式达成共识时的协调手段，称为有效的协调手段。

需求不确定型供应契约是指当市场需求波动幅度较大时制定的契约。由于市场需求不稳定，这种形式的契约发生变化的频率比较快，契约的协商容易受到市场变化的影响。通常可以使用随机函数来描述不确定性需求，以便研究平均意义下供应链的总体特性。当然，描述不确定性时往往选择正态分布、贝努里分布或泊松分布等相对容易处理的分布形式。随着市场需求的变化，供应链中的节点企业会重新进行协商，对契约参数做出相应调整，以降低需求变化带来的风险。

三、几种常见的供应契约

如前所述，供应契约中有许多参数，将这些参数单独列出或者经过组合，就可以形成多种不同类型的供应契约。一般而言，较常见的供应契约包括以下几类。

1. 回购契约

回购契约规定，在销售季末，零售商可以以一定的价格把未售出的产品全部退还给供应商。回购是在不确定性需求系统协调中一种常见的契约方式，既是一种风险分担机制，又能起到激励订购的作用。回购的最大特点在于：能够较灵活地消除随机需求下系统的双重边际效应。通过缔结回购契约，供应商与零售商共同分担市场风险，而刺激零售商订货的措施则能够提高其期望利润。

回购契约往往应用于生产周期较长而销售季较短的商品交易，它在时令商品市场（如服装、图书等）中得到了广泛使用。

2. 收入共享契约

在收入共享契约（revenue sharing contract）中，供应商拥有货物的所有权，决定批发价格，而收入共享的比例则由零售商决定。对于每一件卖出的产品，零售商根据事先确定的收入共享百分比，从销售收入中扣除自己应当享有的份额，将剩余部分交给供应商。

3. 数量折扣契约

数量折扣契约（quantity discount contract）规定，在一定时期内，供应商根据零售商承诺购买的数量，按照一定的比例对价格进行调整。

数量折扣契约在实际交易中非常普遍，通常使用的方式有两种：全部单位数量折扣和边际单位数量折扣。使用前者时，供应商按照零售商的购买数量，对所有产品都给予一定的价格折扣；后者只对超过规定数量的部分给予价格折扣。研究发现，在确定性需求或者不确定性需求下，数量折扣适用于风险中性和风险偏好型的零售商。

4. 最小购买数量契约

在最小购买数量契约（minimum purchase contract）中，零售商在初期做出承诺，将在一段时期内至少向供应商购买一定数量的产品。通常供应商根据这个数量给予一定的价格折扣，购买产品的单位价格将随着数量的增加而降低。通常零售商承诺在未来一个年度里的最少购买数量，供应商同意以折扣价格提供产品。这种契约在电子产品行业尤为普遍。

最小购买数量契约与数量折扣契约有些类似，不同的是，前者需要做出购买数量承诺，这种承诺并非一次性的，也可以是一段时期或者一个年度内的购买数量总和。

5. 数量柔性契约

交易双方拟定契约，规定每一期内零售商订货量的波动比率。使用数量柔性契约（quantity flexibility contract）时，零售商承诺一个最小的购买数量，然后可以根据市场实际情况，在最低和最高订货量范围内选择实际的订货量。按照契约规定，供应商有义务提供低于最高采购上限的产品数量。这种方式能够有效地遏制零售商故意高估市场需求而导致供应链库存增多的不利现象。

6. 带有期权的数量柔性契约

在带有期权的数量柔性契约（quantity flexibility contract with option）模式下，零售商承诺在未来各期购买一定数量的产品，同时它还向供应商购买一个期权，这种期权允许零售商在未来以规定的价格购买一定数量的产品，从而获得了调整未来订单数量的权利。

7. 削价契约

削价契约（markdown contract）是一种经过改进的回购契约，供应商为了避免零售商将未售出的产品返还给自己，会采取一定的价格补贴措施，激励零售商继续保留那些未售出的产品。价格补贴虽然对供应商来说实施起来比较方便，但可能会给予零售商套利的机会，因此必须建立在买卖双方充分信任的基础之上。目前，价格补贴已经广泛应用于IT 产品的销售中。

价格补贴实质上是一种价格保护策略，是供应商分担零售商过剩库存风险的另一种方式。它通过对期末未售出商品进行价格补差来实现，并经常应用价格递减方式实现短生命周期产品的协调。研究表明，价格补贴与回购有很大的相似性，亦可实现供应链系统的协调，但面对多个零售商时，会出现不能确保各零售商均参与契约的情况，主要原因在于价格补贴实现协调的条件与客户需求信息无关，仅与买卖双方的成本结构有关。

8. 备货契约

零售商和供应商经过谈判后，双方拟定契约为零售商提供一定的采购灵活性。备货契约（backup contract）的流程为：零售商承诺在销售旺季采购一定数量的产品，供应商按零售商承诺数量的某一比例为其保留产品存货，并在销售旺季到来之前发出所预存的产品。在备货契约中，零售商可以按原始的采购价格购买供应商为其保留的产品，并及时得到货物，但要为没有购买的部分支付罚金。

9. 质量担保契约

质量问题构成了零售商和供应商谈判的矛盾。供应商知道自己产品的质量，拥有信息优势，而零售商却处于信息劣势。由于信息不对称，会产生两个问题：第一，供应商由于不具备提供某种质量水平的能力，可能会做出错误的质量承诺，零售商不能正确识别供应商的能力，于是产生了错误选择的问题；第二，供应商可能存在恶意的欺骗行为，导致严重的道德问题。为了保证零售商和供应商的利益不受侵犯，并保证供应链绩效最优，签订契约的谈判双方必须在一定程度上实现信息共享，运用合作激励机制，设计质量惩罚措施，当供应商提供不合格产品时对其进行惩罚。这就是质量担保契约（quality contract）。

四、供应契约的作用

如前所述，供应契约的类型多种多样，尽管不少契约的理论模型与实际情况存在一定的差距，但仍然能够为管理者提供审视供应链的决策依据，因而具有极大的管理意义。

在实际运作中，企业使用较为普遍的契约类型有回购契约、收入共享契约和数量折扣契约等。供应契约的使用能给企业带来可观的收益。例如，通过使用收入共享契约，录像带租赁公司 Blockbuster[①] 的业务额提高了 75%，市场份额也从 25%上升到 31%。

使用供应契约，既能克服长鞭效应和双重边际效应等多种不利影响，有效地实现供应链协调运作，又可以保障供应链企业之间的合作关系。其作用主要表现为：

1. 减少长鞭效应的影响

供应链的信息失真导致了长鞭效应，这种需求放大的效应对于供应链企业具有非常大的危害。供应契约可以很好地降低长鞭效应的影响，主要表现为供应契约降低了供应链中的库存。因为供应契约具有柔性和相对稳定的优点，所以在供应链中，每个企业不必像以前那样维持较高的安全库存。

一般而言，企业通常致力于实现自身利益的最大化，因此，当需求信息在供应链中逐级放大时，便导致了长鞭效应。供应链企业之间的合作将原来的局部优化行为转变为整体利益最大化，供应契约的特性可以使这种合作具体化，防止这种合作行为成为纸上谈兵。

供应链企业之间在确定合作关系之后签订契约，使各节点企业明确各自的职责。以前供应链的上游总是将下游的需求信息作为自己需求预测的依据，当下游企业订购时，上游企业就会把这种信息作为将来产品需求的信号来处理。基于这个信号，上游企业调整需求预测，向其供应商增加或减少订购，使其供应商也做出相应的调整，这是导致长鞭效应的主要原因。现在企业之间签订了供应契约，一方面，下游企业对上游企业的需求数量趋于固定，即使有变动也在供应契约的柔性范围内，对供应和需求的影响不大。这样上游企业不必对下游企业的需求进行预测，从而避免了信息在整条链上产生滞后，防止了长鞭效应的产生。另一方面，供应契约可以使供应链上的信息共享程度得到提高，供应链上的每个节点企业都可以共享信息，这就避免了一些不必要的预测，避免了长鞭效应的产生。

2. 实现供应链系统的协调，消除双重边际效应

如前所述，供应链的双重边际效应是指当供应链各节点企业都试图最大化自己的利润

---

① 但是该公司因固守录像带出租业务，在数字化影音发展的大潮下逐渐落伍，后被其他公司收购。

时，不可避免地损害了供应链的整体利润。供应契约就是为了尽量减少这种损害而提出的一种解决办法。

供应契约通过调整供应链的成员关系来协调供应链，使分散决策下供应链的整体利润与集中系统下的利润尽可能相等。即使无法实现最好的协调（与集中系统下的利润完全相等），也可能存在帕累托最优解，使得每一方的利润至少不低于原来的利润。供应链各节点企业可以通过签订不同类型的供应契约，克服由于双重边际效应所导致的供应链低效率以及渠道利润的减少，使供应链达到最佳协调。

3. 增强供应链成员的合作关系

建立协调供应链的好处有目共睹，这种协调要基于相互信任的前提。供应链是由多个企业组成的联合体，彼此之间一般没有产权上的联系，仅仅是动态的合作关系。供应契约可以以书面的形式保证合作企业的权利和义务，使这种权利和义务具有法律效应，这样即使信任机制不健全，也可以实现供应链合作企业的紧密合作，加强信息共享，相互进行技术交流和提供技术支持。

供应链合作关系产生了新的利润，新增利润如何在供应链中分配，是决定供应链中各企业能否继续保持合作关系的一个重要因素。供应契约模型研究了利润的分配模式，通过企业之间的协商，将利润在供应链的各个节点企业中进行分配。契约的特性就是要体现利益共享和风险共担原则，从而使供应链成员企业达到帕累托最优。

随着契约利润参数的改变，供应链承担的风险在供应链的不同阶段之间发生了转移，从而影响零售商和供应商的决策，稳固它们之间的长期合作伙伴关系，同时提高了供应链的总体收益。

此外，还可以通过修改契约的激励模式，为合作企业创造更好的优惠条件，减少彼此之间的不信任感，实现双赢，进一步促进并增强供应链中各节点企业的合作关系。

思考题

1. 供应链运作中的不协调现象有哪些表现？举例说明。

2. 在市场竞争激烈、顾客化需求日益明显的情况下，供应链企业运作协调有哪些好处？

3. 引起供应链需求长鞭效应的原因有哪些？如何缓解供应链上的长鞭效应？

4. 分析供应链管理环境下导致曲棍球棒现象的原因，并给出解决的方法。

5. 如何理解供应链企业合作中的双重边际效应问题？

6. 供应契约的本质是什么？这些供应契约是如何达到使供应链协调运行的？

7. 根据你的理解，找出几个供应契约的实际例子。

8. 供应链运作管理的协调性与供应链激励之间的关系是什么？如何构建供应链管理中的激励机制？

9. 有效实施供应契约的基本要求有哪些？

案例

M公司物流部案例分析

M公司是国内一家著名的家用轿车生产制造商，经过十几年的快速发展，目前已经具备发动机、变速箱、制动器等汽车核心零部件以及汽车整车的制造与研发能力。公司的制造系统由冲压、焊装、涂装、组装四大分厂以及物流部、生产部组成。为了提高物流能力，保证公司供应链的运作，公司采用模拟第三方物流的运行模式，将物流部从生产部独立出来。在离组装厂大约1千米处是物流部所管辖的厂内物流中心，物流部的主要职责是将厂内物流中心的零部件及时、准确地送至组装厂的中转处，再由组装厂的物流科送至装配线相应的工位（组装厂分为A，B，C三个工段，每个工段有100多个工位）。厂内物流中心的仓库是租借给供应商的，在供应商的零部件送至仓库之后，物流部负责组织相关人员卸货后将零部件存放在相应的库区，并为供应商保管这些零部件，公司按每平方米15元/月的价格收取租金，按货款0.5%的比例收取服务费。公司曾经因为这项管理举措而获得国家企业管理创新二等奖以及××省企业管理创新一等奖。但是，随着公司产量的逐年增加特别是经历了2009年国内家用轿车市场的“井喷”之后，M公司明显地感到原有的物流能力制约了公司的发展，尤其在供应链的效率方面。

随着市场需求的不断增加，组装厂由于缺件而停线等待的平均时间竟然达到了24.3小时/月，这给公司带来了巨大的损失，是公司目前最严重的问题。最不可思议的是，仓库里面竟然有缺件物料的库存，物流部因此成了众矢之的而饱受组装厂和生产部诟病。据统计调查，组装厂缺件停线主要集中在C工段。C工段主要完成的是一些小件的安装工作，同一个工位需要安装品种繁多的小件且各小件的需求量是一种比例关系。但是，目前物流部对于小件都是按照1 000套的倍数送至组装厂的中转库，由于小件的消耗比例不一，这就导致了小件物料在中转库内的齐套性很差，可能由于一种小件的缺件而导致整个生产线停产。在物流部的部长看来，这似乎是一个无法解决的问题。

公司与供应商在沟通方面也存在问题。目前，M公司80%的零部件供应商集中在××省，而20%的零部件供应商分布在其他省份。这些供应商大多没有自己的运输车队，为了节省成本，它们一般将货运任务外包给一些规模非常小的物流公司。供应商给公司的采购价格已经包含这些运输费用，M公司的财务部门将其列为公司的制造费用。随着公司产量的增加，供应商送货量也在加大，但厂内物流中心的面积是有限的，经常出现的情况是，供应商的零部件一次送货量太多而导致零部件无法存放在仓库，只好存放在其他露天场所，因此一些精密零部件的质量难以保证。这种情况不仅给物流部的管理带来了相当大的难度，也给产品的质量造成了不良的影响，经常有消费者由于汽车安全气囊质量问题与公司对簿公堂。在物流部看来，这完全是供应商的素质问题。“它们为什么就不能少送点儿？一点儿也不配合主机厂的工作。”物流部的部长这样描述道。但是供应商则显得很无辜，例如天津某制动桥厂就反映，目前M公司不仅将采购价格压得很低，而且在货物送至公司3～6个月之后才能拿到货款。供应商对公司模拟第三方物流运作模式的积极性不高。另外，物流公司给供应商的价格优惠是与运输批量有关的，运输批量越多，价格也就越优惠，因此，供应商需要尽量多送一些货物以降低运输成本。2009年M公司的产量是9万辆，

2010 年 M 公司计划产量是 16 万辆。可想而知，厂内物流中心有限的设施资源在当前的运作模式下很难容纳这么多的零部件！

面对这样的问题，M 公司为了提高物流能力，决定将公司的物流业务外包给一家专业的、真正的第三方物流公司。

问题讨论：

你觉得这样做能解决 M 公司所面临的问题吗？

第4章

供应链的构建与优化

| 学习目的 |

为了提高供应链管理的绩效，除了必须具有高效的运行机制，建立高效、敏捷的供应链也是极其重要的一环。供应链的构成不仅影响运作效率与成本等传统绩效指标，也影响供应链的柔性、敏捷性和韧性。因此，作为供应链管理的一个重要环节，要非常重视供应链的构建与优化问题。供应链系统的构建包括物理结构和组织结构两方面内容。供应链的物理结构构建主要是供应链网络（主要表现在物流网络）建设问题；供应链的组织结构构建主要是设计有效的供应链协调管理的组织架构。本章将聚焦在以产品为中心的供应链体系设计、供应链物流网络布局、供应链信息化（数字化）运营中心（平台）以及供应链运作管理体系的框架设计等方面。通过本章的学习，读者能够掌握供应链结构的基本问题，了解供应链体系设计的相关策略、原则及步骤，了解供应链运作系统的构成及设计要点，基本掌握供应链管理系统构建的知识。

第1节　与供应链体系设计有关的几个问题

供应链体系设计包含的内容很多。这一节首先介绍一下与供应链体系设计有关的几个问题。

1. 供应链设计与物流系统设计

有的人把供应链设计等同于物流系统设计，实际上二者是有区别的。物流系统是供应链上的物流通道，是供应链设计和管理的重要内容。物流系统设计是指原材料或/和外购件从供应商选择、采购入厂、储存、投料、厂内加工、产品装配、包装、运输、分销、零售等一系列物流过程的设计，设计重点是获得最佳的物料运动过程。一个结构合理的物流系统对于降低库存、减少成本、缩短提前期、实施准时化生产与销售、提高供应链的整体运作效率和韧性是非常重要的。可以说物流系统是供应链系统设计中最主要的工作之一，但物流系统设计不能等同于供应链设计。供应链设计是企业运营模式的设计，它从更广阔的思维空间——企业与企业整合的角度去勾画企业运营模式，它不仅包括物流系统的设计，还包括信息系统、组织架构和管理流程、价值增值和相应的服务体系的设计。在供应链设计中，创新性的管理思维和观念极为重要，要把供应链的整体思维观融入供应链的构思和建设中，要充分考虑企业之间的协同运作，这样才能实现最佳的供应链运作模式，这是供应链设计中最为重要的思想。

2. 供应链设计与实际运行环境因素

一个在纸面上设计精良的供应链在实际运行中并不一定能取得预期效果，甚至无法达到设想的基本要求。主观设想与实际效果的差距并不一定是供应链的设计不完美，而是实际环境因素的变化在起作用。因此，构建和设计一个供应链系统，不仅要从供应链的科学构成进行设计，还要考虑其运行环境（地理、政治、文化、经济等）因素的影响，以及实际运行环境的变化对供应链实施的影响。因此，要用发展的、变化的眼光来设计供应链，无论是信息系统的构建还是物流系统的设计，都应具有较高的柔性，以提高供应链对环境的适应能力。

3. 供应链设计与企业流程再造

从现有企业的角度来看，供应链的设计是一个企业业务流程再造（business process reengineering，BPR）的过程。供应链的设计或重构不是要完全推翻现有的企业运营模式，而是要从管理思想革新的角度，以创新的观念武装企业（比如动态联盟、供应链生态），这种基于系统进化的企业再造思想是符合人类演进式逻辑的，尽管“BPR 教父”哈默（Michael Hammer）和钱皮（James Champy）一再强调其彻底的、剧变式的企业重构思想，但实践证明，实施 BPR 的企业最终还是走向了渐进改善的道路，无源之水、无本之木的企业再造是不存在的。因此，在实施供应链的设计与重建时，并不在于是否“打碎那个瓷娃娃”[①]，而是需要新的观念、新的思维和新的手段，这是我们实施供应链管理所要明确的。

4. 供应链设计与先进制造模式的关系

供应链设计既是从管理新思维的角度去改造企业，也是先进制造模式的客观要求及其推动的结果。如果没有全球制造、智能制造、5G 网络及云计算等这些先进的制造模式和技术的出现，集成化供应链的管理思想是很难实现的。正是先进制造模式的资源配置沿着“劳动密集→设备密集→信息密集→知识密集”的方向发展，才使得企业的组织模式和管理模式发生了相应的变化，从制造技术的技术集成演变为组织和信息等相关资源的集成。

---

① 杰克逊．透过新潮管理法看系统管理学．系统工程理论与实践，1998（3）.

供应链管理适应了这种趋势，因此，供应链的设计应把握这种内在的联系，使供应链管理成为适应先进制造模式发展的先进管理思想。

第 2 节　供应链体系结构类型及设计原则

一、供应链与业务外包

如前所述，供应链管理思想的出现与摒弃传统的“大而全、小而全”管理模式有着密切关系，是随着业务外包的兴起而逐渐形成的一种新的管理理论与方法体系。因此，供应链系统的构成随着业务外包的形式不同而不同。

总结业务外包发展的历程来看，根据企业选择外包供应商的空间布局的情况，主要有如下几种形式。

1. 在岸外包

在岸外包（on shore outsourcing），也称为境内外包。从字面的意思可以看出，在岸外包是指发包商与承接外包的供应商来自同一个国家，发出外包和承接外包的工作在一个相同的国家内完成。

一般情况下，当国内供应商的成本和海外供应商的成本几乎相当时，企业会选择在岸外包；考虑交货的时效性，即使国内供应商的成本高于海外供应商，企业也可能选择在岸外包；如果某些物料只有国内供应商能够生产，也只能选择在岸外包。发达国家的在岸外包越来越少了，而新兴经济体国家的在岸外包相对比较多，如我国供应链上的供应商很多都在国内，因为我国的产业链比较完整，而且供应商具有相当强的竞争优势。

2. 近岸外包

近岸外包（near shore outsourcing）是选择邻国的供应商外包生产和服务的一种外包形式。例如，美国的许多公司会把一些工作外包给临近的加拿大和墨西哥。近岸，意味着选择地理上相邻国家的供应商，一是因为成本比在岸外包更低；二是运输时间和成本比全球供应商更具优势；三是甚至人们会说相同的语言，沟通比较容易。

近岸外包也有不足，如企业构建供应链体系时可供选择的合格的供应商比较少，无论是产品的品种还是质量，都只能在比较有限的范围进行选择，从而降低了供应链的柔性。

3. 离岸外包

离岸外包（off shore outsourcing）指外包商与其供应商来自全球范围内的不同国家。在世界经济全球化的潮流中，通过国际合作，利用各国家或地区的劳动力成本和资源禀赋的差异，是企业实现降低生产成本、增强综合竞争力的有效途径。供应链出现的早期，基本上以离岸外包的方式为主导。企业可以在全球范围内寻找最优秀、最合适的供应商，构建适合企业的供应链系统。

离岸外包也有不足：一是全球供应商的选择与评估是一件具有挑战性的工作，选择合适的供应商并不容易；二是由于供应链合作伙伴分布较广，协调管理难度很大；三是物流路程长、变数多、时间控制难，往往使供应链交货周期长，甚至不能按期交付。例如新冠疫情造成美国很多港口无人工作，致使港口拥堵，集装箱货舱无法靠岸装卸，有的订单在港口滞留长达几个月的时间。

二、供应链系统结构的几种类型

（一）全球（分布式）供应链

全球供应链（global supply chain）也叫分布式供应链（distributed supply chain），是指供应链系统在构建的过程中，核心企业从自身需要出发，在全球范围内选择最合适的供应商，包括本土与海外的供应商。换句话说，全球（分布式）供应链不受地理空间限制，供应链上的合作伙伴可以分布在全球任何一个国家或地区。

全球（分布式）供应链的优点是，可以在全球范围内选择适应本企业供应链竞争力目标的合作伙伴，将业务外包出去。如有的供应链希望成本最低，有的供应链希望灵活性（柔性）更好，都可以根据需要选择合适的合作伙伴。另外，全球（分布式）供应链在遇到风险而产生中断时，可以灵活调整供应商，使供应链尽快复原。

全球（分布式）供应链的不足有：第一，供应链日常运作中对物流、信息流的管控难度较大，特别是在信息化水平不高时，无法及时了解供应商的实际状况，无法掌握运输途中货物的路径和到达时间，容易造成订单交付延误；第二，更换供应商的难度较大，即使发现某供应商不太符合要求，要想更换也要花费较大的精力；第三，供应链比较长，导致其较为脆弱，容易受到危机事件的影响，如近几年的新冠疫情就对供应链物流产生了较大的影响。

（二）区域供应链

区域供应链（regional supply chain）是指构成供应链系统的主体在有限的空间范围内（通常是相邻国家），与近岸业务外包有着密切关系。区域供应链的出现，是在近几年全球供应链受到比较大的冲击后，企业为了规避全球供应链的风险而采取的一种措施，试图通过缩短供应链来提高抗击风险的能力，因此又称为“短链”。

区域供应链的优点是在有限的区域范围内选择供应商，避免供应链太长、太复杂而产生的脆弱性，同时还能尽量降低外包成本。区域供应链运作的可控性和安全性比全球（分布式）供应链要高很多。比如，据媒体报道，一家美国家具零售商 La-Z-Boy 的负责人表示，已经考虑将更多的制造厂转移到更靠近美国的地方，2021 年该家具零售商在墨西哥增加了三个工厂，以扩大产能。

区域供应链的不足是可选择的供应商有限，这样就限制了供应链的柔性和敏捷性，对于超出区域供应链能力的客户需求无法满足。

是否选择区域供应链结构，还要判断该种供应链获得的收益是否大于全球（分布式）或集群式供应链的收益，即区域供应链在经济上是否占据优势。

（三）集群式供应链

集群式供应链（cluster supply chain）是指在特定的地域内，由围绕核心企业的产品（品牌）供应链相关环节的伙伴，如研发机构、供应商、制造商、批发商、零售商和物流服务商，甚至是终端客户等形成的基于本地一体化的供应链。

集群式供应链的优点是能够迅速根据市场需求组织起供应链制造资源，并且由于在地理上将供应链上下游企业聚集在一起，前后环节之间的沟通及物流转运都非常便利，耗时很短；另外，也便于对供应链运作进行管控，在质量、交货期、成本控制等方面，都可以做到及时发现问题并解决问题。总体上看，在对市场的响应速度、敏捷性和稳健运行方面，都具有比较大的优势。

集群式供应链的不足：一是可能成本较高，因为只能在特定的空间内选择供应商，如果这里供应商的成本高于其他地方，企业的供应链必须承受高成本；二是柔性受限，因为在特定空间内的供应商种类和数量有限，如果市场只是出现一些小的变化可能还有优势，如果市场需求发生大的甚至是颠覆性的变化，要想快速重组供应链就有点困难了；三是风险较为集中，一旦某环节中断，整个供应链就无法继续运作，特别是在生产某种特定商品时，中断的供应链在恢复之前是无法继续提供这种商品的，“鸡蛋都放在一个篮子里了”。

以上讨论的供应链系统的三种结构类型各有优点和缺点，在设计供应链的结构时，要认真分析不同环境下不同类型供应链的优缺点，找到最佳的结构方式。在实际工作中，人们往往采取混合的方式，选取这三种供应链的优点，克服其缺点，设计出适合本企业的供应链结构。

三、供应链设计的原则

在供应链的设计过程中，应遵循一些基本的原则，以保证供应链的设计和重建能满足供应链管理思想的实施和贯彻执行。

1. 自顶向下和自底向上相结合的设计原则

在系统建模设计方法中，存在两种设计方法，即自顶向下和自底向上的方法。自顶向下的方法是从全局走向局部的方法，自底向上的方法是从局部走向全局的方法；自顶向下是系统分解的过程，而自底向上则是集成的过程。在设计一个供应链系统时，往往是先由主管高层做出战略规划与决策，规划与决策的依据是市场需求和企业发展规划，然后由低层部门实施，因此，供应链的设计是自顶向下和自底向上的结合。

2. 简洁性原则

简洁性是供应链设计的一个重要原则。为了使供应链具有灵活、快速响应市场的能力，供应链的每个节点都应是精简的、具有活力的，能实现业务流程的快速组合。比如，供应商的选择就应遵循少而精的原则，通过和供应商建立战略伙伴关系，减少采购成本，实施准时化采购和生产。生产系统的设计更应以精细思想为指导，从精细的制造模式到精细的供应链是管理者应努力追求的目标。

3. 集优原则（互补性原则）

供应链各个节点的选择应遵循强强联合的原则，以达到实现资源外用的目的，每个节点企业只集中精力做好各自的核心业务，就像一个个独立的制造单元（独立制造商），这些单元化的企业具有自我组织、自我优化、面向目标、动态运行和充满活力的特点，能够实现供应链业务的快速重组。

4. 协调性原则

供应链业绩的好坏取决于供应链合作伙伴关系是否和谐，因此，建立战略伙伴关系的合作企业关系模型是实现供应链最佳效能的保证。和谐性决定了系统能否充分发挥系统成员和子系统的能动性、创造性及系统与环境的总体协调性。只有和谐而协调的系统才能发挥最佳的效能。

5. 动态性原则

不确定性事件在供应链管理中随处可见，许多学者和企业管理者在研究供应链运作效率时都提到了不确定性问题。不确定性的存在表现为供应和需求产生波动，从而带来订单的变动，为此必须考虑提高供应链的动态性。在供应链的设计中，要考虑到能够让管理者预见到各种不确定因素对供应链运作的影响，减少信息传递中的延迟和失真，减少不必要的中间环节，提高预测的精度和时效性，还要使供应链的结构有一定的灵活性，能够根据外部或内部环境的变化调整供应链的构成，以此降低不确定性事件对供应链绩效的影响。

6. 创新性原则

创新设计是系统设计的重要原则，没有创新性思维，就不可能有创新的管理模式。因此，在供应链的设计过程中，创新性是一个很重要的原则。要产生一个创新的系统，就要敢于打破各种陈旧的思维框框，用新的角度、新的视野审视原有的管理模式和体系，进行大胆的创新设计。

进行创新设计要注意几点：一是创新必须在企业总体目标和战略的指导下进行，并与战略目标保持一致；二是要从市场需求的角度出发，综合运用企业的能力和优势；三是发挥企业各类人员的创造性，集思广益，并与其他企业共同协作，发挥供应链整体优势；四是建立科学的供应链和项目评价体系及组织管理系统，进行技术经济分析和可行性论证。

7. 战略性原则

供应链的设计应有战略眼光。供应链体系构成要花费很多的时间和资金成本，因此在设计供应链时必须具有战略性视角。要从实现企业战略的角度考虑供应链系统的功能，应使供应链能够成为实现企业战略目标的可靠载体，因此，战略性原则要体现在供应链发展的长远规划和预见性上。供应链的系统构成和发展应和企业的战略规划保持一致，并在企业战略指导下进行。

第 3 节　基于产品的供应链设计方法

供应链是提高企业竞争力的基本保障，企业又是以提供产品和服务为核心的，因此，从成功构建供应链的企业的经验来看，在供应链设计过程中，基于产品设计被认为是供应链设计的一个主要方法，由此产生了围绕产品设计供应链管理体系（design for supply chain management，DFSCM）的概念。DFSCM 的目的在于设计产品和工艺，使供应链相关的成本和业务得到有效的管理。人们越来越清楚地认识到供应链中生产和产品流通的总成本最终取决于产品的设计。因此，必须在产品开发设计的早期就开始考虑供应链的设计问题，或者说供应链的设计要以产品设计为依托，才能使供应链系统与企业产品的生产及销售实现最佳匹配，使企业获得最大化的潜在效益。

基于产品的供应链设计的步骤如图 4－1 所示。

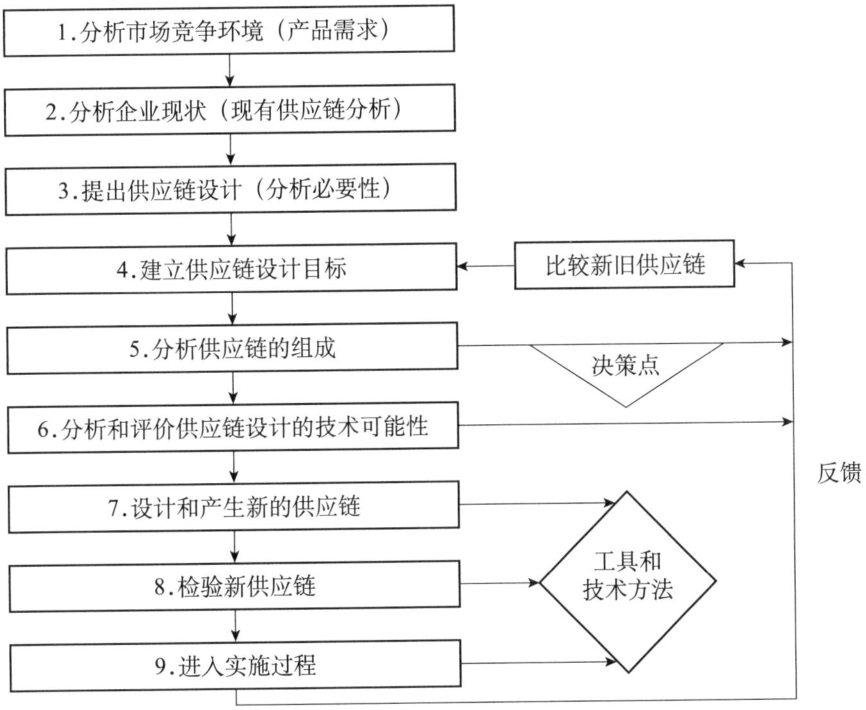

图 4－1　供应链设计的步骤

1. 分析市场竞争环境

分析市场竞争环境的目的在于找到针对哪些产品市场开发供应链才有效，为此，必须知道现在的产品需求及其类型和特征。分析市场特征要对用户和竞争者进行调查，提出诸如“用户想要什么”“竞争者在市场中所占的份额有多大”之类的问题，以确认用户的需求和竞争者的压力，同时对于市场的不确定性要进行分析和评价。

2. 分析企业现状

这一步主要分析企业供需管理的现状（如果企业已经实施供应链管理，则分析供应链的现状）。目的不在于评价供应链设计策略的重要性以及是否合适，而是着眼于研究供应链开发的方向，分析、找到并总结企业存在的问题及影响供应链设计的阻力等因素。

3. 提出供应链设计

这一步是针对存在的问题提出供应链设计项目，分析其必要性。

4. 建立供应链设计目标

这一步是根据基于产品的供应链设计策略提出供应链设计的目标。主要目标是实现高用户服务水平和低库存投资、低单位成本目标之间的平衡（目标间往往有冲突）。还应包括以下目标：

- 进入新市场；
- 开发新产品；
- 开发新分销渠道；
- 改善售后服务；
- 提高用户满意度；
- 寻找新的供应商；
- 降低成本；
- 通过降低库存提高工作效率。

5. 分析供应链的组成

供应链中的成员组成分析主要包括各类供应商、制造商、分销商、零售商和用户的选择及定位，以及确定选择与评价的标准。

6. 分析和评价供应链设计的技术可能性

这一步不仅是给出某种策略或改善技术的推荐清单，也是开发和实现供应链管理的第一步，它在可行性分析的基础上，结合本企业的实际情况，为开发供应链提出技术选择建议和支持。这是一个决策的过程：如果认为方案可行，就可进行下面的设计；如果不可行，就要重新设计。

7. 设计和产生新的供应链

主要解决以下问题：

（1）供应链的成员组成（供应商、制造商、分销中心的选择与定位、计划与控制等问题）；

（2）原材料的来源设计（包括供应商、物料流量、价格、运输等问题）；

（3）生产设计（需求预测、生产产品选择、生产能力、分销中心选择、价格、生产计划、生产作业计划和跟踪控制、库存管理等问题）；

（4）分销任务与能力设计（产品市场定位、运输、价格等问题）；

（5）信息管理系统设计；

（6）物流管理系统设计。

在供应链设计中，要广泛地应用多种工具和技术，包括归纳法、流程图、模拟和设计软件等。

8. 检验新供应链

供应链设计完成后，应通过一定的方法、技术进行测试检验或试运行。如有问题，则返回第 4 步进行重新设计。

9. 进入实施过程

如果没有什么新的问题，就可进入供应链管理的实施过程了。在实施过程中如果出现问题，再根据新的情况对供应链进行调整。

第 4 节 供应链物流网络布局的优化方法

一、物流网络布局概述

如前所述，供应链设计中的一项重要内容就是物流网络布局与选址设计。近年来物流网络布局与选址（简称物流网络布局）的理论与方法发展都很迅速，各种不同的选址方法越来越多，特别是电子计算机和大数据分析、人工智能的广泛应用，进一步促进了物流网络布局问题的研究与实际应用，为不同方案的可行性分析提供了强有力的手段。各种各样的选址方法概括起来可归纳为三大类。

1. 解析方法

解析方法是通过数学模型进行物流网络布局的方法。采用这种方法时，首先根据问题的特征、外部条件和内在联系建立数学模型或图解模型，然后对模型求解，获得最佳布局方案。解析方法的特点是能获得精确的最优解，但是这种方法对某些复杂问题难以建立起恰当的模型，或者由于模型太复杂，使求解困难，或者要付出相当高的代价，因而这种方法在实际应用中受到一定的限制。

采用解析方法建立的模型通常有微积分模型、线性规划模型和整数规划模型等。对某个问题究竟应建立什么样的模型，要具体分析确定。

2. 计算机模拟方法

网络布局的模拟方法是将实际问题用数学方程和逻辑关系的模型表示出来，然后通过模拟计算和逻辑推理确定最佳布局方案。这种方法比用数学模型进行解析简单。采用这种方法进行网络布局时，分析者必须提供预定的各种网络组合方案以供分析评价，从中找出最佳组合。因此，决策的效果依赖于分析者预定的组合方案是否接近最佳方案，这也是该方法的不足之处。

3. 启发式方法

启发式方法是针对模型的求解方法而言的，是一种逐次逼近最优解的方法。这种方法对所求得的解进行反复判断、实践修正，直至满意为止。启发式方法的特点是模型简单，需要进行方案组合的个数少，便于寻求最终答案。此方法虽不能保证得到最优解，但只要处理得当，可获得令决策者满意的近似最优解。

用启发式方法进行网络布局时，一般应包括以下几个步骤：

- 定义一种计算总费用或其他目标值的方法。
- 拟定判别准则。
- 规定方案改选的途径。
- 建立相应的模型。

- 迭代求解。
- 对求解结果进行分析和决策。

二、物流网络布局的数据收集

开展网络布局工作需要一个包含各种各样数据的数据库。尽管有些数据专门用于某些特殊的网络结果问题，但数据库的大部分数据是通用的。这些数据包括（但不限于）以下类型：

- 产品线上所有产品的清单。
- 客户、储存点和供应商所在的位置。
- 处于不同位置的客户对各种产品的需求。
- 运输费率或运输成本。
- 送货时间、订单传输时间和订货履行率。
- 仓储费率或仓储成本。
- 采购/生产成本。
- 不同产品的运输批量。
- 不同地点、不同产品的库存水平。
- 控制库存的方法。
- 订货的频率、订单规模、季节性特征和订单的内容。
- 订单处理成本以及产生订单处理成本的环节。
- 资金占用成本。
- 客户服务目标。
- 现有设备和设施的能力限制。
- 当前满足销售需求的分销能力。
- 分销渠道的构成及运营状况。
- 备选地区的政治、经济及治安状况。

这些数据可以从不同的渠道获得，如企业的财务报表、各类运营报告、咨询机构发布的报告、政府的政策、公开出版物披露的信息等。另外，还可以参考同行业最优秀企业的做法，为本企业找到追赶的目标。

1. 数据汇集

由上面所列的数据清单可知，任何最优化模型所涉及的数据量都是巨大的。例如，一个典型的软饮料系统大约有 10 000～120 000 个客户。在一个零售物流网络中，如沃尔玛或苏宁，流经网络的不同产品有成千上万种甚至几十万种。

正是这个原因，数据汇集是必不可少的。数据汇集必须遵循两个标准：

（1）采用网格或其他集合技术，把邻近的顾客汇集在一起。在一个单元格或集合中的所有顾客可以用位于单元格或集合中心的单个顾客来代替，这个单元格称为一个顾客区。一种非常有效的常用技术是数据地理编码。研究表明，把顾客区划分成 150～200 个区，并保证每个区的总需求量大致相等，预测误差通常不超过 1%。

(2) 根据以下标准把产品划分成合理数目的产品组。将共用同一配送渠道的产品分在一组，将不能使用同一配送渠道的产品另列一组。通常的产品编组是将订货量大、需要直接以大批量运到客户所在地的产品归为一组，而将订货量小、需要经仓库系统转运的产品归为另一组。另一种方式是按货物的运输等级分组。网络布局通常要求产品组别不超过20个。

2. 估计运输费率

物流网络布局中运输费率是一个重要问题，网络布局的下一步是估计运输成本。大多数运输费率（包括汽车、火车和其他运输方式）的一个重要特点是运输费率和距离大致呈线性关系，而不与运输批量呈线性关系。估计运输费率时应该了解运输服务的种类，这里把运输分为自有运输和租赁运输。

对于自有运输（通常是卡车）的有效费率，需要了解运营成本以及车辆按什么路线到达送货点或装货点。公司通常会保存运营成本的完整记录，利用这些信息可以很容易地估计每库存单位（SKU）每公里的运输费率。

对于租赁运输，其运输费率的估计与自有运输明显不同。卡车、火车运输的等级费率的特点就是运输费率和距离大致呈线性关系，我们可以利用这一特征，根据起点到终点的距离绘制出运输费率估计曲线。

3. 估计里程

物流网络布局的地理性特征要求物流管理人员掌握各种距离数据。估计运输起止点之间的运输成本时需要知道距离。距离估计的一般方法有以下几种：

(1) 在某些情况下，先在地图上标出计划经过城市街道的卡车运输路径，然后用手动的轮子（该工具可以在许多办公用品商店买到）滚过地图上卡车将实际驶过的街道，这样就能够得到准确的距离数据。

(2) 使用简单的直线网格系统，根据坐标，利用毕达哥拉斯定理计算出两点间的直线距离。使用毕达哥拉斯定理计算出两点间的直线距离的具体方法可以参考相关资料，这里就不详细叙述了。

(3) 使用类似高德地图等的线上工具，获取运输起止点之间的距离。

在实际工作中，还需要参考各种相关资料，这里就不详细叙述了。

4. 物流设施成本

与物流网络中的设施（如仓库、生产工厂）相关的成本可以表示为固定成本、储存成本和搬运成本。固定成本包括所有与流经仓库的材料数量不成比例的成本项目。固定成本通常与仓库规模正相关，但不一定是线性的。储存成本是那些随设施内储存货物数量变化而改变的成本，也就是说，如果某项成本随库存水平增加或减少，该项成本就可以归为储存成本，与平均库存水平成比例关系。搬运成本是发生在仓库或车间内物料搬运、车辆装卸的成本，包括劳动力和搬运工具的成本。

5. 库存-仓库吞吐量之间的关系

因为网络布局中涉及仓库选址，所以必须估计仓库数量、位置和规模的变化对网络中库存水平的影响。因为选址问题就是仓库之间需求调配的问题，所以我们希望能够根据分派给仓库的需求或吞吐量来估计库存量。

了解库存-仓库吞吐量关系的办法之一是观察仓库管理人员如何控制库存。库存状态报告是大多数公司常见的报告，该报告按月或周报告网络中每座仓库的库存水平和运输批量。将各仓库的库存水平进行平均并对货运量进行加总，然后描绘在图上，就得到了数据图。最后，以能够得到的最佳的数学表达式拟合这些数据，就可以得到如图 4－2 所示的库存-仓库吞吐量关系函数曲线。根据分派给现有仓库或新仓库的年需求量，就能用这个函数关系曲线估计出某特定仓库应该持有的平均库存量。

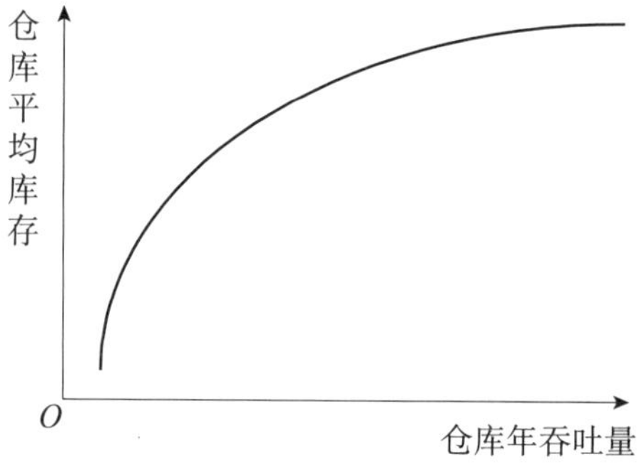

图 4－2　库存-仓库吞吐量关系曲线

6. 服务满意度水平的要求

这里的服务满意度水平是指每个顾客与服务仓储点之间的最大距离。这是保证各个仓储点能够在合理的时间内为其顾客提供服务。例如，有些顾客在农村或偏僻地区，为他们提供与其他顾客同等的服务水平要困难得多，在这种情况下，把服务水平定义为与指定仓库之间的距离要覆盖多大比例的顾客。例如，可能要求 95％的顾客位于仓储点周围 200 千米范围之内。

三、供应链物流网络设计应用举例

假设有两个工厂 P_1和 P_2，生产相同的产品，供应三个市场。其中，工厂 P_2的年生产能力是 60 000 个产品。为简单起见，假设两个工厂的生产成本相同，两个分销中心 W_1，W_2也有相同的库存成本。有三个市场 C_1，C_2，C_3，需求量分别为 50 000、100 000、50 000 个产品。每一个工厂到分销中心、分销中心到最终市场的可能路线及单位产品运输成本如图 4－3 所示。管理人员应该如何安排从工厂到最终消费市场的物流路线以使总运输成本最低呢？

为了说明优化物流网络的重要意义，先从一般的思考方式出发，根据经验或者直观分析找出可行方案，然后与优化方法进行比较，从而看出物流网络优化设计的重要性。

作为可行的方法，我们首先考虑第一种方法。

对每一个市场，选择从分销中心到需求地运输成本最低的方案。即 C_1，C_2和 C_3由 W_2供应。

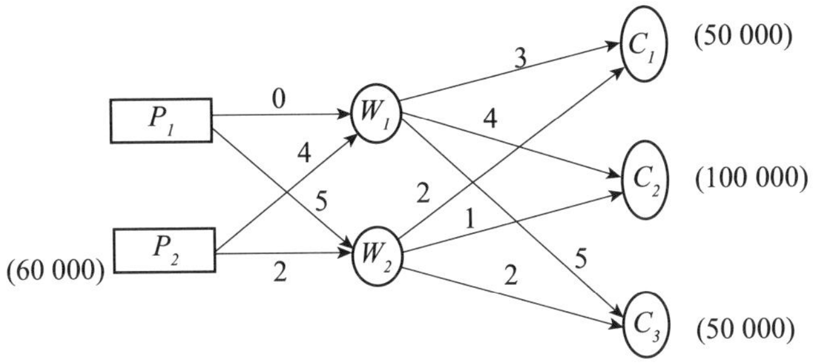

图 4-3 供应链物流网络设计

为每一个分销中心选择运输成本最低的工厂，即从 P_2 得到 60 000，剩余的 140 000 从 P_1 得到。

这样，该方案的总运输成本是：

$$\begin{aligned}&2\times 50\ 000+1\times 100\ 000+2\times 50\ 000+2\times 60\ 000+5\times 140\ 000\\&=1\ 120\ 000（元）\end{aligned}$$

第二种方法：对每一个市场，选择不同的分销中心，使从分销中心获得产品的总运输成本最低。如对 C_1，有 $P_1\Rightarrow W_1\Rightarrow C_1$，$P_1\Rightarrow W_2\Rightarrow C_1$，$P_2\Rightarrow W_1\Rightarrow C_1$，$P_2\Rightarrow W_2\Rightarrow C_1$。当然，成本最低的是 $P_1\Rightarrow W_1\Rightarrow C_1$，即用 W_1 供应 C_1。

同样可决定，选择 W_2 供应 C_2 和 C_3。

按这种方案计算出来的总成本是 920 000 元。

第三种方法是采用一种优化方法。先建立数学模型，然后利用计算机进行求解。设 P_{ij} 为工厂 i 到分销中心 j 的数量（$i=1$，2；$j=1$，2）；W_{jk} 为分销中心 j 到市场 k 的数量（$k=1$，2，3）。

目标函数是：

$$\begin{aligned}\min = &0\times P_{11}+5\times P_{12}+4\times P_{21}+2\times P_{22}+3\times W_{11}+4\times W_{12}+5\times W_{13}\\&+2\times W_{21}+1\times W_{22}+2\times W_{23}\end{aligned}$$

需求约束是：

$$W_{11}+W_{21}=50\ 000$$
$$W_{12}+W_{22}=100\ 000$$
$$W_{13}+W_{23}=50\ 000$$

供应约束是：

$$P_{11}+P_{12}=140\ 000$$
$$P_{21}+P_{22}=60\ 000$$

分销中心不存留产品，进入分销中心的产品与流出的产品规模相等，即

$$P_{11}+P_{21}-W_{11}-W_{12}-W_{13}=0$$
$$P_{12}+P_{22}-W_{21}-W_{22}-W_{23}=0$$

所有变量都大于等于零：

$$P_{11},\cdots,P_{22}\geqslant 0;\ W_{11},\cdots,W_{23}\geqslant 0$$

将这个数学模型输入计算机优化软件（例如 LINGO），经运算得到如表 4－1 所示的结果（已将结果为零的变量剔除）。

表 4－1　计算结果

变量	数值	变量	数值
P_{11}	140 000.00	W_{12}	40 000.00
P_{22}	60 000.00	W_{13}	50 000.00
W_{11}	50 000.00	W_{22}	60 000.00

经整理，得到如表 4－2 所示的结果。

表 4－2　优化结果

	P_1	P_2	C_1	C_2	C_3
W_1	14 000	0	50 000	40 000	50 000
W_2	0	60 000	0	60 000	0

总成本是 740 000 元。

第三种方法得到的结果比第一种方法节约 34%，比第二种方法节约 20%，由此可见，物流网络优化设计给企业带来的效益是非常可观的。

第三种方法进一步深化就成为一个有能力约束的设施布置问题。这种模型在网络布局中应用非常广泛。借助计算机算法软件，求解过程也非常快捷。见下例：

设：

v_j＝在地点 j 布置物流中心的固定费用；

c_{ij}＝从地点 j 的物流中心满足用户 i 需求所需的费用；

w_i＝用户 i 的需求量；

Q＝m 个地点的供货能力。

数学模型是：

$$\min Z=\sum_{j=1}^{m}v_j y_j+\sum_{i=1}^{n}\sum_{j=1}^{m}c_{ij}x_{ij} \tag{4-1}$$

约束条件为：

$$\sum_{j=1}^{m}x_{ij}=1,\ j=1,2,\cdots,m$$

$$\sum_{i=1}^{n}w_i x_{ij}\leqslant Q,\ j=1,2,\cdots,m$$

$$x_{ij} \leqslant y_i,\ i=1,\ 2,\ \cdots,\ n;\ j=1,\ 2,\ \cdots,\ m$$

$$x_{ij} \in \{0,\ 1\},\ i=1,\ 2,\ \cdots,\ n;\ j=1,\ 2,\ \cdots,\ m$$

$$y_j \in \{0,\ 1\},\ j=1,\ 2,\ \cdots,\ m$$

$$y_j=\begin{cases}1，工厂设在地点\ j\\0，工厂设在其他地点\end{cases}$$

$$x_{ij}=\begin{cases}1，用\ j\ 处的工厂满足用户\ i\ 的需求\\0，用其他地点的工厂满足用户\ i\ 的需求\end{cases}$$

例如，有 3 个设置工厂的备选处 P_1，P_2，P_3，向 4 个客户需求地点 C_1，C_2，C_3，C_4 提供产品。每个工厂的生产能力、设置工厂的成本以及从不同工厂向不同客户需求所在地供货的成本如下面的数据所示。利用最为常见的 LINGO 软件即可方便求解最佳的供货网络方案。应用 LINGO 软件求解的相关数据如下：

设置工厂的成本：FCOST=91，70，24

每座工厂的生产能力：CAP=39，35，31

每个最终用户的需求量：DEM=15，17，22，12

运费矩阵（元/件）：

$$\text{COST}=\begin{bmatrix}6，2，6，7\\4，9，5，3\\8，8，1，5\end{bmatrix}$$

采用 LINGO 优化软件解决上述问题，得到如表 4-3 所示的结果（已剔除变量为 0 的解）。

表 4-3　计算结果

变量	结果	变量	结果
OPEN（P_1）	1.000 000	VOL（P_1，C_4）	3.000 000
OPEN（P_3）	1.000 000	VOL（P_3，C_3）	22.000 000
VOL（P_1，C_1）	15.000 000	VOL（P_3，C_4）	9.000 000
VOL（P_1，C_2）	17.000 000		

四、计算机辅助物流网络布局优化决策

计算机辅助物流网络设计的软件水平越来越高。图 4-4 到图 4-6 是一个实际企业物流网络选址决策的应用示例。图 4-4 是该企业“工厂—配送中心—客户”系统的地理分布图。图中的圆圈表示配送中心，三角形表示工厂，大大小小的黑色方块表示客户所在地。

图 4-4 是某种布局方案。在这种方案下，该企业现行的“工厂—配送中心—客户”设置总成本为 12 621 233 美元。通过采用某软件公司开发的选址优化软件进行的重新设计如图 4-6 所示。在这种方案下，该企业的“工厂—配送中心—客户”设置总成本为

10 012 763 美元。二者相比，后一方案比前一方案节约了 260 多万美元。

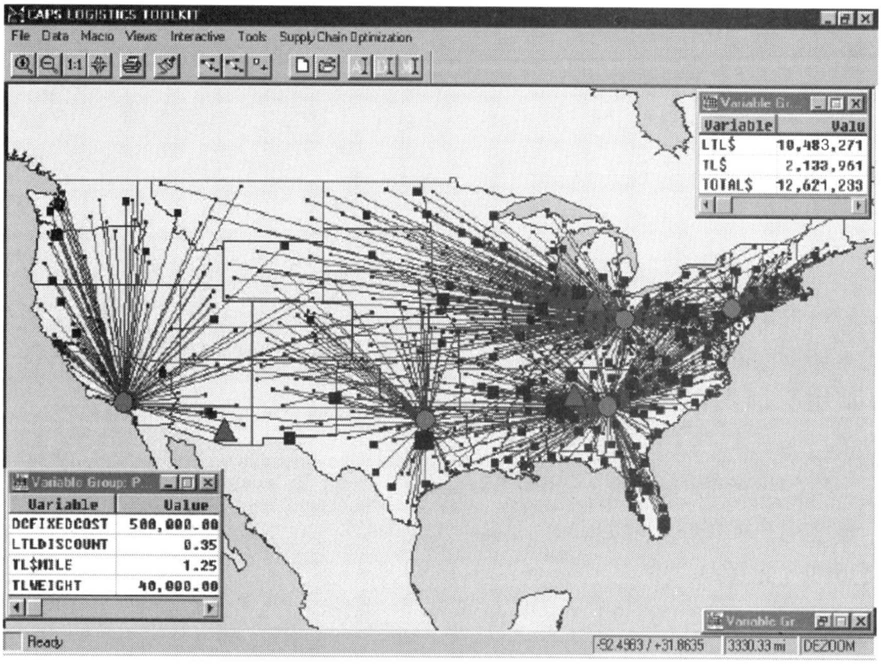

图 4－4　初始物流网络布局图

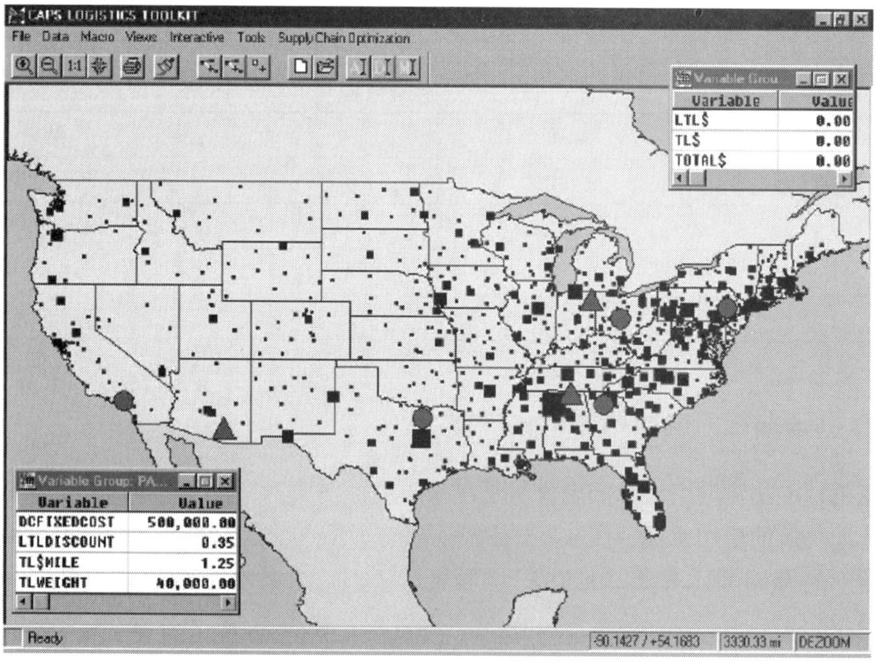

图 4－5　初始物流网络配送示意图

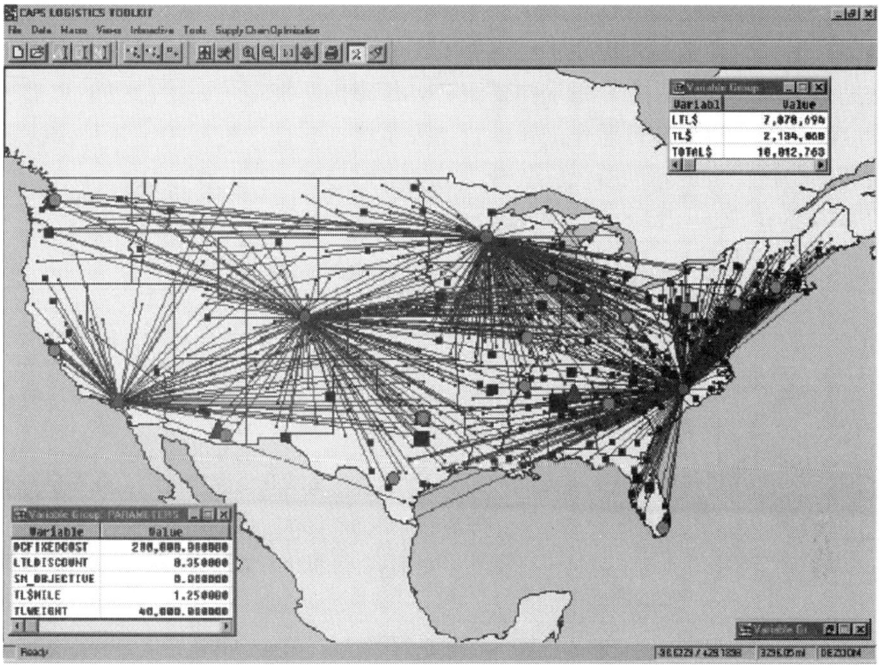

图 4-6　优化后的物流网络配送方案

第 5 节　供应链管理框架模型

供应链设计除了要优化设计物理结构，还要科学地设计管理结构。供应链管理运作系统的模式多种多样，图 4-7 为国外研究机构给出的一个比较有代表性的模型。在这个模型中，供应链管理系统分为六个供应链基本功能流程以及相应的支持组织和信息技术。如

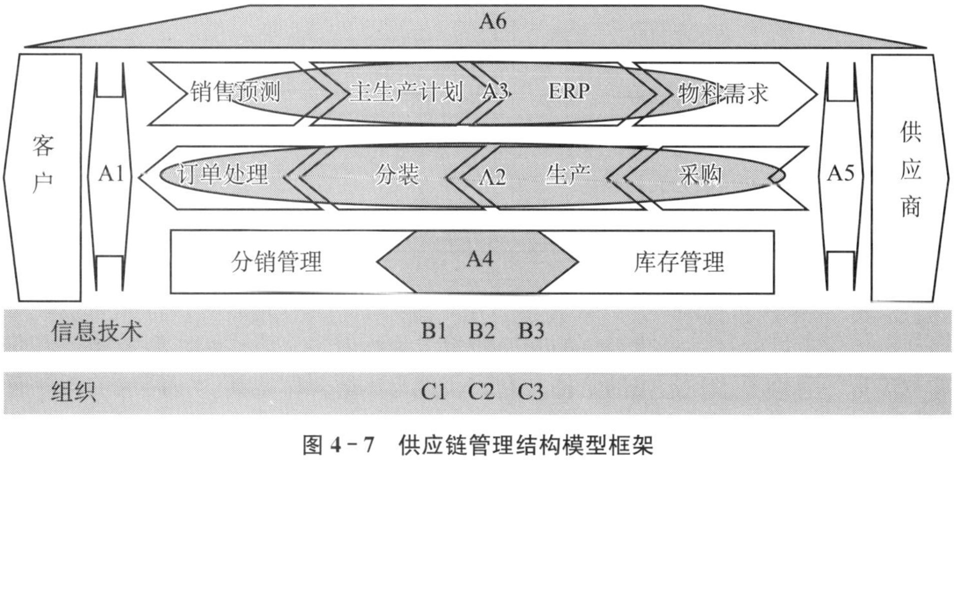

图 4-7　供应链管理结构模型框架

果将整个模型比作一座房屋的话，那么整个供应链管理的房基就是供应链企业的技术能力和组织框架，它为供应链运作提供了有效扎实的基础；集成的供应链绩效评价体系则在整体运作上进行把握和评价，为全系统提供服务，保障供应链在统一的思想下对市场需求做出积极反应，从而减少供应链运作的风险，增强整体指导性：房屋的主体是供应链的日常运作，根据同一供应链的不同阶段将其分为分销、制造和库存三个层次。

12个相关的供应链属性的定义如表4-4所示。

表4-4　供应链管理结构模型框架的属性定义

流程运作能力	
A1. 客户需求管理	客户驱动的供应链使得制造商能够加强对客户需求的理解，主动为客户提供解决方案，增加供应链的服务价值，同时，顾客化大量生产对于供应链的敏捷性和响应性也提出了更高的要求
A2. 有效物流运作	以最小的成本实现最大的客户价值，满足或超越客户需求，将客户要求的服务完好地传递给客户
A3. 生产计划/ERP	在生产进度、供应商管理以及销售、运作计划中做到整个系统的产品数量和混合投放的准确性
A4. JIT/精益制造	保证制造资产的有效产出，同时保证较高的柔性和质量（做到设备可靠、低库存、时间变动小）
A5. 供应商管理	集成核心的供应商和制造商的供应链行为，以实现价值和成本的最优化
A6. 集成绩效评价	确保组织商业目标转化为特定运作以及财务目标，有规律地评价和分析供应链绩效对顾客和供应商的利益增值
信息技术	
B1. 集成信息系统	在同一个信息平台上提高商业数据的质量、时效性和共享度，以提高供应链计划、执行的绩效，达到供应链决策的高度整合与一致
B2. 先进技术	改进工作流效率，保证管理供应链的新的方式与技术
B3. 产品设计系统	改进产品设计的思路，将设计系统建立于整个供应链的管理范畴之中，兼顾客户的需求响应和供应商的参与需求
组织能力	
C1. 集成供应链管理	在两个层次上管理供应链：企业内部供应链绩效管理战略；企业外部供应链绩效管理战略
C2. 团队工作	个体企业的绩效受到外部企业的绩效的影响，强调通过团队模式有效解决问题的机制，提高共同高效工作的能力
C3. 敏捷的组织结构	建立跨功能、跨流程的广义的生产组织结构，用以支持业务流程

供应链管理框架试图从战略和运作的角度对供应链管理所涵盖的内容加以诠释，并为供应链的整体集成绩效评价系统提供相关的评价对象和内容。该框架模型强调三方面的因素：业务流程、管理要素和运作的结构。在此，更为注重合作型共同发展的关系，而不是控制行业资源，以实现竞争优势。供应链的运作更多的是围绕有效的分销和采购管理，加强与交易对象的长期合作伙伴关系以及运作管理上的集成。

客户驱动的供应链反映了供应链管理的方向。企业不仅仅是将产品销售给客户，更多的是追求客户价值的实现；供应链的运作不仅仅局限于供应链企业内部，还向企业外部的价值延伸。为了实现客户的需求，供应链要进行生产流程、客户服务和产品设计创新。

传统的大规模生产一般按对象专业化原则组织生产过程，具有规模大、效率高、成本低的特点。对顾客定制的单件小批量产品，则按工艺专业化原则组织生产过程，虽然适应性好，但劳动生产率低，制造周期较长，成本较高。供应链为了扩大市场份额，打破了常规的生产流程，将生产流程设计成相互依赖但彼此独立的子流程，使之更加专业化和模块化。为了更好地进行生产流程的重组和管理，可以将流程划分为可重组的功能模块。这样一来，就可以在很大程度上增强供应链的柔性，从而能够更好地满足顾客的个性化需要。

第 6 节　供应链信息化营运中心

供应链的高效运作取决于贯穿其中的物流、商流、资金流和信息流能否有效集成与协调，供应链上各节点成员之间的激励能否保持一致，信息能否有效传递和共享等。因此，必须建立端到端的供应链管理信息系统，实现信息共享。有效的供应链管理信息系统的建设有很多好处：降低甚至消除“长鞭效应”；促进库存和补货协调，降低成本并提高服务水平；通过紧密的战略合作，降低与用户、供应商、技术的不确定性相关的风险；更好地调整和整合供应链流程，降低提前期，加快订单处理，对需求进行快速响应；等等。

一、供应链管理信息系统总体结构

供应链管理信息系统的结构没有一个统一的标准，各个企业的供应链管理信息系统要根据企业的特点进行个性化建设。供应链管理信息系统总体结构如图 4－8 所示。

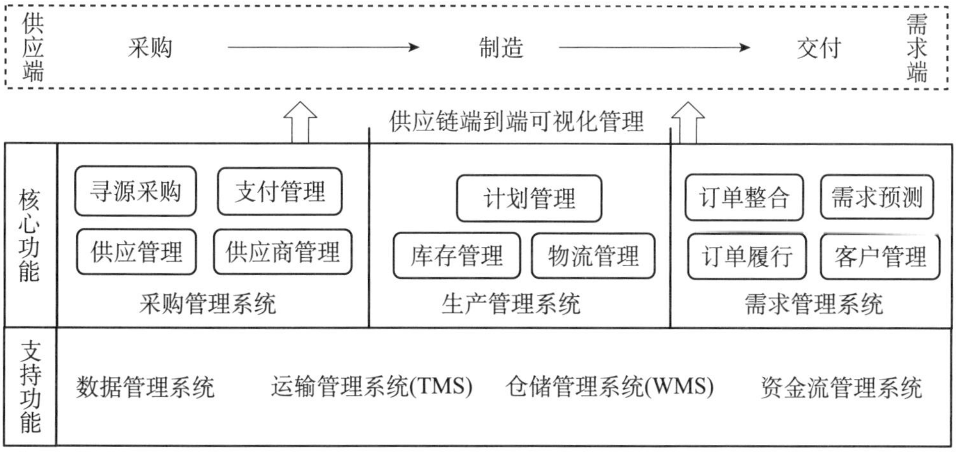

图 4－8　供应链管理信息系统总体结构

一般而言，常见的供应链管理信息系统主要由以下核心功能模块构成：采购管理系统，用于采购业务的开展，其功能包括寻源采购、供应管理（即保证供应）、支付管理、供应商管理等；生产管理系统，相关模块用于生产过程的管理，包括生产计划制订与调度、物流管理、库存管理（包括在制品与产成品）等；需求管理系统，包括需求预测、订单整合、客户管理、订单履行等。

核心功能的实现需要其他相关系统的支持，最为常见的有：数据管理系统，主要包括各种基础数据的获取、日常经营活动中的实时数据采集、数据挖掘、数据分析等；运输管理系统，主要用于获取采购、产品交付等物流过程中的调度与管理，运输路径优化，运输实时状态获取与管理等；仓储管理系统，主要用于原材料、半成品、产成品在不同仓库或物流中心内的仓储状态、仓储数据的获取以及库存资产管理等；资金流管理系统，主要用于资金的使用及占用分析、订单融资、应收账款融资等。

二、智慧供应链

供应链管理信息系统是实施供应链管理的基本组成部分。随着数字化时代的发展，仅有信息系统是不够的，还需要考虑向智慧供应链发展。智慧供应链是结合物联网、大数据、人工智能等新一代先进技术和现代供应链管理的理论方法，在企业内和企业间构建的实现供应链的自动化、网络化和智能化的技术与管理综合集成系统。智慧供应链具备先进、互连、智能三大特点，数据挖掘、人工智能、流程再造和技术驱动是其四个原动力。智慧是供应链的发展趋势，世界一流企业已形成共识，构建智慧供应链是未来市场竞争的必然要求。

通过打造智慧供应链、实现供应链的可视化，可以提高企业战略转型升级能力，提升资源整合能力、业务协同能力、项目精细化管理能力、风险防控能力、决策支持能力和全局管控能力。比如，与供应商实现紧密合作和高效沟通，共享库存信息、材料需求信息、生产进度信息等，便于供应商的生产与物流运作，从而保障物资（材料、设备等）的供应，降低供应链总成本。随着外部环境不确定性的加剧，实时的信息获取的重要性日益凸显，比如供应市场的动态变化、实时库存状况等，因此动态性管理与监控是提高供应链敏捷性不可或缺的环节。

思考题

1. 试举例描述几种典型的供应链系统结构，并比较分析它们之间的区别。

2. 如何理解供应链管理结构模型框架？如何根据这个模型优化供应链的运作过程？

3. 供应链设计的七条原则是哪些？在供应链管理的库存管理中如何体现延迟制造思想？

4. 如何基于产品进行供应链的设计？产品的设计策略是否应该与供应链的设计策略保持一致？试阐述你的观点。

5. 供应链的设计过程中应该遵循哪些准则？

6. 对供应链的设计步骤进行讨论，并选择一个公司对其供应链进行重新优化设计。

7. 供应链的设计主要应解决哪些关键问题？

8. 你如何评价新冠疫情对现代供应链设计的影响？根据新冠疫情以来供应链的表现，你认为今后的供应链设计更应注重哪些要素？

案例

电商企业该如何建设物流系统

——京东商城的选择

经过多年的发展，京东商城从中关村一家名不见经传的路边店，快速成长为中国最大的以3C为主的B2C购物平台。京东商城认识到，自己的成功得益于不断地提升供应链效率，为客户提供质优价廉的商品、良好的购物体验。在整个供应链体系中，随着用户对物流效率的要求越来越高，只有大力构建自己的物流体系，才能满足客户的购买需求，推动公司更快发展。

1. 与传统销售相比，新兴的B2C发展对物流服务提出了更高的需求

从消费体验方面看，传统销售是消费者到商店选好商品付款，然后带走。新兴的电子商务行业的物流特点则不同：它是将货物送到消费者家里，消费者在家中判断是不是该为所订购商品付款，是不是对服务满意。

B2C行业配送中心库房的特点是品类多，单量大，单个订单的商品数量很少而且琐碎。这对仓储管理来说有一定难度，传统行业没有遇到过。

从配送方面看，B2C行业订单总量很大，配送目的地更多，配送订单更琐碎，每天送达成千上万个地方都很平常。这是跟过去完全不一样的做法，它明显对物流提出了更加复杂的要求，而传统销售行业则以门店为配送站，单次配送量非常大。在电子商务物流领域，快递公司也在提供物流服务，不过由于它们已经形成固有体系，反而不太适应电子商务的新物流模式。

2. 京东商城选择自建物流的考虑

2005年以来，京东商城的业务订单一直保持高速增长，但现有的物流难以满足业务发展的需求。2009年，由于在物流和客服方面滞后，公司的损失达到5亿～6亿元。2012年，京东30%的订单采用第三方物流，但第三方物流的投诉量是京东自建物流的12倍。

作为一个电子商务公司，按理说，京东商城的配送应该委托给一个专业的配送公司而不是自己运营，但问题是，京东认为在国内找不到一家能在服务、速度、费用三者间取得平衡的物流公司，未来5年内也难以找到。国内网购人群喜欢货到付款，而把订单货物交给第三方物流公司就存在账期过长的风险，这对要求资金快速流转的B2C企业无疑是致命的。实际上，京东商城自建物流也是被逼无奈。

京东商城在全国有多个城市配送站，配送员都配备移动刷卡终端，可以实现货到付款。出于成本的考虑，京东商城的物流队伍只做“最后一公里”的配送，城市之间的物流还是交给第三方物流公司。京东商城一天最多将6万多份订单货物高效地送到用户家里。到2011年，京东的自营配送网点已覆盖110个城市，覆盖了大部分一二级城市，72%的

订单实现了自主配送。2012年，全国同时有6个仓储基地在建，全年在物流方面的投资达到36亿元。京东计划未来每隔600公里有一座自主仓储配送中心。

目前能为电子商务做好仓储、配送并行的物流企业基本没有，而京东商城的物流部门做到了。这样京东商城就完全有能力为其他电子商务企业提供服务，它们只要将订单传给京东商城，京东商城就能帮助它们实现储存、配送的物流服务。从这个意义上看，京东商城的物流部门未来还是一个可以带来盈利的部门。

资料来源：迈出自建物流体系的步伐：访京东商城副总裁姜海东．物流技术与应用，2010（1）.

问题讨论：

你如何看待京东商城自建物流体系的选择?

第5章

供应链合作伙伴关系管理

|学习目的|

良好的供应链合作伙伴关系是供应链管理的基础。但是，建立供应链合作伙伴关系又是一项极具挑战性的工作。因此，要深入研究影响供应链合作伙伴关系的因素，找到适合本企业供应链合作伙伴关系管理的方法与途径。通过本章的学习，读者可以掌握建立战略合作伙伴关系的战略重点，充分认识到供应链管理的关键就在于供应链各节点企业之间的联结和合作；可以了解到在全球性的竞争中，如何将自身的利益与合作伙伴的利益融合在一起，站在供应链整体增值的角度激发双方的积极性，这样才能使企业在新的竞争环境中保持发展的动力；还可以了解和掌握建立供应链合作伙伴关系的方法、合作伙伴关系评价和管理的相关措施。

第1节　供应链合作伙伴关系

一、供应链合作伙伴关系的意义

供应链合作伙伴关系（supply chain partnership，SCP）至今还没有一个权威定义。有人称其为“供应商-制造商”（supplier-manufacturer）关系，或者称为“卖方/供应商-买方”（vendor/supplier-buyer）关系，有时更简单地称“供应商关系”（supplier partnership）。供应链合作伙伴关系可以理解为制造商与供应商或零售商之间在一定时期内共享信息、共担风险、共同获利的战略合作伙伴关系。

供应链合作伙伴关系是站在战略高度认识的。这就意味着供应链合作伙伴关系的建立和管理要本着长期发展的原则，它是一项长期的、战略性的任务。这样一种战略合作关系是随着供应链管理环境的发展而形成的。企业要想在供应链管理上降低供应链总成本，降低供应链上库存水平，提高信息共享程度，就必须改善供应链相关企业之间的交流沟通机制，保持合作伙伴之间在运作上的一致性，这样才能使供应链产生更大的竞争优势，实现供应链上所有合作企业在资产增值、质量、产量、交货期、用户满意度等方面的改善和提高。

建立供应链合作伙伴关系，就意味着新产品/技术的共同开发、数据和信息的交换、市场机会共享和风险共担。建立供应链合作伙伴关系，制造商选择供应商不再只考虑价格，而是更注重在优质服务、技术革新、产品设计等方面进行良好合作。

供应链合作伙伴关系发展的主要特征是从以产品买卖为核心转向以合作为核心。在合作逻辑思想的指导下，供应链上的供应商、制造商和零售商把它们相互的需求和技术集成在一起，以实现为客户提供增值产品和服务的共同目标。因此，供应链合作伙伴之间交换的不仅是物质材料，还包括一系列可见和不可见的服务（研发、设计、信息、物流等）。

二、供应链合作伙伴关系的产生与发展

从国内外学者的研究文献中我们可以清楚地看到，对供应链管理模式的认识，人们强调得最多的就是企业间的战略合作伙伴关系问题。把基于新型企业关系和传统企业关系的管理模式区别开来，是取得供应链管理竞争优势的基础，这是近年来企业合作关系发展的新动向。

从历史上看，企业关系大致经历了三个发展阶段，如图 5－1 所示。

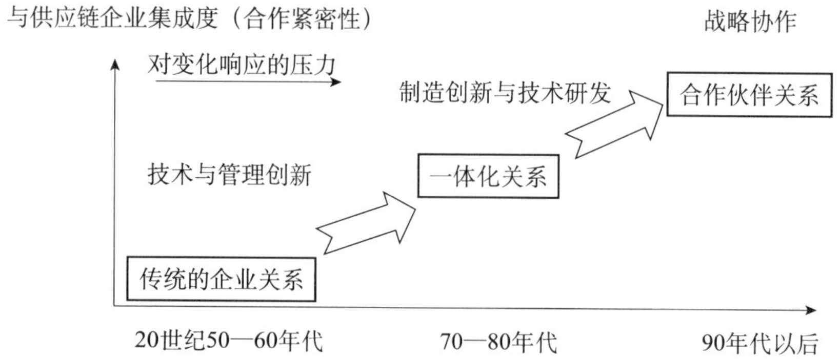

图 5－1　企业关系演变过程

从传统的企业关系过渡到创新的合作伙伴关系模式，经历了从以生产、物流相结合为特征的物流一体化关系（20 世纪 70—80 年代）到以战略协作为特征的合作伙伴关系的过程（20 世纪 90 年代以后）。

所谓传统的企业关系，即以交易为主的买卖关系，交易双方以商务合同为主导，以各自利益最大化为目标，在交易的过程中尽可能压低对方的收益而使自己利益最大化。这一时期（20 世纪 50—60 年代）基本上以卖方市场为主要特征，由于卖方市场的影响，企业的管理理念是以生产为中心，销售处于次要及附属的地位。采购、销售及物流组织均以企业的生产为

中心。企业间很少沟通与合作，更谈不上企业间的“双赢”战略联盟与合作关系。

20 世纪 70 年代中后期，世界市场已逐渐由传统的卖方市场转为买方市场，企业为了维持市场竞争地位，引入诸如 JIT、MRP 等先进管理方法，为了保证先进管理方法的实施，企业的管理活动开始跨越企业边界，向与供应商和零售商合作转化。这一转化最早就是从物流一体化关系模式转化开始的。为达到生产均衡化和物流同步化，加强了部门间、企业间的合作与沟通，这样就逐渐形成了企业间一体化运作的合作关系。基于物流一体化关系的企业合作关系可以认为是一种处于作业层和技术层的合作，在信息共享（透明性）、服务支持（协作性）、并行工程（同步性）、群体决策（集智性）、柔性化与敏捷性等方面都不能很好地适应越来越激烈的市场竞争的需要，企业需要更高层次的合作与集成，于是产生了基于战略合作伙伴关系的企业模型。

20 世纪 90 年代以后，供应链管理模式得到快速发展，这种模式对战略合作伙伴的形成起到了非常大的作用。具有战略合作伙伴关系的企业体现了企业内外资源集成与优化利用的思想，这正是供应链管理的最核心特征。基于这种企业运作环境的产品制造过程，从产品的研发到投放市场的周期大大缩短，顾客定制化程度更高，模块化、简单化产品和标准化组件的生产模式使企业在多变的市场中柔性和敏捷性显著增强。企业集成从原来的中低层次的内部业务流程重组上升到企业间协作，成为一种更高层次的企业集成模式，使基于价值的供应链管理成为主流管理模式。

三、基于战略合作伙伴关系的企业集成模式

基于战略合作伙伴关系的企业集成模式如图 5－2 所示。

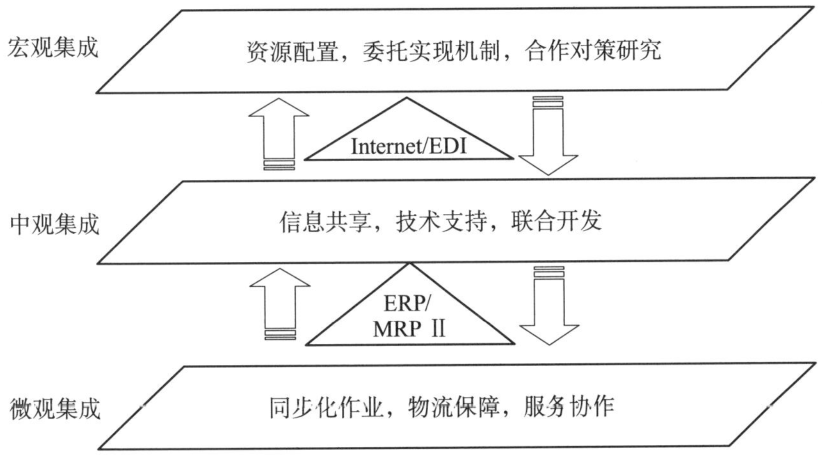

图 5－2　基于战略合作伙伴关系的企业集成模式

由图 5－2 可见，企业在宏观、中观和微观上都实现了相互作用的集成。宏观层面上主要是实现企业之间的资源优化配置、企业合作以及委托实现；在中观层面，主要是在一定的信息技术的支持和联合开发的基础上实现信息共享；微观层面上则是实现同步化、集成化的生产计划与控制，并实现物流保障和服务协作等业务职能。

第 2 节　供应链合作伙伴关系的价值

一、供应链合作伙伴关系与传统供应商关系比较

在新的竞争环境下，供应链合作伙伴关系研究强调直接、长期的合作，强调共同努力实现共有的计划和解决共同问题，强调相互之间的信任与合作。这与传统的关系模式有很大的区别。

供应链合作伙伴关系与传统供应商关系的区别如表 5－1 所示。

表 5－1　供应链合作伙伴关系与传统供应商关系的比较

比较项目	传统供应商关系	供应链合作伙伴关系
相互交换的主体	物料	物料、服务
供应商选择标准	强调价格	多标准（如交货的质量和可靠性等）
稳定性	变化频繁	长期、稳定、紧密合作
合同性质	短期、单一	开放合同（长期）
供应批量	小	大
供应商数量	大量	少（少而精，可以长期紧密地合作）
供应商规模	小	大
供应商定位	当地	全球
信息交流	信息专有	信息共享（电子化链接、共享各种信息）
技术支持	不提供	提供
质量控制	输入检查控制	质量保证（供应商对产品质量负全部责任）
选择范围	投标评估	广泛评估可增值的供应商

二、建立供应链合作伙伴关系的重要意义

2008 年的全球金融危机、2020 年暴发的新冠疫情，都让全球各国的各类企业遇到了前所未有的困难。如何才能渡过难关？实践证明，善待供应商、零售商等合作伙伴，可以使企业获得急需的资源和支持，在合作伙伴的帮助下渡过难关。因此，企业需要转变过去对待合作伙伴尤其是对待供应商的态度。

我们从供应链合作伙伴关系在缩短供应链总周期中的作用可以看出它对于供应链管理企业的重要意义，如图 5－3 所示。

订单响应速度是企业赢得竞争的关键所在。供应链中制造商要求供应商加快生产和交货的速度，通过缩短供应链总周期时间，达到降低成本和提高响应能力的目的。从图 5－3 可以看出，要缩短总周期，就必须采取措施缩短采购时间、流入物流（inbound）运输时间、流出物流（outbound）运输时间和设计/制造时间，这就需要制造商与供应商共同参与、通力合作。为此，加强供应链合作就显得十分重要，也表明建立合作伙伴关系的意义十分

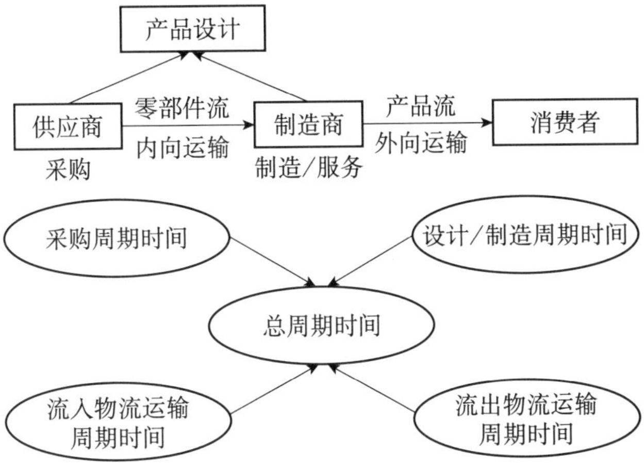

图 5-3　供应链总周期时间

重大。

通过建立供应商与制造商之间的战略合作伙伴关系，可以达到以下目标：

（1）对于制造商/买主：

- 降低成本（降低合同成本）；
- 实现数量折扣及稳定、有竞争力的价格；
- 提高产品质量和降低库存水平；
- 改善时间管理；
- 缩短交货提前期和提高可靠性；
- 提高面向工艺的企业规划；
- 更好的产品设计和更快的对产品变化的反应速度；
- 强化数据信息的获取和管理控制。

（2）对于供应商/卖主：

- 保证有稳定的客户；
- 对客户需求有更好的了解/理解；
- 提高运作质量；
- 提高零部件生产质量；
- 降低生产成本；
- 提高对买主交货期改变的反应速度和柔性；
- 获得更高的利润（与非战略合作关系的供应商相比）。

（3）对于双方：

- 改善相互之间的交流；
- 实现共同的期望和目标；
- 共担风险和共享利益；
- 共同参与产品和工艺开发，实现相互之间的工艺、技术和物理集成；
- 减少外在因素的影响及其造成的风险；
- 降低投机思想和投机概率；

- 增强矛盾冲突解决能力；
- 在订单、生产、运输方面实现规模效益，以降低成本；
- 降低管理成本；
- 提高资产利用率。

虽然存在这些利益，但仍然有许多潜在的风险会影响供应链战略合作伙伴关系的参与者。最重要的是，过度依赖一个合作伙伴可能在该合作伙伴不能满足期望要求时损失惨重。同时，企业可能由于对战略合作伙伴关系的失控、过于自信、合作伙伴缺乏灵活性等原因而降低竞争力。企业还可能过高估计供应链战略合作伙伴关系的利益而忽视了合作伙伴潜在的缺陷。因此，企业必须先对传统合作关系和战略合作伙伴关系策略做出正确比较，再做出最后的决策。

合作伙伴关系密切程度带来的价值增值如图 5－4 所示。

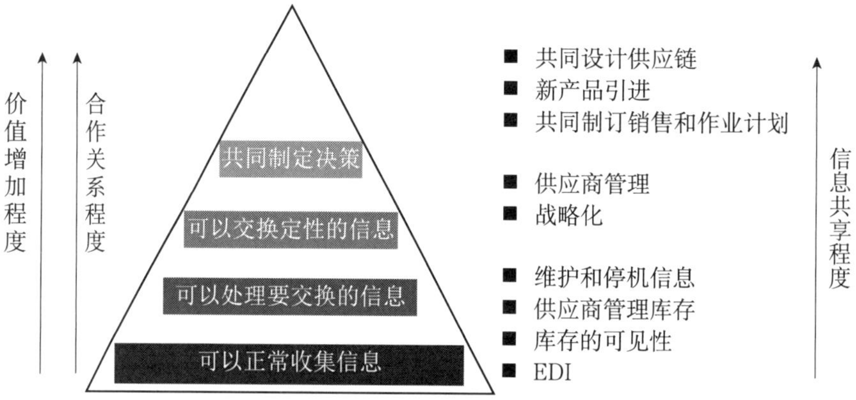

图 5－4　合作伙伴关系带来的价值增值

三、建立供应链合作伙伴关系的主要过程及要点

1. 供应链合作伙伴关系建立的过程

一个企业在能从实施供应链战略合作伙伴关系中获益之前，首先必须认识到这是一个复杂的过程，供应链合作伙伴关系的建立不仅是企业结构上的变化，而且在观念上必须相应地改变。因此，必须非常仔细地选择合作伙伴，以确保真正实现供应链合作伙伴关系的目标。

建立战略合作伙伴关系的第一步必须明确战略关系对于企业的必要性，企业必须评估潜在的利益与风险。然后，确立选择合作伙伴的标准和初步评估可选的合作伙伴。一旦选定了合作伙伴，就必须让每一个合作伙伴都认识到参与和合作的重要性，真正建立合作伙伴关系。最后，要在与合作伙伴共同完成供应链目标的过程中，不断密切双方关系，及时发现并解决影响合作伙伴关系的问题，使双方的关系不断得到强化。对那些无法实现合作伙伴关系的企业，或者对供应链有危害的企业，则要及时淘汰。

2. 建立供应链合作伙伴关系需要把握的要点

良好的供应链合作伙伴关系首先必须得到最高管理层的支持，并且企业之间要保持良好的沟通，建立相互信任的关系。

在合作伙伴分析阶段，需要从发展战略的高度了解彼此的企业结构和文化，消除社会、文化和态度之间的障碍，并适当地改变企业的结构和文化，同时在企业之间建立统一的运作模式或体制，消除业务流程和结构上存在的障碍。

在合作伙伴评价和选择阶段，要抓住影响合作伙伴关系发展的关键要素，如总成本和利润的分配、文化兼容性、财务稳定性、合作伙伴的能力和定位（自然地理位置分布）、管理的兼容性等等。必须增加与主要供应商和用户的联系，增进相互之间（对产品、工艺、组织、企业文化等）的了解，并且保持一定的一致性。

到了供应链合作伙伴关系建立的实质阶段，需要进行期望和需求分析，相互之间紧密合作，加强信息共享，进行技术交流，提供设计支持。在实施阶段，相互之间的信任最为重要，良好的愿望、柔性、解决矛盾冲突的技能、有效的技术方法和资源支持等也很重要，还要在实施过程中做好业绩评价与反馈，及时处理合作过程中已经出现或可能出现的问题，最终形成战略合作伙伴关系。

第 3 节　供应链合作伙伴选择的原则与指标体系

供应链合作伙伴的评价和选择是建立供应链合作伙伴关系的基础。

供应链主要由供应商、制造商、分销商和零售商等构成，各个企业之间具有内在的关联性。供应商是整个供应链的“源”，而源头的表现对供应链的竞争力水平影响很大。因此，对供应商的评价和选择是供应链合作伙伴关系运行的基础。供应商在交货、产品质量、提前期、库存水平、产品设计等方面对制造商具有重要影响。同时，供应商所供应产品的价格和质量决定了最终消费品的价格和质量，也决定了最终产品的市场竞争力、市场占有率和市场生存力，对供应链各个环节的核心竞争力也会产生一定的影响。当然，一个供应链的整体绩效水平不仅与供应商有关，也与分销商和零售商有关。为了便于叙述，下面重点讨论供应商的选择和评价，所使用的方法稍加改变也适用于选择分销商和零售商。

一、供应链合作伙伴选择原则

在供应链管理环境下，供应链合作伙伴的选择需要考虑的主要问题之一就是合作伙伴的数量。这里所说的合作伙伴的数量，对供应商而言，指的是同样一种零部件，是选择一家供应商单独供货，还是选择多家供应商共同供货。也就是说，对同一种零部件（原材料）是遵循单一供应商原则，还是多供应商原则。

两种不同的选择原则有不同的特点。

1. 单一供应商原则

对于单一供应商选择原则来说，其优点如下：节省协调管理的时间和精力，有助于与供应商发展伙伴关系；双方在产品开发、质量控制、计划交货、降低成本等方面共同改进；供应商早期参与对供应链价值改进的贡献机会较大。单一供应商也有很大的风险：供应商的失误可能会导致整个供应链的崩溃；企业更换供应商的时间较长，成本较高；供应商有了可靠顾客，会失去竞争的动力和应变、革新的主动性，以致不能完全掌握市场的真正需求。在企业实际工作中，包括丰田公司在内的很多企业选择了单一供应商合作模式。虽然与丰田公司合作的供应商也确实出现过由于火灾烧毁了工厂而导致供货中断，给丰田公司带来了很大损失的情况，但是多年来，丰田公司始终坚持单一供应商原则。丰田公司认为，单一供应商给公司带来的收益远远大于损失。关于单一供应商的风险问题，另外一家企业的负责人曾说，选择单一供应商当然有风险，但是“我们把所有的鸡蛋都放在一个篮子里，并且会非常小心地照看这个篮子”，从而减少风险损失。因此，在有的大公司里设置了供应商关系管理经理岗位，以与供应商保持密切的关系。

2. 多供应商原则

对于多供应商原则来说，其优点如下：通过多个供应商供货可以分散供应环节中断的风险；可以激励供应商始终保持旺盛的竞争力；可以促使供应商不断创新，因为一旦它们跟不上时代步伐就会被淘汰。多供应商原则也有缺点：因为供应商都知道被他人替代的可能性很大，所以缺乏长期合作的信心，从而降低了供应商的忠诚度；多供应商之间过度的价格竞争容易导致供应链出现偷工减料，从而带来潜在风险。实际上，多供应商原则虽然能够避免单一供应商供货中断而导致整个供应链中断的风险，但也是有条件的：如果一个区域发生了突发状况，整个地区的供应商实际上都无法保证供货；一个供应商供货中断，其他供应商不一定有足够的产能保证需要；因为现在的市场是全球性的，一个供应商的突发事件会给整个行业的客户带来采购上的问题。因此，多供应商原则未必能够降低供应链供货中断的风险。

综上所述，到底是采用单一供应商原则还是多供应商原则，供应链上的合作伙伴必须根据具体情况做出决策。

二、供应链合作伙伴关系类型

在供应链管理环境下，供应链合作伙伴关系的运作需要减少供应源的数量（短期成本最小化的需要，但是这并不意味着单一的供应源），相互之间的连接变得更专有（紧密合作的需要），并且制造商会在全球市场范围内寻找最杰出的合作伙伴。因此，可以把合作伙伴分为两个层次：重要合作伙伴和次要合作伙伴。重要合作伙伴是少而精，与制造商关系密切的合作伙伴；次要合作伙伴是相对多的，与制造商关系不是很密切的合作伙伴。供应链合作伙伴关系的变化主要影响重要合作伙伴，而对次要合作伙伴的影响较小。

根据合作伙伴在供应链中的增值作用和竞争实力，可将其分成不同的类别，分类矩阵如图 5－5 所示。

在图 5－5 中，纵轴代表合作伙伴在供应链中增值的作用。对于一个合作伙伴来说，如果不能对增值做出贡献，它对供应链的其他企业就没有吸引力。横轴代表某个合作伙伴与其他合作伙伴之间的区别，主要是设计能力、特殊工艺能力、柔性、项目管理能力等方面竞争力的区别。

在实际运作中，应根据不同的目标选择不同类型的合作伙伴。长期而言，要求合作伙伴能保持较高的竞争力和增值率，因此最好选择战略合作伙伴；对于短期或某一短暂的市

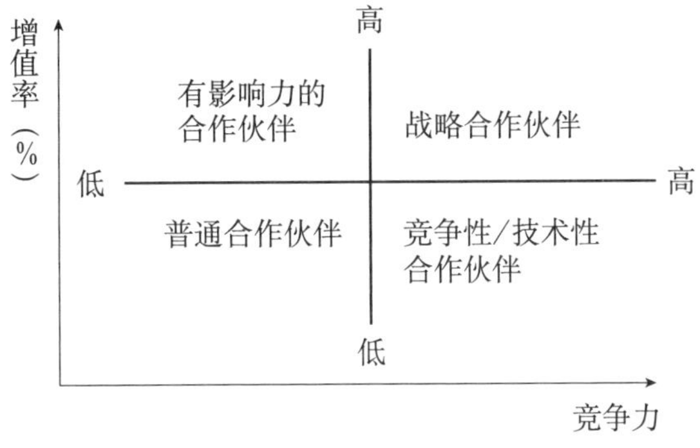

图5-5　合作伙伴分类矩阵

场需求而言，只需选择普通合作伙伴满足需求，以保证成本最小化；中期而言，可根据竞争力和增值率对供应链的重要程度的不同，选择不同类型的合作伙伴（有影响力的或竞争性/技术性合作伙伴）。

从调查数据以及与一些企业管理人员的交谈中可以发现，我国企业评价、选择合作伙伴时存在较多问题：主观因素过多，有时往往根据企业的印象来确定合作伙伴，选择中还存在一些个人的因素；选择的标准不全面，目前对合作伙伴的选择标准多集中在企业的产品质量、价格、柔性、交货准时性、提前期和批量等方面，没有形成一个全面的综合评价指标体系，不能对企业做出全面、具体、客观的评价。

三、供应链合作伙伴选择的影响因素

供应链管理是一个开放系统，供应商隶属于该系统的一部分，合作伙伴如供应商的选择会受到政治、经济和其他外界因素的影响。这些因素主要包括：

1. 价格

主要是指供应商所供给的原材料、初级产品或消费品组成部分的价格。供应商的产品价格决定了消费品的价格和整条供应链的投入产出比，对制造商和销售商的利润率会产生一定的影响。

2. 质量

主要是指供应商所供给的原材料、产成品的质量。产品的质量是供应链生存之本，产品的使用价值是以产品质量为基础的。如果产品的质量低劣，产品将会缺乏市场竞争力，并很快退出市场，而供应商所供应产品的质量是消费品质量的关键所在。另外，供应商的产品质量出了问题，受影响的不仅仅是供应商，严重时会使整个供应链中断。因此，质量是选择合作伙伴时需要考虑的一个重要因素。

3. 交货提前期

对于企业或供应链来说，市场是外在系统，它的变化或波动会引起企业或供应链的变化或波动，市场的不稳定性会导致供应链各级库存的波动，交货提前期的存在必然造成供应链各级库存变化的滞后性和库存的逐级放大效应。交货提前期越短，库存量的波动就越小，企业对市场的反应速度就越快，对市场反应的灵敏度也就越高。由此可见，交货提前期也是重要因素之一。考察交货提前期因素不仅看供应商的产能和运作水平的高低，还要看其地理位置、库存储备等，它们都会影响交货提前期的长短。

4. 交货准时性

交货准时性是指按照订货方所要求的时间和地点，供应商将指定产品准时送到指定地点。如果供应商的交货准时性较低，必定会影响生产商的生产计划和销售商的销售计划。这样一来，就会引起大量的浪费和供应链的解体。因此，交货准时性也是较为重要的因素。

5. 品种柔性

在全球竞争加剧、产品需求多变的环境下，企业生产的产品必须多样化，以适应消费者的需求，达到占有市场和获取利润的目的。多数企业采用了准时化生产方式。为了提高企业产品的市场竞争力，就必须发展柔性生产能力。企业的柔性生产能力是以供应商的品种柔性为基础的。供应商的品种柔性决定了消费品的种类。

6. 研发能力

产品的创新是企业发展的动力。产品的研发和设计不仅是制造商分内之事，一个有竞争力的供应链要求供应商也具备强大的产品研发和设计能力。因此，供应商的研发能力是选择供应商的考虑范畴。

7. 特殊工艺能力

每种产品都具有独特性，没有独特性的产品市场生存力较差。产品的独特性要求特殊的生产工艺，因此，供应商的特殊工艺能力也是影响因素之一。

8. 抗风险能力

随着供应链运作的环境不确定性越来越大，供应链产生中断的概率也越来越大。对供应商的选择还要看其在受到危机冲击后的恢复能力，也就是说要考虑供应商的韧性和受灾后的复原能力。

四、供应链合作伙伴选择的综合评价指标体系

以上所列的影响因素在实际的供应商选择过程中表现出来的重要性是不同的。迪克森（Dickson）认为，产品的质量、交货和历史效益是三大重要的选择准则（见表 5-2），很多学者如叶哈雅（Yahya）和金曼（Kingaman）都对供应商选择建立了相应的评价准则体系（见表 5-3）。我国企业在选择供应商时，采用的主要标准是产品质量，其次是价格，同时也综合考虑供应商的交货行为和其他特性。

表 5-2　迪克森的供应商选择准则

排序	准则	排序	准则	排序	准则
1	质量	8	财务状况	15	维修服务
2	交货	9	遵循报价程序	16	态度
3	历史效益	10	沟通系统	17	形象
4	保证	11	美誉度	18	包装能力
5	生产设施/能力	12	业务预期	19	劳工关系记录
6	价格	13	管理与组织	20	地理位置
7	技术能力	14	操作控制	21	以往业务量

表5-3　叶哈雅和金曼的供应商选择准则

序号	评价准则	子准则
1	质量（0.246）	顾客拒绝度（0.696） 工厂审计（0.304）
2	响应（0.031）	紧急交货（0.413） 质量问题（0.587）
3	纪律性（0.036）	诚实（0.671） 程序遵循度（0.329）
4	交货（0.336）	
5	财务状况（0.067）	
6	管理（0.048）	态度（0.795） 业务技能（0.205）
7	技术能力（0.084）	技术问题解决能力（0.814） 产品广度（0.186）
8	设施（0.152）	机器设备（0.67） 基础设施（0.13） 布局（0.20）

在设置综合评价指标体系时应遵循以下原则：

（1）系统全面性原则。评价指标体系必须全面反映合作伙伴企业目前的综合水平，且应包括企业发展前景的各方面指标。

（2）简明科学性原则。评价指标体系的大小也必须适宜。如果指标体系过大，指标层次过多，指标过细，势必将评价者的注意力吸引到细小的问题上，而指标体系过小，指标层次过少，指标过粗，又不能充分反映合作伙伴的水平。

（3）稳定可比性原则。评价指标体系的设置应考虑到易与国内其他指标体系相比较。

（4）灵活可操作性原则。评价指标体系应具有足够的灵活性，以便企业能根据自己的特点以及实际情况，对指标灵活运用。

21世纪之前，尤其是2020年以前，全球市场运行的不确定性相对较低，企业在选择合作伙伴时考虑的因素主要有四大类，即企业业绩、生产能力、质量保证能力和企业环境。但是，近两三年受自然灾害及地缘政治等因素的影响，全球市场波动很大，市场运行的不确定性越来越大，甚至无法预判，供应链中断的频率日益增加。为了有效地使供应链稳健运行，在合作伙伴的评价、选择上，人们又在上述四大类评价指标基础上增加了一项对供应商韧性的评估，即供应商在危机发生后的复原能力，其中特别重要的是复原周期（time to recovery），即供应商的供货因某种因素中断以后，从中断供货之日起到恢复正常供货所经历的时间。显然，这个指标在当下的供应链运作中非常重要。复原周期越短，供应链恢复正常运行的能力就越强。

这样，我们可以得到一个框架性的综合评价指标体系，见图5-6。第一层次是目标层，包含五个主要因素，影响合作伙伴选择的具体因素属于指标体系的第二层次，与其相关的细分因素属于第三层次，第三层次的细分指标因企业的不同而不同，企业可以根据自己的业务特点进行设计。

对于供应商来说，要想在所有的内在特性方面达到最佳是相当困难的，或者说是不可能的。例如，一个高质量产品的供应商一般来说产品价格就比较高；某供应商产品的性价比很有优势，但是其复原能力可能会较差；等等。在实际的选择过程中，必须综合考虑供应商的核心能力，使之能够匹配企业供应链管理的需要。

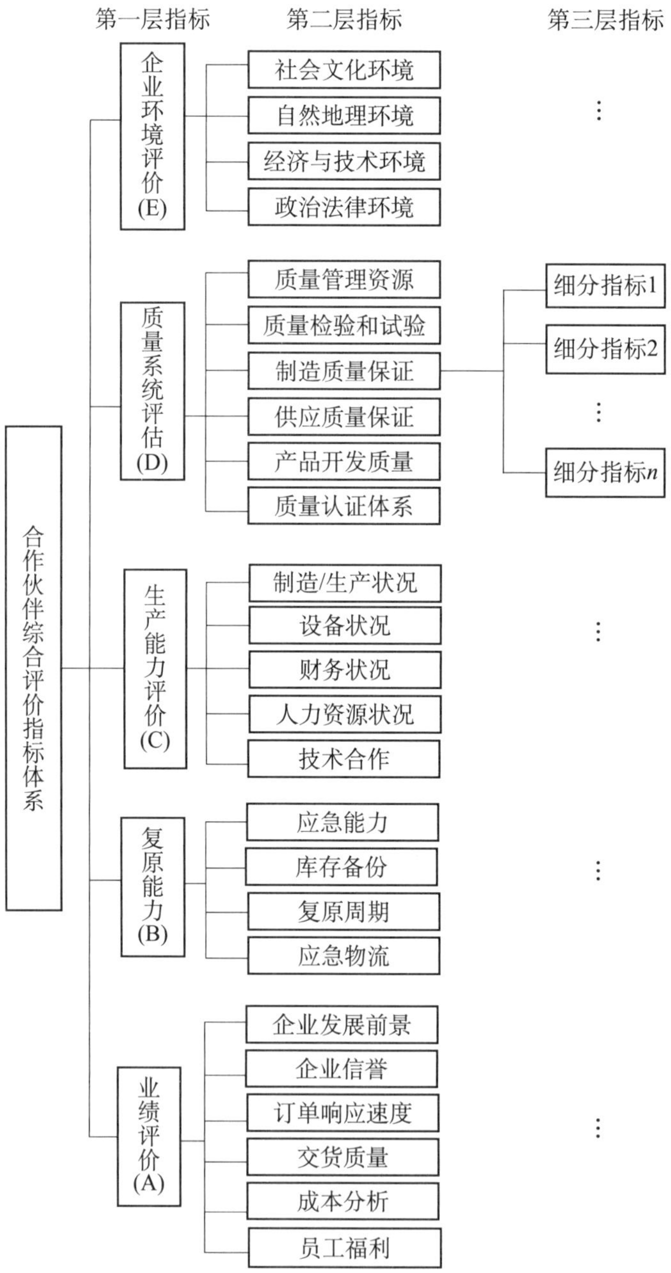

图 5－6　供应链合作伙伴综合评价指标体系

第4节　供应链合作伙伴选择的步骤与方法

一、选择步骤

供应商在供应链中担负重要角色，其选择机制是多样化的，企业的决策者选择供应商时要因地制宜，对企业所处的内外环境进行详细的分析，根据企业的长期发展战略和核心竞争力，选择适应本企业或本行业的理论和方法，制定相应的实施步骤和实施规则。合作伙伴的综合评价、选择可以归纳为以下几个步骤，如图5－7所示。企业必须确定各个步骤的开始时间。对企业来说，每一个步骤都是动态的（企业可自行决定先后和开始时间），并且都是一次改善业务的过程。

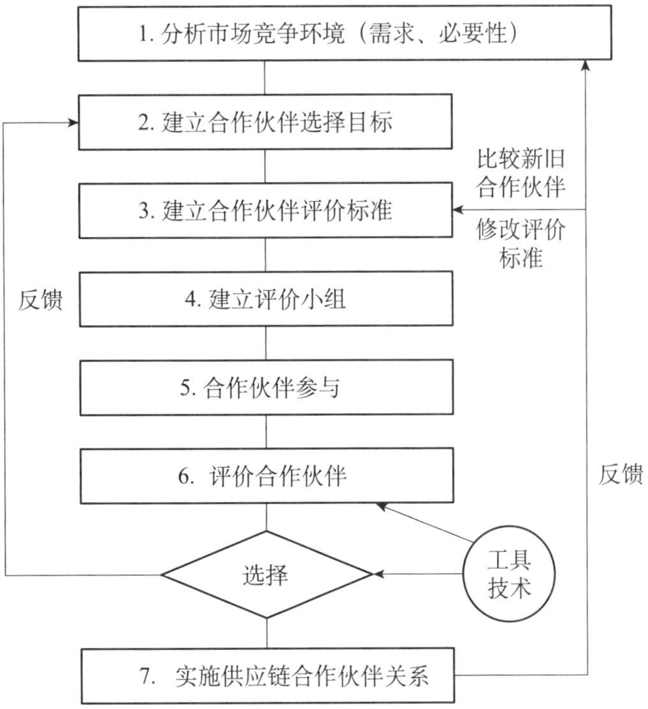

图5－7　供应链合作伙伴评价、选择步骤

步骤1：分析市场竞争环境（需求、必要性）。市场需求是企业一切活动的驱动源。建立基于信任、合作、开放性交流的供应链长期合作伙伴关系，首先必须分析市场竞争环境，目的是找到针对哪些产品市场开发供应链合作伙伴关系才有效。为了达到这一目的，必须知道现在的产品需求是什么，产品的类型和特征是什么，以确认用户的需求，确认是否有建立供应链合作伙伴关系的必要。如果已经建立了供应链合作伙伴关系，则根据需求的变化确认供应链合作伙伴关系变化的必要性，从而确认合作伙伴评价、选择的必要性；

同时，分析合作伙伴的现状，分析、总结企业存在的问题。

步骤 2：建立合作伙伴选择目标。企业必须确定合作伙伴评价程序如何实施，信息流程如何，谁负责，而且必须建立实际的目标。其中，降低成本是主要目标之一。合作伙伴评价、选择不是一个简单的评价、选择过程，其本身也是企业自身和企业之间的一次业务流程重构过程，实施得好，就能带来一系列的利益。

步骤 3：建立合作伙伴评价标准。合作伙伴综合评价指标体系是企业对合作伙伴进行综合评价的依据和标准，是反映企业本身和环境所构成的复杂系统不同属性的指标，是按隶属关系、层次结构有序组成的集合。根据系统全面性、简明科学性、稳定可比性、灵活可操作性的原则，建立集成化供应链管理环境下合作伙伴的综合评价指标体系。不同行业、企业、产品需求及不同环境下的合作伙伴评价应该是不一样的，但都涉及合作伙伴的业绩、设备管理、人力资源开发、质量控制、成本控制、技术开发、用户满意度、交货协议等可能影响供应链合作伙伴关系的方面。

步骤 4：建立评价小组。企业必须建立一个小组以控制和实施合作伙伴评价。组员主要来自采购、质量、生产、工程等与供应链合作伙伴关系密切的部门，必须有团队合作精神，具有一定的专业技能。评价小组必须得到制造商和合作伙伴最高领导层的支持。

步骤 5：合作伙伴参与。一旦企业决定实施合作伙伴评价，评价小组就必须与初步选定的合作伙伴取得联系，以确认它们是否愿意与企业建立供应链合作关系，是否有获得更高业绩水平的愿望。企业应尽早让合作伙伴参与到评价的设计过程中。然而，因为企业的力量和资源是有限的，企业只能与少数关键的合作伙伴保持紧密合作，所以参与的合作伙伴不能太多。

步骤 6：评价合作伙伴。评价合作伙伴的一项主要工作是调查、收集有关合作伙伴的生产运作等各方面的信息。在收集合作伙伴信息的基础上，可以利用一定的工具和技术方法进行合作伙伴的评价。

在评价过程的最后，有一个决策点，根据一定的技术方法选择合作伙伴。如果选择成功，则可开始建立供应链合作伙伴关系；如果没有合适的合作伙伴可选，则返回步骤 2 重新开始评价选择。

步骤 7：实施供应链合作伙伴关系。在实施供应链合作伙伴关系的过程中，市场需求不断变化，可以根据实际情况的需要及时修改合作伙伴评价标准，或重新开始合作伙伴选择。在重新选择合作伙伴时，应给予原来的合作伙伴足够的时间来适应变化。

二、选择方法

选择合作伙伴是对企业输入物资的适当品质、适当期限、适当数量与适当价格的总体选择的起点与归宿。选择合作伙伴的方法较多，一般要根据供应单位的多少、对供应单位的了解程度、对物资的需要是否紧迫等要求来确定。目前国内外较常用的方法主要有以下几种。

1. 直观判断法

直观判断法是根据征询和调查所得的资料并结合采购人员的分析判断，对合作伙伴进行分析、评价的一种方法。这种方法主要是倾听和采纳有经验的采购人员的意见，或者直接由采购人员凭经验做出判断。常用于选择企业非主要原材料的合作伙伴。

2. 招标法

当订购数量大、合作伙伴竞争激烈时，可采用招标法来选择适当的合作伙伴。它是由企业提出招标条件，各招标合作伙伴进行竞标，然后由企业决标，与提出最有利条件的合作伙伴签订合同或协议。招标既可以是公开招标，也可以是指定竞级招标。公开招标对投标者的资格不予限制；指定竞级招标则由企业预先选择若干可能的合作伙伴，再进行竞标和决标。招标法竞争性强，企业能在更广的范围内选择适当的合作伙伴，以获得供应条件有利、便宜适用的物资。但招标法程序较繁杂，时间长，不能适应紧急订购的需要；订购机动性差，有时订购者对投标者了解不够，双方未能充分协商，造成货不对路或不能按时到货的后果。

3. 协商选择法

在供货方较多、企业难以抉择时，也可以采用协商选择的方法，即由企业先选出供应条件较为有利的几个合作伙伴，与它们分别进行协商，再确定适当的合作伙伴。与招标法相比，协商选择法由于供需双方能充分协商，在物资质量、交货日期和售后服务等方面比较有保证。但由于选择范围有限，不一定能得到价格最合理、供应条件最有利的供应来源。当采购时间紧迫、投标单位少、竞争程度低、订购物资规格和技术条件复杂时，协商选择法比招标法更为合适。

4. 采购成本比较法

对质量和交货期都能满足要求的合作伙伴，则需要通过计算采购成本来进行比较分析。采购成本一般包括售价、采购费用、运输费用等各项支出的总和。采购成本比较法是通过计算分析针对各个不同合作伙伴的采购成本，选择采购成本较低的合作伙伴的一种方法。

5. 作业成本法

作业成本法（activity based costing approach）即 ABC 法，通过计算合作伙伴的总成本来选择合作伙伴。总成本模型为：

$$S_i^B=(p_i-p_{\min})q+\sum_j c_j^B D_{ij}^B$$

式中，S_i^B 为第 i 个合作伙伴的成本值；p_i 为第 i 个合作伙伴的单位销售价格；$p_{\min}$ 为合作伙伴中单位销售价格的最小值；q 为采购量；c_j^B 为因企业采购相关活动导致的成本因子 j 的单位成本；D_{ij}^B 为合作伙伴 i 导致的在采购企业内部的成本因子 j 的单位成本。

该成本模型适用于分析企业因采购活动而产生的直接成本和间接成本的大小。企业将选择 S_j^B 值最小的合作伙伴。

6. 层次分析法

层次分析法是 20 世纪 70 年代由著名运筹学家赛惕（T. L. Satty）提出的，韦伯（Weber）等提出将层次分析法用于合作伙伴的选择。它的基本原理是，根据具有递阶结构的目标、子目标（准则）、约束条件、部门等来评价方案，采用两两比较的方法确定判断矩阵，然后把判断矩阵的最大特征根所对应的特征向量的分量作为相应的系数，最后综合给出各方案的权重（优先程度）。因为该方法让评价者对照相对重要性函数表，给出因素两两比较的重要性等级，所以可靠性高、误差小；不足之处是遇到因素多、规模较大的问题时，该方法容易出现问题，如判断矩阵难以满足一致性要求，往往难以进一步对其分组。层次分析法作为一种定性与定量相结合的工具，得到了广泛的应用。

另外，蒂默曼（Timmerman）提出的合作伙伴评价分类法（categorical method），温德（Wind）、鲁宾逊（Robinson）、格雷戈里（Gregory）提出的标重法（weighted point plan）等都可以用于合作伙伴的选择，但它们应用在供应链管理环境下都存在一些问题，因为没有考虑具体的环境，所以不能有效地进行合作伙伴的评价和选择。

7. 合作伙伴选择的神经网络算法

人工神经网络（artificial neural network，ANN）是 20 世纪 80 年代后期迅速发展的一门新兴学科，它可以模拟人脑的某些智能行为，如知觉、灵感和形象思维等，具有自学习、自适应和非线性动态处理等特征。

这里将人工神经网络应用于供应链管理环境下合作伙伴的综合评价和选择，旨在建立更加接近于人类思维模式的定性与定量相结合的综合评价选择模型。通过对给定样本模式的学习，获取评价专家的知识、经验、主观判断及对目标重要性的倾向，当对合作伙伴做出综合评价时，该方法可再现评价专家的经验、知识和直觉思维，实现了定性分析与定量分析的有效结合，也可以较好地保证合作伙伴综合评价结果的客观性。

基于人工神经网络的合作伙伴综合评价和选择的总体流程结构模型如图 5-8 所示。

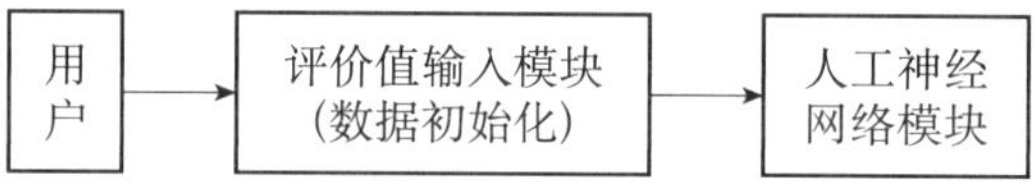

图 5-8　基于人工神经网络的合作伙伴综合评价和选择流程结构模型

在选定评价指标组合的基础上，对评价指标做出评价，得到评价值之后，因为各指标间没有统一的度量标准，难以进行直接的分析和比较，也不利于输入神经网络计算，所以在用神经网络进行综合评价之前，应首先将输入的评价值通过隶属函数的作用转换为 [0，1] 之间的值，即对评价值进行标准无纲量化，作为神经网络的输入，以使人工神经网络可以处理定量和定性指标。

评价值输入模块处理功能结构如图 5-9 所示。其中，x_{pi} 表示第 i 个指标的评价值（输入值）；y_{pi} 表示第 i 个指标经量化后的评价值（输出值），它是 BP 人工神经网络（以下简称“BP 网络”）的输入值。

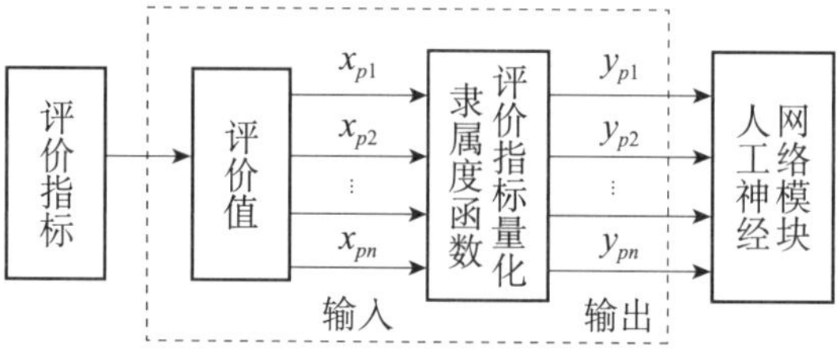

图 5-9　评价值输入模块

人工神经网络模块是综合评价系统的重要组成部分，由 BP 网络组成，主要完成网络结构的定义、样本的学习和通过 BP 算法进行合作伙伴的综合评价计算等功能。

用于合作伙伴评价和选择的 BP 网络可以采用具有一个输入层、一个隐含层和一个输出层的网络结构。各层具有多个节点，每相邻两层之间单方向互连，如图 5－10 所示。

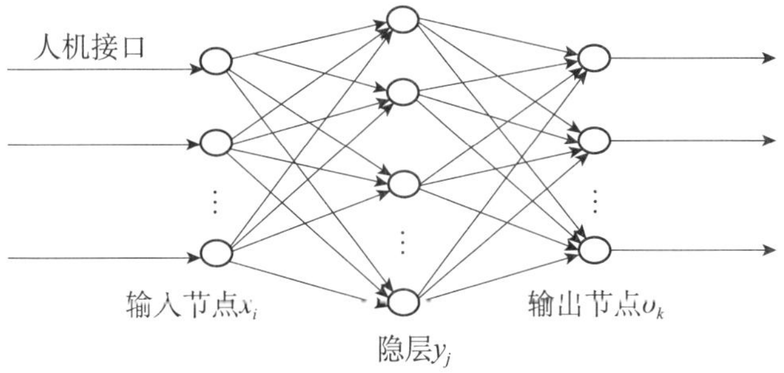

图 5－10　BP 网络结构

BP 网络结构参数的选择是一项十分重要的工作，输入层和隐含层个数的增加会增强网络的表达能力，但也会影响其收敛速度。BP 网络结构参数可在网络运行前进行设置定义，相应设置存于网络结构文件。

在通过计算得到网络的权值和阈值后，就可将经过初始化的企业评价值作为网络输入进行计算，得到评价输出。

需要指出的是，随着大数据、人工智能等技术在供应链管理中应用的深化，近些年在供应商的选择与评价上，有越来越多的新技术、新方法的应用，企业管理人员可以关注这些技术与方法的发展，选择适合本企业的方法加以应用，可以取得事半功倍的效果。

第 5 节　供应链合作伙伴关系管理——以供应商为例

一、供应商关系管理思想的提出

前面几节重点讨论了供应链合作伙伴关系的重要性以及选择合作伙伴的方法。实践证明，除了在选择合作伙伴时把好关口，在日常运作中还要注重合作伙伴的关系管理，尤其是对供应商关系的管理。

企业业务对外的两个最重要的出口就是广义的“买”和“卖”。在“卖”的方面，企业管理的重点是如何更好地开拓市场，提高客户忠诚度，争取新客户和维护老客户。在“买”的方面，则是如何与供应链的上游企业结成长期、稳固的战略合作伙伴关系，实现业务往来的紧密联系和协同运作，既经济又准确地获得最好的策略资源，使供应商及其资源能够更有效地参与到自己的产品设计和生产制造甚至是市场投放的过程中，以降低成本，减少库存，缩短产品开发、生产和投放市场的周期。

相对而言，企业都非常重视客户关系管理，亦即人们常说的“客户就是上帝”，无论怎样强调客户关系管理都不过分。然而，在“买”的方面，即与供应商的关系方面，一直未能引起企业的重视。大多数情况下企业是买方，也许是由于买方市场的存在，买家认为只要我有购买需求，就会有卖家找上门来，企业无须花太多的功夫去关心与供应商之间的关系。不仅如此，许多企业还把盘剥供应商作为降低成本的撒手锏。

全球化的市场竞争使得采购过程发生了巨大的变化，传统的对待供应商的管理思想和方法已不再适用。例如，如何做到在降低库存的同时又能为生产不同产品提供保障？如何使供应商积极参与和加入到产品的设计过程中，为工程更改提供快速的响应支持，以不断加快产品创新的节奏，缩短产品从研发到投放市场的时间？如何在动态环境中面对组织结构、业务流程不断变化的情况，实现快速适应和调整？如何在巨大的财务压力下取得供应商的支持，从而保持资产的有效配置和对市场状况的敏捷反应？如此等等，这些问题都需要供应商积极配合与支持。

要想解决上述种种问题，就要有效地处理好与供应商的关系。不能仅把采购活动看成买卖关系，不能仅把供应商当作降低成本的压榨对象。为了得到供应商的支持，就要把供应商看作战略合作伙伴，提高对供应商的信任度和忠诚度，创造出与供应商合作共赢的生态环境，发挥供应商的主观能动性。例如，根据有关机构对《财富》1 000 强公司的大量研究，在新产品开发过程中，越早让供应商参与其中，整个项目所节省的资金也就越多。因此，一些公司积极寻求机会，与供应商建立合作关系，共享计划、产品设计和规范信息，改进运作方式，这样就产生了供应商关系管理的理念与方法。

二、供应商关系管理的价值

随着产品生命周期的缩短，从一开始就做好设计、货源组织、计划制订和物料生产工作至关重要。通过开拓更广泛、更灵活、响应更积极的供应商关系，主导公司能够获得新的增长点，也能建立起增加盈利的新商业模式。很多在全世界居于头部地位的企业都将优秀的采购管理能力视为可持续竞争优势的一种原动力。为了取得突破性成绩，这些头部企业采取了一系列广泛的货源组织策略，从批量采购、评估最优价格、全球货源组织、联合制定产品规格、改进经营流程到关系重组，这些管理思想已经得到了实实在在的、可以量化的回报。如表 5－4 所示。

表 5－4　业绩最好的公司与总体平均水平的比较

	业绩最好的头部公司	总体平均水平
平均资产回报率	40%	18%
总资产周转率（次）	9.8	2.9
运营费用节约	27%	6%

对许多供应链企业而言，与供应商之间的伙伴关系已成为提高应对市场不确定性的主要模式。研究表明，至少有两个强烈的理由支持这种模式：

（1）效率与规模经济。人们发现，供应商可以通过与同业的伙伴关系，运用科技的力量合力削减成本与改善效率，这在零售业中尤为盛行。例如，美国的杰西潘尼百货公司将存货控制和产品补充系统与其他供应商整合在一起，这样供应链上的企业可以利用各自的能力与资源，减少重叠的成本。

（2）新市场价值。在某些产业中，供应链上企业之间的伙伴关系进入了一个更新的层次——整合力量创造更多的市场价值。也就是说，企业之间整合彼此的核心能力，研发新的产品或推出新的方案，在最高的层次中，这种核心能力的整合甚至会扭转整个产业的方向。例如，苹果、IBM 与摩托罗拉公司合作，共同创造 PowerPC 以及其他产品。

供应商关系管理是供应链采购管理中一个很重要的问题，它在实现战略性采购中有很重要的作用。

例如，联想集团基于供应链的采购管理优化是企业采购模式优化的成功案例。作为 IT 行业的龙头企业，联想集团每年的采购金额为数百亿美元。联想集团在采购流程中面临的主要问题是原材料价格波动性较大、客户需求个性化日益强烈、供应商寡头垄断等。

针对这些问题，联想集团在供应链和采购方面采取了一体化的运作体系，以加强企业内部的协同。

在协同作业上，将采购、生产、分销以及物流整合成统一的系统，整个集团形成统一的采购策略，同时，科学地推进与供应商的协同管理。集团有约 300 家供应商，物料的采购面向国内外，拥有非常复杂的供应链体系。联想集团采取全程紧跟策略，在供应商端设立相应的采购平台，加强日常管理。

在与供应商合作关系的管理上，确定供应商的总体策略，例如价格成本以及采购比例的控制等；引入淘汰机制，签署框架协议；对于重要零部件的上游供应商进行管控，定期对供应商工厂生产线进行审核；对供应商财务状况进行分析等。

在采购绩效评价方面，坚持对采购管理和绩效进行定期评估。评估主要是从质量、服务、成本等方面进行，然后根据评估的结果对日常采购进行管理。

通过采购模式的优化，联想集团逐渐由传统的采购管理转变为供应链采购管理，降低了供应链运作成本。

三、建立有效的供应商激励机制

企业对供应商的关注程度不断提高，对供应商的激励就是对其实施有效管理的手段之一。要保持长期的“双赢”关系，对供应商的激励是非常重要的，没有有效的激励机制，就不可能维持良好的供应关系。对供应商实施有效的激励，有利于增强供应商之间的适度竞争，保持对供应商的动态管理，提高供应商的服务水平，降低企业采购的风险。激励形式具有多样性，比如提供经验交流平台、过程评估和履约评估激励、阶段性合作总结、年度最佳合作伙伴评选等。从激励理论的角度来看，供应商激励主要分为正激励和负激励两大类。正激励是指一般意义上的正向强化、正向激励，是鼓励采取某种行为；负激励则是指一般意义上的负强化，是一种约束、一种惩罚，阻止其采取某种行为。一般而言，有以下几种供应商激励方法可供参考，如表 5－5 所示。

表 5-5　供应商激励方法

类别	性质	内容
正激励	收益激励	价格激励 订单激励 商誉美化评价 经济补偿与奖励
	伙伴关系激励	信息激励 参与激励 组织激励 绩效期望 合同支持性服务 信任与持续关系承诺
负激励	惩罚激励	经济惩罚 商誉负面评价 淘汰激励

1. 价格激励

在供应链环境下，各个企业在战略上是相互合作关系，但是各自利益不能被忽视。供应链的各个企业间的利益分配主要体现在价格上。价格包含供应链利润在所有企业间的分配、供应链优化而产生的额外收益或损失在所有企业间的均衡。供应链优化所产生的额外收益或损失大多数时候是相应企业承担，但是在许多时候并不能辨别相应对象或者相应对象错位，因而必须对额外收益或损失进行均衡，这个均衡通过价格来反映。价格对企业的激励是显著的。高的价格能增强企业的积极性，不合理的低价会挫伤企业的积极性。供应链利润的合理分配有利于供应链企业间合作的稳定和运行的顺畅。但是，价格激励本身也隐含着一定风险，这就是逆向选择问题，即制造商在挑选供应商时，由于过分强调低价格，往往选中了报价较低的企业，而将一些整体水平较好的企业排除在外，其结果是影响了产品的质量、交货期等。当然，看重眼前利益是导致这一现象的一个不可忽视的原因，但出现这种差供应商排挤好供应商的最根本的原因是，在签约前对供应商不了解，没有意识到报价越低，意味着违约的风险越高。因此，使用价格激励机制时要谨慎从事，不可一味强调低价策略。

2. 订单激励

在供应链管理环境下，制造商可以面对多个同质产品的供应商，由此形成供应链内部的竞争机制。供应商如果在产品质量、交货期和提供的各种服务上表现优秀，制造商除了可以通过其他不同的方式对其进行激励，还可以利用增加订单的方式进行激励。供应商若能获得制造商的更多订单，就意味着有更多的利润，以及己方在对方心目中地位的提升。因此，给予更多的订单能够产生对供应商立竿见影的激励效果。即使对单个供应商（不存在内部竞争），这种订单激励同样是有效的。更多的订单激励方式如下：

（1）延长合作期限。把公司与供应商的合作期限延长，可以增强供应商业务的稳定性，降低其经营风险。适用于合作期限较短的供应商。

（2）增加合作份额。提高供应物资的数量，可以增加供应商的营业额，提高其获利能力。适用于具备更大数量的物资供应能力、急于扩大营业额的供应商。

（3）增加物资类别。增加合作的物资种类，可以使供应商一次送货的成本降低。适用于能够提供更多物资种类，且物资质量符合公司标准、增加物资类别有助于降低成本的供应商。

3. 商誉激励

商誉是一个企业的无形资产，对于企业极其重要。商誉来自供应链内其他企业的评价和在公众中的声誉，反映了企业的社会地位（包括经济地位、政治地位和文化地位）。商誉激励包括供应商等级提升、供应商信用级别提升、书面表扬和颁发证书或锦旗（如年度最佳供应商）等方式。

信用激励方面，包括供应链内部的商业信用激励和社会化的商业信用激励。在供应链系统内必须建立供应链内部的商业信用激励机制，通过供应链的信息平台，公开宣传那些注重商业信用、信守合同、赢得交易伙伴赞誉的企业，从而使表现优秀的供应商赢得社会的尊敬和更多的市场机会。在实际的操作层面，供应链管理信息系统需要一个能够评价各成员企业在一定时期各种商业信用指标的子系统，由子系统在一定的间隔期客观地给出各成员企业的商业信用状况，并依据事先确定的等级标准给予商业信用等级评定，由此确定进行商业信用激励的对象。供应链内部的商业信用激励虽然能够较好地解决对表现优秀的企业的部分激励问题，但激励所涉及的范围不够广泛，未能最大限度地发挥商业信用激励的作用。因此，利用更广泛的、具有社会影响力的商业信用激励方式非常重要，买方企业可以与相应的社会组织（如银行等）共同完成对优秀企业的商业信用激励。

4. 信息激励

在信息时代，信息对企业意味着生存。企业获得更多的信息意味着企业拥有更多的机会、更多的资源。信息对供应链企业的激励实质上属于一种间接的激励模式，但是它的激励作用不可低估。如果能够快捷地获得合作企业的需求信息，企业就能够主动采取措施提供优质服务，必然使合作方的满意度大为提高。这对合作方建立起信任具有非常重要的作用。因此，企业在新的信息不断产生的情况下，要始终保持了解信息的欲望，更加关注合作双方的运行状况，不断探求解决新问题的方法，这样就达到了对供应链企业激励的目的。信息激励机制的提出，在某种程度上克服了信息不对称使供应链中的企业相互猜忌的弊端，消除了由此带来的风险。

为了提高整个供应链需求信息的一致性和稳定性，减少由于多重预测导致的需求信息扭曲，应注意供应链各方获得需求信息的及时性和透明性。为此，应建立一种信息沟通的渠道或系统，以保证需求信息在供应链中的畅通和准确。要将信息共享的相应支持技术如条码技术、扫描技术、RFID系统和电子数据交换（EDI）集成，并且要充分利用互联网的优势，在供需双方之间建立畅通的信息沟通桥梁和联系纽带。

5. 参与激励

新产品和新技术的共同开发和共同投资也是一种激励机制，可以让供应商全面掌握新产品的开发信息，有利于新技术在供应链企业中的推广和帮助供应商开拓市场。在传统的管理模式下，制造商独立进行产品的研究与开发，只将零部件的最后设计结果交由供应商制造。供应商没有机会参与产品的研究与开发过程，只是被动地接受来自制造商的信息。这种合作方式最理想的结果也就是供应商按期、按量、按质交货，不可能使供应商积极主动关心供应链管理。相反，供应链管理实施好的企业，都将供应商甚至用户结合到产品的研究与开发工作中来，按照团队的工作方式展开全面合作。在这种环境下，合作企业成为整个产品开发中的一分子，其成败不仅影响制造商，而且影响供应商及经销商。因此，每一方都会关心产品的开发工作，这就形成了一种激励机制，构成对供应商的激励作用。

6. 组织激励

在一个较好的供应链环境下，企业之间合作愉快，供应链的运作也就顺畅，少有争执。也就是说，一个组织良好的供应链，对供应链及供应链内的企业都是一种激励。减少供应商的数量，并与主要的供应商保持长期稳定的合作关系，是买方采取的组织激励的主要措施。有些企业对待供应商忽冷忽热，因此得不到供应商的信任与合作。产生这种现象的根本原因是企业管理者没有形成与供应商进行长期战略合作的意识，管理者追求短期业绩的心理较重。如果不能从组织上保证供应链管理系统的运行环境，供应链的绩效也会受到影响。

7. 绩效期望

企业可以通过对供应商提出绩效期望目标来实施激励。绩效期望代表买方对供应商绩效提升的期望目标。通过设置绩效期望目标值，可以激励供应商持续改善自己的工作。比如丰田对供应商实施年度期待值制度，取得了非常好的效果。只要供应商达到了丰田的要求，即年度期望值，丰田会与供应商开展更深入的合作，如增加订货和表彰。此后丰田会对供应商提出更高的要求，即设置更高的年度期望值。如果供应商达不到丰田的要求，丰田不会马上将其淘汰，而是派遣专业人员提供支援，帮助供应商提高竞争力。如果供应商在专业人员的帮助下仍然不能达到年度期望值，该供应商将被淘汰出局，丰田将选择新的供应商。实际情况是丰田的供应商很少被淘汰出局，基本都能达到丰田的要求，和丰田达成长期合作的战略伙伴关系，共同繁荣。

8. 惩罚激励

惩罚激励的方式可以是在供应链系统内部亮黄牌（警告）、处罚以及清除出供应链。供应商偶然的、一般性的失误，可通过警告或处罚的方式处理，并限期整改，如果限期整改后还不能达到供应链协议所规定的要求，则应考虑淘汰；对于严重的或重复性的失误，则应立即启动淘汰机制。具体来说，惩罚激励的措施包括缩短合作期限、减少合作份额、减少物资种类、业务扣款、降低供应商级别、降低供应商信用等级以及淘汰。

淘汰激励是惩罚激励的一种。为了使供应链的整体竞争力保持在一个较高的水平，供应链必须建立对成员企业的淘汰机制，同时供应链自身也面临淘汰的风险。对于优秀供应商来讲，淘汰弱者能够使其获得更优秀的业绩；对于业绩较差者来讲，为避免淘汰，它需要更加上进。淘汰激励是在供应链系统内形成一种危机激励机制，能够让所有合作企业都有一种危机感。因此，供应商为了能在供应链体系内获得群体优势的同时自己也获得发展，就必须承担一定的责任和义务，对自己承担的供货任务从成本、质量、交货期等方面负有全方位的责任。这一点对防止短期行为和“一锤子买卖”给供应链群体带来的风险也起到一定的作用。

思考题

1. 详细说明供应链合作伙伴关系的含义，讨论一般合作关系与战略合作伙伴关系之间的区别，并举例说明。

2. 讨论供应链合作伙伴关系与传统供应商关系的区别，以及供应链战略合作伙伴关系对于企业的益处。

3. 供应链企业之间建立合作伙伴关系的基础是什么？

4. 分析供应链合作伙伴选择的步骤，并举例说明。

5. 供应链合作伙伴选择的影响因素有哪些？如何降低这些因素的不利影响？

6. 如何建立供应链合作伙伴选择的综合评价指标体系？列举一些可以用于选择合作伙伴的技术方法。

7. 如何理解供应商的韧性对供应链稳健运行的重要价值？

案例1

国内面皮供应商与肯德基失之交臂

据报道，肯德基推出的墨西哥鸡肉卷在中国近700家餐厅甫一上市，就大受欢迎。但令人遗憾的是，这种墨西哥鸡肉卷除调料“莎莎酱”是进口的，外面那层薄薄的面皮也是进口的。实际上，肯德基一直致力于在中国国内寻找供应商，但在整个中国找不到一家合格的面皮供应商。因为所有的面皮都要做到大小、厚度、规格、韧性、温度控制一模一样，而且要求保证每日的供应数量和质量长期稳定，其背后更深层次的要求是供应商的整个生产环节和物流过程标准、高效、精确和安全，要求供应商要有长期的战略考虑。这对国内面皮供应商是一个很好的机会，但遗憾的是，国内很多供应商更看重短期利润，不能致力于长期的标准和稳定发展，不愿下功夫整合供应链系统，因此肯德基在国内找不到合适供应商的情况下，不得不从美国和澳大利亚进口面皮。

问题讨论：

你从国内面皮供应商与肯德基失之交臂的案例中悟出了什么道理？

案例2

该选谁作为合作伙伴

王小军受聘到日用品制造商Y公司任物流总监。他在对第三方物流提供商进行调研分析后发现了一个令人惊讶的现象：为Y公司在同一个城市内提供市内分销配送的三家公司（两大一小），提供同样的服务，价格差异却很大——最高一家的价格甚至是最低一家的2倍之多（见表5-6）。

表5-6

物流商	物流价格	物流商性质
N	3.7元/吨公里	Y公司所在集团参股的第三方大型物流企业
M	3.0元/吨公里	第三方大型物流企业
O	1.8元/吨公里	第三方小型物流企业（搬家公司）

虽然在制造商的供应链环节中，物流商的选择不像产能规划、产品战略、库存模式直接影响企业的全面成本，但每年投入几千万元甚至几亿元，至少也要弄清楚所选的第三方物流商究竟怎样。于是，他决定做一个认真分析。

相关资料：Y公司的背景及供应链运作方式

Y公司拥有上百个规格品种的产品，年营业额达数百亿元。

Y公司约70%的销量来自经销商（全国共600多家），其余的来自重点零售客户（key account，KA）和特别渠道如机构、学校等。

因此，Y公司有一个由生产技术为主导的供应链部门负责公司产成品的仓储、运输、调拨计划、需求和供应计划、销售订单处理等业务，并在武汉、成都、西安等城市设有区域配送中心。这些区域配送中心负责支持各自区域的销售活动。

每周，Y公司总部计划部门会根据各区域配送中心所覆盖地区的销售预测、部门设定的库存目标、当前库存和生产基地的供应周期，向生产基地下达补货计划。每年除了管理人员的薪酬、办公费用和IT系统支出，大部分的物流支出（总共约2亿元）花在仓储、分装、运输领域。

仓储方面的主要支出是配送中心的支出。Y公司所有的配送中心均采用外包租赁形式，外包给不同的第三方物流，也就是租赁它们的仓库。配送中心的主要职责是收发货、仓储、分拣、轻度加工和按订单配送，其中轻度加工主要是服务于Y公司不定期的促销活动，往往需要做诸如贴标签、再包装等工作。

运输主要包括从生产基地到区域配送中心的干线运输、从配送中心到经销商的支线运输和从配送中心到零售商的配送。运输的整体费用占Y公司储运支出的80%。虽然有少量的车辆，但大部分运输活动均采用外包——Y公司在配送中心所在区域寻找该市范围内的物流商。

Y公司的物流业务模式对其物流合作伙伴有许多不利之处。例如，Y公司有上百个单品，目前把销量小的规格品种存放在一个仓库中。现在下游分销客户订货平均包含十多个品种，为了完成配货，物流商需要在各个地点的仓库分别装货，完成配货需要花一整天的时间，而物流商真正运输的时间平均只有一天，大大增加了物流商的物流成本。

产品规格增加还导致物流商运输工具的装载能力下降。仅以60吨的火车皮为例，如果装载单一品种，可以满载60吨，但是客户订货平均有十多种规格的产品，数量不一，装载能力就下降到50吨，从而使吨均运输费用增加了20%。假如能对规格进行有效管理，使车皮装载能力提高到53吨，吨均运输费用大约会降低5%，物流企业每年可以节约运输费用400万元左右。这种装载问题同样存在于厢式货车（市内配送）等固定容积运输工具。

原来是不得已而为之

面对Y公司的奇事，王小军决定深入研究一下。

每年六七月份，Y公司都会举行物流服务商招标会，确定下一年度的物流服务商，也顺势对区域的经销商、KA物流策略进行相应调整。

举行招标会，设想得挺好，看起来也不是很难：只要将生产技术部储运经理的分析报告往招标会上一放，然后各物流商针对分析报告内容提交各自的解决方案，最终储运经理根据这些解决方案，确定一家第三方物流公司，这次招标活动就算圆满结束了。至少在一年时间里，Y公司不用再为换物流服务商的事情操心——很多公司都采用这种方法。

但每当这个时候，问题总是接踵而来。正如Y公司所抱怨的，与中标物流企业确定服务价格、协商具体服务合同条款真是件麻烦事。要知道，一场招投标活动，招标方、投标方各有算盘：招标方担心物流商报价有假，在投标现场故意砸价，其实真正实施起来，服务条款难以保证，物流商到时候还可能会借机涨价；投标的物流商担心合作难以持久，成本不好换算，如果为Y公司投入人力、物力，甚至购买新物流设备，资金压力太大。

结果这样选来谈去，最后Y公司也看花了眼，便去查探当地同行中哪个物流公司的口碑好，价格反而放在了一边。

这一打听虽然能缩小范围，但终究还是要从几家中进行挑选。Y公司一心想在这几家中选一个大物流商，但如今大物流商实力渐长，店大欺客，物流成本谈不下来。换用小物流商，虽然服务口碑不错，但以它的配送能力，又没法兼顾区域内的全面市场。

这时公司内部又提出了问题：如果只选集团外的配送商，它们又不是只接我们一家的，万一到了旺季无法保证服务该怎么办？岂非白白把市场送给了竞争对手？因此，还是应该把部分业务给Y公司自己参股的物流公司。

到底应该选择哪一种物流服务商呢？到头来，Y公司只好大小通接，于是就出现了前面的那一幕：三家物流商提供同样的服务，价格差异却很大，生产商也无法管理——大物流商说嫌价高，你可以去找小物流商；小物流商说，你嫌我送远地方送得慢，你可以去找价高的送！

物流企业的委屈

其实，物流服务商也一肚子委屈。

报价高的那家大型物流企业N的管理者——该公司虽然隶属于Y公司，但合作条件其实与第三方物流公司相同——抱怨说：我知道自家的价格肯定不如对手有竞争力，但我绝不是店大欺客。

大单落到N公司头上，不仅意味着巨大的业务量，同时也意味着它得承担Y公司的物流风险：因为现在Y公司要求的报价单与过去投标的报价单有所不同，物流公司的报价明明白白列出了N公司的成本底线，成本透明且没有任何弹性空间。在淡季或者其他原因引起销量变化，N公司就有亏本的危险。M物流公司除了Y公司还有别的客户，因此诸如叉车、货架、人工等服务资源都可能共享，成本可以摊薄。

那么N物流公司跟O物流公司相比又如何呢？N物流公司可以说小物流商O是故意

砸价，但口说无凭，从专业角度讲，如果O物流公司在报价时采用作业成本法来具体分析各项仓储配送活动的成本，则真有可能会报价低。

比如，N公司将30个工人30天的成本完全摊到每月每箱的报价中，而不管Y公司是否全时使用；O作为小型物流公司，在报价中可能考虑到业务真正耗用的人工有时多、有时少，因此按比例分摊人工成本，当然搬运工人这一项的报价就比N公司低。

既然理论上（方案中）真的存在这样的情况，Y公司就无法确定O物流公司的报价是真实的低成本低价，还是恶意报低价。Y公司在运作中也的确不觉得O物流公司的服务差多少，并且跟Y公司这样的企业合作，O物流公司也很听话。

Y公司拿O物流公司和M物流公司的价格去找N物流公司，一再表示它们的报价比N低，可N的管理者说：我也没有办法改变。

大物流商的价格谈判麻烦点儿，大多会提出最低运输量的要求（它们所谓的保本业务量），不过它们至少运作还算正规。小公司价格是低，也好操控，但会不会先报低价胜标，再等日后找各种借口要求涨价呢？如果那样，招标岂不是白搞了，或届时再搞？选择物流提供商是大的好还是小的好，招投标又如何管理呢？

Y公司对多规格单品的物流问题还没有解决，更谈不上对第三方物流伙伴进行仔细筛选了，加上与N公司的“特殊关系”，Y公司更难在招标中进行精细化考虑了。

问题讨论：

王小军应该如何解决供应链上的这些问题？

第 6 章

供应链管理环境下的采购管理

| 学习目的 |

采购，是指企业为实现销售目标，在充分了解市场需求的情况下，根据企业的经营能力，运用恰当的采购策略和方法，取得适合企业经营需要的输入物（原材料、半成品及其他资源）的活动过程。采购成本直接影响企业的利润和资产回报率，影响企业流动资金的回笼速度。因此，原材料及零部件的采购成本在生产成本中占有重要的地位，一般达到销售额的30%左右。在传统的采购模式中，采购的目的是补充库存，即为库存而采购。在供应链管理的环境下，采购由为库存采购向订单驱动方式转变，以适应新的市场竞争环境。通过对本章的学习，读者能够理解供应链管理环境下采购与传统采购的不同，建立采购中的合作伙伴关系概念，掌握准时化采购的基本概念、特点、基本原则和方法，掌握采购与供应过程管理的核心思想，理解“保供”的重要意义及管理手段。

第 1 节　采购的定义及过程

一、采购的定义

采购，英文为 procurement，指企业生产及经营活动正常开展的一项交易活动。有效的原材料/零部件或服务的采购对企业竞争优势的形成具有非常重要的作用。

供应链上的采购活动将企业与供应商连接起来，保证供应链能够正常运作。在许多行业中，原材料的采购成本占产品总成本的比例很大。不仅在成本构成上有如此大的影响，投入供应链中的原材料的质量还将影响产成品的质量，并由此影响客户的满意度和企业的收益。由于采购对供应链的整体绩效起着决定性的作用，就不难理解采购管理越来越受供应链企业的重视。

采购是一个复杂的过程。根据企业运营特点和环境的不同，它可以有不同的定义。狭义地说，采购是企业购买货物和服务的行为；广义地说，采购是一个企业与供应商建立合作关系的纽带和通道。需要指出的是，采购过程并不仅仅是各种活动的机械叠加，它是对跨越组织边界的一系列活动的成功实施。因此，对采购可作如下定义：用户为取得与自身需求相吻合的货物和服务而必须进行的所有活动。

如图 6－1 所示，采购活动是制造商连接供应商的纽带。制造商根据自己客户的订单制订生产计划，然后根据生产计划产生物料需求计划，再根据物料需求计划产生采购计划。采购部门根据这些计划，开始一系列的准备报价单、选择供应商、订货、接收等活动。这些活动将供应商行为与制造商的需求紧密联系起来。

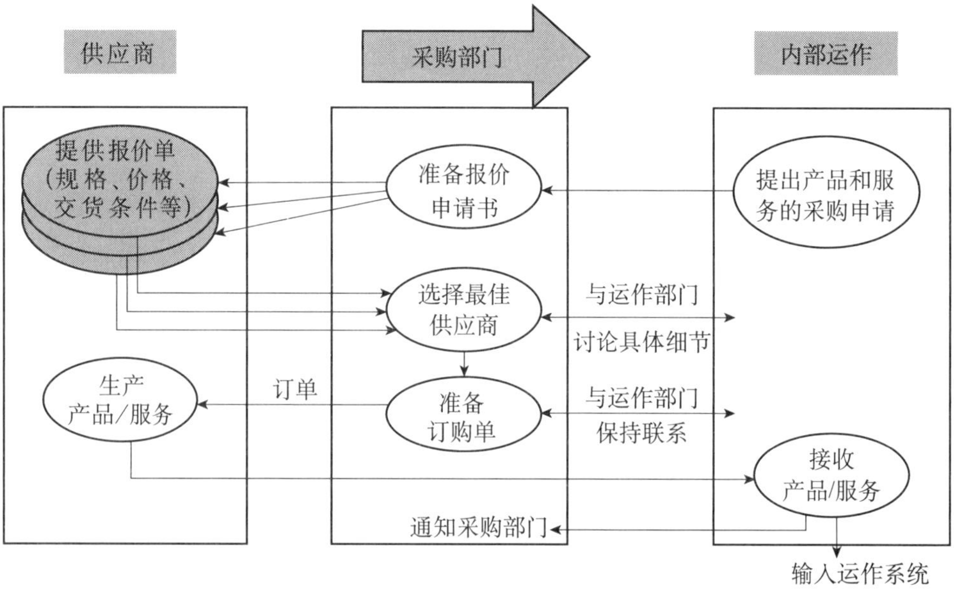

图 6－1　采购活动连接制造商和供应商

采购管理包括对新的供应商的资质认定、各种不同的投入物的采购和对供应商表现的监督，因而采购在供应链管理中有重要的地位。

二、采购的重要性及现状分析

迈克尔·波特（Michael Porter）在其价值链理论中阐述了采购的战略重要性。作为企业生产活动的起点，采购涵盖了从供应商到满足客户需求之间的货物、技术、信息或服务流动的全过程。企业通过对采购活动实施有效的计划、组织与控制等活动，优选供应商，合理选择采购方式、采购品种、采购批量、采购频率和采购地，以有限的资金保证有效开展经营活动，在降低企业成本、加速资金周转和提高企业产品质量等方面发挥着积极作用。

（一）采购在企业生产及供应链中的重要地位

物料成本是企业成本控制中的主体和核心部分。对于典型的制造型企业来说，物料成本（包括原材料和零部件）要占产品总成本的60%左右，有的甚至更高。例如，汽车行业的物料成本约占一辆车成本的80%。可见物料成本直接影响着企业最终产品的定价和企业的利润。加强对物料采购的管理，可以使企业及其供应链降低各种物料采购成本，有利于企业在市场竞争中赢得优势。

同时，合理采购对提高企业竞争能力、降低经营风险也具有极其重要的作用。一方面，良好的采购管理不仅能降低产品生产成本，而且是产品质量的保证；另一方面，良好的采购管理能保证经营资金得到合理使用和控制，使企业宝贵的资金发挥出更大的价值。

随着经济全球化和信息网络技术的高速发展，全球经济运行方式和流通方式发生了巨大变化，企业采购模式也随之不断发展。供应链中各制造商通过外购、外包等采购方式从众多供应商处获取生产原料和生产信息，采购已经从单个企业的采购发展到供应链上的采购。

在供应链中，采购活动使供应链各节点间的联系和依赖性进一步增强，对于降低供应链运作成本、提高供应链竞争力起着越来越重要的作用。

（二）采购管理的现状和存在的问题

改革开放以来，我国企业采购模式虽有很多创新，但仍存在不少传统采购模式的缺点。总体来说，现行采购模式主要有三种：传统的不透明采购方式、公开招标采购方式、电子商务（线上）采购方式。其中，传统的采购模式仍然是不少企业采用的主要模式。在传统采购模式下，大部分企业的采购职能被简化为一个普通的职能部门，承担事务性的采购工作，没有发挥出应有的潜在价值，对供应链的整体支撑更是单薄。

图6－2为传统的一般采购原理示意图。传统采购的重点放在如何和供应商进行商业交易的活动上，特点是比较重视交易过程中供应商的价格比较，通过供应商的多头竞争，从中选择价格最低的作为合作者。虽然质量、交货期也是采购过程中的重要考虑因素，但在传统的采购模式下，质量、交货期等都是通过事后把关的办法进行控制，如到货验收等，而交易过程的重点放在价格的谈判上。因此，在供应商与采购部门之间经常要进行报价、询价、还价等来回谈判，并且多头进行，最后从多个供应商中选择一个价格最低的供应商签订合同，订单才决定下来。

传统的企业采购模式暴露出以下问题：

第一，没有形成采购成本管理体系，无法对采购品种进行分类管理。在采购管理领域，通常企业80%的采购成本集中在20%的采购品类上，因此应当对采购品种进行分类管理。

第二，供需双方信息不对称，采购活动盲目性较突出。企业和供应商之间不能进行有效沟通，互相封锁供应信息、生产信息和市场订单信息。

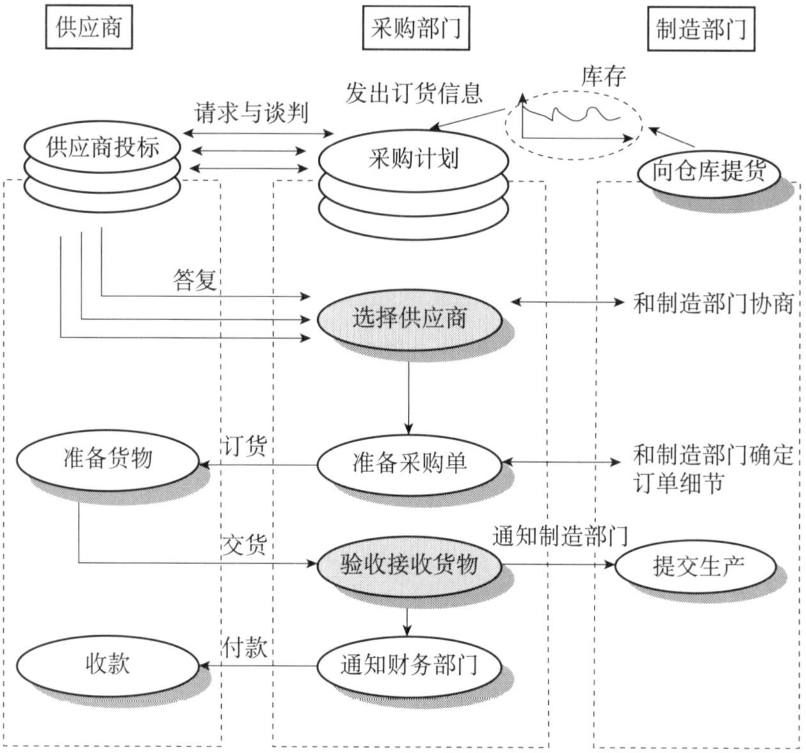

图 6-2　传统的采购业务原理

第三，采购部门与其他部门相互独立、分离，影响作业流程的协调性。传统的采购部门与其他部门相互独立，有明显的障碍。由于企业的各部门都是业务流程中重要的组成部分，部门之间的分离导致业务流程的协调性较差。

第四，对供应商关系没有进行科学管理。当供应商流失或变更时不能主动应变，影响企业生产运作；与关键供应商之间的沟通与合作尚停留在交易层面，不注重深层次合作关系的培养；对供应商的评估体系、激励机制和淘汰机制尚未形成。

三、采购活动的基本过程

不管采购的定义如何，我们可以给出一般的采购过程所包括的基本活动，这些活动对于货物与服务的采购都适用。这些活动通常跨越企业内部的功能边界，成功地实施这些活动，对于供应链企业合作双方来说，都能获得较大的价值。

1. 需求的确定或重新估计

采购一般是企业为满足新用户或老用户的需求而展开的活动。在某些情况下，已有的需求可能需要根据情况重新评估。不管在什么情况下，一旦需求被确认，采购过程就可以开始了。

2. 定义和评估用户的需求

需求确定后，必须以某种可以衡量的标准来表示。标准可以是简单的，例如对复印机的用纸标准可以是具有一定重量的白纸。如果企业要购买高技术的产品，标准就很复杂。通过这些标准，采购专业人员可以把用户的需求告诉潜在的供应商。

3. 自制与外购决策

采购方应决定是由自己来制造产品或提供服务，还是通过购买来满足用户的需求。即使做出了自己制造或提供的决定，采购方也必须从外部供应商处购买某种类型的投入物。目前，这一步骤越来越重要，因为越来越多的企业做出外包的决策，以便专注于自己的核心业务。

4. 确定采购的类型

采购的类型将决定采购过程所需的时间和复杂性。按时间和复杂程度不同，采购可以分为三种类型：

（1）直接按过去的惯例采购。

（2）修正采购，需要对目前的供应商或投入物作一些改动。

（3）全新采购，由全新的用户需求引起的采购。

5. 进行市场分析

供应商可能处于完全竞争的市场（有许多供应商），或寡头市场（有个别大的供应商），或垄断市场（只有一个供应商）。了解市场类型有助于采购专业人员决定市场供应商的数量、权力与依赖关系的平衡，以及最有效的采购方式，如谈判、竞争投标等。有关市场类型的信息并不总是明显的，必须做一些研究，参阅有关图书资料、行业协会信息等。

6. 确定所有可能的供应商

找出所有能满足用户需求的供应商。把所有可能的、过去未被选中的供应商也包括在内。在全球化的环境下，找出所有的供应商具有挑战性，需要进行研究。如果企业很小，可以依靠常规的信息来源，如网上搜索等。

7. 对所有可能的资源进行初步评估

当对用户需求进行定义和评估时，区分需求和期望是很重要的。初步评估将可能的供应商减少到可以满足用户需求的几家。在某些情况下，初步评估可能非常简单。例如，复印用纸，供应商可以定期检查用户还没有货。对计算机配件，可能还需要技术人员进行一系列的测试。

8. 剩余供应商的再评估

如果已将供应商减少到能满足用户需求的几家，就有可能确定哪家供应商最能满足用户的要求或期望。如果采购项目既简单又标准，并有足够数量的潜在供应商，这些活动就可以通过竞争招标来实现。如果这些条件不存在，则必须进行更加细致的估计，使用工程测试或模拟最终的使用情况，例如对汽车的座位安全带进行测试。

9. 选择供应商

供应商的选择也决定了买卖双方将建立的关系，决定了这些关系将如何组织和协调，也决定了与未被选中的供应商之间的关系将如何维持。在实际工作中，供应商的选择将依据诸如质量、可靠性、定价模式等，并采用特定的方法进行。

10. 接受产品的发运和服务

确定好的供应商根据用户需求发运产品或提供服务。这项活动完成后，便产生了下一个活动所需的表现评价数据。

11. 进行供应商绩效评价

收到产品或接受服务之后，应对供应商的工作结果进行评价，以确定其是否真正满足用户的需求。如果供应商的工作不能满足用户的需求，必须确定产生偏差的原因，并进行纠正。

以上这些活动都受采购专业人员控制范围以外的因素的影响，包括企业之间、企业内部的因素及政府的影响等外部因素，这些影响可以决定每一项活动执行的效率。比如，市场需求或制造过程的改变可能要求在第一轮循环完成之前重复部分或所有的活动。潜在供应商的财务问题也会导致问题的出现，并需要重复某些活动。

第 2 节　供应链管理环境下的采购管理

一、基于供应链的采购管理模型

采购管理是供应链管理中的重要一环，是实施供应链管理的基础，图 6－3 为基于供应链的采购管理模型。

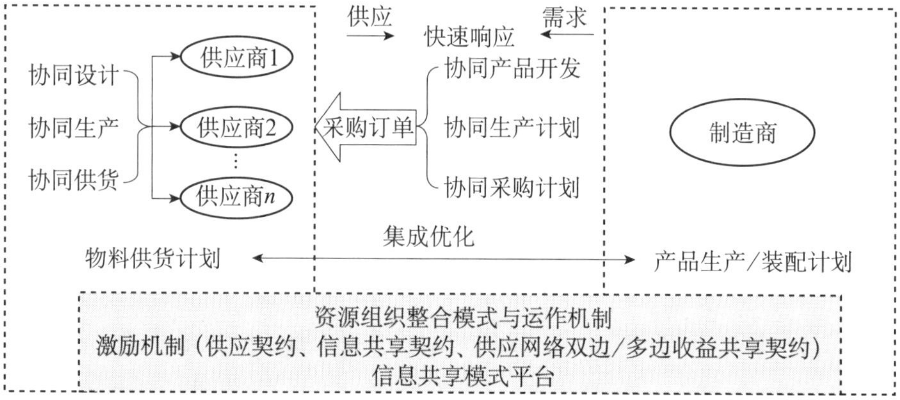

图 6－3　基于供应链的采购管理模型

在该模型中，采购部门负责对整个采购过程进行组织、控制、协调，它是企业与供应商联系的纽带。生产和技术部门通过企业内部的管理信息系统，根据订单编制生产计划和物资需求计划。供应商通过信息流，处理来自企业的信息，预测企业需求以便备货，当订单到达时按时发货，货物质量由供应商自己控制。这个模型的要点是以信息流降低库存，以降低库存推动管理优化，畅通的信息流是实现这个模型的必要条件。

实现此模型的关键是畅通无阻的信息流和企业与供应商签订的长期合作契约。

二、供应链管理环境下采购模式的优化

企业的采购应该从供应链的整体架构出发，考虑供应的速度、柔性、风险，优化采购

模式，从单一的竞争性采购模式转变为集中采购、全球采购、准时化采购等多种模式及其优化组合，以增强供应链的竞争力。采购优化模式的主要形式有以下几种。

1. 集中采购模式

集中采购是相对于分散采购而言的，即采购组织同时为多个企业实施采购，通过全面掌握多个企业的需求情况，与供应商签订统一合同，实现大批量订购，利用规模优势，提高议价能力，从而大大降低采购成本。

例如，2004 年我国武钢、唐钢等大型钢铁企业联手和全球最大的多种资源矿业公司达成合作意向，成立合营企业并通过该公司在 25 年内每年向这几家钢铁企业提供约 1 200 万吨铁矿砂。据估计，协议采购价格约为 25 美元/吨，到岸价约为 59 美元/吨，这与当时 120 美元/吨的澳矿到岸价相比，采购成本降低逾五成，极大地降低了企业的生产成本。

2. 全球采购模式

全球采购指利用全球资源，基于电子商务交易平台，整合互联网技术与传统工业资源，在全世界范围内寻找供应商和质量最好、价格合理的产品。全球采购在地理位置上进一步拓展了采购的范围，也是大型企业全球化战略的必然要求。

例如，戴尔公司全球采购的实施是通过建立全球采购中心、设立众多国际采购网点提高采购效率，在全球范围内采购 5 000 多种零部件。全球采购模式充分发挥了现代物流、信息流的作用，使戴尔公司的采购成本降到最低。

3. 准时化采购模式

准时化生产的基本思想是只在需要的时候，按需要的量生产所需的产品，是在多品种、小批量混合生产条件下高质量、低消耗的生产方式，其核心是追求无库存的生产系统或使库存最小化。准时化采购模式建立在供需双方互利合作的战略伙伴关系的基础上，当需求方产生对原材料或半成品的需求时，就有能力适时地从供应商处得到质量可靠的所需物料。

准时化采购模式对于降低原材料和外购件的采购价格，大幅减少原材料和外购件的库存，提高生产率等作用明显。例如，生产复印机的美国施乐公司通过实施准时化采购，使采购价格下降了 40%～50%，库存减少了 40%，劳动生产率提高了 2%。

4. 多层采购模式

为便于阐述，以图 6－4 为例。通常情况下，OEM 品牌商向上游的零件供应商采购零件；零件供应商向钢材供应商采购钢材，加工成零件卖给 OEM 品牌商，如图 6－4（a）所示。

所谓多层采购是指供应链上的 OEM 品牌商先向钢材供应商购买钢铁，再卖给零件供应商。零件供应商不用自己单独采购钢材，而是专注于零件的增值加工。钢材供应商根据供货计划分期分批将钢材运到零件供应商处。OEM 品牌商的多层采购同时发生了两次交易：与钢材供应商的购买交易和与零件供应商的销售交易，如图 6－4（b）所示。

多层采购模式有多重好处：在以 OEM 品牌商为核心的供应链中，聚合了对钢材的总需求，与钢材供应商谈判采购协议，具有议价权，保证了质量，控制住了成本，保证了钢材的供应；零件供应商聚焦增值流程；利用数据预测生产的投入和钢材的采购量，产能与

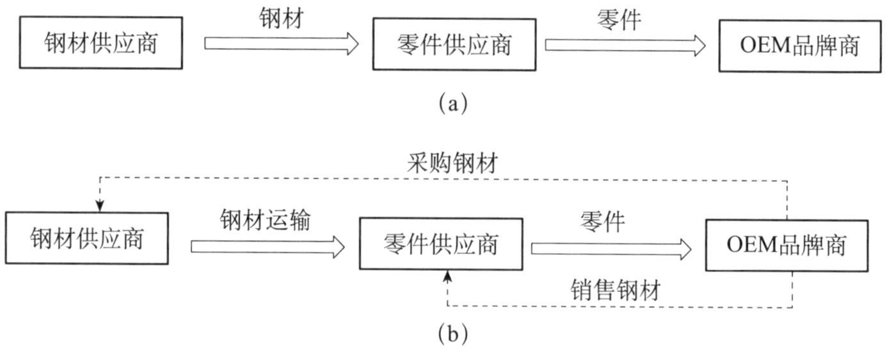

图 6-4　制造供应链的采购活动

库存平衡，优化了供应链的协同性。

当然，多层采购模式要做好零件供应商的工作，保证零件供应商应得的利润；要给予供应商信息共享的权限，这样才能得到供应商的配合。

三、供应链管理环境下采购管理活动的特征

在供应链管理环境下，企业的采购方式与传统的采购方式有很大不同。供应链管理环境下采购管理活动的特征主要体现在如下几个方面。

1. 从为库存而采购向为订单而采购转变

在传统的采购模式下，采购的目的很简单，就是为了补充库存，即为库存而采购。采购部门并不关心企业的生产过程，不了解生产的进度和产品需求的变化，因此采购过程缺乏主动性，采购部门制订的采购计划很难适应制造需求的变化。在供应链管理模式下，采购活动是以订单驱动方式进行的，制造订单是在用户需求订单的驱动下产生的，然后制造订单驱动采购订单，采购订单再驱动供应商，如图 6-5 所示。这种准时化的订单驱动模式使供应链系统得以准时响应用户的需求，从而降低了库存成本，提高了物流的速度和库存周转率。

订单驱动的采购方式有如下特点：

（1）由于供应商与制造商建立了战略合作伙伴关系，订立供应合同的程序大大简化，不再需要双方询盘和报盘的反复协商，交易成本大为降低。

（2）在同步化供应链计划的协调下，制造计划、采购计划、供应计划能够并行进行，缩短了用户响应时间，实现了供应链的同步化运作。采购与供应的重点在于协调各种计划的执行，使制造计划、采购计划、销售计划保持同步。

（3）采购物资直接进入制造部门，减少了采购部门的工作压力和不增加价值的活动过程，实现了供应链精细化运作。

（4）信息传递方式发生了变化。在传统采购方式下，供应商对制造过程的信息不了解，也无须关心制造商的生产活动。但在供应链管理环境下，供应商能共享制造部门的信息，提高了供应商的应变能力，减少了信息失真。同时，在订货过程中不断进行的信息反馈，能够修正订货计划，使订货与需求保持同步。

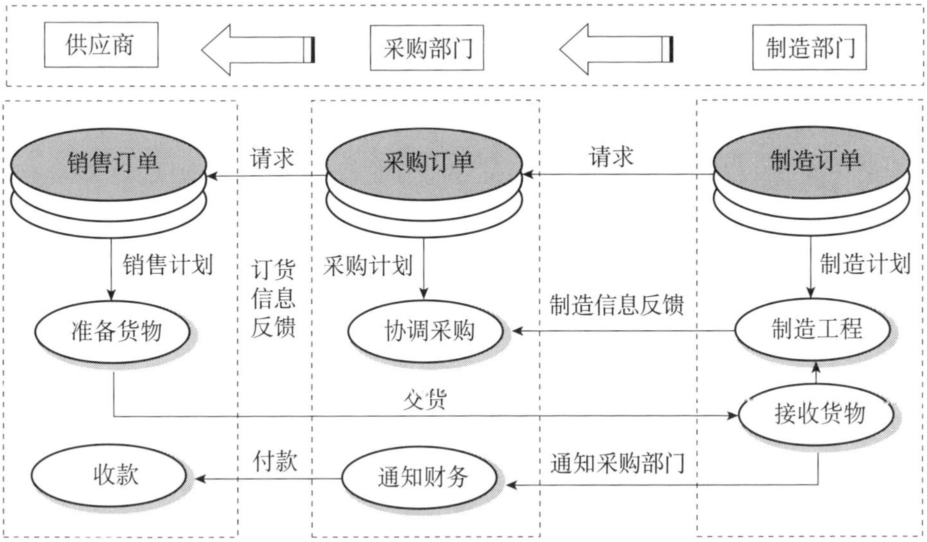

图6-5 订单驱动的采购业务原理

(5) 实现了面向过程的作业管理模式的转变。订单驱动的采购方式简化了采购工作流程，采购部门的作用主要是加强供应与制造部门之间的联系，协调供应与制造的关系，为实现精细采购提供基础保障。

2. 从采购管理向外部资源管理转变

在建筑行业中，当采用工程业务承包时，为了对承包业务的进度与工程质量进行监控，负责工程项目的部门会派出有关人员深入承包工地，对承包工程进行实时监管。这种方法也适用于制造企业的采购业务活动，这是将事后把关转变为事中控制的有效途径，即供应管理或者寻源管理（sourcing management)。

那么，为什么要进行外部资源管理，又如何进行有效的外部资源管理?

正如前面所指出的，传统采购管理的不足之处就是与供应商之间缺乏合作，缺乏柔性和对需求快速响应的能力。柔性化思想对企业的物流管理提出了严峻的挑战，需要改变传统的单纯为库存而采购的管理模式，提高采购的柔性和市场响应能力，增加与供应商的信息联系和相互之间的合作，建立新的供需合作模式。

一方面，在传统的采购模式中，供应商对采购部门的要求不能实时响应；另一方面，关于产品的质量只能进行事后把关，不能实时控制。这些缺陷使供应链企业无法实现同步化运作。供应链管理采购模式的第二个特点就是实施有效的外部资源管理。

实施外部资源管理也是实施精细化生产和零库存生产的要求。供应链管理中的一个重要思想是在生产控制中采用基于订单流的准时化生产模式，使供应链企业的业务流程朝着精细化生产努力，即实现生产过程的几个“零”化管理：零缺陷、零库存、零交货期、零故障、零（无）纸文书、零废料、零事故、零人力资源浪费。

供应链管理的思想就是系统性、协调性、集成性、同步性，外部资源管理是实现供应链管理的上述思想的一个重要步骤——企业集成。从供应链企业集成的过程来看，外部资源管理是供应链企业从内部集成走向外部集成的重要一步。

要实现有效的外部资源管理，制造商的采购活动应从以下几方面着手改进：

（1）与供应商建立一种长期的合作关系，一种互惠互利的合作关系。这种合作关系保证供需双方有合作的诚意和共同解决问题的积极性。

（2）通过提供信息反馈和教育培训支持，帮助供应商提高产品质量。传统采购管理的不足在于没有给予供应商有关产品质量保证方面的技术支持和信息反馈。在顾客化需求的今天，产品的质量是由顾客的要求决定的，而不是简单地通过事后把关所能解决的，因此，质量管理的工作需要在下游企业提出相关的质量要求时，及时把产品质量问题反馈给供应商，以便及时改进。对个性化产品的质量要提供有关技术培训，使供应商能够按照要求提供合格的产品和服务。

（3）参与供应商的产品设计和产品质量控制过程。同步化运营是供应链管理的一个重要思想。同步化的供应链计划能够使供应链各企业在响应需求方面采取一致行动，增强供应链的敏捷性。实现同步化运营的措施是并行工程。制造商应该参与供应商的产品设计和质量控制过程，共同制定有关产品质量标准等，使需求信息能很好地在供应商的业务活动中体现出来。

（4）协调供应商的计划。一个供应商有可能同时参与多条供应链的业务活动，在资源有限的情况下，必然会造成多方需求争夺供应商资源的局面。在这种情况下，下游企业的采购部门应主动参与供应商的计划协调，在资源共享的前提下，保证供应商不至于因为资源分配不公而出现问题，保证供应链的正常供应关系，维护企业的利益。

（5）建立一种新的有不同层次的供应商网络，并通过逐步减少供应商的数量，致力于与供应商建立战略合作伙伴关系。在供应商的数量方面，一般而言，供应商越少，越有利于双方的合作。但是，企业的产品对零部件或原材料的需求是多样的，因此，不同企业的供应商的数量不同。企业应该根据自己的情况选择适当数量的供应商，建立供应商网络，并逐步减少供应商的数量，致力于和少数供应商建立战略合作伙伴关系。

外部资源管理并不是依靠采购一方（下游企业）的单方面努力就能取得成效，还需要供应商的配合与支持。为此，供应商应该从以下几方面提供协作：

（1）帮助拓展用户（下游企业）的多种战略。

（2）保证高质量的售后服务。

（3）对下游企业的问题做出快速反应。

（4）及时报告内部发现的可能影响用户服务的问题。

（5）基于用户的需求，不断改进产品和服务质量。

（6）在满足自己的能力需求的前提下提供一部分能力给下游企业——能力外援。

3. 从一般买卖关系向战略合作伙伴关系转变

供应链管理模式下采购管理活动的第三个特点是供应方与需求方的关系从简单的买卖关系向双方建立战略合作伙伴关系转变。

在传统的采购模式中，供应商与需求企业之间是一种简单的买卖关系，因此无法解决全局性、战略性的供应链问题，而基于战略合作伙伴关系的采购方式为解决这些问题创造了条件。这些问题包括：

（1）库存问题。在传统的采购模式下，供应链的各级企业都无法共享库存信息，因此，各级节点企业都独立地采用订货点技术进行库存决策，不可避免地产生了需求信息的扭曲现象，导致供应链的整体效率得不到充分提高。在供应链管理模式下，通过双方的合作伙伴关系，供应与需求双方可以共享库存数据，采购的决策过程变得透明，减少了需求信息的失真。

（2）风险问题。供需双方通过战略合作伙伴关系，可以降低由于不可预测的需求变化带来的风险，比如运输过程中的风险、信用的风险、产品质量的风险等。

（3）采购成本问题。通过建立战略合作伙伴关系，供需双方都因为交易成本降低而获得好处。信息的共享避免了信息不对称决策可能造成的成本损失。

战略合作伙伴关系为双方共同解决问题提供了便利的条件。双方可以为制订战略性的采购供应计划而共同协商，不必为日常琐事消耗时间与精力。战略合作伙伴关系消除了供应过程的组织障碍，为实现准时化采购创造了条件。

第3节　供应链管理环境下的准时化采购策略

一、准时化采购的基本思想

准时化采购也叫JIT采购法，是一种先进的采购模式，一种新的管理理念。它的基本思想是：在恰当的时间、恰当的地点，以恰当的数量、恰当的质量提供恰当的物品。它从准时化生产发展而来，是为了消除库存和不必要的浪费而进行的持续性改进。要进行准时化生产，必须有准时的供应，因此，准时化采购是准时化生产管理模式的必然要求。它和传统的采购方法在质量控制、供需关系、供应商的数量、交货期管理等方面有许多不同，其中关于供应商的选择（数量与关系）和质量控制是其核心内容。

准时化采购包括供应商的支持与合作以及制造过程、货物运输系统等一系列内容。准时化采购不但可以减少库存，还可以加快库存周转，缩短提前期，提高购买物资的质量，获得满意交货等。

二、准时化采购对供应链管理的意义

准时化采购对于供应链管理思想的贯彻实施有重要的意义。从上一节的论述中可以看到，供应链管理环境下的采购模式和传统采购模式的不同之处在于采用订单驱动的方式。订单驱动使供应与需求双方都围绕订单运作，也就实现了准时化、同步化运作。要实现同步化运作，采购方式必须是并行的，当采购部门产生一个订单时，供应商即着手物品的准备工作。与此同时，采购部门编制详细的采购计划，制造部门也进行生产的准备工作。当采购部门把详细的采购单提供给供应商时，供应商就能很快地将物资在较短的时间内交给制造部门。当制造部门的需求发生改变时，制造订单又驱动采购订单发生改变。这样一种

快速的改变过程，如果没有准时的采购方法，供应链企业将很难适应。因此，准时化采购增强了供应链的柔性和敏捷性。

综上所述，准时化采购策略体现了供应链管理的协调性、同步性和集成性，供应链管理需要准时化采购来保证供应链的整体同步化运作。

三、准时化采购的特点

从表 6-1 中可以看出，准时化采购和传统的采购方式有许多不同之处，其主要表现在如下几个方面。

表 6-1　准时化采购与传统采购的区别

项目	准时化采购	传统采购
采购批量	小批量，送货频率高	大批量，送货频率低
供应商选择	长期合作，单源供应	短期合作，多源供应
供应商评价	质量、交货期、价格	质量、价格、交货期
检查工作	逐渐减少，最后消除	收货、点货、质量验收
协商内容	长期合作关系，质量和合理价格	获得最低价格
运输	准时送货，买方负责安排	较低的成本，卖方负责安排
文书工作	文书工作量少，需要的是有能力改变交货时间和质量	文书工作量大，改变交货期和质量的采购单多
产品说明	供应商革新，强调性能宽松要求	买方关心设计，供应商没有创新
包装	小，标准化容器包装	普通包装，没有特别说明
信息交流	快速、可靠	一般要求

1. 采用较少的供应商，甚至单源供应

传统的采购模式一般是多头采购，供应商的数量相对较多。从理论上讲，采用单供应源比多供应源好。一方面，供应商管理比较方便，也有利于降低采购成本；另一方面，有利于供需之间建立长期稳定的合作关系，质量比较有保证。但是，采用单一的供应源也有风险，比如供应商由于意外而中断交货，以及供应商缺乏竞争意识等。

在实际工作中，许多企业也不是很愿意成为单一供应商。原因很简单，一方面，供应商是具有较强独立性的商业竞争者，不愿意把自己的成本数据披露给用户；另一方面，供应商不愿意成为用户的一个产品库存点。实施准时化采购，需要减少库存，但库存成本原先是在用户一方，现在转移到供应商，因此，用户必须意识到供应商的这种忧虑。

2. 对供应商的选择标准不同

在传统的采购模式中，对供应商的选择是通过价格竞争做出的，供应商与用户的关系是短期的合作关系，当用户发现供应商不合适时，可以通过市场竞标的方式重新选择供应商。但在准时化采购模式中，由于供应商和用户是长期的合作关系，供应商的合作能力将影响企业的长期经济利益，因此对供应商的要求比较高。在选择供应商时，需要对供应商进行综合评估。在评价供应商时，价格不是主要因素，质量是最重要的标准，不仅指产品的质量，还包括工作质量、交货质量、技术质量等多方面内容。高质量的供应商有利于建立长期的合作关系。

3. 对交货准时性的要求不同

准时化采购的一个重要特点是要求交货准时，这是实施精细生产的前提条件。交货准时取决于供应商的生产与运输条件。要使交货准时，供应商可从以下几个方面着手：一是不断改进企业的生产条件，提高生产的可靠性和稳定性，减少由于生产过程的不稳定导致的延迟交货或误点现象。作为准时化供应链管理的一部分，供应商同样应该采用准时化的生产管理模式，以提高生产过程的准时性。为了提高交货准时性，运输问题不可忽视。在物流管理中，运输是一个很重要的问题，它决定了准时交货的可能性。特别是全球供应链系统，运输过程长，可能要先后经过不同的运输工具，需要中转运输等，要进行有效的运输计划与管理，使运输过程准确无误。

4. 对信息交流的需求不同

准时化采购要求供应与需求双方信息高度共享，保证供应与需求信息的准确性和实时性。由于双方建立了战略合作伙伴关系，企业在生产计划、库存、质量等各方面的信息都可以及时进行交流，以便出现问题时能够及时处理。

5. 制定采购批量的策略不同

小批量采购是准时化采购的一个基本特征。准时化采购和传统采购模式的一个重要区别在于：准时化生产需要减少生产批量，直至实现“一个流生产”，因此采购的物资也应采用小批量。当然，小批量采购增加了运输次数和成本，对供应商来说，这比较困难，特别是供应商在国外等远距离的情形下，实施准时化采购的难度就更大。可以通过混合运输、代理运输等方式，或尽量使供应商靠近用户等办法来解决。

6. 准时化采购的条件

需要说明的是，准时化采购的实施也是有一定条件的。一般而言，准时化采购适合供应链运行环境比较稳定、产品需求波动不大、市场需求基本上可以预测的环境下。但是，如果环境对供应链运行有很大的不利影响，如新冠肺炎疫情导致物流中断、供应链断链时常发生的情况下，准时化采购的应用则会大打折扣。因为在准时化采购情况下，库存量较小，一旦后续物料由于突发中断而无法供应，临时寻找替代供应商几乎是不可能的，在这种环境下就不太适合采用准时化采购。

四、准时化采购的基本原则

在供应链管理模式下，准时化采购的基本原则就是要做到五个恰当：恰当的数量、恰当的质量和时间、恰当的地点、恰当的价格、恰当的来源。

1. 恰当的数量

在传统的采购模式中，采购就是为了补充库存，而在供应链管理模式下，采购活动是以订单驱动方式进行的，制造订单驱动采购订单，采购订单再驱动供应商。这种准时化的订单驱动模式使供应链系统得以准时响应用户的需求，从而降低库存成本，提高物流的速度和库存周转率。近年来不少企业已逐步实行订单驱动的采购方式。采购数量根据企业月生产计划和各分厂周计划确定。按实际需求采购，降低了库存成本，提高了经济效益。

2. 恰当的质量和时间

质量与交货期是采购一方要考虑的重要因素。在传统的采购模式下，要有效控制质量和交货期只能通过事后把关的办法，因为采购一方很难参与供应商的生产组织过程和有关质量控制活动。相互的工作是不透明的，往往通过国际、国家标准等进行检查验收。供应链管理模式具有系统性、协调性、集成性、同步性的特点。外部资源管理是实现供应链管理上述思想的重要一步——企业集成。它是企业从内部集成走向外部集成的重要一步。可从以下几方面提高企业集成度：

第一，和供应商建立一种长期的、互惠互利的合作关系，这种合作关系保证供需双方能够有合作的诚意和参与双方共同解决问题的积极性。

第二，提供信息反馈和教育培训支持。及时把供应商的产品质量问题反馈给供应商，以便迅速解决问题；按照 ISO 9000，ISO 14000 和 ISO 18000 的要求建立内外部信息交流渠道，使双方及时进行各种信息交流；对个性化的产品提供有关技术资料，使供应商能够按照要求提供合格的产品和服务；对供应商进行 ISO 14000 体系标准的培训，使其生产符合国家环保要求。

第三，参与供应商的产品质量控制过程。在选择供应商时，选择那些质量管理体系完善（通过 ISO 9000 的企业优先）、设备先进、技术领先的企业作为合作伙伴；定期对供应商进行考察、评定，主要考察其质量、技术管理水平、产品合格率、设备技术状况等；制定各种严格的标准要求，促使供应商提高产品质量。

3. 恰当的地点

在选择产品交货地点时，应考虑到各种因素，如价格、时间、产品种类等。

4. 恰当的价格

价格的确定是采购的重要环节，为保证价格恰当、合理，可以从以下几方面来确定价格：采取大宗原辅、包装材料集中招投标；对于质量稳定、价格合理、长期合作的供应商优先考虑；通过信息交流和分析，考察供求关系，了解价格的变动趋势。

5. 恰当的来源

在传统的采购模式中，供应与需求之间的关系是临时性的，没有更多的时间用于长期预测与计划工作；在供应链管理模式下，供应与需求的关系从简单的买卖关系向双方建立战略合作伙伴关系转变。

战略合作伙伴关系消除了供应过程中的各种障碍，为实现准时化采购创造了条件，可以降低由于不可预测的需求变化带来的风险，比如运输过程的风险、信用风险、产品质量的风险等。

五、准时化采购的实施方法

前面分析了准时化采购的特点和优点，我们可以看到准时化采购方法和传统采购方法的一些显著差别。要实施准时化采购，以下三点是十分重要的：

（1）选择最佳的供应商并对供应商进行有效的管理是准时化采购成功的基石。

（2）供应商与用户的紧密合作是准时化采购成功的钥匙。

（3）卓有成效的采购过程质量控制是准时化采购成功的保证。

在实际工作中，如果能根据以上三点开展采购工作，那么成功实施准时化采购的可能性就很大了。

如何有效地实施准时化采购呢？下面的几点可以作为参考：

（1）创建准时化采购班组。世界一流企业的专业采购人员负有三项责任：寻找货源、商定价格、发展与供应商的协作关系并不断改进。因此，专业化、高素质的采购队伍对实施准时化采购至关重要。为此，首先应成立两个班组：一个是专门处理供应商事务的班组，该班组的任务是认定和评估供应商的信誉、能力，或与供应商谈判签订准时化订货合同，向供应商发放免检证书等，同时负责供应商的培训与教育。另一个是专门从事消除采购过程中的浪费的班组。这些班组人员对准时化采购的方法应有充分的了解和认识，必要时要进行培训，如果这些人员对准时化采购的认识和了解都不彻底，就不可能指望供应商合作了。

（2）制订计划，确保准时化采购策略有计划、有步骤地实施。要制定采购策略，改进当前的采购方式，包括减少供应商的数量、对供应商进行评价、向供应商发放免检证书等内容。在这个过程中，要与供应商一起商定准时化采购的目标和有关措施，保持经常性的信息沟通。

（3）精选少数供应商，建立伙伴关系。选择供应商应从以下几个方面考虑：产品质量、供货情况、应变能力、地理位置、企业规模、财务状况、技术能力、价格、与其他供应商的可替代性等。

（4）进行试点工作。先从某种产品或某条生产线的试点开始，进行零部件或原材料的准时化供应试点。在试点过程中，取得企业各个部门的支持是很重要的，特别是生产部门的支持。通过试点，总结经验，为正式的准时化采购实施打下基础。

（5）搞好供应商的培训，确定共同目标。准时化采购是供需双方共同的业务活动，单靠采购部门的努力是不够的，还需要供应商的配合。只有供应商也对准时化采购的策略和运作方法有了清晰的认识和理解，才能支持和配合，因此，买方需要对供应商进行培训。通过培训，大家建立一致的目标，相互之间就能够很好地协调做好采购的准时化工作。

（6）向供应商颁发产品免检合格证书。准时化采购和传统采购方式的不同之处在于：买方对采购产品不需要过多的检验手续。要做到这一点，需要供应商提供百分之百的合格产品。当其达到这一要求时，即颁发免检证书。

（7）采用配合准时化生产的交货方式。准时化采购的最终目标是实现企业的准时化生产，为此，要实现从预测的交货方式向准时化适时交货方式转变。

（8）继续改进，扩大成效。准时化采购是一个不断完善和改进的过程，需要在实施过程中不断总结经验教训，从降低运输成本、提高交货的准确性、提高产品质量、降低供应商库存等各个方面进行改进，不断提高准时化采购的运作绩效。

六、准时化采购实践分析

为了对准时化采购的目的、意义和影响因素有一个初步的了解，美国加利福尼亚州立大学的研究生做了一次针对汽车、电子、机械等企业的经营者准时化采购的效果问卷调查，共调查了67家美国企业。这些企业有大有小，其中包括著名的惠普公司、苹果公司等。这些公司有的是制造商，有的是分销商，有的是服务业企业，调查对象为公司的采购与物料管理经理。调查的有关内容如表6－2至表6－5所示。

表6－2　准时化采购成功的关键因素

问题	肯定回答（%）	问题	肯定回答（%）
和供应商的关系	51.5	进货质量	19.7
管理的措施	31.8	长期的合同协议	16.7
适当的计划	30.3	采购物品的类型	13.6
部门协调	25.8	特殊政策与惯例	10.6

表6－3　准时化采购解决的问题

问题	肯定回答（%）	问题	肯定回答（%）
减少空间	44.8	消除缺货	17.2
降低成本	34.5	改进资金流	17.2
改进用户服务	34.5	缩短提前期	10.3
及时交货	34.5		

表6－4　实施准时化采购的困难因素

问题	肯定回答（%）	问题	肯定回答（%）
缺乏供应商的支持	23.6	采购物品的类型	16.4
部门之间协调性差	20.0	进货物品质量差	12.7
缺乏对供应商的激励	18.2	特殊政策与惯例	7.1

表6－5　与供应商有关的准时化采购问题

问题	肯定回答（%）	问题	肯定回答（%）
很难找到好的供应商	35.6	供应商太多	24.4
供应商不可靠	31.1	供应商不想频繁交货	17.8
供应商太远	26.7		

从以上调查不难得出以下几点结论：

（1）准时化采购成功的关键是与供应商的关系，最困难的问题是缺乏供应商的合作。供应链管理所倡导的战略合作伙伴关系为实施准时化采购提供了基础性条件，因此，在供应链管理环境下实施准时化采购比传统管理模式下实施更有现实意义，可能性也更大。

（2）难以找到好的合作伙伴是影响准时化采购的第二个重要因素，如何选择合适的供应商就成了影响准时化采购的重要条件。在传统的采购模式下，企业之间的关系不稳定，具有风险性，影响了合作目标的实现。在供应链管理模式下，企业之间是战略合作伙伴关系，为准时化采购奠定了基础。

（3）缺乏对供应商的激励是影响准时化采购的另一个因素。要成功地实施准时化采购，必须建立一套有效的供应商激励机制，使供应商和用户一起分享准时化采购的好处。

（4）准时化采购不仅仅是采购部门的事情，企业的各部门都应为实施准时化采购创造有利的条件，为实施准时化采购而共同努力。

第 4 节　供应链管理环境下的采购与供应过程管理

一、采购与供应过程管理的内涵

前面几节讨论了供应链管理环境下的采购管理，包括准时化采购实施等方面的内容。需要强调的是，上述内容主要讨论的是关于采购方面的，是采购管理的起点。在实际工作中，完整的采购过程还应包括将采购物资（原材料、零部件及其他外购资源等）准时、可靠、齐全配套地送达目的地，也就是通常所说的“保供”。

1. 何为“保供”

企业确定了供应商，确定了需要向供应商采购的物料品种、规格和型号、数量及交货日期并向供应商发出了采购订单，完成了订单下达的任务，从这一刻开始，企业采购人员关心的事情就是如何确保采购订单能够完美履行。

采购订单下达后，供应商能否按期交付，事关供应链下游各企业能否如期收到物料并在本企业按期开工的问题，如果供应商的订单延迟了，势必导致下游各个环节的延误，最终使供应链的品牌商无法按期向自己的客户交付产品。由此可见，确保供应商按期交付具有十分重要的意义与价值。这就是“保供”的基本内涵。

2. 采购与供应过程管理

要确保供应商如期履约，就必须加强对供应商履约的过程管理，不能等到交货日期再来检查供应商能否如期交付订单。在现实工作中，有很多企业采取的是“结果管理”的思路，即等到供应商应该交货时再来检查供应商是否履约。这种管理模式的效果可想而知：到了交货日期，供应商很有可能由于各种原因而不能按期交货。怎么办？很多企业的做法是罚款。在这种情况下，即使对供应商罚款了，订单延误也无法挽回了，对整个供应链的负面影响绝不是一点点罚款所能弥补的。

因此，有效的“保供”必须是加强对供应商订单履行过程的管理，亦即供应商接到订单后何时下料，何时投入生产，何时生产出来装箱打包，物流过程是否顺利，等等，都必须在企业的监控之下，一旦某一个环节出现了异常，可以及时采取措施加以弥补，不至于出现订单推迟的情况。这样一来，就大大减轻了对供应链下游企业中断业务流程的压力。

二、采购与供应过程管理的主要措施

1. 采购与供应过程管理的主要目标

（1）采购与供应过程管理必须以精确的时间、精确的地点和精确的服务方式满足供应链运营的要求，消除时间延误带来的损失。

（2）采购与供应过程管理必须不断降低存货水平，通过与企业计划、生产、物流的重新组合减少周转时间，加快对供应链运作所需物料的响应速度。

（3）采购与供应过程管理必须以低成本和高效率运作完成采购物资的配送。

采购与供应过程管理并不是一项孤立的活动，供应管理绩效的好坏，是供应链上各种活动的综合体现。如前所述，供应活动是供应链末端的主要组成部分，供应链前端的各项工作实际上都是为末端的临门一脚提供支持的，因此，要想做好供应工作，必须从整体考虑才能有效实施采购与供应过程管理职能。

2. 建立采购与供应过程管理一体化监控系统

为满足供应链运作管理的要求，防止供应链运作的中断，必须建立有效的对采购与供应过程进行管理和监督的系统。

（1）采购与供应过程管理一体化系统是一个统一的组织体系，它将采购活动与供应活动作为一个整体协同进行管理。该组织体系将供应链企业的采购、供应、物流管理等职能整合到一个部门，采购部门按照前述采购业务管理各相关内容进行管理。一体化管理系统要以保证企业客户订单准时交付为最终目标，借助各种先进的管理手段和方法，确保采购与供应职能的运作绩效达到最优。

（2）以采购与供应过程管理一体化系统为基础构建供应商履约管控系统。该系统的主要功能是监督、督促、协助供应商有效执行已下达给它的采购订单，及时掌握订单执行中的各种信息，一旦出现隐患，立即采取措施加以纠正，以保证订单的顺利执行。

（3）构建采购订单物流配送调度与优化系统。利用供应商、商贸公司、仓储物流等企业在全国乃至全球范围内构建仓储物流网络，然后根据企业订单生产的需要安排配送。该系统能实时监控物流过程中的各种状况，及时感知各种问题和隐患，通过及时干预来化解危机，最终实现准时化和敏捷化的采购物资交付的目标。

采购与供应过程管理一体化系统不仅在采购优化、保证供应方面具有明显的优势，还在提高企业供应链管理水平、创造整体利益上具有综合优势。

采购与供应更加紧密地集成在一起，在保供的同时，借助一体化体系优势打破供应商的价格联盟，更有利于发挥成本控制作用，通过专业管理，发挥保供、保质、稳价的作用，使企业直接降低成本，提高效益。

通过建立采购与供应过程管理一体化系统，在巩固原有战略采购渠道基础上，能够与源头厂商求得更加广泛的共识、扩大合作范围，源头采购率的提高可以为企业带来渠道短、响应快、柔性好等优势，实现随时补位，全程可控，从而推进供应链管理的升级与应用。

三、供应过程管理中的物流监控及运作系统

采购与供应过程管理一体化系统能够完成对供应过程中物流的监控，确保采购订单履约的整个物流过程的有效性。这是采购与供应过程管理中最基础、最烦琐，也是最重要的职责。

采购与供应过程管理一体化系统如图 6－6 所示。

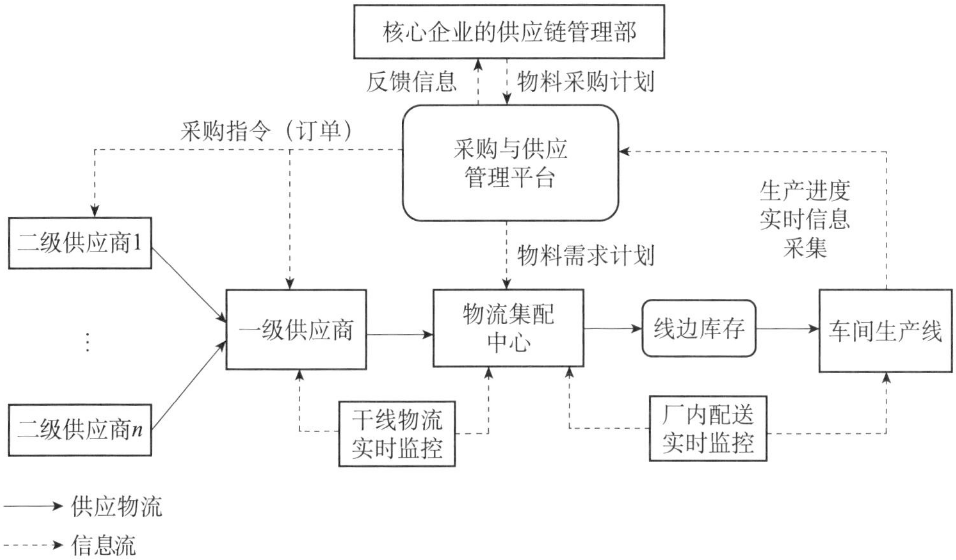

图 6－6　采购与供应过程管理一体化系统示意图

1. 指挥中心

该系统的指挥中心是核心企业的供应链管理部（或者以其他方式命名的管理机构），该部门的职责是将企业的采购决策转化为可执行的物料采购计划，然后将采购计划下达给采购与供应管理平台，由平台细化执行。

2. 执行中心

该系统的执行中心是采购与供应管理平台，它是采购与供应过程管理的枢纽。该平台根据企业生产进度，分期分批地向供应商下达采购指令，也就是平常所说的采购订单。供应商接到订单后，立即组织生产或者将现有库存成品组织出库，交由物流公司执行具体的物流运输任务（主要是干线运输），将货物运送到指定的物流中心。在这个过程中，平台必须能够随时掌握每个关键环节的动态，根据对信息的采集及分析，判断某一订单能否按时到达物流中心。在运输途中出现任何问题，都应及时掌握，并提出化解风险的措施，协助物流运输企业共同将采购订单的货物运送到指定的物流中心。

一般情况下，采购订单是整批地进入物流中心，生产线则是以更小的批次组织生产，因此，供应环节的重要组成部分还有线边配送（即从物流中心分批配送到车间的生产线旁边），俗称厂内配送。同样，对这个过程也需要实时采集配送信息，监控各个环节的执行情况。厂内配送虽然路途很短，但是由于有零部件配套的要求，实际上这部分工作更加复

杂、烦琐、细致。因为一旦某种型号的零件配送错位，就会影响整个生产系统的运行。

3. 监控重点

采购与供应过程中有很多影响因素，如果在实际操作过程中对每个影响因素都进行监控，则会大大提高运营成本，对于运营数据的采集也会在一定程度上增加操作烦琐程度，所以需要选取关键控制点进行数据统计和监控。实践表明，抓住关键控制点（指令审核、验货、包装出库、舱位预订或车辆调度、干线运输、到货验收、上线生产、终端配送八个监控节点）可以达到事半功倍的效果。企业可以通过一体化系统对接或由执行物流与配送任务的合作伙伴向本企业提供物流信息查询权限，在此基础上实现采购订单交付过程中的动态信息的获取，最终确保采购订单的供应到位。

思考题

1. 什么是采购？举例描述采购的过程。
2. 传统采购模式的主要特征是什么？
3. 基于供应链的采购管理模式与传统的采购管理模式之间存在哪些不同？
4. 准时化采购的意义和特点是什么？准时化采购应该遵循哪些原则？
5. 调查、了解、分析我国准时化采购的现状，并与国外情况进行比较。
6. 如何理解采购与供应过程管理的一体化特征？
7. 保供的重要意义是什么？
8. 如何建立科学的采购与供应过程管理一体化系统？如何确保采购订单履约的可靠性？

案例

从通用物料着手，阿美特克借电子采购平台提升供应链管理水平

当沃尔特·布兰克利（Walter Blankley）出任阿美特克公司主席时，制定了包括新产品开发、卓越经营、全球化发展、战略兼并和结盟在内的增长计划。在这些增长计划的推动下，这家以制造电子仪器和电动机起家的公司发展为市值 10 亿美元的公司，拥有 8 000 名员工、15 个事业部和全球 57 家工厂。随着公司规模不断扩大，阿美特克认识到自身存在一些严重的不足，尤其是在供应链管理方面。由于未能有效利用供应商的力量，阿美特克在 2000 年丧失了节约成本的机会。该公司副总裁兼首席信息官威廉·劳森（William Lawson）认为，问题的症结在于：尽管公司每年的采购规模高达 5 亿美元，但从来没有制定一套集中采购战略来指导采购活动。

竞争的压力迫使阿美特克开始寻找降低成本的方式，管理者不能再忽略集中采购功能可能带来的节约。于是，阿美特克针对每一个产品领域进行组织结构和采购管理流程的改造，并开始考虑采用电子采购方式来进行物料的采购。

和大多数第一次采用电子采购的公司一样，阿美特克决定先从办公物品等易于采购和在整个经营环节中通用的物料着手。阿美特克敏锐地发现，这些物料并不是终端产品的关键元器件，这意味着即使这部分物料出现问题，风险也不是很大。

最先面临的挑战是，为了从更少的供应商那里获得更有利的价格和服务，阿美特克需要制定集中采购方案，但又需要尽可能保持各事业部的自主运营。阿美特克向技术方案提供商甲骨文公司求助，由甲骨文公司提供一套价值评估系统。同时，阿美特克的业务伙伴IBM担任顾问的角色，帮助阿美特克分析需求和选择最优软件包。在评估结果的基础上，阿美特克选择了甲骨文公司的高级采购平台，该平台包括互联网采购和智能采购两部分。

采用甲骨文的互联网采购桌面询价工具，阿美特克能使用户自主访问已经过谈判的间接物料目录。除了使用甲骨文的电子采购平台，阿美特克还采用了甲骨文的“共享”模式，该模式使阿美特克能够将一些不产生收入的业务集成到共享服务中心，如工资、应付账款、采购和库存管理。2007年初，阿美特克任命该公司前任财务信息主管伊莱恩·戈尔曼（Elaine Gorman）担任新建的共享服务部副总裁。

整合供应商资源

选择了技术平台之后，阿美特克又通过其世界各地的事业部收集其庞大的供应商和产品的信息。由于阿美特克既没有企业级ERP系统，也没有标准化的财务程序和通用的认可供应商名单，该工作显得过于杂乱繁重。不过，阿美特克获得了邓白氏咨询公司的帮助。邓白氏公司为其汇总各经营事业部的供应商列表和支出资料。结果发现，通过对供应商的整合，阿美特克能将直接物料和间接物料的供应商从40 000家减少至14 000家。

收到邓白氏公司的分析结果后不久，阿美特克就收到一个运输承运伙伴要提高运费费率的要求。由于手头有新的数据，阿美特克向该承运伙伴展示了每个事业部与它合作的业务。最终，阿美特克不但避免了费率上涨，还通过谈判降低了费率。劳森说，这项整合所带来的节约相当于阿美特克电子采购实施成本的一半。

借助第三方目录服务提供商

在理顺供应商资料的基础上，阿美特克面临的问题是如何管理其分类目录。最初，阿美特克计划与一家本地的网上分类目录内容管理公司合作，在它的帮助下建立初始化目录，然后使用自己的系统进行管理。但是，这项计划并不可行。“供应商和采购管理的问题非常广泛。”劳森说，“由于第三方目录提供商要求供应商为整理内容的工作付费，我们在要求供应商转到这套目录内容系统时遇到了问题。”此外，公司的使用者还发现目录很不完整，并且难以查找。阿美特克认识到，必须进行战略上的调整。于是，它开始寻找能够处理和托管商品目录的大型服务提供商。

阿美特克选择了ICGC公司。这是一家提供战略采购、实施、交易和目录管理的采购服务提供商。“我们拥有成为供应商大客户的采购力量，能将40余种间接采购目录整合在一起进行集中采购，以提高谈判的能力和供应商的服务水平。”ICGC公司的副总裁兼总经理鲍勃·科萨里（Bob Kothari）说。

科萨里说：“由于大多数OEM公司采用精益化经营，由它们来管理所有的供应商目录几乎不可能。如果能够通过一个采购服务提供商来管理所有目录，它们将有机会把精力集中在战略供应商身上。”目前，ICGC公司为阿美特克管理7项产品目录：电子、工业、实验室、办公、安全、动力传输和轴承。阿美特克能够向ICGC公司申请300万单位的这类产品。

精简采购人员，加强培训

拥有甲骨文的自动询价服务工具和ICGC的预先协定供应商目录，阿美特克能将很大一部分间接物料的采购转移至实际使用端。“例如，在我们的一些工厂里，维修人员能够上网直接订购产品。”戈尔曼说，“由于不再需要间接物料的采购人员，我们实现了人员的精简。”尽管戈尔曼没有透露具体减少了多少个间接物料采购职位，但阿美特克称，此举已经达到了节约管理成本80万美元的预定目标。包括软件和顾问费在内，阿美特克在新的电子采购业务上已投资100万美元。

目前的挑战是如何使员工有效利用这一系统。“阿美特克一次性做了很多工作。它不仅更换了系统，还改变了整个流程。”科萨里说。以前，如果一个工人需要物料，他必须填写申请单交给采购人员，采购人员通过电话或传真通知供应商。“现在，你只需在车间配备人员负责下订单，而不再需要专门的办公室。这一改变是巨大的。”科萨里说。

但是，新流程遭遇了抵触的情绪，尤其是裁员更是导致了抵触的加深。阿美特克建立了积极的管理改革项目，包括针对所有机构的网上培训、建立新的用户组、用户手册，以及定期发布关于新系统的信息。此外，公司还建立了激励机制，奖励使用系统频率最高的员工掌上电脑等小纪念品。采用新的电子采购系统的最后动力是由公司首席执行官弗兰克·赫尔曼斯（Frank Hermance）致信全体员工，要求员工完全遵循新系统的要求。

尽管出现了一些错误，但该计划行之有效。实施两年后，阿美特克宣称，节约已经达到了目标水平，公司的间接物料支出节约了10%。此外，戈尔曼说，间接物料采购对目录的使用率达到近70%的水平。尽管劳森对迄今为止取得的成果表示高兴，但他承认，取得这些成果所花费的时间还是比预计的要长。“经济不景气、采购量下降和库存减少使目标实现的挑战更大。”他说。

直接物料采购电子化

尽管阿美特克在电子采购流程方面取得了不少实效，但这并不意味着电子采购工作已经完成。尽管该公司在间接物料的采购方面大刀阔斧，取得了卓越成绩，但事实上，直接物料的采购是更富挑战性的领域。劳森说：“问题在于直接物料影响将产品递交给客户，我们需要特别谨慎。”

阿美特克开始对电子元器件等直接物料的采购电子化进行调查与研究，劳森很清楚，他们不能将对间接物料的采购经验照搬到直接物料的采购上来。“间接物料在交易方面的问题不多，关键是使员工采购正确的物料。但对于直接物料的采购，关键却是如何方便采购谈判，以及与供应商在预测和交货方面进行协作。”

劳森补充说，由于不同事业部对电子元器件等直接物料的采购具有很强的针对性，因此，将这一业务放到ICGC之类的系统上进行管理变得非常困难。“我们不能让所有的人采购相同的电容器，因为他们大多数时候需要不同的电容器。”他说。

像间接物料的采购一样，劳森认为，将直接物料的采购转移到电子采购系统上的第一步应是整合支出。“对于一些通用器件，我们试图将采购需求集中起来，这样可以给采购人员提供关于直接物料的采购分析。”他表示，阿美特克正着手签订更多跨事业部的业务协作合同。

影响采购人员在价值链中的角色分配

随着阿美特克不断践行电子采购这一概念，一个对采购专业人员具有广泛影响的变化已悄然出现。“这一转变将影响采购人员在价值链中的角色分配。”甲骨文公司采购应用开发部副总裁戴夫·斯蒂芬斯（Dave Stephens）说：“传统上，75%的采购人员从事低附加值工作，而供应商分析人员、支出分析人员和合同谈判人员等战略性员工则占很小部分。但在电子采购系统实施后，采购人员在价值链上得到了提升，90%的员工将从事战略性的工作，从事低附加值工作的员工只占10%。由于这些新的、更富战略性的责任，如今的采购人员需要更新技能，否则将面临被新人替代的风险。”

问题讨论：

1. 在电子采购环境下，应该如何评价、选择供应商?
2. 不同部门有各自的利益，在电子采购中如何实现集中采购?

第 7 章

供应链管理环境下的生产计划与控制

| 学习目的 |

生产计划与控制是企业运作管理的主要内容之一。供应链管理思想的出现，无疑会对生产计划与控制带来很大的影响。供应链管理环境下的企业在需求信息来源、信息的集成、计划的决策模式、计划的运行环境和生产控制的手段等方面更强调超越企业界限，从整个供应链的角度看待企业生产计划与控制问题，寻求供应链总体能力的平衡，追求供应链整体成本下降、竞争力提高的绩效目标。本章首先分析传统生产计划与控制和供应链管理思想的差距，进而分析供应链管理对生产计划与控制提出的新要求。然后根据供应链管理的要求提出一个适应供应链管理环境的生产计划与控制系统总体模型，分析该模型的特点。在生产控制方面，提出以增加信息共享和信息交流为目的的协调控制策略——信息跟踪机制。通过本章的学习，读者能够理解供应链管理思想对企业最直接和最深刻的影响是管理思维方式的转变：从传统、封闭的纵向思维方式向创新、开放的横向思维方式转变。

第 1 节　传统生产计划与控制和供应链管理思想的差距

前几章探讨了供应链构建、合作伙伴关系管理、采购管理等方面的问题，现在把目光转到供应链管理运作中的另一个焦点问题——生产计划与控制。供应链管理思想的出现，从根本上转变了传统企业生产计划与控制的方法。我们知道，企业的经营活动是以客户需求为驱动、以生产计划与控制活动为中心展开的，只有通过建立面向供应链管理的生产计划与控制系统，企业才能真正从传统的管理模式转向供应链管理模式。因此，我们探讨现行生产计划与控制模式和供应链管理思想的差距，目的就是要找出现行生产计划与控制模式和供应链管理思想不相适应的地方，从而提出新的适应供应链管理的生产计划与控制模式，为供应链管理运行机制的建立提供保证。

传统的企业生产计划是以某个企业自身的物料需求为中心展开的，缺乏和供应商及客户之间的互动和协调，企业在计划制订过程中没有考虑供应商以及分销商的实际情况，致使这些合作伙伴在运营中的不确定性事件对本企业的库存和服务水平影响较大，库存控制策略也难以发挥作用。在实际运作中，供应链上任何一个企业的生产和库存决策都会影响供应链上其他企业的决策，或者说，一个企业的生产计划与库存优化控制不但要考虑企业内部的业务流程，还要从供应链的整体出发，进行全面的优化控制，跳出以某个企业物料需求为中心的生产管理界限，充分了解用户需求并与供应商在运营上协调一致，实现信息的共享与集成，以客户的个性化需求驱动顾客化的生产计划，才能使供应链获得柔性、敏捷的市场响应能力。

传统生产计划与控制模式和供应链管理思想的差距主要表现在如下几个方面。

1. 决策信息来源的差距（多源信息）

生产计划的制订要依据一定的决策信息，包括大量的基础数据、生产能力数据及订单数据等。在传统的生产计划决策模式中，计划决策的信息来源范围较小，主要有两个方面的来源：一个是需求信息，另一个是企业资源信息。需求信息又来自两个方面：一个是用户订单，另一个是需求预测。通过对这两方面信息的综合，得到制订生产计划所需的需求信息。但正如前面几章讨论过的那样，在传统模式下，需求信息在供应链中往往被扭曲了。企业资源信息则是指生产计划决策的约束条件。在以后的讨论中，我们将看到在供应链管理环境下需求信息和企业资源信息的概念与传统概念是不同的。在供应链管理环境下，需求信息和企业资源信息不仅来自企业内部，还来自供应商、分销商和用户。信息来源多样化是供应链管理环境下的主要特征，是供应链管理环境下生产计划的特点。因此，信息来源的多样化为生产计划的优化扩大了空间，但是也对管理人员的能力提出了更高的要求。

2. 决策模式的差距（决策群体性、分布性）

传统的生产计划决策模式是一种集中式决策，而供应链管理环境下生产计划的决策模式是分布式的决策过程。基于多代理的供应链系统是立体的网络，各个节点企业具有相同的地位，有本地数据库和领域知识库，在形成供应链时，各节点企业拥有暂时性的监视权和决策权，每个节点企业的生产计划决策都受到其他企业生产计划决策的影响，需要一种协调机制和冲突解决机制。当一个企业的生产计划发生变化时，需要其他企业的计划也做出相应的改变，这样供应链才能获得同步响应。

3. 信息反馈机制的差距（并行、网络反馈）

企业的计划能否得到很好的贯彻执行，需要有效的监督控制机制作为保证。要进行有效的监督控制，必须建立一种信息反馈机制。传统的企业生产计划的信息反馈机制是一种链式反馈机制，也就是说，信息反馈是企业内部从一个部门到另一个部门的直线式传递，因为递阶组织结构的特点，信息的传递一般是从底层向高层信息处理中心（权力中心）反馈，形成和组织结构平行的信息递阶的传递模式。

供应链管理环境下企业信息的传递模式和传统企业的信息传递模式不同。以团队工作为特征的多代理组织模式使供应链具有网络化结构的特征，因此供应链管理模式不是递阶管理，也不是矩阵管理，而是网络化管理。生产计划信息的传递不是沿着企业内部的递阶结构（权力结构），而是沿着供应链不同的节点方向（网络结构）。为了做到供应链的同步化运作，供应链企业之间信息的交互频率也比传统企业的信息传递频率高得多，因此应采用并行化信息传递模式。

4. 计划运行环境的差异（不确定性、动态性）

供应链管理的目的是使企业能够适应剧烈多变的市场环境需要。企业置身于一个复杂多变的环境中，增加了影响企业生产计划运行的外界环境的不确定性和动态性。供应链管理环境下的生产计划是在不稳定的运行环境下进行的，因此要求生产计划与控制系统具有更高的柔性和敏捷性，比如提前期的柔性、生产批量的柔性等。传统的 MRP Ⅱ 系统就缺乏柔性，因为它以固定的环境约束变量应对不确定的市场环境。供应链管理环境下的生产计划涉及较多的是订单化生产，这种生产模式动态性更强。因此，供应链管理环境下的生产计划与控制要更多地考虑不确定性和动态性因素，使生产计划具有更高的柔性和敏捷性，以便企业能对市场变化做出快速反应。

第 2 节　供应链管理环境下的企业生产计划与控制的特点

一、概述

供应链是一个跨越多企业、多厂家、多部门的网络化组织，其用户也是全球性的。一个有效的供应链企业计划系统必须保证企业能快速响应市场上不同用户的需求，如图 7-1 所示。有效的供应链计划系统集成企业所有的计划和决策业务，包括需求预测、库存计划、资源配置、设备管理、物流优化、生产作业计划、物料需求与采购计划等。供应链是由不同的企业组成的企业网络，有紧密型的联合体成员，有协作型的伙伴企业，有动态联盟型的战略伙伴。供应链作为一个整体，以核心企业为龙头，把各个参与供应链的企业有效地组织起来，优化整个供应链的资源，以最低的成本和最快的速度生产最好的产品，最快地满足用户需求，以达到快速响应用户需求的目的。这是供应链企业计划管理最根本的目的和要求。

供应链企业的计划工作需要考虑如下几个方面的问题：

（1）供应链企业计划的方法与工具。供应链企业计划的方法与工具主要有：ERP，DRP/LRP（distribution resource planning/logistics resource planning）及 SCP（supply chain planning）。

（2）供应链企业计划的优化方法。供应链企业计划可以采用以下优化方法：约束理论

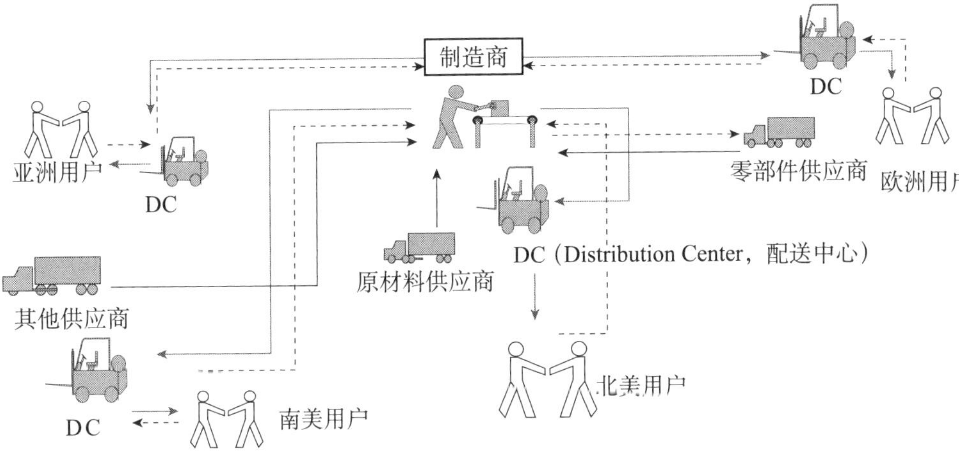

图 7-1　分布式生产计划与控制系统

(theory of constraint，TOC)；线性、非线性及混合规划方法；随机库存理论与网络计划模型；基于大数据及人工智能（AI）的数字化计划优化平台。

(3) 供应链企业的计划类型。根据供应链企业的计划对象和优化状态空间，可分为全局供应链计划和局部供应链计划。

(4) 供应链企业计划的层次性。根据供应链企业计划的决策空间，可分为战略供应链计划、战术供应链计划和运作供应链计划三个层次。

二、供应链企业同步化计划的提出

目前许多软件商都在推出供应链管理软件，ERP 是其中最具代表性的一个。ERP 是对 MRPⅡ的发展。ERP 的特点在于财务控制和多工厂生产的协调与结合，但 ERP 未能给企业提供周密的供应链计划，在供应链企业的运行动态跟踪上略显不足，难以对现实供应链管理系统的运作提供支持。

在当今客户驱动的环境下，制造商必须具有面对不确定性的事件不断修改计划的能力。要做到这一点，企业的制造过程、数据模型、信息系统和通信基础设施必须无缝连接且实时运作，因而，供应链企业同步化计划的提出是企业最终实现供应链管理目标的必然选择。

供应链企业的同步化计划能使计划的修改或执行中的问题在整个供应链上获得共享与支持，物料和其他资源的管理在实时牵引方式下进行，而不是无限能力假设下的推动过程。

供应链企业的同步化计划通过在 ERP 中加入新的技术来实现，充分利用开放系统的概念，通过集成工具，协同同步化供应链管理。同时，同步化计划能够支持供应链分布、异构环境下的“即插即用”要求。要实现这一点，必须使供应链中的信息达到同步共享。建立在互联网之上的供应链信息集成平台，为供应链企业之间的信息交流提供了共享窗口和交流渠道，同时保证了供应链企业同步化计划的实现。因此，新的供应链企业生产计划与控制系统和组织模型要充分考虑这一特点。

供应链企业同步化计划的提出是为了挑战供应链运行中的各类约束。供应链运行的约束有来自采购和生产的约束，也有来自销售的约束，这些约束的不良后果会导致“组合约束爆炸”。因此，要实现供应链企业的同步化计划，一方面，要建立起不同的供应链系统之间的有效通信标准，如基于互联网的 TCP/IP 协议等，以形成信息交流和协作的规范化、标准化等；另一方面，要建立起协调机制和冲突管理服务。供应链系统各个代理之间既有同步的协作功能，也有独立的自主功能。当供应链的整体利益和各个代理的自身利益相冲突时，必须得到快速的协商解决，供应链的同步化才能实现。因此，建立分布的协调机制对供应链企业同步化计划的实现是非常重要的。

要实现供应链企业的同步化计划，必须建立起代理之间透明的合作机制。供应链企业之间的合作方式主要有同时同地、同时异地、异时同地和异时异地四种情形。因此，供应链企业的合作模式表现为四种：同步模式、异步模式、分布式同步模式、分布式异步模式。基于多代理的供应链组织管理模式实现了由传统的递阶控制组织模式向扁平化网络组织的过渡，实现了网络化管理。

三、供应链管理环境下的生产计划

供应链管理环境下的生产计划与传统的生产计划有显著的不同，在供应链管理环境下，与企业具有战略伙伴关系的企业的资源通过物流、信息流和资金流的紧密合作而成为企业制造资源的拓展。在制订生产计划的过程中，主要面临以下三方面的问题。

1. 柔性约束

柔性实际上是对承诺的一种完善。承诺是企业对合作伙伴的保证，在这一基础上企业间才能具有基本的信任，合作伙伴也因此获得了相对稳定的需求信息。然而，由于承诺的做出在时间上超前于承诺本身付诸实现的时间，因此，尽管承诺方一般都尽力使承诺与未来的实际情况接近，但误差难以避免。柔性的提出为承诺方缓解了这一矛盾，使承诺方有可能修正原有的承诺。可见，承诺与柔性是供应合同签订的关键要素。

对生产计划而言，柔性具有多重含义。

（1）显而易见，如果仅仅根据承诺的数量来制订计划是容易的。但是，柔性的存在使这一过程变得复杂了。柔性是供需双方共同制定的一个合同要素，对于需求方而言，它代表对未来变化的预期；对供应方而言，它是对自身所能承受的需求波动的估计。本质上看，供应合同采用有限的、可预知的需求波动来约束供需双方，解决不可控制需求波动对双方不良影响的问题。

（2）下游企业的柔性对企业的计划产量造成的影响在于：企业必须选择一个在已知的需求波动下最为合理的产量。企业的产量不可能覆盖整个需求的变化区域，否则会造成不可避免的过量库存。在库存费用与缺货费用之间达到一个均衡点是确定产量的一个标准。

（3）供应链是上下游贯通的，企业在确定生产计划时还必须考虑上游企业（供方）的利益。在与本企业的供应合同之中，供方企业除了表达对自身所能承受的需求波动的估计，还反映了对自身生产能力的权衡。因此，供方企业在制订生产计划时，应该尽量使需求与合同的承诺量接近，以帮助客户企业达到最优产能利用。

2. 生产进度

生产进度信息是企业检查生产计划执行状况的重要依据，也是滚动制订生产计划的过程中用于修正原有计划和制订新计划的重要信息。在供应链管理环境下，生产进度计划属于可共享的信息。这一信息的作用在于：

（1）供应链上游企业通过了解对方的生产进度情况实现准时供应。企业的生产计划是在对未来需求做出预测的基础上制订的，它与生产过程的实际进度一般是不同的，生产计划信息不可能实时反映物流的状态。供应链企业可以借助现代网络技术，使实时的生产进度信息与合作方共享。上游企业可以通过网络和双方通用的软件了解下游企业真实的需求信息，并准时提供物资。在这种情况下，下游企业可以避免不必要的库存，上游企业也可以灵活主动地安排生产和调拨物资。

（2）原材料和零部件的供应是企业进行生产的首要条件之一。在供应链管理环境下，企业可以通过信息共享了解到上游企业的生产进度，然后适当地调节生产计划，使供应链上的各个环节紧密地衔接在一起，其意义在于可以避免企业之间出现供需脱节的现象，从而保证供应链的整体利益。

3. 生产能力

企业完成一份订单不能脱离上游企业的支持，因此，在编制生产计划时要尽可能借助外部资源，有必要考虑如何利用上游企业的生产能力。任何企业在现有的技术水平和组织条件下都具有一个最大的生产能力，但最大的生产能力并不等于最优生产负荷。在上下游企业间形成稳定的供应关系后，上游企业从自身利益出发，更希望所有与之相关的下游企业在同一时期的总需求与自身的生产能力相匹配。上游企业的这种对生产负荷量的期望可以通过合同、协议等形式反映出来，即上游企业提供给每一个相关下游企业一定的生产能力，并允许一定程度的浮动。这样，在下游企业编制生产计划时就必须考虑到上游企业这一能力的约束。

四、供应链管理环境下生产计划的制订

在供应链管理环境下，企业的生产计划编制过程有了较大的变动，在原有的生产计划制订过程的基础上增添了新的特点。

1. 具有纵向和横向的信息集成过程

这里的纵向指供应链由下游向上游的信息集成，而横向指生产相同或类似产品的企业之间的信息共享。

在生产计划制订过程中，上游企业的生产能力信息在生产计划的能力分析中独立发挥作用。通过在主生产计划和投入产出计划中分别进行粗细能力平衡，上游企业承接订单的能力和意愿都反映到了下游企业的生产计划中。同时，上游企业的生产进度信息也和下游企业的生产进度信息一道作为滚动编制计划的依据，其目的在于保持上下游企业间生产活动的同步。

外包决策和外包生产进度分析是集中体现供应链横向集成的环节。外包中所涉及的企业都能够生产相同或类似的产品，或者说在供应链网络上属于同一产品级别的企业。企业

在编制主生产计划时所面临的订单，在两种情况下可能转向外包：一是企业本身或其上游企业的生产能力无法承受需求波动所带来的负荷；二是所承接的订单通过外包所获得的利润大于企业自己进行生产的利润。无论在何种情况下，都需要承接外包的企业的基本数据来支持企业的获利分析，以确定是否外包。同时，企业对该订单的客户有直接的责任，因此也需要承接外包的企业的生产进度信息来确保对客户的供应。

2. 丰富了能力平衡在计划中的作用

在通常的概念中，能力平衡只是一种分析生产任务与生产能力之间差距的手段，根据能力平衡的结果对计划进行修正。在供应链管理环境下的生产计划编制过程中，能力平衡发挥了以下作用：

（1）为主生产计划和投入产出计划进行修正提供依据，这也是能力平衡的传统作用。

（2）能力平衡是进行外包决策和零部件（原材料）急件外购的决策依据。

（3）在主生产计划和投入产出计划中所使用的上游企业能力数据，反映了其在合作中所愿意承担的生产负荷，可以为供应链管理的高效运作提供保证。

（4）在信息技术的支持下，对本企业和上游企业的能力状态的实时更新使生产计划具有较高的可行性。

3. 计划的循环过程突破了企业的限制

在企业独立运行生产计划系统时，一般有三个信息流的闭环，而且都在企业内部：

（1）主生产计划—粗能力平衡—主生产计划；

（2）投入产出计划—能力需求分析（细能力平衡）—投入产出计划；

（3）投入产出计划—车间作业计划—生产进度状态—投入产出计划。

在供应链管理环境下，生产计划的信息流跨越了企业间的界限，从而增加了新的内容：

（1）主生产计划—供应链企业粗能力平衡—主生产计划；

（2）主生产计划—外包工程计划—外包工程进度—主生产计划；

（3）外包工程计划—主生产计划—供应链企业生产能力平衡—外包工程计划；

（4）投入产出计划—供应链企业能力需求分析（细能力平衡）—投入产出计划；

（5）投入产出计划—上游企业生产进度分析—投入产出计划；

（6）投入产出计划—车间作业计划—生产进度状态—投入产出计划。

需要说明的是，以上各循环中的信息流都只是各自循环所必需的信息流的一部分，但可对计划的某个方面起决定性的作用。

五、供应链管理环境下生产控制的新特点

供应链管理环境下的企业生产控制和传统的企业生产控制模式不同。供应链管理环境下需要更多的协调机制（企业内部和企业之间的协调），体现了供应链的战略伙伴关系原则。供应链管理环境下的生产协调控制主要包括如下内容。

1. 生产进度控制

生产进度控制的目的在于依据生产作业计划，检查零部件的投入和产出数量、产出时

间和配套性，保证产品能准时装配出厂。供应链管理环境下的进度控制与传统生产模式的进度控制不同，因为许多产品是协作生产和转包的业务，与传统的企业内部的进度控制相比，其控制的难度更大，必须建立一种有效的跟踪机制进行生产进度信息的跟踪和反馈。生产进度控制在供应链管理中具有重要作用，因此，必须研究解决供应链企业之间的信息跟踪机制和快速反应机制。

2. 供应链的生产节奏控制

供应链企业的同步化计划需要解决供应链企业之间的生产同步化问题，只有各供应链企业之间以及企业内部各部门之间保持步调一致，供应链的同步化才能实现。供应链形成的准时化生产系统要求上游企业准时为下游企业提供必需的零部件。如果供应链中有一个企业不能准时交货，都会导致供应链不稳定或中断（breakdown），供应链对用户的响应性下降。因此，严格控制供应链的生产节奏对供应链的敏捷性是十分重要的。

3. 提前期管理

基于时间的竞争是一种新的竞争策略，具体到企业的运作层，主要体现为提前期的管理，这是实现快速反应和有效用户反应策略的重要内容。供应链管理环境下的生产控制中，提前期管理是实现快速响应用户需求的有效途径。缩短提前期、提高交货准时性是保证供应链获得柔性和敏捷性的关键。缺乏对供应商不确定性的有效控制是供应链提前期管理中的一大难点，因此，建立有效的供应链提前期的管理模式和交货期的设置系统是供应链提前期管理中值得研究的问题。

4. 库存控制和在制品管理

库存在应对需求不确定性方面有积极的作用，但库存又是一种资源浪费。在供应链管理模式下，实施多级、多点、多方管理库存的策略，对提高供应链管理环境下的库存管理水平、降低制造成本有重要意义。这种库存管理模式涉及的部门不仅仅是企业内部。基于JIT的供应与采购、供应商管理库存、联合（pooling）库存管理等是供应链库存管理的新方法，对降低库存都有重要作用。因此，建立供应链管理环境下的库存控制体系和运作模式，对提高供应链的库存管理水平有重要作用，是供应链企业生产控制的重要手段。

第3节　供应链管理环境下的生产计划与控制系统总体模型

一、供应链管理环境下的集成生产计划与控制系统的总体构想

（一）供应链管理环境下的生产计划与控制系统中几个概念的拓展

1. 供应链管理对资源概念内涵的拓展

传统的制造资源计划对企业资源这一概念的界定是局限于企业内部的，统称为物料（materials），因此，ERP的核心是物料需求计划（MRP）。在供应链管理环境下，资源分

为内部资源（in-source）和外部资源（out-source），资源优化的空间由企业内部扩展到企业外部，即从供应链整体系统的角度进行资源的优化。

2. 供应链管理对能力概念内涵的拓展

生产能力是一种企业资源，在 ERP 系统中，经常把资源问题归结为能力需求问题或能力平衡问题。正如资源概念一样，ERP 对能力的利用也仅局限于企业内部。供应链管理把资源的范围扩展到供应链系统，其能力的利用范围也因此扩展到供应链系统的全过程。

3. 供应链管理对提前期概念内涵的拓展

提前期是生产计划中的一个重要变量，在 ERP 系统中，这是一个重要的设置参数，但一般把它作为一个静态的固定值来对待（为了反映不确定性，后来人们又提出了动态提前期的概念）。在供应链管理环境下，并不强调提前期的固定与否，重要的是交货期，要求准时交货，即供应链管理强调准时：准时采购、准时生产、准时配送。

（二）供应链管理环境下的生产管理组织模式

供应链管理环境下的生产管理组织模式和现行生产管理组织模式的一个显著区别是，供应链管理环境下的生产管理是开放性的、以团队工作为组织单元的多代理制，图 7－2 显示了这种多代理制的供应链生产管理组织模式。在供应链联盟中，企业之间以合作生产的方式结成联盟，企业生产决策信息通过 Internet/EDI 实时地在供应链联盟中由企业代理通过协商决定，企业建立一个合作公告栏（在互联网上），实时地与合作企业进行信息交流。在供应链中要实现委托-代理机制，对企业应建立一些行为规则，包括自勉规则、鼓励规则、激励规则、信托规则、最佳伙伴规则。

企业内部也采用基于多代理制的团队工作模式，团队有一个主管负责团队之间的协调。协调是供应链管理的核心内容之一，供应链管理的协调主要有三种形式，即供应-生产协调、生产-分销协调、库存-销售协调。

（三）供应链管理环境下生产计划的信息组织与决策特征

供应链管理环境下生产计划的信息组织与决策过程具有如下几个方面的特征。

1. 开放性

经济全球化使企业进入全球开放市场。不管哪个行业，无论什么企业形态抑或供应链体系，开放性已成为当今企业组织发展的趋势。供应链是一种网络化组织，供应链管理环境下的企业生产计划信息已跨越了组织的界限，形成开放性的信息系统，决策的信息资源来自企业的内部与外部，并与其他组织共享。

2. 动态性

供应链管理环境下的生产计划信息具有动态的特性，是市场经济发展的必然。为了适应不断变化的顾客需求，使企业具有敏捷性和柔性，生产计划的信息要随市场需求的更新而变化。模糊的提前期和模糊的需求量要求生产计划具有更多的柔性和敏捷性。

3. 集成性

供应链是集成的企业群体，是一种扩展的企业组织模式，因此，供应链管理环境下的

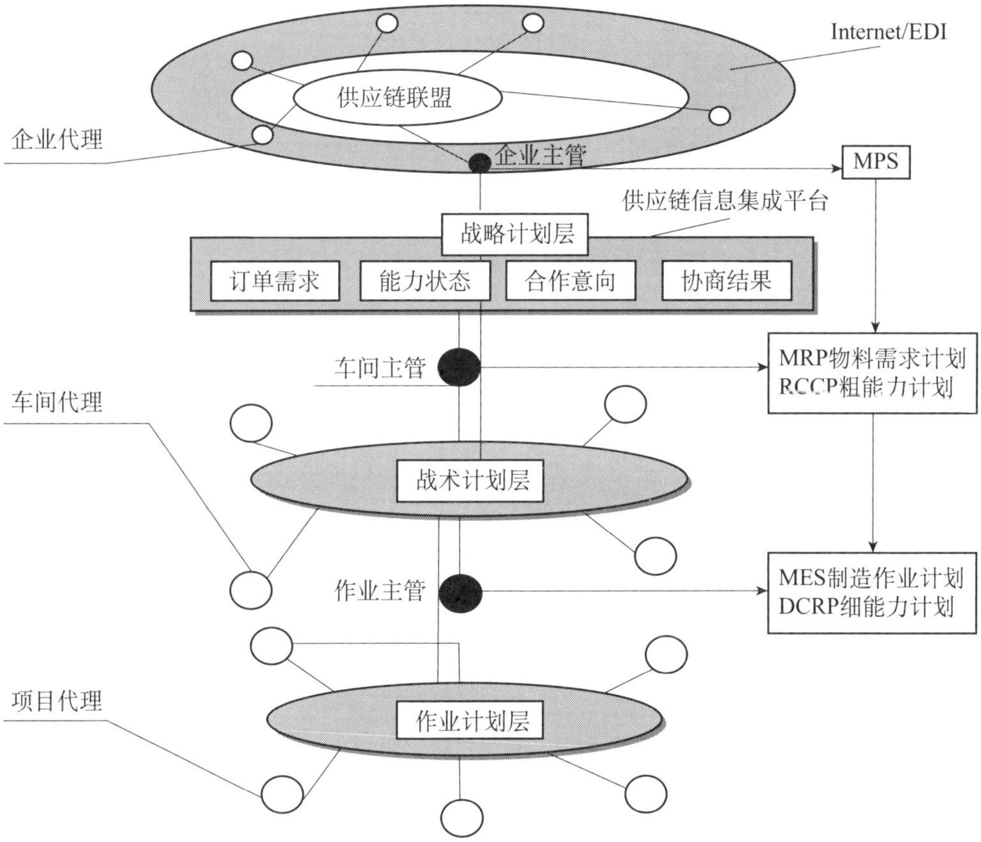

图7-2　供应链管理环境下的生产管理组织模式

企业生产计划信息是不同信息源的信息的集成，集成了供应商、分销商的信息，甚至消费者和竞争对手的信息。

4. 群体性

供应链管理环境下的生产计划决策过程具有群体特征，因为供应链是分布式的网络化组织，具有网络化管理的特征。供应链企业的生产计划决策过程是一种群体决策过程，企业在制订生产计划时，不但要考虑企业自身的能力和利益，还要考虑合作企业的需求与利益，是群体协商决策过程。

5. 分布性

供应链企业的信息来源在地理上分布在不同区域和不同组织中，信息资源跨越部门和企业，甚至全球化。通过Internet、EDI及当今的物联网等信息通信和交流工具，企业能够对分布在不同区域和不同组织中的信息进行有机的集成与协调，使供应链活动同步进行。

二、生产计划与控制总体模型及其特点

根据前面的分析，我们提出供应链管理环境下的生产计划与控制总体模型，如图7-3所示。

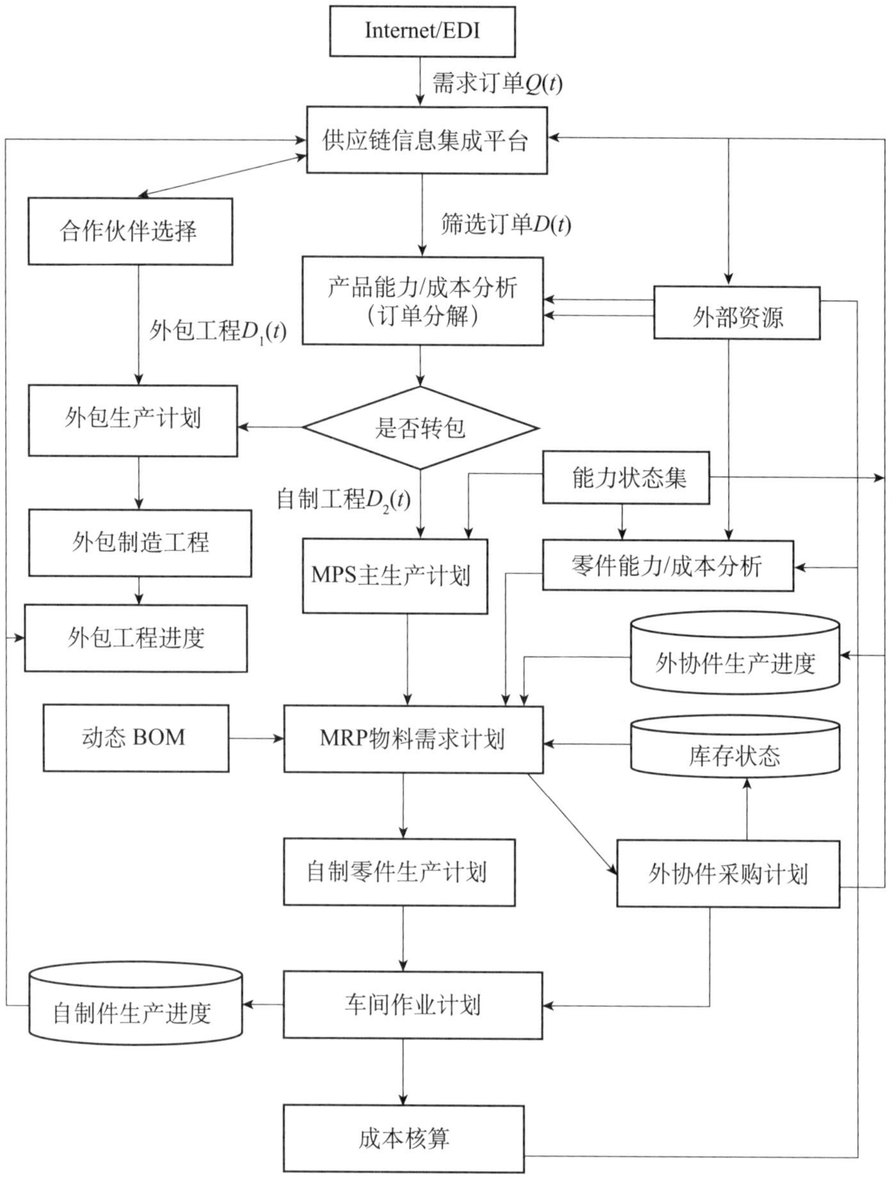

图 7-3　供应链管理环境下的集成生产计划与控制总体模型

（一）生产计划的特点

（1）该模型在 ERP 系统中提出了基于业务外包和资源外用的生产决策策略，使生产计划与控制系统更适应以顾客需求为导向的多变的市场环境的需要。生产计划与控制系统更加灵活，具有更大的柔性，更能适应订货型企业（MTO 企业）的需要。

（2）该模型把成本分析纳入生产作业计划决策过程中，真正体现了以成本为核心的生产经营思想。传统的 MRPⅡ系统中虽然有成本核算模块，但作用仅仅是事后结算和分析，并没有真正起到成本计划与控制的作用。这是对 MRPⅡ系统的一个改进。

（3）基于该模型的生产计划与控制系统充分体现了本书提出的关于供应链管理的、基于价值增值与用户满意的计划与控制管理模式。

（二）生产控制模式的特点

在生产控制模式方面，这一模型也有一定的特色。

1. 订货决策与订单分解控制

在对用户订货与订单分解控制的决策方面，模型设立了订单控制系统，用户订单进入该系统后，要进行三个决策过程：（1）价格/成本比较分析；（2）交货期比较分析；（3）能力比较分析。最后进行订单的分解决策，分解产生两种订单（在管理软件中用不同的工程号表示）：外包订单和自制订单。具体如图7-4所示。

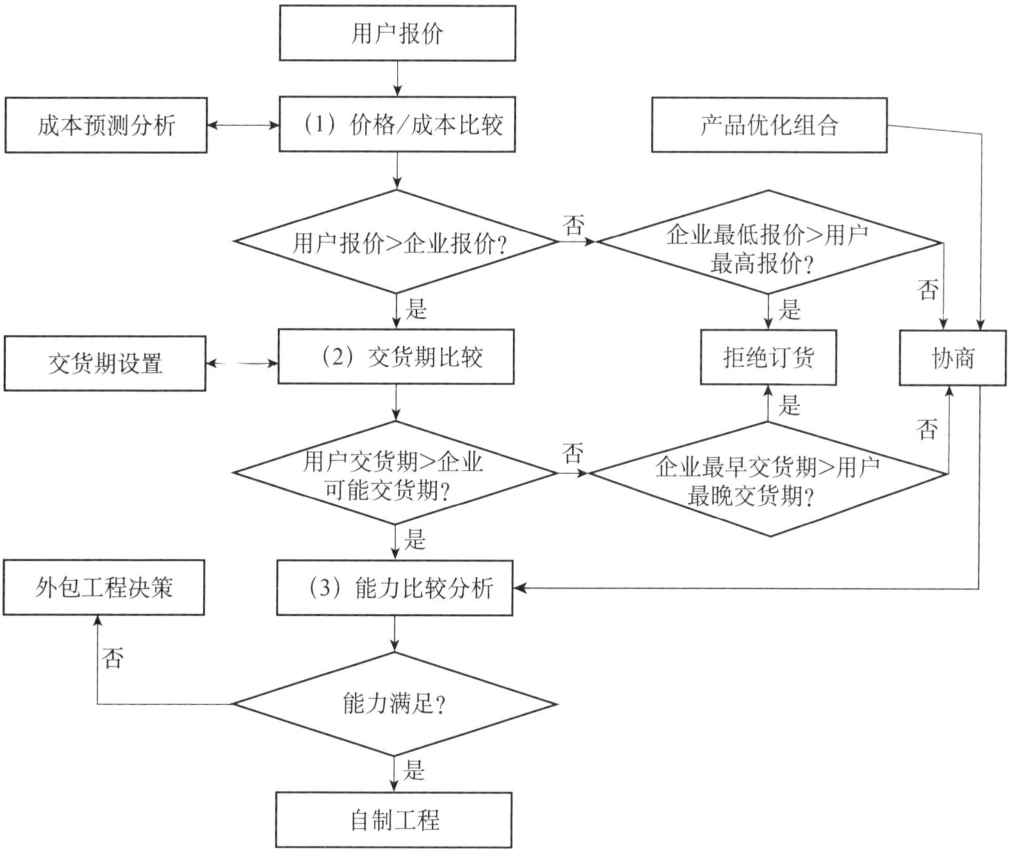

图7-4 订货决策与订单分解控制

2. 面向对象、分布式、协调生产作业控制模式

从宏观上讲，企业是这样的对象体：它既是信息流、物流、资金流的始点，又是三者的终点。对生产型企业来说，其对象体包括产品、设备、材料、人员、订单、发票、合同等要素。供应商和制造商之间最重要的联系纽带是订单，企业内部及企业间的一切经营活动都围绕订单运作，通过订单驱动其他企业活动，如采购部门围绕订单采购，制造部门围绕订单生产，装配部门围绕订单装配，这就是供应链的订单驱动原理。

面向对象的生产作业控制模式从订单概念的形成开始就考虑了物流系统各目标之间的关系，形成面向订单对象的控制系统。订单在控制过程中，主要实现如下几个方面的作用和任务：

（1）对供应链的整个活动过程（产、供、销）进行面向订单的监督和协调检查；

（2）规划一个订单工程的计划完成日期和完成工作量指标；

（3）对订单工程对象的运行状态进行跟踪监控；

（4）分析订单工程完成情况，和计划进行比较分析；

（5）根据顾客需求变化和订单完成情况提出切实可行的改进措施。

订单控制过程可以用图 7－5 所示的订单运行图简要加以说明。

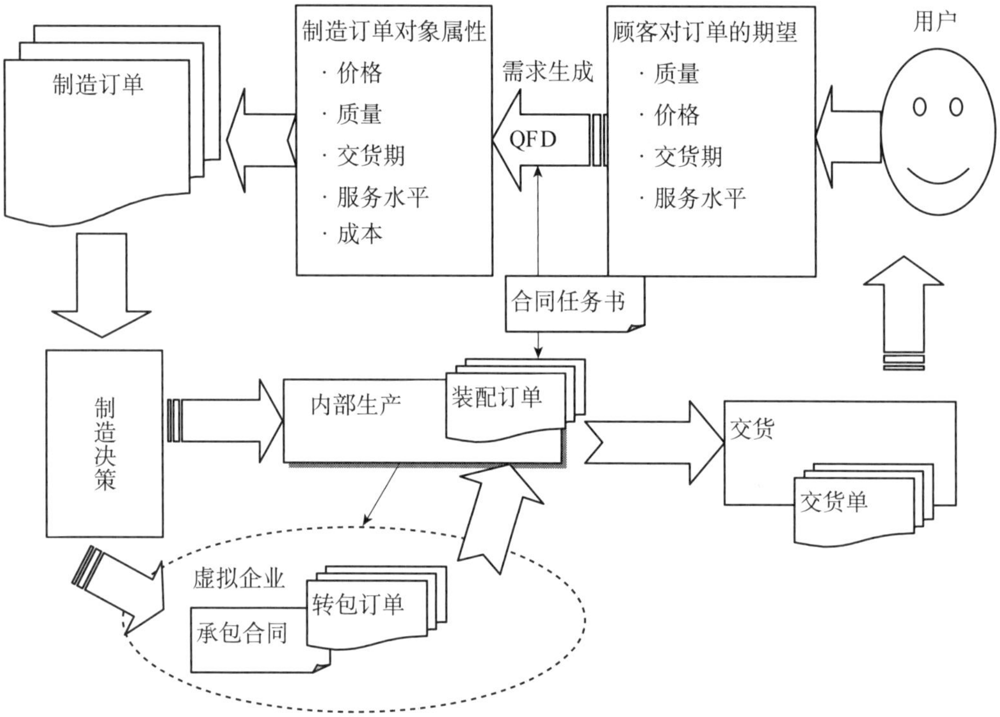

图 7－5　订单控制过程

面向对象的、分布式、协调生产作业控制模式有如下特点：

（1）体现了供应链的集成观点，从用户订单输入到订单完成，供应链各部门的工作紧紧围绕订单来运作；

（2）业务流程和信息流保持一致，有利于供应链信息跟踪与维护；

（3）资源的配置原则更为明确统一，有利于资源的合理利用与管理；

（4）顾客需求订单转化为生产计划订单（采用模糊预测理论和质量功能开发相结合），使生产计划的执行更靠近顾客需求；

（5）体现供应链综合集成模式的纵横一体化企业集成思想，在供应链的横向上采用订单驱动的方式，在纵向上则采用 MRP/OPT 基于资源约束的生产控制方法。

供应链管理环境下这种面向对象的、分布式、协调生产作业控制模式的最主要特点是信息的相互沟通与共享。建立供应链信息集成平台（协调信息的发布与接收），及时反馈生产进度的有关数据，修正生产计划，以保持供应链各企业都能同步执行。

三、合作计划、预测和补货——三位一体的计划管理模式

（一）合作计划、预测和补货的概念与应用

合作计划、预测和补货（collaborative planning，forecasting and replenishment，CPFR）是近来出现的供应链管理的一种新模式，尤其是在用于供应链管理环境下的生产计划与控制时，它能够克服单个企业独自制订计划带来的种种问题。

CPFR是一种供应链计划与运作管理的新的哲理，它应用一系列的处理和技术模型，提供覆盖整个供应链的合作过程，通过共同管理业务过程和共享信息来改善零售商和供应商的伙伴关系，提高预测的准确度，最终达到提高供应链效率、减少库存和提高消费者满意度的目的。CPFR有三个指导性原则：

（1）供应链业务伙伴框架结构和运作过程以消费者为中心，并且面向价值链的运作；

（2）供应链业务伙伴共同负责开发共享的消费者需求预测系统，这个系统驱动整个价值链计划；

（3）供应链业务伙伴均承诺共享预测并在消除供应过程的约束上共担风险。

（二）CPFR的产生和发展

CPFR的形成始于沃尔玛所推动的CFAR（collaborative forecast and replenishment）。CFAR是零售企业与生产企业利用互联网进行合作，共同做出产品需求预测，并在此基础上实施连续补货的系统。后来，在沃尔玛的不断推动之下，基于信息共享的CFAR系统向CPFR发展。CPFR是在CFAR共同预测和补货的基础上，进一步推动共同计划的制订，即不仅合作企业实行共同预测和补货，而且原来属于各企业内部事务的计划工作（如生产计划、库存计划、配送计划、销售规划等）由供应链各企业共同参与。

1995年，由沃尔玛与其供应商Warner-Lambert、管理信息系统供应商SAP、供应链软件商Manugistics、美国咨询公司Benchmarking Partners 5家公司联合成立了工作小组，进行CPFR的研究和探索，1998年美国召开零售系统大会时又加以倡导，实施CPFR的零售企业有沃尔玛、凯马特和威克曼斯，生产企业有宝洁、金佰利、惠普等7家。从CPFR实施后的绩效看，Warner-Lambert公司零售商品满足率从87%提高到98%，新增销售收入800万美元。

在CPFR取得初步成功后，组成了由零售商、制造商和方案提供商等30多个实体参加的CPFR委员会，与自愿行业间商业标准（Voluntary Interindustry Commerce Standards）协会一起致力于CPFR的研究、标准制定、软件开发和推广应用工作。

CPFR在实践中证明是很有效的方法。美国商务部资料表明，1997年美国零售商品供应链中的库存约为1万亿美元。CPFR委员会估计，通过全面成功实施CPFR可以减少这

些库存的 15%～25%，即 1 500 亿～2 500 亿美元。其他方面的效果表现在：

- 80%的合作伙伴业务增加；
- 合作伙伴的销售额增加；
- 客户满意度提高；
- 计划的准确性提高。

由于 CPFR 巨大的潜在效益和市场前景，一些著名的企业软件商，如 SAP、Manugistics、Logility、仁科（PeopleSoft）、I2 Technologies 和 Synara Software 等公司都在开发 CPFR 软件系统和从事相关的服务。

（三）CPFR 与其他合作模式的关系

在 CPFR 提出之前，关于供应链伙伴的合作模式主要有合作预测与补货（aggregate forecasting and replenishment，AFR）、供应商管理库存（vendor managed inventory，VMI）和联合管理库存（jointly managed inventory，JMI）等。AFR 是商业贸易伙伴合作中应用最广泛的方法，用于预测的核心数据来自辛迪加数据和销售历史数据，采用制造者推动供应链的方法。AFR 缺乏集成的供应链计划，可能会导致高库存或低订单满足率。VMI 可以避免 AFR 的一些问题，VMI 的一个关键技术是应用供应链的能力管理库存，这样需求和供应就能结合在一起，使制造者能够得到零售分销中心仓库返回的数据和 POS（point of sale）数据，并利用这些信息规划整个供应链的库存配置。VMI 方法虽然有诸多优点，但缺乏系统集成。JMI 方法相对较新，这种方法以消费者为中心，着眼于计划和执行更详细的业务。供应链经常应用团队合作（team work）方法进行关键问题处理，使得在了解对方的运作和增强相互作用等方面得到改善，其结果有助于发展贸易伙伴的信任关系。JMI 在每个公司内增加了计划执行的集成，并在消费者服务水平、库存和成本管理方面取得了显著的效果，但 JMI 的建立和维护成本较高。

（四）CPFR 的业务模型

CPFR 的业务模型包括 9 个主要流程活动，如图 7－6 所示。

第 1 步：供应链伙伴之间达成 CPFR 的合作协议。这一步是供应链合作伙伴（如零售商、分销商和制造商等）为合作关系建立共同的规则，共同达成一个通用业务协议，包括对合作的全面认识、合作目标、机密协议、资源授权、合作伙伴的任务和成绩的检测。

第 2 步：制订联合工作计划。供应链合作伙伴相互交换战略和业务计划信息，以制订联合工作计划。合作伙伴首先建立战略合作伙伴关系，然后定义分类任务、目标和策略，并建立合作项目的管理简况（如订单最小批量、交货期、订单间隔等）。

第 3 步：制定销售预测。利用零售商的 POS 数据、因果关系信息、已计划事件信息，创建一个支持联合工作计划的销售预测。

第 4 步：识别销售预测的例外情况。识别分布在销售预测约束之外的项目，每个项目的例外准则需要在第 1 步中得到认同。

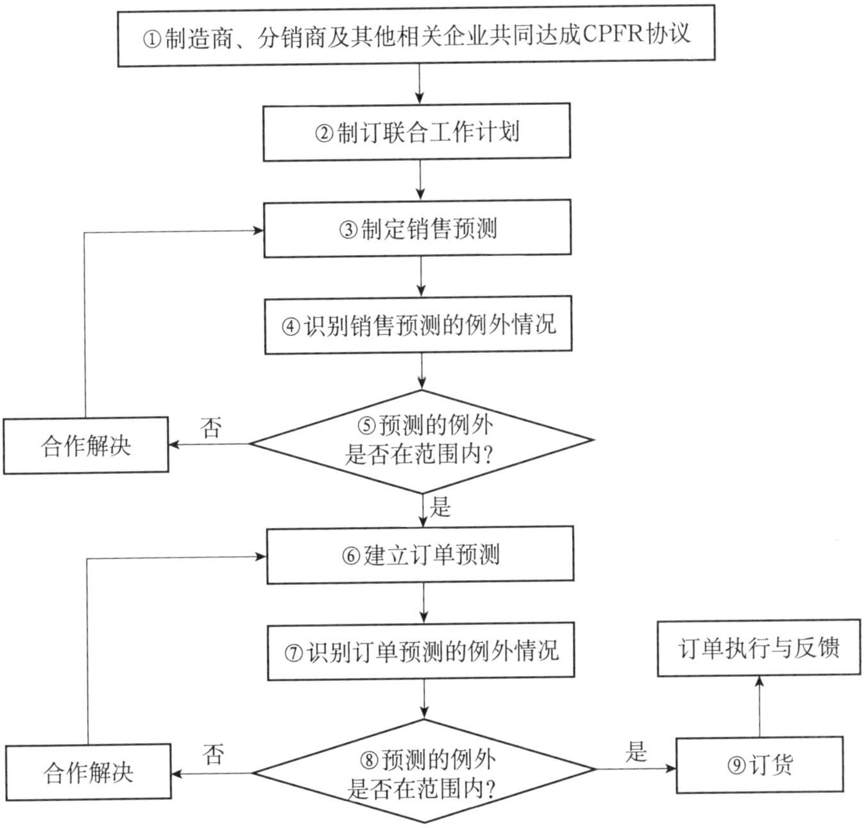

图 7-6　CPFR 的工作流程

第 5 步：合作解决销售预测例外干扰。通过查询共享数据、电子邮件、电话、交谈、会议等解决销售预测例外情况，并将产生的变化提交给销售预测（第 3 步）。

第 6 步：建立订单预测。合并 POS 数据、因果关系信息和库存策略，产生一个支持共享销售预测和联合工作计划的订单预测，提出分时间段的实际需求数量，并通过产品及接收地点反映库存目标。订单预测周期内的短期部分用于产生订单，订单预测周期外的长期部分用于计划。

第 7 步：识别订单预测的例外情况。识别分布在订单预测约束之外的项目，例外准则在第 1 步已建立。

第 8 步：合作解决订单预测例外干扰。通过查询共享数据、电子邮件、电话、交谈、会议等调查研究订单预测例外情况，并将产生的变化提交给订单预测（第 6 步）。

第 9 步：订单产生。将订单预测转换为已承诺的订单，订单产生可由制造商或分销商根据能力、系统和资源来完成。

这里有一个成功的案例——汉高集团应用 CPFR 的成效。

汉高集团是西班牙大型清洁产品供应商，20 世纪 90 年代后期，公司深受订货预测和供应链管理实施乏力所困，存货水平高得无法接受，产品输出缓慢，运输效率低下。

通过分析发现，主要原因是公司没有一个连接市场需求与生产计划的连贯系统，无法整合连续补充的预测计划，无法预测目标市场需求的确切数量，导致生产组织的盲目性。

1999 年，汉高集团与西班牙最大的零售连锁集团 Eroski 一起，共同实施了 CPFR。

Eroski 以 Consum 品牌经营着 47 个大卖场、800 个超级市场和 2 000 多个特许经营超市。两家公司当时已有很多业务往来。但是，由于传统上单打独斗的运作方式，汉高的销售预测中有 50%的误差，缺货现象十分严重，而且 Eroski 庞大的为 500 家商店提供服务的中转仓库出货经常出错，实际上对两个企业都产生了不利的影响。

针对这种情况，两个企业决定实施 CPFR。为此，双方成立了一个小型的工作小组来开展工作。开始时，每周交换一次订货信息，每 15 天交换一次销售预测，每 4 个月交换一次促销计划表。为了提高合作效率，双方还开发了基于互联网的工作平台。

随着 CPFR 合作实验的进行，在 1999—2000 年间，平均错误率从 50%下降到 5%，同时，控制在 20%的合理误差率范围内的预测比例从 20%上升到 75%。其他方面也取得了满意的效果：98%的客户满意度，5 天的供货期，2%的缺货率，高于 85%的预测可靠性，98%的卡车满载率，等等。

汉高集团与 Eroski 的 CPFR 的实践也并非一帆风顺。一开始面对的困难是如何建立 CPFR 的复杂工作模式，如何打破双方保守的思维方式。其次是如何改变旧有的习惯，鼓励数据的自由流动。通过采取多项措施，逐步解决了这些问题，CPFR 的实践取得了预期效果。

（五）CPFR 实施中的关键因素

在 CPFR 实施过程中，获得成功依靠以下关键因素：

1. 以双赢的态度看待合作伙伴和供应链的相互作用

企业必须了解整个供应链，以发现自己的信息和能力在何处有助于供应链的运行，进而有益于最终消费者和供应链合作伙伴。换句话说，基于 CPFR 的供应链成功的关键之一是从“非输即赢”的传统企业关系到“双赢”合作关系的转变。

2. 为供应链成功运作提供持续保证，并且共同承担责任

这是基于 CPFR 的供应链成功运作所必需的企业价值观。每个合作伙伴对供应链的保证、权限和能力不同，合作伙伴应能够调整其业务活动以适应这些不同。无论在哪个职责层，合作伙伴坚持其保证和责任将是供应链成功运作的关键。

3. 实现跨企业、面向团队的供应链

团队不是一个新概念，建立跨企业的团队造成了一个新问题：团队成员可能参与其他团队，并与其合作伙伴的竞争对手合作。这些竞争对手之间存在竞争关系，团队联合的深度和交换信息的类型可能造成多个 CPFR 团队中人员的冲突。在这种情况下，必须有效地构建支持完整团队和个体关系的公司价值系统。

4. 制定和维护行业标准

CPFR 实施的一个重要组成部分就是对行业标准的支持。每个企业有各自的标准，这会影响公司与合作伙伴的联合。行业标准的制定必须既便于实行的一致性，又允许企业间的不同，这样才能有效应用。开发和评价这些标准，有利于合作伙伴的信息共享和合作。

第4节　供应链管理环境下生产系统的协调机制

一、供应链的协调机制

要实现供应链的同步化运作，需要建立一种供应链的协调机制。协调供应链的目的在于使信息能无缝、顺畅地在供应链中传递，减少因信息失真而导致的过量生产、过量库存的出现，使整个供应链能根据顾客的需求步调一致，也就是使供应链获得同步化，以响应市场需求变化。

供应链的协调机制有两种划分方法。根据协调的职能可划分为两类：一类是不同职能活动之间的协调与集成，如生产-供应协调、生产-销售协调、库存-销售协调等协调关系；另一类是对同一职能不同层次活动的协调，如多个工厂之间的生产协调。根据协调的内容，供应链的协调可分为信息协调和非信息协调。

二、供应链的协调模式

供应链的协调模式分为中心化协调、分散协调和混合式协调三种。中心化协调模式把供应链作为一个整体纳入一个系统，采用集中方式决策，因而忽视了代理的自主性，也容易导致“组合约束爆炸”，对不确定性的反应比较迟缓，很难适应市场需求的变化。分散协调过分强调代理模块的独立性，对资源的共享程度低，缺乏通信与交流，很难做到供应链的同步化。比较好的协调模式是分散与集中相结合的混合模式，在这一模式下，各个代理一方面保持各自的独立运作，另一方面参与整个供应链的同步化运作体系，保持了独立性与协调性的统一。

三、供应链的信息跟踪机制

供应链各个代理之间的关系是服务与被服务的关系，服务信号的跟踪和反馈机制可使企业生产与供应同步进行，消除不确定性对供应链的影响。因此，应该在供应链系统中建立服务跟踪机制，以降低不确定性对供应链同步化的影响。

供应链的服务跟踪机制为供应链提供两方面的协调辅助：非信息协调和信息协调。非信息协调主要指完善供应链运作的实物供需条件，采用JIT生产与采购、运输调度等；信息协调主要通过对企业之间的生产进度的跟踪与反馈来协调各个企业的生产进度，保证按时完成用户的订单，及时交货。

供应链企业在生产系统中使用跟踪机制的根本目的是保证对下游企业的服务质量。在企业集成化管理的条件下，跟踪机制才能发挥最大的作用。跟踪机制在企业内部表现为客户（上游企业）的相关信息在企业生产系统中的渗透。其中，客户的需求信息（订单）成为贯穿企业生产系统的一条线索，成为生产计划、生产控制、物资供应相互衔接、协调的手段。

（一）跟踪机制的外部运行环境

跟踪机制的提出是与对供应链管理的深入研究密不可分的。供应链管理环境下企业间的信息集成从以下三个部门展开。

1. 采购部门与销售部门

采购部门与销售部门是企业间传递需求信息的接口。需求信息总是沿着供应链从下游传至上游，从一个企业的采购部门传向另一个企业的销售部门。由于我们讨论的是供应链管理环境下的销售与采购环节，长期稳定的供应关系是必备的前提，所以可将注意力集中在需求信息的传递上。

从常用的概念来看，企业的销售部门应该对产品交货的全过程负责，即从订单下达直到交货完毕的全过程。然而，在供应链管理环境下的战略合作伙伴关系建立以后，销售部门的职能简化了。销售部门在供应链上下游企业间的作用仅仅是一个信息的接口。它负责接收和管理有关下游企业需求的一切信息。除了单纯意义上的订单，还有下游企业对产品的个性化要求，如质量、规格、交货渠道、交货方式等。这些信息是企业其他部门开展工作所必需的。

同销售部门一样，采购部门的职责也得以简化。采购部门原有的工作是保证生产所需的物资供应。它不仅要下达采购订单，还要确保采购物资保质保量地按时入库。在供应链管理环境下，采购部门的主要工作是将生产计划系统的采购计划转换为需求信息，以电子订单的形式传递给上游企业。同时，它还要从销售部门获取与所采购的零部件和原材料相关的客户个性化要求，并传递给上游企业。

2. 制造部门

制造部门的任务不仅仅是生产，还包括对采购物资的接收以及按计划对下游企业配套件的供应。在这里，制造部门实际上兼具运输服务和仓储管理两项辅助功能。制造部门之所以能够完成如此复杂的工作，原因在于生产计划部门对上下游企业的信息集成，同时也依赖于战略合作伙伴关系中的质量保证体系。

此外，制造部门还要在制造过程中实时收集订单的生产进度信息，经过分析后提供给生产计划部门。

3. 生产计划部门

在集成化管理中，企业的生产计划部门担负着大量的工作。企业生产计划部门集成了来自上下游生产计划部门、企业自身的销售部门和制造部门的信息。其主要功能有：

（1）滚动编制生产计划。来自销售部门的新增订单信息、来自企业制造部门的订单生产进度信息、来自上游企业的外购物资的生产计划信息，以及来自上游企业的需求变动信息，这四部分信息共同构成了企业滚动编制生产计划的信息支柱。

（2）保证对下游企业的产品供应。下游企业的订单并非一成不变，从订单到达时起，供方和需方的内外环境就一直在变化，最终的供应时间实际上是双方不断协调的结果，其协调的工具就是双方不断滚动更新的生产计划。生产计划部门按照最终的协议指示制造部门对下游企业进行供应。这种供应是与下游企业的生产计划相匹配的准时供应。由于生产出来的产品不断发往下游企业，制造部门不会有过多的在制品和产成品库存压力。

（3）保证上游企业对本企业的供应。这一功能是与上一功能相对应的。生产计划部门在制造部门提供的实时生产进度分析的基础上，结合上游企业传来的生产计划（生产进度分析）信息，与上游企业协商确定各批订单的准确供货时间。上游企业按照约定的时间将物资发送到本企业。采购零部件和原材料的准时供应降低了制造部门的库存压力。

图 7－7 即为跟踪机制的外部运行环境。

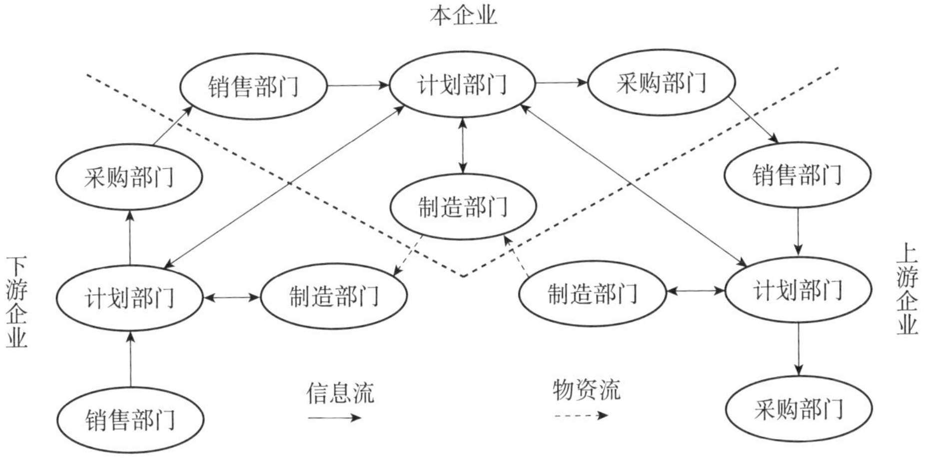

图 7－7 跟踪机制的外部运行环境

（二）生产计划中的跟踪机制

1. 生产计划中的跟踪机制的步骤

（1）子订单的分解。结合产品结构文件和工艺文件以及提前期数据，倒排编制生产计划。对不同的子订单独立计算，即不允许进行跨子订单的计划记录合并。订单与子订单的关系是：订单通常是一个用户提出的订货要求，在同一个用户提出的要求中，可能有多个订货项，我们可以将同一订单中不同的订货项定义为子订单。

（2）库存的分配。本步骤与步骤（1）是同时进行的，对计划期内可利用的库存分配不同的子订单。在库存分配记录上注明子订单信息，保证专货专用。

（3）能力占用。结合工艺文件和设备组文件计算各子订单计划周期内的能力占用。这一步骤使单独评价子订单对生产负荷的影响成为可能。在调整子订单时也无须重新计算整个计划所有记录的能力占用数据，仅需调整子订单的相关能力数据。

（4）调整。结合历史数据对整个计划周期内的能力占用状况进行评价和分析，找出可能的瓶颈。对于在一定时间段内所形成的能力瓶颈，可采取两种办法解决：

①调整子订单的产出日期和产出数量。

②将子订单细分为更小的批量，分别设定产出日期和产出数量。当然，必须保持细分后的子子订单与原订单的对应关系。

经过调整的子订单（子子订单）和上一周期计划中未对生产产生实际影响的子订单（子子订单）都可重新进行分解，以产生新的计划。

（5）修正。本步骤实际上是在步骤（1）～（4）之前进行的，它是对前一周期内投入产出计划执行情况的总结。同通常的计划滚动过程一样，前一周期的生产进度数据和库存数据是必不可少的；不同的是，可以准确地按子订单检查计划的执行情况，同时调整相应子订单的期、量设定，以适应生产的实际情况。能够实现这一功能的原因在于：在整个生产系统中都通过子订单形成了内在的联系。

2. 车间作业计划

车间作业计划用于指导具体的生产活动，具有高度的复杂性，一般难以严格按子订单的划分来调度生产，但可要求在加工路线单上注明本批生产任务的相关子订单信息和相关度信息。在整个生产过程中实时收集和反馈子订单的生产数据，可为跟踪机制的运行提供来自基层的数据。

3. 采购计划

采购部门接收的是按子订单下达的采购信息，采购部门可以运用不同的采购策略来完成采购计划。子订单的作用主要体现在以下两个方面：

（1）将采购部门与销售部门联系起来。下游企业在需求上的个性化要求可能涉及原材料和零部件的采购，采购部门可以利用子订单查询这一信息，并提供给各上游企业。

（2）建立需求与生产间的联系。采购部门的重要任务之一就是建立上游企业的生产过程与本企业子订单的对应关系。在这一条件下，企业可以了解子订单生产所需的物资在上游企业中的生产情况，还可以给上游企业提供准确的供货时间。

（三）生产进度控制中的跟踪机制

生产控制是生产管理的重要职能，是实现生产计划和生产作业管理的重要手段。虽然生产计划和生产作业计划对生产活动已做了比较周密且具体的安排，但随着时间的推移，市场需求往往会发生变化。此外，各种生产准备工作不周全或生产现场偶然因素的影响，也会使计划产量和实际产量之间产生差异。因此，必须及时对生产过程进行监督和检查，发现偏差，进行调节和校正工作，以保证计划目标的实现。

下面主要讨论内嵌于生产控制中的跟踪机制及其作用。生产控制有许多具体的内容，我们仅以具有普遍意义的生产进度控制作为讨论的对象。

生产进度控制的主要任务是，依照预先制订的作业计划，检查各种零部件的投入和产出时间、数量以及配套性，保证产品能准时产出，按照订单上承诺的交货期将产品准时送到用户手中。

由于建立了生产计划中的跟踪机制，生产进度控制中的相应工作就是在加工路线单中保留子订单信息。此外，在生产进度控制中运用了多种分析方法，如在生产预计分析中的差额推算法、生产均衡性控制中的均衡系数法、生产成套性控制中的甘特图等。这些方法同样可以运用到跟踪机制中，只不过分析的目标不再仅是计划的执行状况，还包括对各子订单的分析。

在没有跟踪机制的生产系统中，由于生产计划中隐去了子订单信息，生产控制系统无法识别生产过程与子订单的关系，也无法将不同的子订单区别开来，因此仅能控制产品的按计划投入和产出。使用跟踪机制的作用在于对子订单的生产实施控制，保证对客户的服务质量。

1. 按优先级保证对客户的产品供应

子订单是订单的细化，保证了子订单准时完工才能保证订单准时完工，也就意味着对客户服务质量的保证。在一个企业中，不同的子订单总是有大量相同或类似的零部件同时进行加工。在车间生产的复杂情况下，由于生产实际与生产计划的偏差，在制品未能按时到位的情况经常发生。在产品结构树中，低层零部件的缺件破坏了生产的成套性，必将导致高层零部件的生产计划无法执行，这是一个逐层向上的恶性循环。

较好的办法是将这种可能产生的混乱限制在优先级较低的子订单内，保证高优先级子订单的生产成套性。在发生意外情况时，使高优先级的子订单能够获得物资上的保证。总是优先保证高优先级的订单，必然能够保证对客户的服务质量。相反，在不能区分子订单的条件下，这种办法无法运用。“拆东墙补西墙”式的生产调度，会导致在同一时间加工却在不同时间使用的零部件互相挤占，为后续生产造成隐患。

2. 保证在企业间集成化管理的条件下下游企业所需要的实时计划信息

对于本企业而言，这一要求就意味着使用精确、实时的生产进度数据修正订单项对应的每一个子订单的相关计划记录，保持生产计划的有效性。在没有相应的跟踪机制的情况下，同一个生产计划、同一批半成品都可能对应着多份订单，实际上无法度量具体订单的生产进度。可见，生产控制系统必须建立跟踪机制才能实现面向订单的数据收集，生产计划系统才能够获得必要的信息，以实现面向用户的实时计划修正。

思考题

1. 传统生产计划与控制模式的特点有哪些？供应链管理环境下生产计划与控制又具有哪些特点？二者有什么区别？

2. 供应链管理环境下同步化生产组织的特点是什么？组织同步化生产应该遵循什么原则？

3. 供应链管理环境下同步化生产组织的协调机制应从哪几个方面入手建立？

4. 供应链管理环境下企业间的信息集成主要在哪几个部门之间展开？举例说明。

5. 合作计划、预测和补货（CPFR）的核心思想是什么？实施CPFR的难点是什么？如何才能有效应用CPFR？

6. 供应链的生产进度能够协调运行是按时交付订单的根本保证。落实供应链的产品生产计划的困难有哪些？如何对供应链上的多个企业的生产进行协调和管理？

案例

海尔供应链整体生产能力的战略部署

一、引言

2005 年 8 月 12 日，一个阳光明媚的日子。海尔物流中心负责人王其林走出公司副总裁的办公室时，依然沉浸在刚才向副总裁汇报工作的兴奋中，对海尔实行物流再造以来所取得的效益，上级给予高度的评价，对于接下来的挑战，他充满了信心。

海尔集团自 1999 年开始成功地进行了以市场链为纽带的业务流程再造，取得了可观的效益，但海尔物流与未来企业发展方向的要求相比仍存在差距，从这个意义上说，海尔物流依然任重道远。要想更好地解决成本、速度、收益等众多问题，还必须在物流运作上做文章。王其林陷入了深思。

二、海尔公司背景

海尔集团是在 1984 年引进德国利勃海尔电冰箱生产技术成立的青岛电冰箱总厂基础上发展起来的国家特大型企业。经过短短 15 年的时间，海尔集团已从一个亏损 147 万元的集体小厂迅速成长为拥有白色家电、黑色家电、米色家电在内的 96 个门类、15 100 多个规格的产品群，并出口到世界 100 多个国家和地区的特大型企业。2004 年，海尔全球营业额突破 1 016 亿元，海尔蝉联中国最有价值品牌第一名，品牌价值高达 616 亿元。在世界品牌实验室（World Brand Lab）独家编制的 2005 年度世界品牌 500 强排行榜上，海尔再次入围世界品牌百强，荣居第 89 位。

2005 年 8 月 30 日，英国《金融时报》公布“中国十大世界级品牌”调查结果，海尔荣居榜首。为应对网络经济和加入 WTO 的挑战，海尔从 1998 年开始实施以市场链为纽带的业务流程再造。第一个五年中，海尔主要实现组织结构的再造，将传统企业金字塔式的直线职能结构改变为扁平化、信息化和网络化的市场链流程，以订单信息流为中心带动物流、资金流的运动，加快了与用户零距离、产品零库存和零营运资本“三个零”目标的实现。海尔是这样布置物流的。海尔的七个工业园主要分为三个部分：(1) 以青岛地区的工业及周边的工厂为出口基地，利用廉价的劳动力、成本低廉的海运进行出口。(2) 以合肥为主的工业园包括在广东、贵州的工厂，形成本地化的生产基地，节省了物流成本。(3) 以美国为代表的海外十个工厂，形成本土物流，基地、生产、采购、销售全部本土化，使物流成本大幅降低。

海尔物流明显类似美国物流中央化的模式，在实施的初期，获得了比较好的效果。物流本部成立前，海尔的库存时间为 30 天。经过一年的努力，2001 年减至 13 天。2002 年海尔的目标是将库存从 15 亿元降为 3 亿元，从库存占用资金和采购资金两方面反映物流成本的降低。海尔物流本部将分散在各个产品事业部的采购业务合并，实施统一采购，以达到在最低成本下实施准时化采购。对大到几百元的设备，小到办公用品如圆珠笔等进行统一采购操作，实施统一采购后使部分零部件降价达 5%～8%。对于大型企业集团的采购，海尔的效益是非常可观的。

在取得收益的同时，海尔努力想使物流运作在自己的控制掌握下，但是由于中国国情、物流基础、实际运作等方面与海尔的设想出现了偏差，海尔在运行两年后出现了成本、速度、收益等众多问题。

为了保证海尔订单牵引模式向纵深发展，在今后的市场竞争中如何保证生产发展所需的生产能力就成为其面临的战略问题之一。

三、海尔的产业链运作模式

1. 海尔准时化采购

海尔物流整合了集团内分散在28个产品事业部的采购和原材料仓储配送，通过整合内部资源来获取更优的外部资源，建立起强大的供应链资源网络。供应商的结构得到根本优化，能够参与前端设计与开发的国际化供应商比例从整合前的不到20%提高到目前的82%，通用电气、爱默生、巴斯夫、DOW等59家世界500强企业都已成为海尔的合作伙伴。

海尔实行并行工程，一批跨国公司以其高科技和新技术参与到海尔产品的前端设计中，不但保证了海尔产品技术的领先性，增加了产品的技术含量，同时大大加快了开发速度。

海尔采购订单滚动下达到供应商，一般的订单交付周期为10天，加急订单为7天。战略性物资如钢材，每个月采购一次，但每三个月与供应商谈判一次协商价格。另有一些供应商通过寄售等方式为海尔供应，即将物资存放在海尔物流中心，但在海尔使用后才结算，供应商可通过B2B网站查询寄售物资的使用情况，属于寄售订单的海尔不收取相关仓储费用。准时化采购要考虑销售的淡季和旺季问题，在旺季之前要提前预算，海尔目前一个月的预测精度可达到80%，三个月的预测精度为50%。另外，海尔的准时化采购一般不能退货，无逆向物流，不能取消订单。

2. 海尔供应商管理

海尔从1998年开始优化供应商网络，打散了原来的供应商体系，重新选择供应商，以形成强强联合、合作共赢。海尔的供应商从2 200多家优化到721家，其中世界500强企业有59家，从侧重质量转向侧重全过程的激励与控制。对供应商的主要激励措施是配额分配，配额比例由原来的人工统计数字到现在的由系统根据质量考评、供货考评和价格排名三个综合因素决定，而价格排名根据BBP平台网上招标的结果来确定。

海尔对供应商资源整合的效益显而易见，不仅可以采购到高质量的零部件，还给海尔带来了巨大的经济效益，仅1999年降低的采购成本就达5亿元，2001年在1999年的基础上又降了10亿元。

海尔对供应商的评价主要侧重质量、成本、交货期及能否参与早期设计过程等方面，具体考核指标包括设计控制、文件和资料控制、采购和仓库、顾客提供物资、产品标识和可追溯性、工序控制、检验与试验、内部质量审核、培训等方面。对供应商的评价包含在对供应商的质量体系的考核评价中。海尔对三个月绩效不合格的供应商进行严格淘汰；对存在一定问题的供应商，要求其进行整改，保障供货的准时性。

3. 海尔电子采购平台

海尔物流与供应商还搭建起了公平、互动、双赢的采购协作平台。在企业外部，CRM与BBP平台搭建起企业与用户、企业与供应商沟通的桥梁。通过海尔的BBP采购平台，所有的供应商均在网上接收订单，并通过网络查询计划与库存状态，及时补货，实现准时化供货；供应商在网上还可接收图纸与技术资料，使技术资料的传递时间缩短了一半。另外，海尔与招商银行联合，与供应商实现网上货款支付（实现网络结算的供应商占70%～80%）。一方面，付款及时率与准确率均达到100%；另一方面，每年可节约供应商上千万元费用。通过 BBP 采购平台，海尔加快了整条供应链的反应速度，与供应商真正实现了双赢。

海尔还搭建起全球网上招标平台（www.ihaier.com），使全球供应商可以在网上注册登记，查看合作招标项目、在线模拟招标、在线招投标、网上反向拍卖（海尔大部分零部件价格通过网上招标和反向拍卖实现）、网上查询招标公示等。全球网上招标平台建成后，不仅使海尔供应商的网络能力迅速提高，而且实现了公平、公开、公正的招标原则，提高了招标过程的透明度，使海尔能够广纳全球网络资源，提升企业的核心竞争力。

通过海尔的电子采购平台，物流本部的订单周期缩短，及时性、准确性提高。以前从收到计划到把采购订单传递到供应商手中需要 5～7 天，现在供应商第二天就可以到 BBP 网站上查看从 ERP 系统自动传到 BBP 系统中的采购订单并打印送货单，准确率大大提高。

4. 海尔产业链供应模式

随着海尔经营规模的扩大和流程再造的实施，海尔物流从 2001 年开始，除了不断优化内部的供应链，还在产业链的上游打破了与供应商之间传统的买卖关系，在青岛、合肥、大连、武汉、贵州等制造基地建设以海尔为中心的产业链，引进爱默生、三洋等数十家国际顶尖供应商在当地投资建厂，建立配套工业园，而供应商可以直接参与海尔的产品设计，一个具有国际竞争力的家电优势产业集群初步形成，全球供应链资源网的整合使海尔获得了快速满足用户需求的能力。

截至 2004 年底，海尔在青岛城区与开发区等周边地区已引进了大批供应商，其中国外企业 33 家（位于胶州的海尔国际工业园已经聚集了三洋压缩机、爱默生电机等 20 多家国际分供商），国内行业龙头企业 24 家，从珠三角地区吸引企业 14 家，从长三角地区吸引企业 5 家，组件、部件配套企业 12 家，零部件配套企业 55 家，原材料配套企业 7 家。累计引进资金 42.5 亿元，解决劳动力就业近 4 万人。

海尔的产业链建设通过工业园的布局模式来体现产业链供应模式的规模效应和集群效应。海尔工业园布局模式如图 7－8 所示，供应商位于海尔工业园内，与海尔的生产线之间仅一个大棚之隔。供应商零部件生产完成后，可以利用专用的工装容器，直接通过工厂之间的运输通道准时运送到海尔的生产线，提高供应的准时性，体现了海尔“以时间消灭空间”的理念。

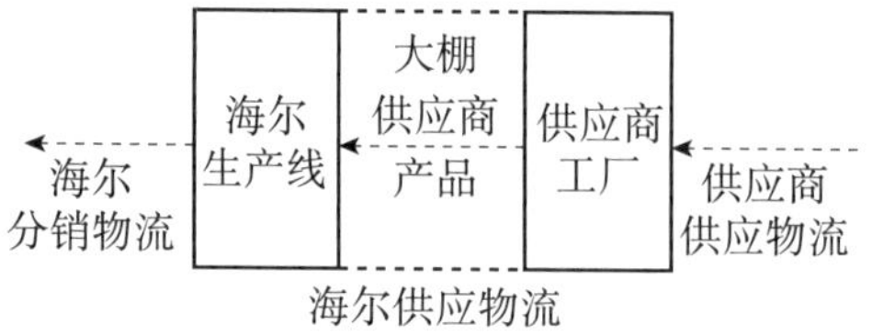

图 7－8　海尔工业园产业链布局模式示意

2004年以前，海尔主要吸引供应商在海尔周边建厂；从2004年开始，海尔自己购买土地、建厂房，出租给供应商，提高了工业园的吸引力。海尔品牌和供应商的集群可以进一步提升双方的速度竞争优势、成本竞争优势和市场竞争优势。对于海尔而言，可以依靠其强大的研发和制造优势，保证海尔产品技术的领先性，增加产品的技术含量，保持发展优势。

对于海尔内部来讲，产业链的建设使海尔供应链的响应速度更快、成本更低，不断超越竞争对手。供应商在周边建厂后，由于距离缩短，实现了准时供货，园区内的供应商生产完成之后，直接向海尔的生产线按订单供货，实现了线到线（line to line）的供货，以最快的速度响应全球用户的订单。同时，供应商参与到海尔产品的前端设计与开发中，海尔能够根据用户的需求与供应商零距离沟通，保障了海尔整机技术的领先性。例如，爱默生参与到海尔洗衣机电机的开发中，开发出了技术领先的变频洗衣机；三洋参与到海尔冰箱的设计开发中，领先的变频冰箱技术创造了市场；另外，一些电源线、钣金厂参与到海尔标准化的整合工作中，使海尔零部件的数量大大减少，通用化程度大大提高，增强了海尔成本的竞争力。由于零距离的响应，在物流成本与物流质量方面实现了零库存与零缺陷，做到了与供应商的双赢，整条供应链的竞争力不断增强。

对于海尔的供应商来讲，通过与海尔合作，可享受到青岛市提供的优惠产业政策，实现与海尔的零距离。一方面，可以提高质量、成本、交货期的竞争力，不但获得了更多、更稳定的海尔内部的大订单，而且可获得全球其他企业的订单，保证了高盈利水平；另一方面，新材料与新技术可以优先应用到海尔的各种产品上，实现了技术优先转化为生产力，大大提高了竞争力。

通过海尔家电产业链的建设，青岛周边地区的家电产业链正在形成：

（1）中国北方最大的家电用压缩机配套基地，年产压缩机1 200万台。

（2）全国最大的家电用塑料加工配套基地，塑料配套的加工能力达到15万吨。

（3）全国最大的家电用钣金加工配套基地，钣金配套的加工能力达到35万吨。

（4）全国家电最完整的产业链，能够垂直整合5层上下游的供应商。

（5）从产业链到产业平台逐步升级，初步融入大青岛的跨国采购中心的框架中。由于海尔产业链各环节的供应商出口份额逐年增加，海尔物流全球采购额不断扩大，与大青岛的跨国采购中心迅速接轨，形成了产业链带动跨国采购与出口的半岛产业平台。

对于青岛市政府来讲，通过创造一流的投资环境，青岛逐步形成家电产业链制造基地，不但发展了当地经济，而且增加了当地的就业。2004年，海尔在青岛地区的采购额达244亿元，仅当地化配套就占51%，使青岛、山东成为全国家电零部件制造聚集的强市与强省。随着海尔配套厂的逐步扩大，其研发中心纷纷转移到青岛，如爱默生已经将全球电机的研发中心逐步转移到青岛，使青岛制造基地的技术水平不断提升。

问题讨论：

从海尔的供应链整体能力战略布局的做法来看，你认为真正发挥这种产业链的作用能够给供应链管理绩效水平带来哪些变化？有没有风险？怎样消除潜在的风险？

第 8 章

供应链管理环境下的物流管理

| 学习目的 |

在供应链管理过程中，物流管理是必不可少的部分。从某种角度来讲，物流是基础，没有物流就无法顺利进行采购和销售，也无法顺利进行生产、运输及仓储管理。供应链物流管理指的是利用供应链管理思想，实施对供应链物流活动的计划、组织、协调与控制的总称。作为一种共生型物流管理模式，供应链物流管理强调供应链成员组织不再孤立地优化自身的物流活动，而是通过协作、协调与协同，提高供应链物流的整体效率，最终达到供应链成员整体获益的目的。通过本章的学习，读者能掌握物流管理的概念、分类、功能，了解物流概念的发展历史，认识到物流网络在供应链管理中的重要性，从企业物流和物流企业（第三方物流企业）两个角度了解物流管理模式，从供应链整体最优的角度掌握一体化供应链物流管理的要点。

第 1 节　物流管理的基本概念

一、引言

供应链管理是对供应链中的信息流、物流、商流、资金流、工作流以及合作伙伴关系等活动进行计划、组织和控制的过程。近年来，供应链管理与物流网络的问题越来越受重视。几年前，物流管理还不像企业的核心职能（如设计、制造、销售等）那样受重视，但现在人们已经认识到，未来企业竞争的成功不仅在于产品不断更新换代以满足客户需求，而且要看产品交付过程中对客户的服务水平，如产品交付的准时性、订单履行的完美性、产品交付的可靠性、响应性等。产品订单交付能力基本上体现出一个企业的供应链物流管理水平。因此，物流管理水平的高低在供应链管理中具有重要作用。

客户发出采购订单时，不仅考虑产品本身的质量和成本，而且考虑服务质量，尤其是当今的客户非常关注购买体验。因此，供应链中的物流管理就要提供一个连接产品生产到客户的物流通道，以保证在正确的时间为正确的客户提供满足其要求的正确的产品。物流管理的目的就是使供应链每一层次之间的物料流和信息流保持畅通，使供应链的效率最高，最终达到满足客户需求的目的。物流管理强调客户与供应商之间协调运行，强调把供应商和客户融入企业策略和管理决策中，从供应链一体化的角度，从整体上认识物流，将企业内部物流与外部物流有机融合，以达到供应链全局最优。

二、物流管理的定义

物流管理的英文为 logistics management，本意指的是军事后勤管理。《韦氏词典》对物流的解释是：（物流是）军事科学的分支，包括物资、人员和设备的获得、维护和运输。美国军方文件的解释是：对运输和后勤保障资源的计划与执行的科学，包括军用物资调度的设计与开发，军用物资的采购、储存、运送、维护，人员和物资装备储运中心的建设、维修等。显而易见，物流管理最初指的就是军事后勤管理。由于企业在市场上的竞争除了生产与销售，还需要一个强有力的支持和保障系统，于是人们借鉴军事后勤管理的理论与方法，将其移植到企业管理领域。为便于理解和接受，企业界根据管理的对象主要是原材料、零部件、产成品的流动过程及伴随的服务，形象地称其为物流，并重新进行了命名。

作为社会经济活动和企业管理中的概念，目前在国际上比较流行的是美国供应链管理专业协会（Council of Supply Chain Management Professional，CSCMP）对物流管理的定义。美国供应链管理专业协会的前身是美国物流管理协会（Council of Logistics Management，CLM）。1985 年，美国物流管理协会对物流的定义为：物流是以满足客户需求为目的，以高效和经济的手段来组织原料、在制品、制成品以及相关信息从供应到消费的运动和储存的计划、执行和控制的过程。1991 年，美国物流管理协会将 1985 年定义中的“原料、在制品、制成品”修改为“产品、服务”。1998 年，美国物流管理协会又在 1991 年定义的开头加上“物流是供应链过程的一部分”。现在，美国供应链管理专业协会对物流管理的定义是：物流是供应链过程的一部分，是以满足客户需求为目的，以高效和经济的手段来组织产品、服务以及相关信息从供应到消费的运动和储存的计划、执行和控制的过程。

欧洲物流协会对物流管理的定义为：物流是在一个系统内对人员或商品的运输、安排及与此相关的支持活动的计划、执行与控制，以达到特定的目的。

日本对物流的定义为：物流是物质资料从供给者向需求者的物理性移动，是创造时间性、场所性价值的经济活动。从物流的范畴来看，包括包装、装卸、保管、库存管理、流通加工、运输、配送等各种活动。如果不经过此过程，物就不能移动。

英国著名物流专家马丁·克里斯托弗（Martin Christopher）在他的物流定义中更多地强调物流对企业经营的重要性：物流是战略性地管理原材料、零部件及产成品的采购、移动和储存（包括相关信息流）的过程，它贯穿整个企业及其营销渠道，以合理的成本满足客户需求，使企业目前和将来的盈利能力最大化。

我国国家标准《物流术语》（GB/T18354—2021）中给出的关于物流的定义是：根据实际需要，将运输、储存、装卸、搬运、包装、流通加工、配送、信息处理等基本功能实施有机结合，使物品从供应地向接收地进行实体流动过程。

综合而言，本书对物流管理的定义是：物流管理是供应链管理的一个组成部分，是对供应链上各种物料（包括原材料、零部件、产成品）、服务及信息从起始点到终点流动过程的计划、组织和控制活动的总称。物流管理充分运用信息技术，将运输、仓储、装卸、加工、整理、配送等有机结合，以合理的价格为用户提供一体化的综合服务。

各国对物流管理的定义虽然表述不同，但都包含了以下基本内容：

（1）物流产生的目的是满足消费者的需求，或全面实现某个战略、目标或任务。

（2）物流是一个空间上的物理性移动过程，存在一个起点和一个终点，并且从起点到终点的物理性移动过程包括几个基本的环节：装卸、运输、供应、仓储、采购。

（3）物流过程中移动的主体是货物及与之相关的信息。这里，货物包括原材料、中间过程的库存、最终产品；相关信息包括在流通过程中发生的必需的各种单证、消费者需要的各种信息和物流活动管理者需要的各种信息。

（4）物流是一种管理活动，必须进行恰当的计划、实施与控制，确保物流过程中各个环节功能最优化，保证物流过程的有效性。

（5）物流管理的分析方法是把供应链作为一个有机的整体来研究。企业的各个部门间、供应链上的各企业间存在相互影响、相互制约的关系，物流分析的方法就是充分考虑到这种互动关系，从系统的角度来分析问题。如一个企业的储运部门运作出现问题，其根本原因可能不在该部门内部，有可能是生产部门或销售部门的问题，这就为解决问题提供了新的思路和方法。

（6）物流管理的出发点是对供应链进行整体优化。由于在企业或供应链中存在上述互动关系，物流管理在进行优化时就强调要注意避免造成局部最优而总体次优的情况。典型的例子就是运输与仓储成本的相互关系，过分强调节约运输成本可能造成库存及仓储成本的增加，特别是在目前企业经营遍及全球、产品生命周期不断缩短的情况下，其结果可能是总成本的增加。

通常可以这样理解物流管理：物流管理是指经济主体为满足顾客的需求或其他目标所发生的从供应起点到需求终点的物质、服务以及信息的流动过程，以及为使该过程有效且低成本地进行而进行的计划、实施和控制行为。

三、物流管理的发展

物流管理的概念是在发展过程中不断变化和完善的。追溯物流管理概念和理论的发展历史，目前学术界有两种主要观点，认为物流管理发展有两条主线。

1. 源自“physical distribution”的发展

最早出现的“physical distribution”（可以译为配送，也有人将其译为物流，但指的是流通领域里的分销过程的活动，简称 PD）概念，是 1921 年由美国学者阿奇 · 萧（Arch Shaw）在《市场流通中的若干问题》（*Some Problem in Market Distribution*）一书中提出的。同一时期，英国的利费哈姆勋爵成立了即时送货股份有限公司，其宗旨是在全国范围内把商品及时送到批发商、零售商以及用户的手中，这一举动被一些物流学者誉为有关“物流活动的早期文献记载”。

1935 年，美国销售协会对 PD 进行了定义：physical distribution 是包含于销售之中的物质资料和服务，是从生产地到消费地的流动过程中所伴随的种种活动。

20 世纪 50—70 年代，物流研究的主要对象是与商品销售有关的实体运动。因此，通常仍然采用 PD 一词。

1956 年，日本通产省派人员考察美国，发现日本称为“流通技术”的内容相当于美国 physical distribution 的内容，从此便把流通技术按照美国的简称叫作 PD，使 PD 这个术语得到了广泛的使用。1964 年，日本池田内阁将 PD 改称为“物的流通”，简称“物流”，并在日本政府文件中正式采用。

2. 源自“logistics”的发展

第二次世界大战期间，美国在军用物资的战时供应中首先采用了后勤管理（logistics management）这一概念，对军用物资的采购、运输、补给、贮存等进行全面管理。从此，后勤管理逐渐形成了单独的学科。其特点是应用运筹学和管理学的理论和方法，对军事上的后勤活动进行计划和优化管理。第二次世界大战结束后，后勤管理方法被引入企业管理领域，称为“business logistics management”，其定义是“包括原材料的采购、产品分配、运输、库存控制、储存、用户服务等业务活动”，其领域包括原材料采购、生产管理和产品销售。如果把市场竞争看作战场上的战斗，那么原材料的采购、产品分配、运输、库存控制、储存、用户服务等业务活动就是支持这种战斗的庞大的“后勤”系统。一个企业的产品是否有竞争力，不仅要看其是否具有产品性能、市场营销等方面的优势，还要看其是否具有支持整个竞争活动的“后勤”系统，即现在人们所说的物流系统。

与 physical distribution 相比，logistics 的概念较宽广、连贯，更具整体性，作为一种管理理念和方法更加适应经济发展的需要。physical distribution 的概念则较狭窄，一般是指销售领域，随着经济活动实践越来越深入，其局限性也愈渐凸显。多年的研究和实践都证明，企业要取得经济效益，仅关注销售领域是不够的，必须有更大的系统和更强的综合战略，即在销售领域之外的生产和生产之前的供应领域内也存在着改善管理的潜力，需要在更宽泛的领域内建立新的概念。logistics 正是这样一个新概念。

1986 年，美国配送管理协会（National Council of Physical Distribution Management，NCPDM）正式更名为美国物流管理协会，即 physical distribution 概念发展为 logistics 概念。此后，包括日本在内的国家对 PD 概念的理解基本演进到 logistics 的概念。2005 年，美国物流管理协会又一次更名为供应链管理专业协会。

四、物流的分类

按照不同的标准，物流可作不同的分类。通常物流可以按以下几种方式分类。

1. 按物流的范畴，可分为社会物流和企业物流

社会物流属于宏观范畴，包括物流设备制造、运输、仓储、包装装卸、配送、信息服务等，公共物流和第三方物流贯穿其中；企业物流属于微观物流的范畴，包括生产物流、供应物流、销售物流、回收物流和废弃物物流等（如图 8－1 所示）。

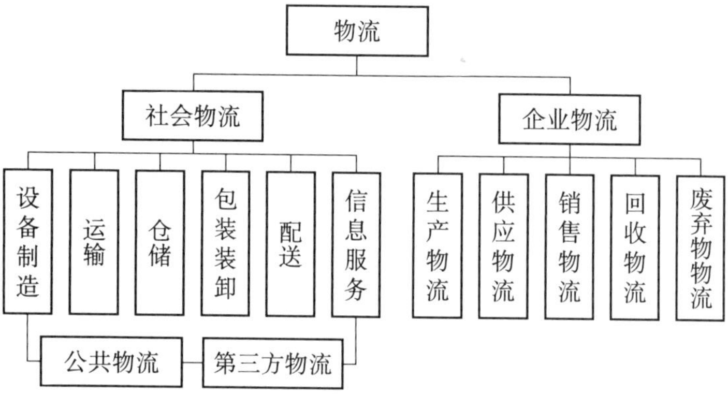

图 8－1　物流的分类

2. 根据作用领域的不同，可分为生产领域的物流和流通领域的物流

生产领域的物流贯穿生产的整个过程。生产的全过程从原材料的采购开始，便要求有相应的供应物流活动，即采购生产所需的材料；在生产的各工艺流程之间，需要原材料、半成品的物流过程，即生产物流；部分余料、可重复利用的物资的回收，就是回收物流；废弃物的处理则需要废弃物物流。

流通领域的物流主要是指销售物流。在当今买方市场条件下，销售物流活动带有极强的服务性，以满足买方的需求，最终实现销售。在这种市场前提下，销售往往以送达用户并经过售后服务才算终止，因此，企业销售物流的特点便是通过包装、送货、配送等一系列物流实现销售。

3. 根据发展的历史进程，可分为传统物流和现代物流

传统物流的主要业务集中在仓储和运输与配送上，主要是为其他企业提供专业的仓储和运输服务，基本上不涉及或较少涉及其他服务。

现代物流不仅提供仓储和运输服务，还包括许多协调工作，是对整个供应链的管理，如对一些分销商的管理，还包括订单处理、采购等内容。由于很多精力放在供应链管理上，责任更大，管理也更复杂，这是它与传统物流的区别。现代物流是为了满足客户需要而进行的从起点到终点的原材料、中间过程库存、最终产品和相关信息有效流动的计划、组织和控制的一体化、门到门的供应链整体物流服务。

4. 根据提供服务的主体不同，可分为外包物流和企业自营物流

外包物流，也叫第三方物流（third party logistics，3PL），是指由供货人与收货人之外的第三方完成物流服务的运作模式。交易双方的企业将物流外包给第三方物流企业，由第三方物流企业承担交易双方的部分或全部物流功能。

企业自营物流是指企业利用自身的物流资源完成从原材料采购进厂、经过多道工序加工成零件并组装成产品，到最后交付给客户的过程。因为这一过程是企业自己组织和管理的，所以称为自营物流。

5. 按物流的流向不同，可分为流入物流和流出物流

流入物流（或称入厂物流）是企业从生产资料供应商进货所引发的产品流动，即企业从市场采购的过程；流出物流（或称出厂物流）是从企业到消费者的产品流动，即企业将产品送达市场并完成与客户交换的过程。

根据流入物流和流出物流对企业竞争力影响的重要性不同，又可分为单向物流和双向物流（或平衡物流），如表 8－1 所示。汽车制造企业是典型的单向物流，流入物流管理水平的高低对这类企业竞争力的影响很大。例如，一辆轿车由上万种零件构成，从物流管理涉及的种类来说，上万种零件的物流管理（流入物流管理）的难度显然要远大于一种型号的汽车的物流管理（流出物流管理）。因此，世界著名的汽车制造商都十分注重供应链流入端的物流管理。

表 8－1 流入物流与流出物流

物流系统类型	流入	流出
流入为主的物流系统		
汽车装配厂	零部件、组件等	汽车
运输企业	燃料、食品（航空）、零件、设备	（客货）运输服务
财务公司	管理和办公设备	财务服务
独立的零售店	零售设施	无（商店不能流动）
流出为主的物流系统		
采掘业	生产设施	煤、矿石等
林产品企业	生产设施	木材
双向平衡的物流系统		
日用品制造商	零部件、材料	面向最终用户的商品
食品加工商	生鲜食品、罐头、瓶子	面向最终用户的食品
批发商	商品	商品

五、物流的功能

物流通常具有以下几种功能。

1. 运输功能

空间距离是经济发展的阻力，运输则是克服这种阻力，使商品产生价值增量的过程，是物流活动的核心。运输包含从生产地到消费地的干线运输，也包含消费地向消费者配送的短距离运输（如最后一公里配送），主要指借助交通工具，在一定时间内实现物资的空间位移，包括供应及销售物流中的车、船、飞机等方式的运输，生产物流中的管道、传送带等方式的运输。运输是物流一个必不可少的基本功能。运输过程是生产过程的前导与后续，是沟通产销部门的重要桥梁。

物流中的合理运输，就是遵循商品流通规律、交通运输条件、货物的合理流向及市场供需情况，以最快的速度、最少的环节、最短的距离、最低的费用完成货物的运输任务。其中，运输距离、运输环节、运输工具、运输时间、运输费用和运输方式等都是影响运输的重要因素。值得注意的是，这些因素有时是互相联系、互相影响的，这就要求根据具体情况综合分析、全面比较，寻求最佳运输方案。

经济性和安全性是运输十分重要的质量指标。一般来说，在市场经济条件下，运输市场是一个买方市场，价格是运输供给者竞争的核心，这也是货主追求低成本的期望所决定的。但是，经济性并不影响安全性的重要地位。尽管不同的货物对于安全性的要求不同，但安全性是运输质量的最重要的因素。集装箱运输的出现就是经济性与安全性的综合体现，集装箱运输在管理上的简化和技术上的进步使二者进一步统一起来。

2. 储存功能

储存是为了克服生产与消费在时间上的差异，衔接产需、缓冲供求。储存是物流的主要功能之一，是物资流转不可缺少的重要环节，是社会化大生产的必要条件。储存包括堆存、保管、保养、维护等活动。科学合理的储存管理能保证生产顺利进行，加速物资周转，但不适当的特别是过多的储存将占压流动资金，造成浪费，而储存量过少又会导致停工待料，不能保证生产、销售连续进行。

在储存管理上应做到合理储存，即储存量合理，储存结构合理，储存时间合理，储存分布合理。对储存的具体要求是：库存多（充分利用仓容），保管好，进出快，损耗少，费用省，保安全。对于不同的物资，储存的要求具有不同的侧重点。比如，对粮食这一特殊的物资既要保证储存数量，又要保证储存质量，不能造成浪费。

3. 配送功能

配送是指根据用户的要求，在物流中心分配货物，并将所配的货物交付收货人。配送是物流产生社会经济效益的重要环节，通过配送中心统筹安排，可以减少乃至消除迂回运输、重复运输、空载运输等不合理运输现象，减少不必要的中间环节，加快物资周转速度。

4. 装卸搬运功能

装卸搬运功能包括对输送、保管、包装、流通加工等物流活动的衔接活动，以及在保管等活动中为检验、维护、保养所进行的装卸活动。装卸搬运是物流活动的基本单元，也是连接运输、储存、配送、包装、流通加工等活动的中间环节。若没有装卸搬运，不同物流环节就不可能顺畅地联结在一起，也就无法实现物流服务的目标。装卸搬运是一项十分艰苦又繁杂的工作，为了提高装卸作业效率，降低劳动强度，发展装卸搬运机械化、自动化、智能化、连续化势在必行。

装卸搬运在整个宏观物流中虽然只是“基本单元”，但是从局部、微观的角度来研究，它本身又是一个不可忽视的系统。科学合理地组织装卸搬运系统，可以减少作业环节与装机容量，优化工艺路线，达到与先进技术装备的配套。通过实施装卸搬运机械化，既可降低装卸搬运成本，节约费用，又可降低工人作业强度，保证装卸搬运质量。

5. 包装功能

包装功能包括产品的出厂包装，生产过程中在制品、半成品的包装，以及物流过程中的换装、分装、再包装等活动，还包括为达到上述目的而进行的操作活动。我国的《包装通用术语》（国家标准 GB 4122—83）中对包装做出了明确的定义："所谓包装，是指在流通过程中保护产品、方便储运、促进销售、按一定技术方法而采用的容器、材料及辅助物等的总体名称。"

作为物流过程的一个重要环节，包装分为商业包装和工业包装。有人认为，包装是生产过程的终点和物流过程的起点。包装的方法是由物流的方式决定的，这既取决于货主对物流的要求，又取决于商品本身的物理特性和化学特性。包装不仅要从运输角度满足保护物品、单元化和彼此区别等功能要求，而且要反映物流过程中必须通过包装反映的物流信息，因此包装的设计十分重要，必须根据物流方式的不同要求进行具体的包装设计。

6. 流通加工功能

流通加工又称流通过程的辅助加工活动，是物资从生产领域向消费领域流通的过程中，为了弥补生产不足或为了满足客户的需求、促进销售、增加流通部门效益、提高物流效率而进行的辅助性加工活动。这种加工活动不仅存在于社会流通过程，也存在于企业内部的流通过程。

流通加工的经济效益具有广阔的前景。例如，将原木或大规格锯材直接供给使用部门，其平均利用率不到 50%；在流通部门中实行集中下料，根据用户的不同要求供应不同规格的成材，可以使原木的利用率提高到 97%以上。许多发达国家和地区在物流过程中都伴有流通加工业务。日本东京、大阪、名古屋等地区的 90 多家物流公司中，一半以上拥有流通加工业务，其规模相当大，取得了很好的经济效益。

7. 信息处理功能

物流过程是一个多环节的复杂组合，把众多的环节及其功能整合成一个有机的系统并形成单一的功能整体，以追求整体功能的最优化，信息是其中的关键。物流信息是指在物流活动过程中，反映物流活动的实际和特征的各种知识、资料、消息、情报、数据、文件、图纸等的总称。在物流、商流中，伴随着大量的信息流，收集、检索和处理信息是十分重要的。信息传递的快慢及准确与否直接影响物流系统效益的发挥。用计算机处理和加工物流信息，获得指导物流活动的可靠情报，对物流的组织具有极为重要的作用。

供应链活动中的物流覆盖范围很广。对于一个范围广、环节复杂的系统来说，要满足顾客随时提出的任何物流的需要，必须建立一个庞大又灵活方便的信息管理系统。虽然现代信息技术已经提供了相当完整的技术支持，但对于所有的物流服务提供者来说，这仍是一个艰巨的课题和努力的方向。

在上述各种功能要素中，运输及储存分别解决了供给者与需求者之间场所和时间的分离问题，是物流创造场所效用和时间效用的关键功能要素，因而在物流系统中处于重要的地位。

第 2 节　物流网络与供应链管理

一、物流网络在供应链管理中的地位

一般认为，供应链是物流、信息流、资金流的统一，物流网络很自然地成为供应链管理体系的重要组成部分。物流管理在供应链管理中有着重要的作用。但是，从传统的观点看，物流被视为辅助的功能部门，只是对制造企业的生产起到了一种协助作用。随着顾客对时效性的要求和供应链管理理念的出现，要求企业以最快的速度把产品送到用户手中，企业必须提高快速响应市场的能力。这一切都要求企业的物流系统具有和制造系统协调运作的能力，以提高供应链的敏捷性和适应性。物流管理不再仅仅扮演传统的保证生产过程连续性的辅助角色，而是要在供应链管理中发挥更重要的作用。

（1）创造用户价值，降低用户成本。

（2）协调制造活动，提高企业的敏捷性。

（3）提供用户服务，塑造企业形象。

（4）提供信息反馈，协调供需矛盾。

要实现以上目标，物流网络应做到准时交货，提高交货的可靠性，提高响应性，降低库存费用等。现代市场环境的变化要求企业加速资金周转，快速传递与反馈市场信息，不断沟通生产与消费的联系，提供低成本的优质产品，生产出满足顾客需求的个性化的产品，提高用户满意度。因此，只有建立敏捷、高效的供应链物流系统，才能提高企业竞争力。供应链管理将成为 21 世纪企业的核心竞争力，而物流管理又将成为供应链管理的主要构成部分。

二、供应链管理环境下物流网络的特征

（一）供应链管理环境下的物流网络环境

企业竞争环境的变化导致企业管理模式的转变，供应链管理思想就是在新的竞争环境下出现的。新的竞争环境体现了企业竞争优势要素的改变。20 世纪 70 年代以前，成本是主要的竞争优势；80 年代，质量成为主要的竞争优势；90 年代是交货时间，即基于时间的竞争；到 21 世纪初，这种竞争优势就转移到敏捷性上。在这种环境下，企业的竞争表现为如何以最快的速度响应市场要求，满足不断变化的多样化需求。企业必须能在实时的需求信息下，快速组织生产资源，把产品送到用户手中，并提高产品的用户满意度。在激烈的市场竞争中，企业会感到一种资源饥渴的无奈，传统的单一企业竞争模式已经很难使企业在市场竞争中保持绝对的竞争优势。信息时代的到来进一步加大了企业竞争的压力，

信息资源的开放性打破了企业的界限，建立了一种超越企业界限的新的合作关系，为创造新的竞争优势提供了有利的条件。供应链管理的出现迎合了这种趋势，顺应了新的竞争环境的需要，使企业得以从资源的约束中解放出来，创造新的竞争优势。

供应链管理实质上是一个扩展的企业概念，其基本原理和思想体现在以下几个方面：(1) 横向思维（战略联盟）；(2) 核心能力；(3) 资源扩展/共享；(4) 群组与工作流（团队管理）；(5) 竞争性合作；(6) 同步化运作；(7) 用户驱动。这几个方面的特点不可避免地会影响物流环境。

归纳起来，供应链管理环境下的物流环境特点如表 8-2 所示。

表 8-2 供应链管理环境下的物流环境特点

竞争的需求	竞争特性	物流管理要素
对顾客化产品的开发、制造和交货速度	敏捷性	通过畅通的运输通道快速交货
资源动态重组能力	合作性	通过先进的信息网络实现信息共享，实现物流资源的动态优化
物流系统对变化的实时响应能力	柔性	多种形式的运输网络、信息获取途径
用户服务能力的要求	满意度	多样化产品、个性化和亲和服务、质量可靠

(二) 供应链管理环境下物流管理的新特点

由于供应链管理环境下物流环境的改变，新的物流管理和传统的物流管理相比呈现出不同的特点，这些特点反映了供应链管理思想的要求和企业竞争的新策略。

首先我们考察一下传统的物流管理情况。图 8-2 为传统的物流系统模型。在传统的物流系统中，需求信息和反馈信息（供应信息）都是逐级传递的，上级供应商不能及时掌握市场信息，因而对市场信息的反馈速度比较慢，导致需求信息的扭曲。

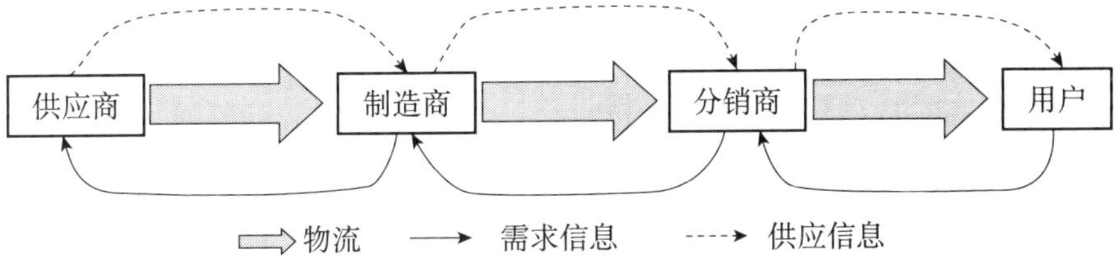

图 8-2 传统的物流系统

另外，传统的物流系统没有从整体角度进行物流规划，常常导致库存不断增加，但当需求出现时又无法满足。这样，企业就会因为物流系统管理不善而丧失市场机会。例如，1994 年，康柏公司就因为流通渠道没有跟上而导致 1 亿美元的损失，其财务经理说："我们在制造、市场开拓、广告等方面尽了最大的努力，但是物流管理没有跟上，这是最大的损失。"康柏公司由于在供应链及物流管理上落后，最后被惠普公司收购。

简言之，传统物流管理具有以下主要特点：

(1) 纵向一体化的物流系统。

(2) 不稳定的供需关系，缺乏合作。

（3）资源的利用率低，没有充分利用企业的有用资源。

（4）信息的利用率低，没有共享有关的需求资源，需求信息扭曲现象严重。

图 8－3 为供应链管理环境下的物流系统模型。与传统的纵向一体化物流系统模型相比，信息的流量和并行传递的范围大大增加。需求信息和反馈信息传递不是逐级进行的，而是网络式的，企业通过信息传递网络可以很快掌握供应链上不同环节的供求信息和市场信息。因此，供应链管理环境下的物流系统中需求信息和供应信息始终同步运行，达到充分的信息共享。

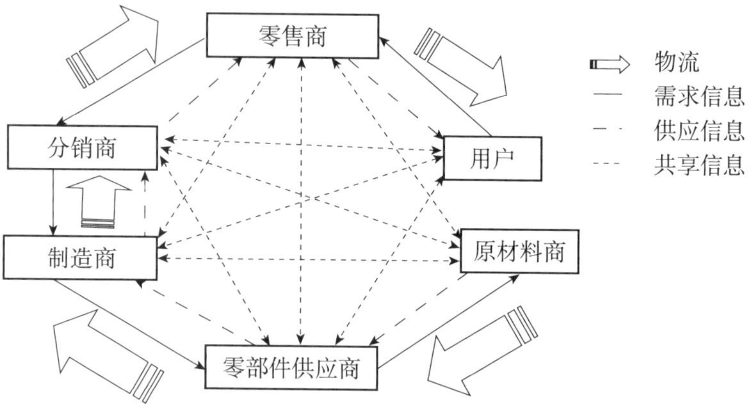

图 8－3　供应链的物流与信息

共享信息对供应链管理是非常重要的。由于可以做到信息共享，供应链上任何节点的企业都能及时掌握市场的需求信息和整个供应链的运行情况，每个环节的物流信息都能透明地与其他环节交流与共享，从而避免了需求信息的失真。

物流网络规划能力的提高也反映了供应链管理环境下的物流特征。充分利用第三方物流系统、代理运输等多种形式的运输和交货手段，降低了库存的压力和安全库存水平。

作业流程的快速重组能力极大地提高了物流系统的敏捷性。通过消除不增加价值的过程和时间，供应链的物流系统进一步降低成本，为实现供应链的敏捷性和精细化运作提供了基础性保障。

信息跟踪能力的提高使供应链物流过程更加透明，也为实时控制物流过程提供了条件。在传统的物流系统中，许多企业有能力跟踪企业内部的物流过程，但没有能力跟踪企业之外的物流过程，这是因为缺乏共享的信息系统和信息反馈机制。

合作性与协调性是供应链管理的一个重要特点，如果没有物流系统的无缝连接，运输的货物逾期未到，顾客的需要不能得到及时满足，采购的物资常常在途受阻，都会使供应链的合作性大打折扣。因此，无缝连接的供应链物流系统是使供应链协调一致运作的前提条件。

灵活多样的物流服务提高了用户的满意度。通过制造商和运输部门的实时信息交换，及时地把用户关于运输、包装和装卸方面的要求反映给相关部门，提高了供应链管理系统对用户个性化响应的能力。

归纳起来，供应链管理环境下物流管理的特点可以用如下几个术语简要概括：

- 信息——共享；
- 过程——同步；
- 合作——互利；
- 交货——准时；
- 响应——敏捷；
- 服务——满意。

三、供应链管理与物流网络的整合

早期的供应链管理研究以产品制造为中心，尽量提高生产率，降低成本，缩短生产周期，是企业提高市场响应性的重要手段之一。供应链管理思想为企业内部资源与外部资源物流网络的有效整合、优化调配提供了理论依据，为企业集中精力关注供应链上的所有活动并做出正确决策提供了有效方法。

供应链管理环境下的物流管理与传统企业的物流管理的意义和方法不同。由于企业经营思想的转变，为保证供应链企业之间的同步化、并行化运作，实现快速响应市场，物流系统管理将面临一系列的转变，主要解决以下几个方面的问题：

（1）实现快速、准时交货的措施问题。

（2）低成本、准时化的物资采购策略问题。

（3）物流信息的准确传递、反馈与共享问题。

（4）物流系统的敏捷性和灵活性问题。

（5）供需协调，实现无缝供应链连接问题。

为有效管理物流网络活动，提高企业竞争优势，必须与供应商及客户合作，结合所有物流活动，形成整合式管理，并重视成员间的紧密联系。供应链管理最基本的出发点就是信息共享与协调运作，改善和提高整个供应链以及物流网络的效率。

流入物流和流出物流结合的物流供应链管理是将物流活动视为由原材料采购、生产、分配、销售和产品到达最终用户所组成的一定流量的环环相扣的“链”。它通过综合从供应商到消费者供应链的运作，使物流与信息流达到最优化。企业追求全面的物流网络的综合效果，而不是单一的、孤立的片面效果。供应链管理是全过程的战略管理，其目的不仅是降低成本，更重要的是提供良好用户体验的增值服务，以保持竞争优势。

供应链的物流管理不再把库存当作维持生产和销售的被动措施，而将它作为一种供应链的平衡机制。通过简化供应链等方法消除薄弱环节，以此寻求总体平衡。通过物流网络准时化要求，供应链上的所有要素同步运作，减少无效作业，做到采购、运输、库存、生产、销售及供应商、用户的营销系统的一体化，促进物料与产品的有效流动，追求物料通过每个配送渠道的整体流动的最高效率，以杜绝生产与流通过程的各种浪费。通过有效客户响应消除系统中不必要的时间浪费，降低供应链各个环节如生产、库存、运输等方面的成本，为最终给客户带来更大的效益而进行密切合作。因此，物流网络在供应链管理中扮演着举足轻重的角色，它为供应链成员提供中性服务，满足生产和需要的时效性、正确性，解决物流系统共同化等高难度问题。

第3节　企业物流管理

一、企业物流管理概述

从企业经营的角度看，物流是企业赖以生存和发展的重要支撑和保障系统。企业的正常运转要保证按生产计划采购和运达各种原材料及外购件，同时要将产品不断运出企业，这正是依靠物流及有关活动提供保障的。企业生产过程的连续性和衔接性，靠的正是生产过程中不间断的物流支撑，有时生产过程本身便与物流活动结合在一起，因此物流的支持保证作用是不可或缺的。

企业经营活动的基本结构是投入—转换—产出。对于生产类型的企业来讲，是原材料、燃料、人力、资本等的投入，经过生产制造转换为产品及伴随的服务；对于服务型企业来讲，则是设备、人力、管理和运营转换为对用户的服务。物流活动便是伴随着企业的投入—转换—产出而发生的。与投入相对应的是企业的流入物流（入厂物流），与转换相对应的是企业内生产物流或企业内转换物流，与产出相对应的是企业的流出物流（出厂物流）。由此可见，在企业经营活动中，物流是渗透到各项经营活动之中的活动。

具体而言，企业物流包括以下运作内容：

（1）企业流入物流。也称入厂物流或供应物流。即组织原料、辅料供应到厂的物流活动。管理的重点是保障各种物料的供应，有效应用供应网络、供应方式，减少库存等问题，还要尽可能降低这一物流过程的运作成本。

（2）企业生产物流。即原料及辅料从企业仓库或企业“门口”进入生产线，随生产加工过程流经各个环节，直到生产加工终结，再流至生产成品仓库。管理的重点是减少物流活动时间的消耗，组织高效的物流活动，降低物流成本。

（3）企业流出物流。也称出厂物流或销售物流。即将产品所有权转移给用户而发生的物流活动，涉及包装、送货、配送等一系列环节，实现订单交付，完成订单履行。管理的重点包括配送方式、包装方式、交付地点与时间等，并采取诸如小批量、多批次、定时定量配送等各种先进的物流运作方式达到服务客户的目的。

（4）企业回收物流（包括废弃物物流）。也称逆向物流。企业在生产、供应、销售活动中总会产生各种边角余料和废料以及各种包装物或退货，这些物品的回收同样需要物流系统提供支持和服务。如果回收物品处理不当，往往会影响整个生产环境，甚至占用不必要的空间，造成浪费，还会影响企业的品牌及形象。

二、企业物流管理在竞争中的作用

显而易见，抓好企业物流管理，对于提高企业在市场上的竞争力具有十分重要的意义。从实际调查报告看，物流成本对企业运作绩效有很大的影响。表8-3给出了美国某机构的调查研究结果，从中可以看出，物流成本在不同行业对企业效益的影响程度是不同的，它们的共同特点是，对企业的绩效都有重要的影响。

表8-3 物流成本在不同企业中的比例（%）

	流入与流出物流运输	库存维持	仓储	管理	接收与发运	包装	订单处理	总计
所有制造企业	6.2	3.6	3.6	0.5	0.8	0.7	0.5	15.9
化工与塑料	6.3	1.6	3.3	0.3	0.7	1.4	0.6	14.2
食品加工	8.1	0.3	3.5	0.4	0.9	—	0.2	13.4
医药	1.4	—	1.2	0.7	0.5	0.1	0.5	4.4
电子	3.2	2.5	3.2	1.2	0.9	1.1	0.5	12.6
造纸	5.8	0.1	4.6	0.2	0.3	—	0.2	11.2
机床与工具	4.5	1.0	2.0	0.5	0.5	1.0	0.5	10.0
其他	6.8	1.0	2.9	1.2	1.4	0.4	0.4	14.1
所有商业企业	7.4	10.3	4.2	1.2	0.6	1.2	0.7	25.6
消费品	8.1	8.5	4.0	1.3	0.9	0.9	0.5	24.2
工业品	5.9	13.7	2.9	0.7	0.2	2.0	1.0	26.4

一般来说，衡量供应链竞争力和运作绩效的指标有很多，常用的主要指标有供应链对客户订货需求的响应周期、供应链运作的总成本、供应链的总库存水平、向客户承诺交货期的交付可靠性以及对客户的服务水平等。物流过程对这几个主要指标的影响都是很大的。

因此，抓好物流过程的管理就成为所有企业关注的事情。除了表8-3反映的事实，物流在企业取得竞争优势中的关键作用还体现在以下几个方面。

1. 物流过程对供应链响应周期的影响

这是对供应链竞争力影响最大的一个方面。供应链响应周期是指整个供应链从接到客户订单到最终交货的时间间隔。调查表明，在供应链总的生产周期中，真正花在生产过程上的时间不到总周期的5%，剩余的95%的时间都消耗在等待、储存过程中，这不但使响应周期延长，而且增加了成本。另据有关报道，欧洲一家日杂公司的经理说，其产品从渔场码头到工厂加工再到超级市场，需要150天的时间，而真正消耗在生产中的时间只有45分钟。在对美国食品杂货业的一次调查中发现，麦片从生产厂到超级市场，途经一连串的分销商、批发商、集运人，居然要104天。这些事实告诉人们，物流过程管理水平的高低对供应链响应周期的影响是巨大的。

2. 物流过程对供应链总成本的影响

物流过程管理水平的高低反映在供应链总成本上，可以从物流费用占总费用的比例看出来。在发达国家，如美国和加拿大，物流费用占总费用的9%～10%，而我国企业物流费用占总费用的比例高达20%～40%（不同的统计口径得到的数据可能不一样）。仅此一点就足以说明物流过程对供应链竞争力的影响了。另据有的供应链实践经验，如果供应链的物流费用下降0.1%，就相当于生产效率提高10%，这是多么大的效益！这些数据都说明了物流过程对整个供应链竞争力的影响。我国企业物流成本占总成本的比例之所以很高，与物流过程在整个供应链中的组织水平有很大关系。在供应链运作过程中，由于各个环节之间的组织协调很差，各种零部件、产成品的运输时间、交货时间、到货时间不同步，有的很早就生产出来了，而有的却很晚才交货，从而影响了整个装配进度。那些不能同步产出的零部件就形成了等待库存，既消耗了时间，又占用了资金，增加了资金使用成本。

3. 物流过程对供应链总库存水平的影响

低水平的物流过程对供应链库存的影响，最典型的就是订货量在供应链上被逐级放大（“长鞭效应”）。这一效应的结果是造成了供应链上各级的库存量越来越大，增加了库存成本，使供应链的总体竞争力下降。当然，造成长鞭效应的原因是多种多样的，但最终都反映在物流过程中。如果能提高物流管理水平，长鞭效应就可以减弱乃至消除，供应链总库存水平就会下降。

另外，提高物流过程的管理水平不仅有助于消除或减少长鞭效应，而且可以降低各种与此相关的费用。

4. 物流过程对供应链按期交付可靠性的影响

按期交付可靠性是对供应链整体信誉的一种衡量，也是供应链吸引客户的一种有力手段。按期交付可靠性高，就容易得到客户的信任，就会有源源不断的订货；反之则会逐渐失去现有客户。因此，这一点也是影响供应链整体竞争力的关键因素。在影响按期交付可靠性的因素中，物流是显而易见的关键因素。在实际经营中，往往由于物流组织落后，造成整个供应链生产不能同步进行，有些零部件早生产出来等待进一步加工（装配），有些零部件却不能按时完工，最终影响产品的总装配，进而影响按时交货。因此，增强物流过程在同步制造中的作用，是提高供应链交货可靠性的重要环节。

5. 物流过程对供应链服务水平的影响

供应链管理的核心是要向所有提出需求的客户及时提供精确的产品。因此，客户服务质量是构成供应链竞争力的关键要素之一。决定客户服务水平的一个重要的业务领域是称为“配送渠道”的结构。由于物流过程的作业活动必须在任何时间、任何地点、跨越广阔的地域来进行，对服务质量的要求非常高，而绝大多数物流作业是在监督者的视野之外进行的。不正确的物流作业导致重做客户订货所花的费用远比第一次就正确地履行所花的费用多，因此，物流过程既是体现供应链服务水平的主要组成部分，又是供应链总成本的影响因素。毫不夸张地说，它是一个供应链最终成败的业务战场。

由以上分析不难看出，物流过程管理水平的高低和物流能力的强弱，直接影响供应链的整体竞争力。用传统的物流管理方式应对供应链中的物流过程难以满足以上要求，因而必须建立现代物流的理念。

三、企业物流管理模式及选择

企业物流管理模式主要分为自营物流和外包物流（或称合同物流）。企业在进行物流管理模式决策时，应根据自己的需要和资源条件，综合考虑各种因素后慎重选择，以提高企业的市场竞争力。企业物流管理模式决策状态如图 8-4 所示。

如果物流在企业战略中起关键作用，但自身物流管理水平较低，对这类企业（处于Ⅱ区间）来说，与物流服务方组建物流联盟，形成战略合作伙伴关系，将会在物流设施、运输能力、专业管理上收益极大。对于物流在战略中不占关键地位，但物流管理水平很高的企业（处于Ⅳ区间）来说，可以寻找伙伴共享物流资源，通过增大物流量获得规模效益，降低成本。

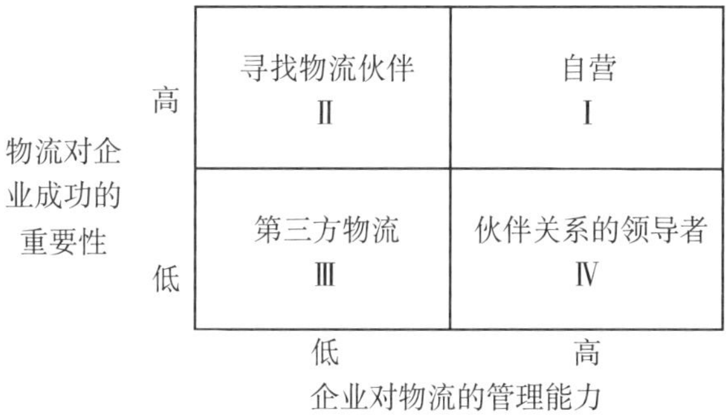

图 8－4　企业物流管理模式决策状态

如果企业有很高的顾客服务需求标准，物流成本占总成本的比重极大，且自身物流管理能力强，即处于Ⅰ区间的企业，一般不会选择外包物流服务，而是采取自营的方式；对于物流在战略中地位并不太重要，自身物流管理能力也比较欠缺的企业（处于Ⅲ区间）来说，采用外包给第三方物流是比较好的选择，这样既可以降低物流成本，又能提高服务水平。

自营物流与物流外包各有优缺点。

（一）自营物流

自营物流主要是指制造商或批发商、零售商专设企业物流部门统一管理企业的物流运作，并拥有自备仓库、车队等物流设施，为企业的正常运营提供物流支持。自营物流模式通常将物流管理部门看作成本中心，以最低的物流成本实现企业的价值创造。

1. 自营物流的优点

采用自营物流模式的企业，可以加强对本企业物流活动的全程管理，保证客户订单交付等任务的完成，从而取得比较好的物流服务质量，对于提高本企业的品牌影响力具有重要意义。综合而言，自营物流的优点主要体现在以下方面：

（1）企业可以对物流系统运作的全过程进行有效的控制。由于采用的是自身的物流体系，企业可以对物流资源的调度进行有效控制，根据企业的经营目标优化配置物流资源，并对物流运作过程进行全程控制，保证达到物流服务目标。

（2）降低交易成本。企业自营物流的管理过程封闭在体系内，这就免去了与外部物流企业进行沟通、交易等产生的管理成本。

（3）避免商业秘密的泄露。企业通过对物流流程各环节的有效控制，在保证效率的同时，还能防止商业秘密的泄露。

（4）提高企业品牌价值，提高企业在顾客中的亲和力。自营物流可以更加有效地与企业的客户服务目标相匹配，因而有效地支撑了订单的交付，使客户获得更好的体验，从而进一步提高企业的品牌价值。

采用自营物流管理模式取得成效的企业有不少。

例如，美国的沃尔玛公司就是采用了以自营物流管理为主的策略。据有关资料介绍，仅以 2010 年的数据来看，沃尔玛公司为了支撑其全球经营战略，投入大量资金打造物流网络：为支撑其在全美的 3 804 家门店以及在海外的 4 557 家门店，沃尔玛分别建立了 123 个和 134 个配送中心，美国本土 609 个山姆会员店还拥有 25 个单独配送中心。沃尔玛公司还在物流运作管理上不断创新，例如其 80%的货物采用“轴辐物流”模式组织门店配送。这样的物流管理模式使沃尔玛公司实现了“天天平价”策略，获得了巨大成功。

我国的京东也是采用以自营物流为主体的模式，经过多年的不断投入，现在的京东物流已经逐步形成“供应链＋快递配送＋物流云”的物流配送体系。以 2017 年末的数据看，京东物流共运营 486 个大型仓库，总面积约 1 000 万平方米。京东物流已成为电商领域响当当的品牌，为京东的持续发展奠定了坚实的基础。

2. 自营物流的缺点

自营物流模式也有比较明显的不足。其缺点主要表现在以下方面：

（1）企业资源配置不合理。要开展自营物流活动，就必须投入巨额资金进行物流基础设施建设。对于某些大公司来说，下面的各个分、子公司往往出于便于管理的考虑，纷纷建有自己的物流体系，而且不同下属公司的物流体系并不共享，因此容易造成重复设置物流设施，产生不必要的资源浪费。

（2）自营物流无规模效应，物流运作成本高。如前所述，只要进行物流业务，就必须要有车辆、仓库，需要运储人员，需要占用大量流动资金。如果自己搞物流，不但一开始就要花费一大笔钱搞物流基础设施建设，以后还要经常劳心劳神去进行物流运作，由于一个企业的物流业务量有限，再加上难以实现物流资源共享，极易出现因车辆、仓库、装卸搬运设施的利用率低而导致物流业务的运作成本特别高的情况。

（3）物流创新升级迭代缓慢。由于自营物流投入大、规模效应小、运作成本较高，企业缺乏动力进行管理方法和管理技术的迭代升级，时间长了，容易使企业的物流管理体系落后于时代，甚至被逐步淘汰，最后反而导致巨大的浪费。

（二）物流外包

随着社会分工的进一步细化和物流服务业的快速发展，物流外包（logistics outsourcing）逐渐被供需双方（物流服务供应商和需求方）认可。所谓物流外包，即生产或销售等企业为集中精力增强核心竞争能力，将其物流业务以合同的方式委托给专业的第三方物流企业运作。业务外包是一种长期的、战略性的、相互渗透的、互利互惠的业务委托和合约执行方式。随着生产、流通领域的竞争加剧，选择第三方承担物流服务的情况非常普遍，这也说明物流外包市场有较大的发展空间。

在当今竞争日趋激烈和社会分工日益细化的大背景下，将物流外包给专业的第三方物流企业，可以有效降低物流成本，提高企业的核心竞争力。

1. 物流外包的优点

（1）缓解资源有限的问题，使企业更专注于核心业务的发展。当今时代的技术和需求变化十分复杂，即使对于一个实力非常强大、有多年经验积累的跨国企业集团来说，仅仅依靠自身的力量也是不经济的。为此，企业应把主要资源集中于擅长的主业，而把物流等辅助功能留给物流公司。利用物流外包策略，企业可以集中资源建立自己的核心能力，并使其不断得到提升，从而确保企业能够长期获得较高的利润，并引导行业朝着有利于企业自身的方向发展。

如美国通用汽车的萨顿工厂通过与赖德专业物流公司合作，取得了良好的效益。萨顿将资源集中于汽车制造，而赖德管理萨顿的物流事务。赖德接洽供应商，将零部件运到位于田纳西州的萨顿工厂，同时将成品汽车运到经销商那里。萨顿使用电子数据交换技术进行订购，并将信息发送给赖德。赖德从分布在美国、加拿大和墨西哥的 300 个供应商那里进行所有必要的小批量采购，并使用特殊的决策支持系统软件有效地规划路线，使运输成本最小化。

（2）灵活运用新技术，降低物流成本。随着科学技术日益进步，将物流业务外包给专业的第三方物流企业，可以充分利用第三方物流企业不断更新的信息技术和设备提高物流运作绩效。如美国赖德专业物流公司向床垫制造商席梦思公司提供一种新技术，使得后者彻底改变了自己的经营方式。在合作前，席梦思公司在每一个制造厂储存了 2 万～5 万个床垫来适时满足客户的需求。合作后，赖德在席梦思的制造厂安排了一名现场物流经理。当订单到达时，该物流经理使用特殊的软件设计出把床垫发送给客户的优化顺序和路线。随后这一物流计划被发送到工厂，在那里按照确切的数量、款式和顺序制造床垫，并全部及时发送。该项物流合作从根本上降低了席梦思公司对库存的需求。

（3）减少固定资产投资，加速资本周转。企业自建物流需要投入大量的资金购买物流设备、建设仓库和信息网络等专业物流设施。这些资源对于缺乏资金的企业特别是中小企业来说是一个沉重的负担。如果将物流外包，不仅可以减少设施的投资，还消除了仓库和车队方面的资金占用，加速了资金周转。

（4）企业得到更加专业化的服务，降低运营成本，提高服务质量。企业的核心业务迅猛发展时，也需要物流系统跟上核心业务发展的步伐，但企业的自营物流系统往往因为技术和信息系统的局限而相对滞后。与企业自营物流相比，将物流外包给专业的第三方物流企业，可以集成小批量送货的要求来获得规模经济效应。同时，第三方物流企业在物流管理方面更有经验，更加专业，从而使委托企业降低了运营成本，改进了服务，提高了企业运作的灵活性。

对于委托企业而言，它不可能获得所需要的各方面人才。通过将物流外包给第三方物流企业，委托企业不但可以引入资金和技术，而且可以根据自己的需要引入“外脑”。物流方面的专家或专门人才不一定属于该委托企业，却可以成为该委托企业所使用的有效的外部资源。特别是对于财力、物力有限的小企业而言，通过将物流外包，更容易获得企业所需要的智力资本。

（5）与合作伙伴分担风险，提高企业的应变能力。首先，在迅速变化的市场和技术环境下，通过物流业务外包，企业可以与合作的物流公司建立起战略联盟，利用其战略合作伙伴的优势资源，缩短产品从开发、设计、生产到销售的时间，减少由于技术和市场需求的变化而造成的产品风险。其次，由于战略联盟的各方都发挥了各自的优势，有利于提高新产品和服务的质量，提高新产品开拓市场的成功率。最后，采用物流外包策略的企业在与其战略合作伙伴共同开发新产品时共担风险，从而降低了由于新产品开发失败给企业造成巨大损失的可能性。

2. 物流外包的缺点

当然，与自营物流相比，物流外包在为企业提供上述便利的同时，也会给企业带来诸多不利：企业不能直接控制物流过程，不能保证供货的准确和及时，订单履行交付的风险较大；不能保证顾客服务的质量，不利于维护与顾客的长期关系；企业因物流外包而放弃了对物流专业技术的开发等。这些有可能导致物流外包的失败。

要确保物流外包成功，企业在寻找合作伙伴时，一是要克服思想和观念的障碍，积极了解受托的物流企业是否拥有外包项目所需要的实力；二是要与供应商签订必要的法律文件，讨论全部服务项目细节，拟定工作范围。只有这样，才能保证物流外包的顺利进行。

（三）物流管理模式的选择

在选择物流管理模式时，尽管成本很重要，但第三方物流企业为本企业及企业顾客提供服务的能力更为重要。也就是说，第三方物流企业满足企业对原材料即时需求的能力和可靠性、对企业的零售商和最终顾客不断变化的需求的反应能力等方面，应该作为首要的因素来考虑。

企业选择物流管理模式时，应从物流在企业中的战略地位出发，在考虑企业物流能力的基础上，充分比较各方面的因素，做好成本和服务质量方面的评价，以选择出最合适的物流企业作为合作伙伴。一般的决策程序如图 8－5 所示。

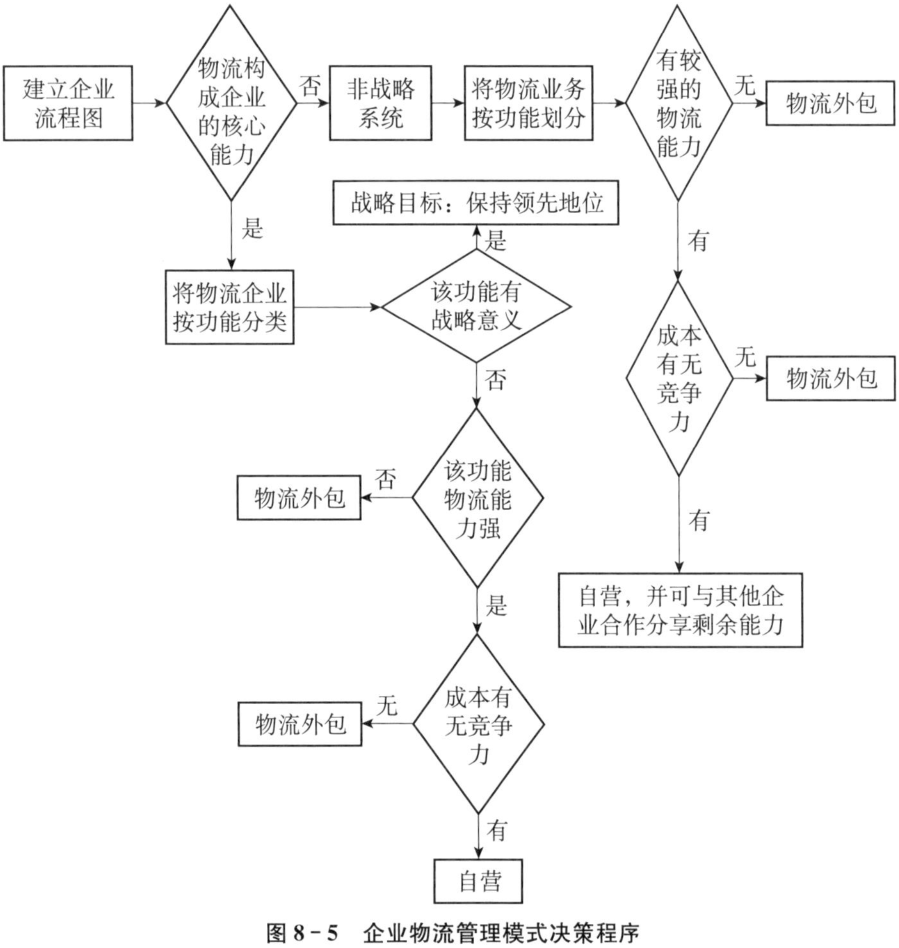

图 8－5　企业物流管理模式决策程序

第 4 节　供应链中的物流组织与管理

按照供应链物流运行的特征，本节从供应物流（即流入物流）、生产物流、销售物流（即流出物流）、回收物流（也称逆向物流）几个角度加以阐述。

一、企业供应物流

（一）供应物流管理的目标

企业为保证自身生产的节奏，实现准时化生产或精细生产的物料的准时化补充，需要不断组织原材料、零部件、燃料、辅助材料供应的物流活动，这种物流活动对企业生产的正常、高效进行起着重大作用。供应物流活动管理体系的设计，必须考虑供应物流网络（从供应商到生产线）的能力和成本，以保证生产过程的连续性、稳定性和成本效益性。因此，供应物流管理是以最低的成本、最少的时耗和最高的配套率来组织供应物流活动，实施的难度很大。为此，企业供应物流必须解决有效的供应网络、供应方式和库存控制等方面的问题。

供应物流组织与管理要实现以下目标：

（1）科学寻源，降低采购端的成本。据有关方面统计，一般企业的采购支出占销售收入的 60%～70%，采购中每节约 1 元的成本就会直接转化为 1 元的利润，而靠增加销售来获取 1 元的利润，则需要多卖十几元或几十元的产品。对一个利润水平为几个百分点的大型企业来说，采购如能节省 1%的成本，则整个公司的净利润会大幅增长。

（2）降低运输与搬运成本。

（3）减少人力和物流设备等资源的占用。

（4）降低采购环节库存水平。为了降低产品制造过程中的库存占用费用，提高企业的竞争能力，应建立准时供应的供应物流体系。它的基本思想是：在必要的时间，对必要的零部件从事必要量的采购。具体方法是企业以时间为单位来划分各时间段所需的材料及零部件，相应材料及零部件的订货单位少量化，以此为基础向材料及零部件供应商订货，并要求在规定的时间内成套地送到工厂进行装配。

（5）提高原材料及零部件供应的齐全配套水平。

（二）供应物流的运作过程

供应物流过程因不同企业、不同供应环节和不同的供应链而有所区别，这个区别就使企业的供应物流出现了许多不同模式。尽管不同的模式在某些环节具有非常复杂的特点，但供应物流的基本流程是相同的，其过程主要包括以下几个环节。

1. 取得资源（寻源）

取得资源是完成后续所有供应活动的前提条件。取得什么样的资源，是核心生产过程提出的，同时也要按照供应物流可以承受的技术条件和成本条件辅助这一决策。

2. 组织入厂物流

取得的资源必须经过物流过程才能到达企业。这个物流过程是企业外部的物流过程。在物流过程中，往往要反复运用装卸、搬运、储存、运输等物流活动，才能使取得的资源到达企业的门口。

3. 组织企业内物流

如果企业外物流到达企业的“门”，便以此“门”作为企业内外划分的界限。例如，以企业的仓库为外部物流终点，便以仓库作为划分企业内外物流的界限。这种从“门”和仓库开始到达车间或生产线的物流过程，称作供应物流的企业内物流，有时也被看作企业生产物流的一部分。

传统的企业供应物流都是以企业仓库作为调节企业内外物流的一个节点。因此，企业的仓库在工业化时代是一种非常重要的设施。

（三）供应物流的组织方式

企业的供应物流有三种组织方式：第一种是委托销售企业代理供应物流方式；第二种是委托第三方物流企业代理供应物流方式；第三种是企业自营供应物流方式。

这三种方式都有一定的适应性。传统上，当销售商处于主导地位时，一般由企业完成供应物流过程；当企业处于主导地位时，销售商会送货上门。随着供应链资源整合理念的不断深化，当今的供应物流以委托第三方物流企业完成为主流模式。

二、企业生产物流

企业生产物流涉及生产运作管理，指企业在生产工艺中的物流活动，也就是在企业的车间或工序之间，原材料、零部件或半成品按工艺流程的顺序依次流过，最终成为产成品，被送达成品库暂存的过程。这种物流活动是与整个生产工艺过程伴生的，实际上构成了生产工艺过程的一部分。

过去，人们在研究生产活动时，往往注重一个个的生产加工过程，实际上，如果将每一个生产加工过程串在一起会发现，在一个生产周期内，物流活动所用的时间远多于实际加工的时间。因此，注重生产物流的优化与管理升级可以大大缩短生产周期，节约劳动力和物流环节的成本。

（一）生产物流与库存管理改进

对应于供应物流的采购管理改善，在企业的生产物流组织中，关键是库存管理的改善。

物料的配套管理是企业最关心的问题之一。从最早的 MRP 到后来的 MRP Ⅱ，ERP，如何有效地降低库存是这些系统的核心功能。在解决库存管理问题的过程中，生产物流管理是解决库存结构不合理的重要手段，可以说，好的生产物流管理是解决库存结构，包括在制品库存和成品库存等的不合理问题的有效手段。只有生产物流管理做到位了，才能有效地开展按需采购、按需储存、按需发料。然而，许多企业忽视了生产物流管理，认为生产加工很重要，而生产物流只是辅助工作，没有给予应有的重视，没有认识到生产物流是企业开展各项工作的基础。如果没有扎实的管理基础，其他项目又如何能成功呢？

要想提高以生产过程中的物料实体为对象的生产物流管理水平，需要提升硬环境和软管理两方面的水平。硬环境主要是指仓库的厂房设施、通风状况等方面的环境；提升软管理水平是指借助先进的管理模式和先进的信息系统及时发现和解决管理中的问题，借以提高整体运作水平。

（二）生产物流过程的组织

企业生产物流过程大致如下：原材料、零部件、燃料等辅助材料从企业仓库和企业的“门”开始，进入生产线开始加工，再随生产加工过程各个环节运动。在运动过程中，物料本身在各道工序上被依次加工，同时产生一些废料、余料（进入逆向物流），直到生产加工终结，再运送至产成品仓库，便完成了生产物流的过程。

一般而言，生产物流的组织是企业自己完成的。随着供应链管理思想和供应链管理服务尤其是专业化的第三方物流服务的发展，现在也有很多企业委托第三方物流企业直接将物料配送到各个工位，帮助企业提高生产物流运作效率，降低该环节的成本。

三、企业销售物流

企业销售物流是企业的流出物流，是将生产出的产品向批发商、零售商传递的物流。它是企业为实现自身经营效益而进行的，伴随销售活动而产生的，将产品所有权转移给用户（或者说将产成品转移到流通环节）的物流活动。在当代的市场竞争环境下，尤其是在完全的买方市场环境下，销售物流活动必须达到极有竞争力的服务性，才能满足买方的需求，最终实现销售的良性循环。在这种情况下，销售活动除了要准时将产品送达客户，还要提供良好的售后服务才能满足客户的要求。因此，销售物流的空间范围很大，这便是销售物流的难点所在。企业销售物流的主要内容就是通过包装、送货、配送、安装、调试甚至培训等一体化物流活动助力实现销售。为此，需要研究送货方式、包装水平、运输路线等基本物流功能，并采取诸如小批量、多批次、定时定量配送等各种特殊的物流方式达到目的，其研究和应用的领域非常广。

（一）销售物流与销售管理改进

企业销售物流的组织要从销售管理的改善着手。销售环节是企业最容易出问题的地方。销售是将企业的投入最终转变为现金再回笼的过程，对于销售环节中的问题，也可以从管理基础和管理工具两个方面寻求解决的办法。

比如，销售中最容易出现的“两张皮”现象（销售部门的数据与财务部门的数据对不上），主要是依靠管理工具来解决。通过构建企业供应链数字化系统，销售部门和财务部门可以共用一套基础数据，避免了信息孤岛。财务部门的数据是通过正式开具的发票统计形成的，销售部门的数据则是在此基础上增加了已开提货单但尚未开发票部分的数据，从根本上解决了销售中的“两张皮”问题。

客户的信用管理是销售过程中另一个重要的管理问题，主要是通过提高基础数据的准确性来解决。客户的信用一方面是靠外部调查、收集获得；另一方面是通过在本企业中不断积累的客户历史资料获得，例如其提货数量、回款周期等方面的数据可以不断积累。

（二）销售物流活动过程

一般情况下销售物流活动是从生产企业的产成品仓库开始，经过分销及干线运输网络，完成长距离、干线运输及仓储等的物流活动，再经过配送完成市内和区域范围的物流活动，到达企业或最终消费者。销售物流是一个从生产基地向四面八方客户流动的、发散的物流过程，有时也简称“一对多”的物流活动（即从一个生产基地向各地客户发货），因此要根据发散物流的特点整合物流资源，帮助企业在订单履行及交付上取得最佳效果。

（三）销售物流的组织模式

销售物流有三种主要的模式：由生产企业自己组织销售物流；委托第三方物流企业组织销售物流；由购买方上门取货。其中，委托第三方物流企业完成销售物流是主流模式。

委托第三方物流企业完成销售物流的模式，关键是要选择好物流合作伙伴，这样才能使供应链在销售环节配合实现整体绩效的目标，才能降低供应链总成本。

目前，随着电子商务对客户体验的要求越来越高，很多厂商正在考虑构建自己的物流系统，以解决“最后一公里”的产品配送难题。构建厂商到零售商的直接物流体系，一个最明显的措施是实行厂商物流中心的集约化，将原来分散在各支店或中小型物流中心的库存集中在大型物流中心，通过数字化设备或信息技术实现进货、保管、在库管理、发货管理等物流活动的效率化、省力化和智能化，原来的中小批发商或销售部转变为厂商销售公司的形式，专职从事销售、促进订货等商流服务。物流中心的集约化从配送的角度来看造成了成本上升，但是它减少了与物流相关的人工费、保管费、在库成本等费用，从整体上提高了物流效率。

四、逆向物流

企业在生产、供应、销售活动中总会产生各种边角余料、废料、包装物、退货等，对这些物料进行回收再利用而产生的物流活动，通常称为回收物流或逆向物流（相对于产品从制造商流向零售商而言）。在 21 世纪的今天，逆向物流不再是可有可无的，而是成为可持续发展、绿色供应链的重要组成部分。在现代供应链中，如果不能很好地处理各种各样的待回收物品，将会影响整个生产环境，不仅影响企业供应链的经济利益，而且会影响企业的社会形象，最终影响企业的商业品牌。

（一）逆向物流的分类及其特点

逆向物流作为企业价值链中特殊的一环，与正向物流相比，有明显的不同。首先，逆向物流产生的地点、时间和数量是难以预见的。正向物流则不然，按量、准时和指定发货点是其基本要求。其次，发生逆向物流的地点较为分散、无序，不可能集中一次向接收点转移。再次，逆向物流发生的原因通常与产品的质量或数量的异常有关。最后，逆向物流的处理系统与方式复杂多样，不同处理手段对恢复资源价值的贡献差异显著。对逆向物流的特点重视与否，形成了企业逆向物流管理能力以及水平高低的分水岭。

按成因、途径和处置方式的不同，根据不同产业形态，逆向物流被学者们区分为投诉退货、终端退回、商业退回、维修退回、生产报废和副品以及包装六大类别。表 8－4 显示了六类主要逆向物流的特点。

表 8－4 逆向物流的类别与特点

类别	时间	处理依据	处理方法	示例
投诉退货 运输短少、偷盗、质量问题、重复运输等	短期	市场营销、客户满意服务	确认检查，退换货、补货	电子消费品，如手机、录音笔等
终端退回 经使用后需要处理的产品	长期	经济、市场营销	再生产、再循环	电子设备的再生产、地毯循环再利用、轮胎修复
		法规条例	再循环	白色和黑色家用电器
		资产恢复	再生产、再循环、处理	电脑元件及打印硒鼓
商业退回 未使用商品退回还款	短到中期	市场营销	再使用、再生产、再循环、处理	零售商积压库存、时装、化妆品
维修退回 缺陷或损坏产品	中期	市场营销、法规条例	维修处理	有缺陷的家用电器、零部件、手机
生产报废和副品 生产过程中的废品和副品	较短期	经济、法规条例	再循环、再生产	药品行业、钢铁业
包装 包装材料和产品载体	短期	经济	再使用	托盘、板条箱、器皿
		法规条例	再循环	包装袋

表 8－4 中列出的六类典型的逆向物流普遍存在于企业的经营活动中，涉及的部门从采购、配送、仓储、生产、营销到财务部门。从事逆向物流管理的部门需要处理大量协调、安排、处置、管理与跟踪的工作。在许多企业，逆向物流的管理却往往被忽视或简单化，甚至被认为是多余的。企业想通过建立有效的逆向物流系统来挖掘新的利润源、提高客户满意度绝非易事，需要强大的信息系统和运营管理系统的支持。当然，有效的逆向物流带给企业的回报也是非常丰厚的。

（二）逆向物流的价值及管理要点

近年来，各行业的知名企业，如通用汽车、IBM、3M、西尔斯、强生、雅诗兰黛等，通过实施一系列控制措施，引进信息化系统，开始着手在逆向物流管理领域降低由退货造成的资源损失。对逆向物流的关注，不但为企业带来了直接的积极结果，还使企业获得了成本下降、客户满意度提高、环保等多方面的间接经济与社会效益。

逆向物流管理与正向物流管理（产品由企业到消费者的物流过程）一向是物流管理的孪生姊妹，然而在过去几十年里，无论是理论界还是企业界，对逆向物流的关注犹如“蜻蜓点水”。与在聚光灯下的正向物流相比，逆向物流仿佛一直处于黑暗的后台。

近几年，逆向物流开始受到企业界和理论界的重视。“逆向物流也许是企业降低成本的最后一块处女地了。”西尔斯负责物流的执行副总裁曾这样说。国外的一篇商业评论也指出：“退货中所孕育的未知机会，直到现在还少有企业考虑过。”美国供应链管理专业协会的资深专家、南佛罗里达大学教授詹姆斯·斯托克（James Stock）对逆向物流的描述更为精辟：“公司对退货如何处置，已经成为一项标新立异的竞争战略，正成为提高效率的全新领域。”

学者们对逆向物流的定义有多种表述。逆向物流其实是与传统供应链方向相反，为恢复价值或合理处置，而对原材料、中间库存、最终产品及相关信息从消费地到起始点的实际流动所进行的有效计划、管理和控制过程。从使用过的包装物到处理过的电脑设备，从未售商品的退货到机械零件的回收等，都可归入逆向物流的范畴。

近几年，企业界对逆向物流也产生了浓厚兴趣。随着资源枯竭的威胁加剧，对使用过的产品及材料的再生恢复，逐渐成为企业满足消费市场需求的潜在力量。同时，世界各国纷纷制定减少浪费的政策，也促使企业以循环使用理念取代一次使用的观念。此外，消费者要求企业最大限度地降低产品与加工流程对环境的影响的呼声日益高涨。

在这些力量的推动下，过去很多年中，产品的恢复再生无论在规模还是在范围上都有了巨大发展。如全球主要复印机厂商施乐、佳能等均投入大量财力、物力对使用过的设备进行再生产。

全新的资源环境观和经济观的演变，使逆向物流进入了突破性发展阶段。在某种意义上，有着“绿色物流”“环保物流”美誉的逆向物流，对优秀企业而言，还承载着另一项重要职责——显示公司竞争力和领先优势。通用汽车、沃尔玛、3M 以及许多在线零售商等，都将逆向物流提到高层会议上，因为它们清楚地知道，有效的逆向物流系统和流程能节约成本、增加利润，并提高客户服务质量。

第 5 节　一体化供应链物流

一、一体化供应链物流的含义

1. 合同物流

从前面有关内容介绍我们了解了物流管理的发展过程及其主要功能，本节要强调的一个重要概念是，物流是一个系统性的运动过程。但是，物流的这一属性在以往的实践中往往被忽视甚至扭曲了。在企业物流外包的过程中，人们往往比较关注某一项物流活动如仓储、运输或者配送的问题，企业管理人员与第三方物流公司的人员在谈判时，更多是从某项业务的成本出发，似乎认为物流的作用就是降低成本。当双方达成一致时，所形成的合作关系被称为合同物流。

合同物流的出现，对于降低制造商或者零售商的物流成本（相对于自营而言）有显著作用。我们不难发现，在若干年前的文献中，曾经广泛介绍物流外包对供应链的贡献，但其中有一个特点，即都是按单项物流功能描述物流外包对企业的价值，如运输成本降低30%，仓储成本降低15%，等等，于是，人们在头脑中逐渐形成了物流的特征就是合同物流的印象。

2. 一体化供应链物流

随着时间的推移，合同物流的价值越来越低，因为单从某一项物流业务去降低成本，其自身有一个极限值，无论如何努力也无法从自身的角度产生突破。随着供应链竞争的加剧，人们发现物流实际上是一个具有系统性功能的事物，必须从整体的角度认识物流管理，才能从更高的层次上产生整体效益。于是，出现了一体化供应链物流的思想，如图8-6所示。

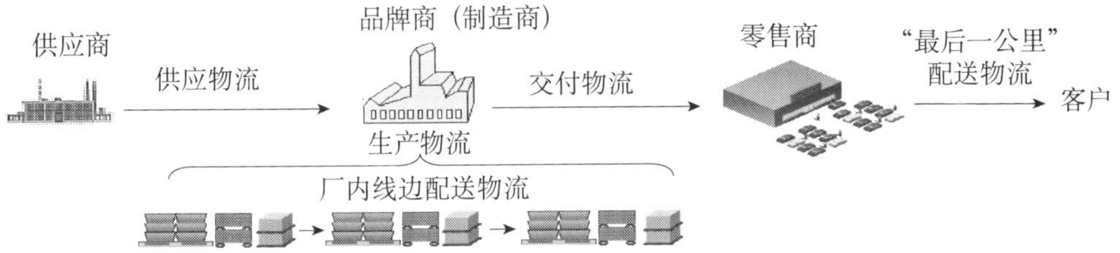

图8-6　一体化供应链物流系统示意图

所谓一体化供应链物流，就是要从供应链“端到端”的角度出发，以追求供应链整体利益最大化为目标，优化供应链上不同环节的物流运作，将不同环节的物流运作进行协同管理，使之能够相互匹配，减少时间和资金上的浪费，既能降低成本，又能提高供应链运作效率。例如，供应物流与生产物流在传统的合同物流中是两个独立的职能，它们各行其是，运行节奏并不匹配。例如，采购订单的到货时间与生产物流的节奏没有关系。一体化供应链物流则是将供应物流的送达与生产物流的投入节奏匹配，在保证供应链生产连续性的前提下，优化供应物流的送达时间和数量，减少不必要的时间浪费，因为如果到货过早，将导致库存停放时间过长，而到货延迟，则将引发生产延误。

简单地说，一体化供应链物流的基本思想就是系统化地提供一站式供应链物流管理的解决方案。

二、一体化供应链物流的管理要点

为使一体化供应链物流有效运作，必须做好相关的组织与管理工作。

1. 构建数字化的一体化供应链物流管理中心

要将一站式供应链物流管理的解决方案投入实际运作，首先必须建立一个以供应链“端到端”管理为出发点，贯通供应端、生产端、流通端、消费端等各节点的数字化的运作管理系统，为供应链管理人员提供一个高效的管理平台。

端到端供应链管理是一项极为复杂的系统工程，如果没有有效的数字化支持系统，仅凭传统的人工管理手段和方法是无法实施一体化供应链物流管理的。这一系统每时每刻都将产生大量的数据，为了能够有效控制各个环节物流的协同，又要防止不确定性事件对系统的干扰，就必须实时捕捉现场产生的数据，进入系统进行分析，感知系统的运行状况，如果出现异常，应该立刻报警，给管理人员留出足够的应对时间。

2. 推行“供应端—生产端—销售端”的一体化运作管理模式

一体化供应链物流管理的真谛在于将原来各自孤立的物流职能进行融合，从而形成一揽子解决方案。为此，需要消除传统的按职能专业化设置的组织结构，创新发展并行的、融合的团队管理模式，将端到端的思想融入日常管理制度。

在供应领域，供应商的生产计划、配送计划应该与下游的制造商的生产计划相协调。为此，应该将制造商的生产进度等基本信息与供应商共享，最好能够实时地对供应商开放，这样一来，供应商就可以根据下游的需求节奏合理安排产能，使供应环节的资源得到最优利用。

在制造领域，将来自供应商的原材料、零部件等的采购计划、企业本身的生产计划、物料的配送计划全面打通，并能实时监控。如果发生计划调整，必须同步调整相关环节的所有计划，避免出现由于计划衔接断档而导致的生产停顿。

在流通销售领域，将用户需求、用户体验等信息直接与生产端共享，生产端的投放节奏则应根据销售端的速度进行调整和匹配，使两个环节的供需能够达到协同一致：一是防止生产端盲目投入而产生额外库存；二是防止投入不足而产生缺货损失。

3. 推行先进的一体化物流运作模式

在“供应端—生产端—销售端”的一体化运作管理模式指导下，采用先进的物流运作管理方法，确保一体化供应链物流解决方案完美落地。例如，合理布局仓储网络，引入云仓管理模式，开发智能化物流管理及数字化调度软件，设计科学的补货策略，引入人工智能及优化算法，等等。通过采用先进的物流管理手段和方法，助力一体化供应链物流有效运行，达到甚至超过预期目的。

思考题

1. 如何理解物流管理的定义？讨论物流管理的发展史。
2. 阐述物流的分类和功能。
3. 举例阐述物流网络在供应链管理中的地位以及供应链管理环境下物流网络的特征。
4. 如何实现供应链管理与物流网络的整合？
5. 企业物流包括哪几个方面？相互之间关系如何？
6. 分别举例描述流入物流和流出物流的特征和过程。
7. 讨论逆向物流的概念、分类和价值。
8. 何为一体化供应链物流系统？如何有效实施一体化供应链物流管理？

案例

华夏彩电公司湖北地区物流系统重构

一、引言

华夏彩电公司武汉分公司经理刘斌从深圳返回武汉，他刚刚参加了华夏彩电公司召开的年终总结大会。会上，公司总裁对武汉分公司一年来的业绩做出了肯定和表扬，同时也给刘斌提出了新的战略目标：降低湖北地区的物流成本，提高销售利润。在满怀喜悦的同时，刘经理也感到压力重重。

华夏彩电目前的经销渠道面临着库存成本高、积压多、周转慢等问题。由于移库、转运不及时，经常导致华夏彩电与客户订单失之交臂。对此，刘斌一边回顾公司物流运作的现状，一边陷入了沉思：如何优化湖北地区的物流运作？

在彩电行业决战终端的市场环境中，如何减少中间环节，缩短彩电的“旅行”时间，关系到生产制造企业的成败。同时，在竞争白热化的家电行业，利润率已经越来越低，如何避免重复运输，减少家电物流成本至关重要。另外，城市市场饱和，增长前景在广阔的农村地区，如何让家电覆盖尽可能多的目标市场，也是家电企业非常头痛的问题。要解决这些问题，迫切需要一个反应迅速、经济实用、触角遍布各地的物流网络。在这个物流、配送日益重要的商业环境中，家电行业的一些拥有全国性网络和渠道的巨头也进一步在流通、采购环节压缩成本，彩电物流网络的优化成为行业关注的焦点。

二、华夏彩电公司湖北地区的物流运作

2002 年 1 月至 2003 年 3 月，华夏彩电公司在湖北地区彩电的销售额为 5 640 万元，平均每台彩电的售价为 1 200 元。华夏彩电公司对彩电的配送运输采用的是商流、物流一体化的配送模式（以下简称“自营配送模式”）。该模式把彩电配送活动与彩电交易活动紧紧联系在一起，彩电销售部门不仅要进行商品交易，还要从事相应的配送活动，配送活动是华夏的产品销售活动的一个环节，物流与商流没有分离，导致物流环节过多，手续复杂，无法快速响应市场需求。

华夏彩电公司在湖北地区共有 7 个二级仓库，这些仓库分布在湖北省内各地，由各地办事处进行管理。各种产品从生产基地下线后，根据总部物资部的运输指令，被移库到这 7 个仓库中，仓库中的产品用于满足各地的客户需求。各二级（地市）、三级（县）市场的需求不太旺盛，各地仓库的规模也都不大。有关各仓库信息如表 8－5 所示。

表 8－5　华夏彩电公司湖北各地仓库

仓库	面积 （平方米）	租金 （元/（月·平方米））	管理费用 （元/月）	辐射半径* （公里）
武汉仓库	1 000	3.7	800	≤1 000
十堰仓库	200	2.3	250	≤260
孝感仓库	250	2.2	350	≤60
宜昌仓库	300	3.1	300	≤230
荆州仓库	200	2.1	250	≤130

续表

仓库	面积 （平方米）	租金 （元/（月・平方米））	管理费用 （元/月）	辐射半径* （公里）
荆门仓库	200	2.0	250	≤200
襄阳仓库	500	2.6	360	≤300

* 指仓库中的产品所能辐射的区域半径。

这种分布较散、规模较小的仓库布局在库存管理方面有很多弊端。产品从总部到各二级仓库的移库数量是通过市场预测估计的，这种估计一般对各二级仓库分配的数量是比较平均的。家电产品的需求在不同的地区有不同的特点，也就是说，需求具有一定的地区性，同样型号的产品在一个地方是畅销产品，在另一个地方却有可能滞销。一旦出现这种情况，最好进行调库，将滞销地区多余的产品调配到畅销地区，以满足各地不同的客户需求。但是，进行实物调库必然会产生二次移库费用。当二次移库费用超过了商品利润，或将利润降低到不足以刺激销售部进行商品交易时，调库就不会发生。在国内家电行业竞争激烈、商家利润微薄的今天，这种情况经常发生，其结果是，畅销地区不得不再次从总部要货、移库，产品到货后再进行销售，延长了对客户需求的响应周期，贻误了商机，增加了各地仓库的库存量。

为了防止缺货，在尽可能短的时间里向客户送货，以免丧失有利的商业机会，各区域仓管人员不管产品是畅销还是滞销，在各自的仓库里对各种规格型号的产品都加大了安全库存。较高的库存使总公司不能准确地预测市场需求，当市场需求发生变化，原来畅销的品种逐渐变成滞销甚至是过时的品种时，总公司却不能了解这种需求的变化，仍然继续大量生产该品种，导致应该生产的畅销品种没有投入生产，而属于过时品种的机型却源源不断地送往各地仓库，形成恶性循环，公司的库存不断增加。

从生产基地向各地区性仓库转移的运输计划是由总部制订的。仓库负责人对仓库的送货数据、内部流动库存量以及能反映送货量的提单进行分析，然后向配送经理汇报，以在必要的环节进行修改。每一个地区性仓库的库存量通常是由使用量（或存货量）决定的，每过一段时间就要进行检查，在必要时作一些改动。在改动时要考虑到移库转运费用，其中，从深圳到各地区性仓库，平均每台彩电的零担（less-than-truckload，LTL）运输费率为 0.47 元/千克（平均每台彩电重 25 千克），而在进行彩电的二级、三级配送时，平均每台彩电的零担费率为 0.13 元/千克。

虽然湖北地区彩电的需求量不断增加，但是华夏彩电的销售呈下降趋势，物流成本也越来越高。对此，刘斌感到身上的担子越来越重，于是他找到武汉分公司的销售主管，要求其统计 2002 年 1 月至 2003 年 3 月的物流成本。从销售主管的汇报中他得知，在此期间，华夏彩电在湖北地区的库存达到 25.4%，由此产生的库存管理费高达 2 856 万元。仅库存费用就令人惊讶，如果再加上运输费用和仓储费用，华夏彩电在湖北地区的物流费用可想而知。因此，刘斌再次找到了销售主管，和他商讨如何降低物流成本，吩咐他对同行作相关调查研究并尽快拿出调查报告。通过市场调查，销售主管发现，公司自主配送的运输费用比市场的运输报价要高，而且由于目前公司的信息管理技术较落后，导致诸如订单处理等所耗费的库存管理费用与同行相比要高出2～3倍。表8-6是销售主管根据调查情况所提出的调查报告备忘录纲要。

表8-6　华夏彩电武汉销售部备忘录

时间：2005年1月30日

致：华夏彩电武汉分公司经理刘斌

来自：华夏彩电武汉分公司销售主管于华

主题：物流成本记录

在计算物流成本时要考虑以下三类基本成本：(1) 运输成本；(2) 库存成本；(3) 仓储成本。其中，运输成本包括干线运输成本和区域配送成本；库存成本包括库存资金成本和库存管理费用（主要指订单处理费用）；仓储成本包括仓库租金和仓库管理费用。

向库存投入的资本是附属于存货的真实成本。货物的存放成本占用了原本可以进行其他投资的资金。这一推理既适用于内部筹集的资金，也适用于从外部资源所获得的资金。因此，必须计算公司资本的机会成本，以正确反映所涉及的真实成本。目前，各彩电公司的平均库存量为年销售量的16.1%左右。

根据交通运输路线的不同，可以将从华夏公司总部仓库到湖北地区的移库作业分为干线运输和区域配送运输，从生产基地到武汉的运输划为干线运输，湖北省内的运输划为区域配送运输。当前各运输公司所给出的干线运输费率和区域配送运输费率分别为0.38元/千克、0.27元/千克。

在进行配送时，必须及时处理顾客的订单，否则就会导致订单丢失。华夏目前的配送方式不仅容易丢失订单，而且订单的处理费用很高。如果能采用先进的信息管理技术，对订单进行实时处理，估计平均每台彩电的库存管理费用只需0.248元。

物流成本信息

成本项目	
运输成本	
干线运输成本	零担费率为0.38元/千克
区域配送成本	零担费率为0.27元/千克
库存成本	
库存资金成本	当前银行的月利率为0.465%
库存管理成本	0.248元/台
仓储成本	平均每台彩电每天的仓储费率为0.04元
仓库租金	
仓库管理费	

说明：出于商业保密的考虑，案例中对有关数据已做处理。

华夏彩电公司早已认识到分公司自营配送的诸多不足：商流、物流不分离，运作效率低，库存成本高，资金占用严重，而且公司经常收到顾客对于缺货率高和响应周期长的抱怨。虽然华夏彩电公司在湖北地区设有7个仓库，但这种小规模的仓库布局难免出现服务区域辐射重叠的情况：设置在武汉的仓库完全可以满足孝感、荆州、荆门等周边地区的需求，而且荆门、宜昌、十堰也在襄阳的辐射区域内。这使得处于重叠辐射区域的订单难以处理，无形之中增加了从生产基地到各仓库的运输费用。

在信息技术日新月异的今天，信息在生产体系中的地位越来越突出。然而，华夏对客户订单的处理还没有完全信息化，这不仅增加了订单的处理费用，而且延长了客户订单的响应周期。在华夏公司，从深圳到湖北的运输以及在湖北省内的配送运输的子周期分别为

5 天和 1 天左右，而彩电的平均库存子周期约为一个半月。实际上，如果能实时处理客户订单，与之相对应的 3 个子周期将分别为 3 天、0.5 天、2 天。

问题讨论：

刘斌对华夏采用的物流模式以及公司的物流运作等问题能否优化感到十分困惑。如果你是刘斌，你会如何优化公司的物流运作呢？

第9章

供应链管理环境下的库存管理策略

|学习目的|

库存就是在企业生产和物流渠道中各节点暂时存放的原材料、零部件、半成品和成品。库存物品根据需要存放在仓库、堆场、商店库房、运输设备和零售商的货架上。持有这些库存每年耗费的成本占库存货物价值的20%～40%。因此，对库存水平进行控制很有经济意义。为了使读者能够更好地掌握供应链管理环境下库存控制的战略意义，本章重点研究库存管理新的理念。通过这一章的学习，读者可在了解库存管理基本原理和方法的基础上，重点分析供应链管理环境下库存管理出现的新问题，了解和掌握随着供应链集成的演变发展过程提出的几种库存管理的方法和策略，如供应商管理库存、联合库存管理和多级库存优化等，能够将供应链库存管理的新理念应用于供应链管理的战略措施中。

第1节　供应链管理环境下的库存问题

一、供应链中的库存

"库存"，表示用于将来目的的、暂时处于闲置状态的资源。一般情况下，设置库存的目的是防止短缺，就像在水库里蓄水一样，以便保证能向外界源源不断地提供产品。另外，它还具有保持生产过程的连续性、分摊订货费用、快速满足用户订货需求的作用。在企业生产中，尽管库存是出于种种经济考虑而存在的，但库存也是一种无奈的选择，因为库存的存在是由于人们无法预测未来的需求变化不得已而为之。采用库存应对外界的变化，也是因为人们无法使所有的工作都做得尽善尽美，才产生了这些人们并不想要的冗余与囤积——不和谐的工作沉淀。

库存以原材料、在制品、半成品、成品的形式存在于供应链的各个环节。库存费用一般占库存物品价值的 20%～40%，因此，供应链中的库存控制是十分重要的。库存决策的内容集中于运行方面，包括生产部署策略（如采用推式生产管理还是拉式生产管理）和库存控制策略（如各库存点的最佳订货量、最佳再订货点、安全库存水平的确定等）。

绝大多数制造企业的供应链是由制造和分销网络组成的，通过原材料的输入转化为中间产品和最终产品，并把它们分销给用户。在复杂的供应链网络中，不同的管理者担负着不同的管理任务。不同的供应链节点企业的库存，包括输入的原材料和最终产品，都有复杂的关系。供应链的库存管理不是简单的需求预测与补给，而是要通过库存管理使用户服务与利润都得到优化。其主要内容包括：了解和掌握供应链运作中的不确定性对库存的影响；采用先进的供应链库存管理策略；决定经济订货量时考虑供应链企业各方面的影响；在充分了解库存状态的前提下确定适当的服务水平。

二、供应链的不确定性与库存

（一）供应链的不确定性

供应链的库存水平与供应链的不确定性有很密切的关系。从供应链整体的角度看，供应链上的库存无非有两种：一种是生产制造过程中的库存；一种是物流过程中的库存。库存存在的客观原因是为了应对各种各样的不确定性，保持供应链系统的正常和稳定，但是库存也同时产生和掩盖了管理中的问题。

供应链上不确定性的表现形式有两种：(1) 衔接不确定性（uncertainty of interface）。企业（或部门）之间的不确定性可以说是供应链的衔接不确定性，这种衔接不确定性主要表现在合作性上。为了消除衔接不确定性，需要增加企业之间或部门之间的合作。(2) 运作不确定性（uncertainty of operations）。系统运行不稳定是组织内部缺乏有效的控制机制所致，控制失效是组织管理不稳定和不确定性的根源。为了消除运行中的不确定性，需要增加组织的控制，提高系统的可靠性。

供应链的不确定性的来源主要有三个方面：供应商不确定性、生产者不确定性、客户不确定性。不同的原因造成的不确定性表现形式各不相同。

供应商不确定性主要表现在提前期的不确定性、交付数量及交货期的不确定性等。供应商不确定性的原因是多方面的，如供应商的生产系统发生故障导致生产延迟，供应商的供应商的延迟，交通事故导致的运输延迟，等等。

生产者不确定性的主要原因是制造商本身的生产系统不可靠，如机器故障、计划执行出现偏差等。造成生产者生产过程中在制品库存的原因在于生产者对需求的处理方式。生产计划是一种根据当前生产系统的状态和未来情况做出对生产过程的模拟，用计划的形式表达模拟结果，并且用计划来驱动生产的管理方法。但是生产过程的复杂性使生产计划并不能精确地反映企业的实际生产条件和预测生产环境的改变，这就不可避免地造成了计划与实际执行的偏差。生产控制的有效措施能够对生产的偏差给予一定的弥补，但是生产控制必须建立在对生产信息的实时采集与处理上，使信息及时、准确、快速地转化为生产控制的有效信息。

客户不确定性的原因主要有需求预测的偏差、购买力的波动、从众心理和个性特征等。通常需求预测的方法都有一定的模式或假设条件，假设需求按照一定的规律运行或表现一定的规律特征，但是任何需求预测方法都存在这样或那样的缺陷，无法确切地预测需求的波动和顾客的心理反应。在供应链中，不同节点企业相互之间需求预测偏差的放大效应加剧了供应链的信息扭曲。

供应链的不确定性从根本上讲是三个方面的原因造成的：（1）需求预测水平。预测水平与预测时间的长度有关，预测时间越长，预测精度就越差。另外，预测的方法也会对预测产生影响。（2）决策信息的可获得性、透明性、可靠性。信息的准确性对预测同样会造成影响，下游企业与客户接触的机会越多，可获得的有用信息也越多。如果远离客户需求，信息的可获得性和准确性就差，因而预测的可靠性也较差。（3）决策过程的影响，特别是决策人心理的影响。需求计划的取舍与修订、对信息的要求与共享，无不反映了个人的偏好。

（二）供应链的不确定性与库存

下面分析供应链运行中的衔接不确定性与运作不确定性对供应链库存的影响。

1. 衔接不确定性对库存的影响

传统供应链的衔接不确定性普遍存在，集中表现为企业之间的独立信息体系（信息孤岛）现象。在竞争中，企业总是为了自己的利益而进行资源（包括物质资源和信息资源）的自我封闭，企业之间的合作仅仅是贸易上的短时性合作，人为地增加了企业之间的信息壁垒和沟通障碍，企业不得不为应对各种意外而建立库存，库存的存在实际上就是信息堵塞与封闭的结果。虽然企业各个部门和企业之间都有信息的交流与沟通，但远远不够。企业的信息交流更多的是在企业内部而非企业之间进行。信息共享程度低是传统的供应链不确定性增加的一个主要原因。

传统的供应链中信息是逐级传递的，即上游供应链企业依据下游供应链企业的需求信息来作生产或供应决策。在集成的供应链系统中，每个供应链企业都能共享顾客的需求信息，信息不再是线性的传递过程，而是网络的传递过程和多信息源的反馈过程。通过建立战略合作伙伴关系的新型的企业合作模式和跨组织的信息系统为供应链的各个合作企业提供共同的需求信息，有利于推动企业之间的信息交流与沟通。企业有了确定的需求信息，在制订生产计划时，就可以减少为了吸收需求波动而设立的库存，使生产计划更加精确可行。对于下游企业而言，建立了战略合作伙伴关系的供应链可为企业提供综合、稳定的供应信息，无论上游企业能否按期交货，下游企业都能预先得到相关信息而采取相应的措施，这样需求企业就无须过多设立库存。

2. 运作不确定性对库存的影响

供应链企业之间的衔接不确定性通过建立战略合作伙伴关系的供应链联盟或供应链协

作体而得以削减，这种合作关系也可以消除运作不确定性对库存的影响。当企业之间的合作关系改善时，企业的内部生产管理运作也会大大改善，因为如果企业之间的衔接不确定性因素减少，企业的生产控制系统就能摆脱不确定性因素的影响，使生产系统的控制达到实时、准确。也只有在供应链的条件下，企业才能获得对生产系统有效控制的有利条件，消除生产过程中不必要的库存。

在传统的企业生产决策过程中，供应商或分销商的信息是生产决策的外生变量，因而企业无法预见外在需求或供应的变化信息，至多只能获得延迟的信息。同时，库存管理的策略也是考虑独立的库存点而不是采用共享的信息，因而库存成了维系生产正常运行的必要条件。当生产系统形成网络时，不确定性就像瘟疫一样在生产网络中传播，几乎所有的生产者都希望拥有库存来应对生产系统内外的不可预测的变化。因为无法预测不确定性的大小和影响程度，人们只好按照保守的方法设立库存来应对不确定性。

在不确定性较大的情形下，为了维持一定的用户服务水平，企业也常常维持一定的库存，以提高服务水平。在不确定性存在的情况下，高服务水平必然带来高库存水平。

三、供应链库存管理存在的主要问题

供应链管理中的库存问题和传统的企业库存问题有许多不同之处，这些不同点体现了供应链管理思想对库存的影响。传统的企业库存管理侧重于优化单一的库存成本，从储存成本和订货成本出发确定经济订货量和订货点。从单一的库存角度看，这种库存管理方法有一定的适用性，但是从供应链整体的角度看，单一企业库存管理的方法显然是不够的。

目前供应链管理环境下的库存控制主要存在三大类问题：信息类问题、供应链的运作问题、供应链的战略与规划问题。这些问题可综合成以下几个方面的内容。

1. 缺乏供应链的整体观念

一般而言，供应链的整体绩效取决于各个供应链节点的绩效，但各个企业都是独立的利益主体，都有独立的目标与使命。有些目标与供应链的整体目标可能是不一致的，也有可能是冲突的。因此，这种各行其是的山头主义行为必然导致供应链整体效率低下。

比如，位于美国北加利福尼亚的某计算机制造商的电路板组装作业采用每笔订货费作为压倒一切的绩效评价指标，于是该企业把精力集中在减少订货成本上。这种做法本身并没有不妥，但是没有考虑这样做对整体供应链的其他制造商和分销商的影响，结果该企业不得不维持过高的库存以保证大批量订货生产。印第安纳的一家汽车制造配件厂却在大量压缩库存，因为它的绩效评价是由库存决定的，结果，该工厂到总装厂与零配件分销中心的响应时间变得更长、更加波动不定。总装厂与分销中心为了满足顾客的服务要求，不得不维持较高的库存。这两个例子说明，传统的供应链库存决策是各自为政的，没有考虑整体的效能。

一般的供应链系统都没有针对全局供应链的绩效评价指标，这是普遍存在的问题。有些企业采用库存周转率作为供应链库存管理的绩效评价指标，但是没有考虑对用户的反应时间与服务水平，未将用户满意度作为供应链库存管理的一项重要指标。

2. 对用户服务的理解与定义不恰当

供应链管理的绩效好坏应该由用户来评价，或者用对用户的反应能力来评价。但是，企业对用户服务的理解与定义各不相同，导致对用户服务水平的差异。许多企业采用订货满足率来评估用户服务水平，这是一个比较好的用户服务考核指标。但是订货满足率本身并不能反映运作中存在的问题。比如一家计算机工作站的制造商要满足一份包含多产品的订单要求，产品来自各供应商，用户要求一次性交货，于是，该制造商就要等各个供应商的产品都到齐后才能一次性装运给用户。这时，用总的订货满足率来评价制造商的用户服务水平是恰当的，但是这种评价指标并不能帮助制造商发现是哪家供应商交货迟了或早了。

传统的订货满足率评价指标也不能评价订货的延迟水平。同样具有 90%的订货满足率的不同供应链，在如何迅速补给余下的 10%的订货要求方面差别很大。其他的服务指标也常常被忽视，如总订货周转时间、平均回头订货率、平均延迟时间、提前或延迟交货时间等。

3. 不准确的交货状态数据

当顾客下订单时，他们总想知道什么时候能交货。在等待交货的过程中，他们也可能会对订单交货状态进行修改，特别是当交货延迟时。我们并不否认一次性交货的重要性，但必须看到，许多企业并没有及时准确地把推迟订单交货的修改数据提供给用户，其结果当然是用户的不满和良好愿望的落空。如一家计算机公司延误了一周才通知用户交货日期；还有一家公司 30%的订单是在承诺交货日期之后交货的，40%的实际交货日期与承诺交货日期偏差了 10 天之久，而且交货日期修改过几次。交货状态数据不及时、不准确的主要原因是信息传递系统的问题，这就是下面要谈的另外一个问题。

4. 库存信息的共享性和实时性差

在供应链中，各个供应链节点企业的需求预测、库存状态、生产计划等都是供应链管理的重要数据，这些数据分布在不同的供应链组织之间，要做到有效地快速响应用户需求，必须实时地传递数据，为此需要对供应链的信息系统模型作相应的改变，通过系统集成的办法，使供应链中的库存数据能够实时、快速地传递。但是目前许多企业的信息系统并没有很好地集成起来，当供应商需要了解用户的需求信息时，常常得到的是延迟的、不准确的信息。延迟引起了误差，影响了库存量的精确度，短期生产计划的实施会遇到困难。例如，企业为了制订一个生产计划，需要获得需求预测、当前库存状态、订货的运输能力、生产能力等信息，这些信息需要从供应链的不同节点企业的数据库获得，数据调用的工作量很大。然后根据整理后的数据制订主生产计划，运用相关管理软件制订物料需求计划，这样一个过程一般需要很长时间。时间越长，预测误差越大，制造商对最新订货信息的有效反应能力也就越差，生产出过时的产品和造成过高的库存也就不足为奇了。

5. 库存控制策略简单化

无论是生产企业还是物流企业，库存控制的目的都是保证供应链运行的连续性和应对不确定需求。了解和跟踪不确定性的因素是第一步，第二步是利用跟踪到的信息去制定相应的库存控制策略。这是一个动态的过程，因为不确定性也在不断地变化。有些供应商在交货与质量方面可靠性好，有些则相对差一些；一些物品的需求可预测性大，另一些物品的可预测性则小一些。库存控制策略应能反映这些情况。

许多公司对所有的物品采用统一的库存控制策略，物品的分类没有反映供应与需求中的不确定性。在传统的库存控制策略中，多数是面向单一企业的，采用的信息基本上来自企业内部，其库存控制没有体现供应链管理的思想。因此，如何建立有效的库存控制方法，并体现供应链管理的思想，是供应链库存管理的重要内容。

6. 缺乏合作与协调性

供应链是一个整体，需要协调各方活动，才能取得最佳的运作效果。协调的目的是使满足一定服务质量要求的信息可以无缝、流畅地在供应链中传递，从而使整个供应链能够根据用户的要求步调一致，形成更为合理的供需关系，适应复杂多变的市场环境。例如，当用户的订货由多种产品组成，而各产品又是由不同的供应商提供，且用户要求所有的商品都一次性交货时，企业必须对不同供应商的交货期进行协调。如果组织间缺乏协调与合作，会导致交货期延迟和服务水平下降，库存水平也会提高。

供应链上各个节点企业为了应对不确定性都设有一定的安全库存，正如前面提到的，设置安全库存是企业采取的一种应急措施。问题在于多厂商特别是全球化的供应链中，组织的协调涉及更多的利益群体，相互之间的信息透明度不高。在这样的情况下，企业不得不维持一个较高的安全库存，为此要付出较高的代价。

企业之间存在的障碍有可能使库存控制变得更为困难，因为各自有不同的目标和绩效评价尺度，拥有不同的仓库，也不愿意与其他部门共享资源。在分布式的组织体系中，企业之间的障碍对库存集中控制的阻力更大。

要进行有效的合作与协调，企业之间需要一种有效的激励机制。一般在企业内部有各种各样的激励机制来加强部门之间的合作与协调，但是当涉及企业之间的激励时，困难就大得多。问题还不止如此，信任风险的存在进一步加剧了问题的严重性，相互之间缺乏有效的监督机制和激励机制是供应链企业之间合作不稳固的原因。

7. 产品的生产过程设计没有考虑供应链上库存的影响

现代产品设计与先进制造技术的出现，使产品的生产效率大幅提高，而且具有较高的成本效益，但是供应链库存的复杂性常常被忽视，结果所有节省下来的成本都被供应链上的分销与库存成本稀释了。同样，在引进新产品时，如果不进行供应链规划，也会由于诸如运输时间过长、库存成本高等无法获得成功。如多年前美国的一家计算机外围设备制造商，为世界各国分销商生产打印机，打印机有一些具有销售所在国特色的配件，如电源、说明书等。美国工厂按需求预测生产，但是当打印机到达各地区分销中心时，需求已经发生改变。打印机是为特定国家生产的，分销商无法应对需求的变化，也就是说，这样的供应链缺乏柔性，结果是产品积压，产生高库存。后来，该制造商重新设计了供应链结构，主要对打印机的装配过程作了改动，工厂只生产打印机的通用组件，分销中心再根据所在国家的需求特点加入相应的特色组件，这样库存就降下来了，供应链也具有了柔性。这就是产品“为供应链管理而设计”的思想。在这里，分销中心参与了产品装配设计活动，这涉及组织之间的协调与合作问题，因此合作关系很重要。

在供应链的结构设计中，同样需要考虑库存的影响。要在一条供应链中增加或关闭一个工厂或分销中心，一般先考虑固定成本与相关的物流成本，至于网络变化对运作的影响因素，如库存投资、订单的响应时间等常常放在第二位，但是这些因素对供应链的影响不可低估。如美国一家 IC 芯片制造商的供应链结构是这样的：在美国加工芯片后运到新加坡检验，再运回美国生产地做最后的测试，包装后运到用户手中。供应链之所以这样设计，是因为考虑了新加坡的检验技术先进、劳动力素质高和税收低等因素。但是这样做显然对库存和周转时间的考虑有所欠缺，因为从美国到新加坡一个来回至少要两周，还有办理海关手续的时间，这就延长了制造周期，增加了库存成本。

上面分析了不确定性对库存的影响，由此得出的结论是：为了降低企业的库存水平，需要增加企业之间的信息交流与共享，减少不确定性因素对库存的影响，增加库存决策信息的透明度、可靠性、实时性。这些都需要企业之间的协调。

供应链管理模式下库存管理的理想状态是，实现供应链企业的无缝连接，消除供应链企业的高库存现象。下面将从供应链集成的演变过程来探讨供应链管理环境下的库存管理策略。

第 2 节　供应链库存管理新策略——供应商管理库存

前面分析了供应链管理环境下的库存管理和传统库存管理模式的区别以及所面临的新问题。为了适应供应链管理的要求，供应链管理环境下的库存管理方法必须做出相应的改变。本节将结合国内外企业的实践经验及理论研究成果，介绍一种先进的供应链库存管理技术与方法——供应商管理库存（VMI）系统。

一、VMI 的基本思想

长期以来，社会经济活动中各个企业的库存管理是各自为政的。生产和销售过程中的每一个企业、每一个部门都是各自设置和管理自己的库存，零售商有自己的库存，批发商有自己的库存，供应商有自己的库存，亦即供应链每个环节都有自己的库存控制策略。由于各自的库存控制策略不同，不可避免地产生了供需不协调的现象，使供应链无法快速、有效地响应用户的需求。在供应链管理环境下，供应链的各个环节的活动必须同步进行才能实现对最终市场的准确响应，而传统的库存控制方法显然无法满足这一要求。20 世纪 90 年代末，在国外出现了一种新的供应链库存管理方法——供应商管理库存（vendor managed inventory，VMI）。这种库存管理策略打破传统的各自为政的库存管理模式，把供需双方对库存的需求和管理捆绑在一起，由供方实施对库存的具体管理。这一库存管理策略体现了供应链的集成化管理思想，适应了市场变化的要求，在各国企业中得到快速发展和应用。

传统上，每个企业的库存是由库存拥有者即每个企业来管理的，亦即买方主导的库存管理模式。但是，因为企业管理人员无法确切知道用户需求与供应的匹配状态，所以对库存量设置与管理是带有很大的盲目性的，为了减少缺货带来的各种不良影响，管理人员宁愿超储也不愿缺货。这种库存管理模式很难达到最优状态。例如，供应链上的一个供应商用库存来应对不可预测的或某一用户（分销商、批发商或最终用户）不稳定的需求，而用户自己也设立库存来应对不稳定的内部需求或外部不确定性。虽然供应链中每一个组织都独立地寻求保护各自在供应链的利益不受意外干扰的做法有一定效果，但这并不是最佳的方法，因为这样做的结果影响了供应链的优化运行。供应链的各个不同组织根据各自的需要独立运作，导致重复建立库存，不能做到供应链全局总成本最低，整个供应链系统的库存会随着供应链长度的增加而发生需求扭曲。VMI 系统能够突破传统的条块分割的库存管理模式，以系统的、集成的管理思想进行库存管理，使供应链系统获得同步化运作。

VMI 是一种很好的供应链库存管理策略。关于 VMI 的定义可以表述为："VMI 是制造商（用户）和供应商之间的合作性策略，以对双方来说都是最低的成本优化产品的可获得性，在一个相互同意的目标框架下由供应商管理库存。"VMI 的目标是试图降低供应链的总库存而不是哪一个环节的库存，从而真正降低供应链上的总库存成本。

关于 VMI 也有其他的不同定义，但归纳起来，该策略的关键措施主要体现在如下几个原则中：

（1）合作精神（合作性原则）。在实施 VMI 策略时，相互信任与信息透明是很重要的，供应商和用户（零售商）都要有合作精神，才能较好地合作。

（2）使双方成本最小（互惠原则）。VMI 不是关于成本如何分配或谁来支付的问题，而是关于减少成本的问题。通过实施该策略，双方的成本都得以减少。

（3）框架协议（目标一致性原则）。双方都要明白各自的责任，在目标上达成一致。如库存放在哪里、什么时候支付、是否要管理费、要花费多少等问题都要回答，并且体现在框架协议中。

（4）总体优化原则。使供需双方能共享利益和消除浪费。

VMI 的主要思想是：供应商通过与用户合作，双方共同确定库存消耗信息采集与传递方式、库存水平和补给策略；由供应商负责库存日常管理事务；在库存物资交付用户之前，供应商拥有库存物权和控制权。

因此，一个精心设计与开发的 VMI 系统，不仅可以降低供应链的库存水平，降低成本，而且可使用户获得高水平的服务，改进资金流，与供应商共享需求变化的透明性和获得更好的用户信任。

二、实施 VMI 的意义

需求的易变性是大部分供应链面临的主要问题，它既影响供应商为客户提供的服务，也减少了企业的收入。需求的不确定性、相互冲突的管理标准、互相孤立的用户行为、产品短缺造成的订单放大等，都将使企业的库存状况变得更加糟糕。

供应链管理的成功通常来源于理解和管理好存货成本和消费者服务水平之间的关系。VMI 就是一种能使供应链合作伙伴共同降低成本和改进服务的先进理念。

许多供应商被 VMI 吸引是因为它减少了需求的不确定性。过去，由于客户需求的波动性，如短期内出现大量的订单（"双 11"的网购活动就是其中一例），供应商不得不维持冗余的产能或超量的成品存货量，以确保响应客户订单需求、维持必要的服务水平，这是一种成本很高的方法。VMI 的出现，可以帮助供应商实现按需生产，削弱生产量的峰值和谷值，通过实施小批量生产降低存货水平。在 VMI 策略下，补货频率通常由每月提高到每周（甚至每天），这将给供需双方都带来效益。供应商在工厂里可以看到更流畅、更真实的需求信号。需求的准确性有利于更好地利用生产及物流资源，这就降低了运作成本，也减少了为应对大批量需求波动而设置的缓冲存货。供应商可以做出与需求相协调的补货决定，并且提高需求驱动的意识。

零售商被 VMI 吸引是因为它解决了相互冲突的管理准则带来的两难困境。比如，月末库存量考核对零售商来说是很重要的，存货过多会影响月末的财务报表，因此一般情况下零售商并不希望有过多的库存。但零售商对于顾客服务水平也是必须保证的（必须维持较高的库存），不能因为缺货而影响销售收入和顾客的口碑。这二者的标准经常是相互冲突的。在季末或年末的财务报告中，这种管理悖论产生的不利影响更加明显。另外，在零售供应链中，不同用户间的订货很少能相互协调，订单经常同时到来，这就使及时实现所有配送的请求变得更加困难。在 VMI 系统中，由于供应商对需求信息了如指掌，具有比较强的供需协调能力，因此可以满足零售商的补货需求，对零售商来说就不必为月末的财务报表好看而牺牲顾客服务水平。

不仅如此，VMI 的实施还有助于降低供应链物流的运输成本。例如，供应商可以根据来自不同需求方的补给订单来协调运输车辆，另外，可以根据向配送路线上的需求方库存补货的实际需求规划更有效的配送路线。运用 VMI 策略还将进一步改善客户的配送服务，例如不同客户补货过程中的协同配送。没有 VMI 的支持，供应商无法准确掌握补货订单，也就无法在分散的客户和分散的配送中心之间实现协同配送。实施了 VMI 的话，供应商会预先规划补货和配送计划，尽量利用现有的配送资源实现协同配送，节约供应链的成本。所以说，如果 VMI 实施得好，将会提高满载运输的比例，获得运输上的经济性，进而降低运输成本。

三、实施 VMI 的方法

实施 VMI 策略，要改变订单的处理方式，建立基于标准的托付订单处理模式。首先，供应商和零售商一起确定供应商订单业务处理过程所需的信息和库存控制参数；然后建立一种订单的标准处理模式，如 EDI 标准报文；最后把订货、交货和票据处理各项业务功能集成在供应商一方。

库存状态的透明性（对供应商）是实施 VMI 的关键。供应商能够随时跟踪和检查零售商的库存状态，从快速响应市场需求变化的角度出发，对企业的生产（供应）安排做出相应的调整。为此需要建立一种能够使供应商和用户（分销商、批发商、零售商）的库存信息系统透明连接的方法。

站在供应商的视角，VMI 策略实施可以分为如下几个步骤。

第一，建立客户信息系统。要有效地管理销售库存，供应商必须能够获得客户的有关信息。通过建立客户的信息库，供应商能够掌握需求变化的有关情况，把由零售商进行的需求预测与分析功能集成到供应商的系统中。

第二，建立销售网络管理系统。供应商要想很好地管理库存，必须建立起完善的销售网络管理系统，保证自己产品的需求信息和物流畅通。为此，必须保证自己的产品条形码或其他标识的可读性和唯一性，解决产品分类、编码的标准化问题，解决商品储存运输过程中的识别问题。

第三，建立供应商与零售商（分销商、批发商）的合作框架。供应商和零售商（分销商、批发商）通过协商，确定订单处理的业务流程、库存控制有关的参数（如再订货点、最低库存水平等）、库存信息的传递方式（如EDI或互联网等）。

第四，组织结构的变革。这一点也很重要，因为VMI策略改变了供应商的组织模式。传统上，由会计经理处理与用户有关的事情；引入VMI策略后，在订货部门产生了一个新的职能，即负责控制用户的库存、库存补给和服务水平。

一般来说，在以下情况下适合实施VMI策略：零售商或批发商缺乏IT系统或基础设施来有效管理它们的库存；供应商实力雄厚并且比零售商的市场信息量大；有较高的直接储存交货水平，因而供应商能够有效规划运输。

VMI的运作方式主要有以下四种：

（1）供应商提供包括所有产品的管理软件进行存货决策，用户也可以使用该软件执行存货决策或了解存货的状态。

（2）供应商在用户的所在地，代表用户执行存货决策并管理存货，但是存货的所有权归用户。

（3）供应商在用户的所在地，代表用户执行存货决策并管理存货，在没有出库前供应商拥有存货所有权。

（4）供应商不在用户的所在地，但是定期派人代表用户执行存货决策、管理存货，供应商拥有存货的所有权。

通过VMI，供应商可以客观评价放在供应商处的存货，决定产品的标准，决定订货点、补充存货的时机以及交货的流程，建立多种库存优化模型并进行人员培训。

四、实施VMI的几种模式

（一）“制造商—零售商”VMI模式

这种模式通常发生在制造商作为供应链的上游企业，对它的客户（如零售商）实施VMI。图9-1中的制造商是VMI的主导者，由它负责对零售商的供货系统进行检查和补充。这种情况多出现在制造商是一个比较大的产品制造者，具有一定的规模和实力，完全能够承担起实施VMI的责任，如美国的宝洁公司。

（二）“供应商—制造商”VMI模式

这种模式通常发生在制造商是供应链上实施VMI的下游企业，要求它的供应商按照VMI的方式向其补充库存。如图9-2所示。此时，VMI的主导者可能还是制造商，但它

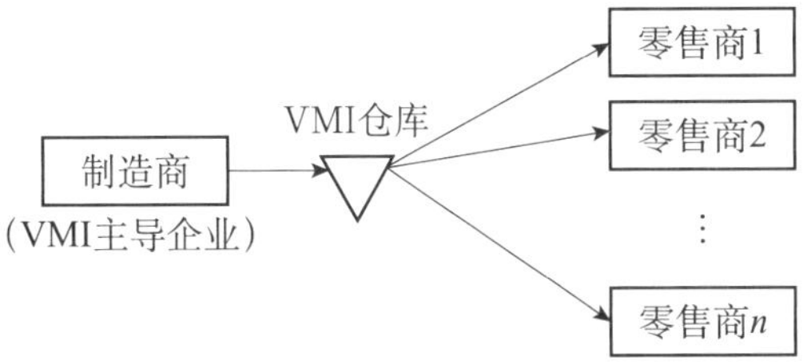

图 9-1 “制造商—供应商”VMI 系统

是 VMI 的接受者而不是管理者，VMI 的管理者是该制造商的上游的众多供应商，在汽车制造业，这种情况比较多见。一般来说，汽车制造商是这一供应链上的核心企业，为了应对激烈的市场竞争，它会要求它的零部件供应商实施 VMI 的库存管理方式。由于很多零部件供应商的规模很小，实力很弱，完全由这些中小供应商完成 VMI 可能比较困难。另外，因为制造商要求供应商按照准时化的方式供货，所以供应商不得不在制造商的周边建立自己的仓库，这样一来，会导致供应链上的库存管理资源重复配置。表面上看，这些库存管理成本是由供应商支付的，但实际上仍然会分摊到供货价格中，最终对制造商也是不利的。因此，近年来这种 VMI 模式越来越少了。

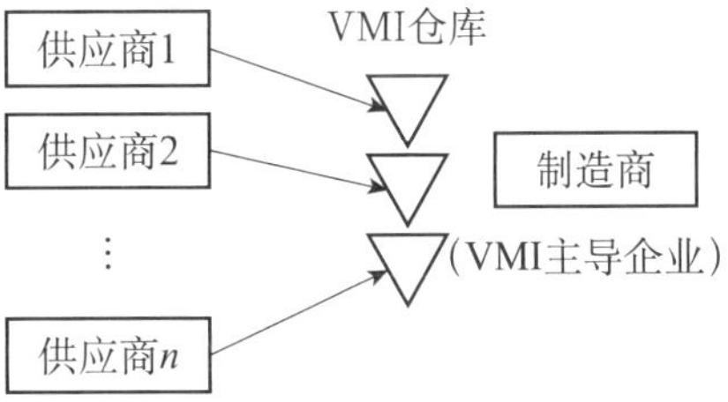

图 9-2“供应商—制造商”VMI 系统

（三）“供应商—第三方物流—制造商”VMI 模式

为了克服第二种实施模式的弊端，人们创造出了新的方式：“供应商—第三方物流—制造商”VMI 模式。这种方式是引入一个第三方物流企业，由第三方物流企业提供一个统一的物流和信息流管理平台，统一执行和管理各个供应商的零部件库存控制指令，负责完成向制造商生产线上配送零部件的工作，而供应商则根据第三方物流企业的出库单与制造商按时结算，如图 9-3 所示。

由第三方物流运作的 VMI 仓库可以合并来自多个供应商交付的货物，采用物流集中管理的方式，因此形成了规模效应，降低了库存管理的总成本。这一模式的信息流和物流流程如图 9-4 所示。

这一模式还有如下优点：第三方物流推动了合作三方（供应商、制造商、第三方物流）之间的信息交换和整合；第三方物流提供的信息是中立的，根据预先达成的框架协议，物料的转移标志着物权的转移；第三方物流能够提供库存管理、拆包、配料、排序和交付，还可以代表制造商向供应商下达采购订单。

将 VMI 业务外包给第三方物流，最大的阻力来自制造商企业内部。制造商企业的管理人员对第三方物流是否可以保证 VMI 业务平稳运作存在怀疑和不理解，也有人担心引入第

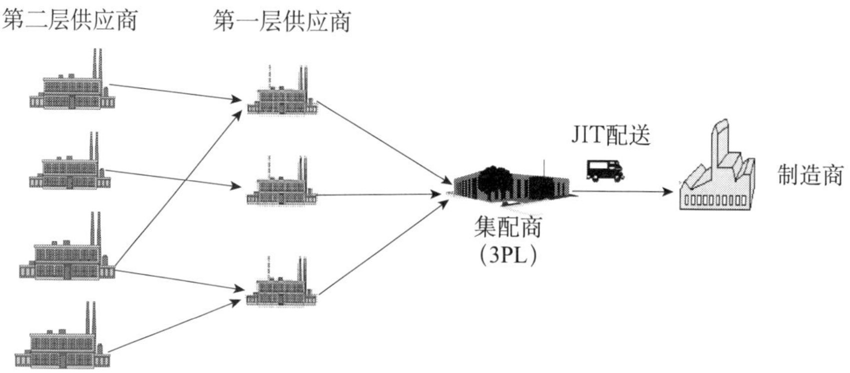

图 9-3　基于第三方物流的 VMI 实施模式

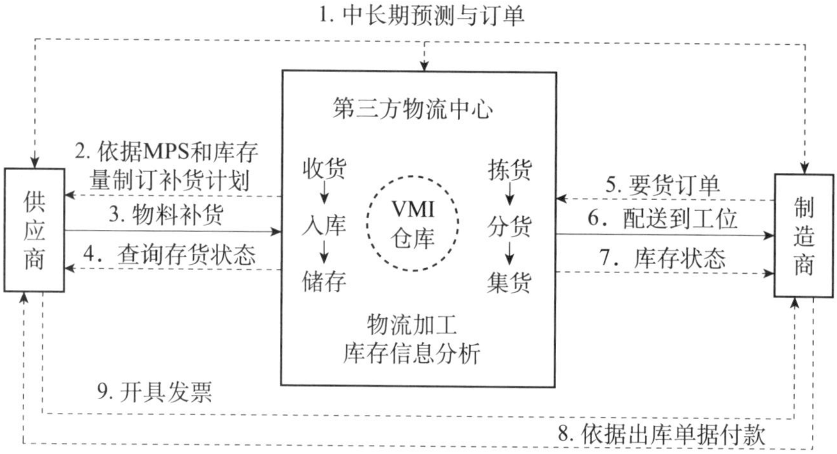

图 9-4　基于第三方物流的 VMI 信息流和物流传递示意图

三方物流后会失去工作，还有人认为 VMI 业务可以带来利润，因此希望“肥水不流外人田”，把这一业务保留在公司以获得额外的“利润”。因此，为了使 VMI 能够真正为供应链带来竞争力的提升，必须对相关岗位的职责重新组织，甚至对企业文化进行变革。

第 3 节　联合库存管理

一、联合库存管理的基本思想

VMI 是一种供应链集成化运作的决策代理模式，它把用户的库存决策权代理给供应商，由供应商代理分销商或批发商行使库存决策的权力。联合库存管理则是一种风险分担的库存管理模式。

联合库存管理的思想可以从分销中心的联合库存功能谈起。地区分销中心体现了一种简单的联合库存管理的思想。传统的分销模式是分销商根据市场需求直接向工厂订货，比如汽车分销商（或批发商）根据用户对车型、款式、颜色、价格等的不同需求，向汽车制造厂订货。由于需要较长时间才能到货，但顾客不想等待那么久，因此各个分销商不得不进行库存备货，大量的库存使分销商难以承受，以致破产。据估计，在美国，通用汽车公司每销售500万辆轿车和卡车，平均价格是18 500美元，分销商一般维持60天的库存，库存费用是汽车价值的22%，一年总的库存费用达到3.4亿美元。采用地区分销中心，就大大减少了库存浪费的问题。图9-5为传统的分销模式，每个销售商直接向工厂订货，每个销售商都有自己的库存；图9-6为采用地区分销中心后的销售方式，各个销售商只需少量的库存，大量的库存由地区分销中心储备，也就是各个销售商把其库存的一部分交给地区分销中心负责，从而减轻了各个销售商的库存压力。地区分销中心起到了联合库存管理的功能，它既是一个商品的联合库存中心，又是需求信息的交流与传递枢纽。

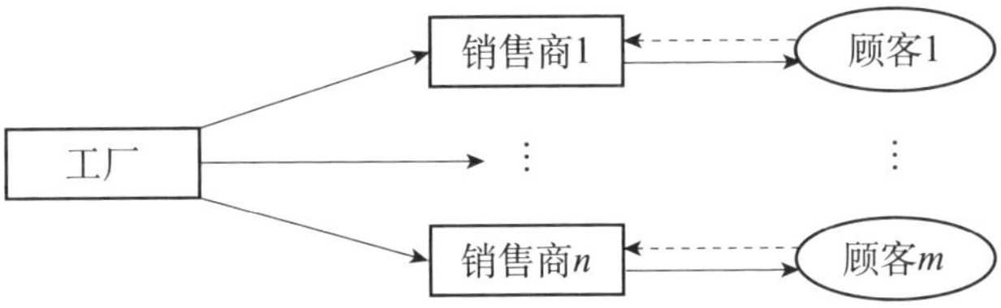

图9-5 传统的分销模式

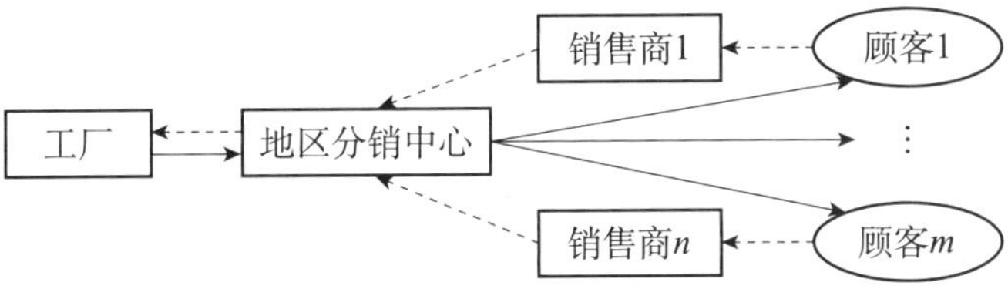

图9-6 有地区分销中心的分销模式

从分销中心的功能我们得到启发，可以对现有的供应链库存管理模式进行新的拓展和重构，提出联合库存管理新模式——基于协调中心的联合库存管理系统。

近年来，在供应链企业之间的合作关系中，更加强调互利合作关系，联合库存管理就体现了战略供应商联盟的新型企业合作关系。

在传统的库存管理中，把库存分为独立需求和相关需求两种库存模式来进行管理。相关需求库存问题采用物料需求计划处理，独立需求库存问题采用订货点方法处理。一般来说，产成品库存管理为独立需求库存问题，而在制品和零部件以及原材料的库存控制问题为相关需求库存问题。图9-7是传统的供应链活动过程模型。在整个供应链中，从供应商、制造商到分销商，各个供应链节点企业都有自己的库存。供应商作为独立的企业，其库存（即其产品库存）为独立需求库存；制造商的材料、半成品库存为相关需求库存，而产品库存为独立需求库存；分销商为了应对顾客需求的不确定性也需要库存，其库存也为独立需求库存。

联合库存管理是解决供应链系统中由于各节点企业相互独立的库存运作模式而导致的"长鞭效应"，提高供应链同步化程度的一种有效方法。联合库存管理和供应商管理库存（VMI）不同，它强调供需双方同时参与，共同制订库存计划，使供应链过程中的每个库

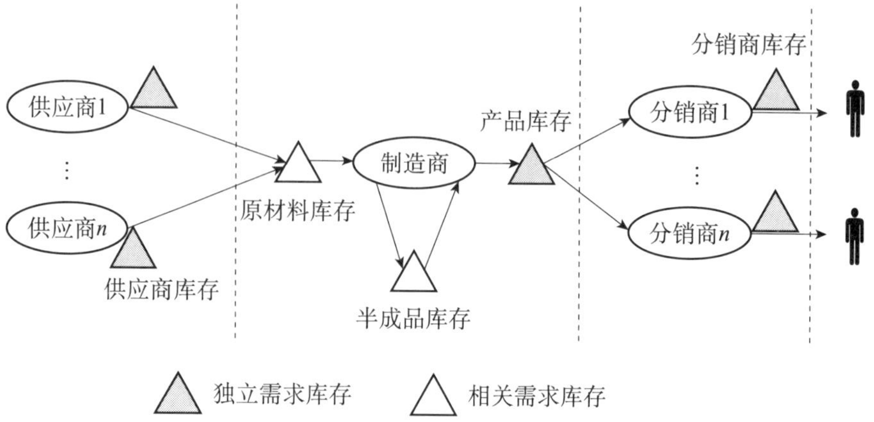

图 9－7　供应链活动过程模型

存管理者（供应商、制造商、分销商）都从相互之间的协调性考虑，保持供应链相邻两个节点之间的库存管理者对需求的预期，从而消除“长鞭效应”。任何相邻节点需求的确定都是供需双方协调的结果，库存管理不再是各自为政的独立运作过程，而变成了供需连接的纽带和协调中心。

图 9－8 为基于协调中心的联合库存管理的供应链系统模型。基于协调中心的联合库存管理和传统的库存管理模式相比，有如下几个方面的优点：

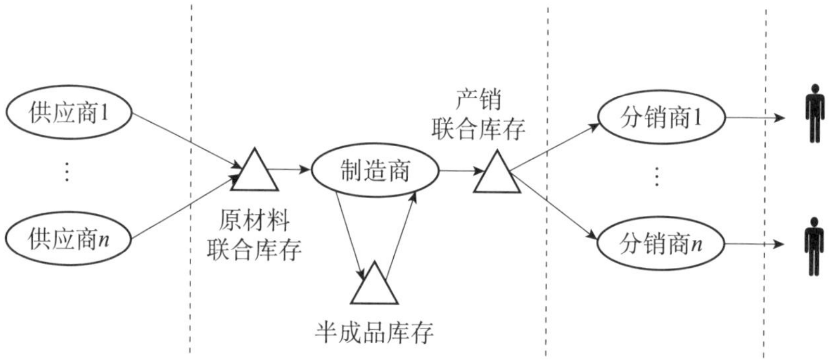

图 9－8　基于协调中心的联合库存管理的供应链系统模型

（1）为实现供应链的同步化运作提供了条件和保证。

（2）减少了供应链中的需求扭曲现象，降低了库存的不确定性，提高了供应链的稳定性。

（3）库存作为供需双方信息交流和协调的纽带，可以暴露供应链管理中的缺陷，为改进供应链管理水平提供依据。

（4）为实现零库存管理、准时化采购以及精细供应链管理创造了条件。

（5）进一步体现了供应链管理环境下的资源共享和风险分担的原则。

联合库存管理系统把供应链系统管理进一步集成为上游和下游两个协调管理中心，从而部分消除了由于供应链环节之间的不确定性和需求信息扭曲现象导致的供应链的库存波动。通过协调中心，供需双方共享需求信息，因而起到了提高供应链运作稳定性的作用。

二、联合库存管理的实施策略

1. 建立供需协调管理机制

为了发挥联合库存管理的作用，供需双方应从合作的精神出发，建立供需协调管理机制，通过相互的协调作用，明确各自的目标和责任，建立合作沟通的渠道，为供应链的联合库存管理提供有效的机制。图 9－9 为产品制造商与分销商的协调管理机制模型。没有一个协调的管理机制，就不可能进行有效的联合库存管理。

建立供需协调管理机制，要从以下几个方面着手：

（1）建立共同合作目标。要建立联合库存管理模式，首先供需双方应本着互惠互利的原则，建立共同的合作目标。为此，要理解供需双方在市场目标中的共同之处和冲突点，通过协商形成共同的目标，如用户满意、利润的共同增长和风险的减少等。

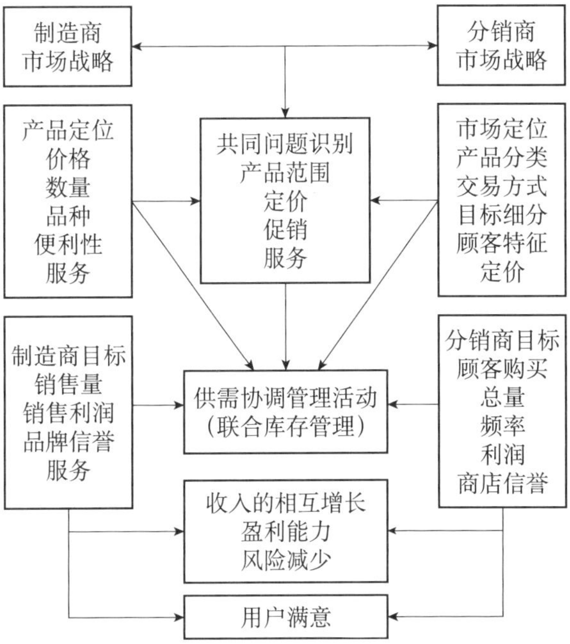

图 9－9　产品制造商与分销商的协调管理机制

（2）建立联合库存的协调控制方法。联合库存管理中心扮演着协调供需双方利益的角色，起着协调控制器的作用。因此，需要明确库存优化的方法，包括库存如何在多个需求商之间调节与分配，库存的最高和最低水平，安全库存的确定，需求的预测，等等。

（3）建立信息沟通与共享系统。信息共享是供应链管理的特色之一。为了提高整个供应链需求信息的一致性和稳定性，减少由于多重预测导致的需求信息扭曲，应增加供应链各方对需求信息获得的及时性和透明性。为此，应建立一种信息沟通的渠道或系统，以保证需求信息在供应链上的畅通和准确性。要将条形码技术、扫描技术、POS 系统和 EDI 集成起来，并且要充分利用互联网的优势，在供需双方之间建立畅通的信息沟通桥梁和联系纽带。

（4）建立利益的分配和激励机制。要有效实施联合库存管理，必须建立一种公平的利益分配制度，并对参与协调库存管理中心的各个企业（供应商、制造商、分销商或批发商）进行有效的激励，防止机会主义行为，增加协作性和协调性。

2. 发挥不同资源管理系统的作用

为了发挥联合库存管理的作用，在供应链库存管理中应充分利用目前比较成熟的两种资源管理系统：企业资源计划（enterprise resources planning，ERP）系统；ERP 的子系统——配送资源计划（distributed resources planning，DRP）。面向制造端，原材料库存协调管理中心应用制造资源计划系统；面向销售端，在产品联合库存协调管理中心则应用物资配送资源计划。这样就可以在供应链系统中把这两种资源管理系统很好地结合起来。

3. 建立快速响应系统

快速响应系统是在 20 世纪 80 年代末由美国服装行业发展起来的一种供应链管理策略，目的在于减少供应链中从原材料到用户的过程时间和库存，最大限度地提高供应链的运作效率。快速响应系统在供应链管理中得到了普遍应用。

快速响应系统在供应链管理中的应用经历了三个发展阶段。第一阶段为商品条码化，通过对商品的标准化识别处理加快订单的传输速度；第二阶段是内部业务处理的自动化，采用自动补货与 EDI 系统提高业务自动化水平；第三阶段是采用更有效的企业间的合作，消除供应链组织之间的障碍，提高供应链的整体效率，如通过供需双方合作，确定库存水平和销售策略等。

在欧美等西方国家和地区，快速响应系统应用已达到第三阶段。通过联合计划、预测与补货等策略实现有效的用户需求反应且效果显著。例如，美国嘉思明咨询公司的调查分析认为，实施快速响应系统后供应链效率大大提高，缺货明显减少，通过供应商与零售商的联合协作保证 24 小时供货；库存周转速度提高 1～2 倍；通过敏捷制造技术，企业的产品中有 20%～30%是根据用户的需求制造的。

快速响应系统需要供需双方密切合作，因此，协调库存管理中心的建立可以为快速响应系统发挥更大的作用创造有利的条件。

4. 发挥第三方物流企业的作用

第三方物流企业是供应链集成的一种有效管理手段。把库存管理的部分功能外包给第三方物流企业来实施，可以使企业更专注于自己的核心业务。第三方物流企业起到了供应商和用户之间的桥梁的作用，可以为供应链企业带来诸多好处：

（1）减少成本。

（2）使企业集中精力于核心业务。

（3）获得更多的市场信息。

（4）获得一流的物流服务。

（5）改进服务质量。

（6）快速进入国际市场。

借助第三方物流企业，可以消除供需双方各自独立的库存，增加供应链的敏捷性和协调性，同时大大提高供应链的用户服务水平和运作效率。

第 4 节　供应链多级库存控制

一、多级库存优化与控制

联合库存管理是一种联邦式供应链库存管理策略，是对供应链的局部优化控制，要进行供应链的全局性优化与控制，则应引入多级库存优化与控制方法。多级库存优化与控制是从供应链全局的视角看待问题，更有助于取得制造资源的全局性优化。

多级库存的优化与控制是在单级库存控制的基础上形成的。多级库存系统根据不同的配置方式可分为串行系统、并行系统、纯组装系统、树形系统、无回路系统和一般系统。

供应链管理的目的是使整个供应链各个阶段的库存最小，但是现行的企业库存管理模式从单一企业内部的角度去考虑库存问题，并不能使供应链整体达到最优。

多级库存控制的方法有两种：一种是非中心化（分布式）策略，另一种是中心化（集中式）策略。非中心化策略是各个库存点独立地采取各自的库存策略，这种策略在管理上比较简单，但是并不能保证产生整体供应链优化。如果信息的共享度低，多数情况下产生的是近优的结果，因此，非中心化策略需要更多的信息共享。运用中心化策略，所有库存点的控制参数是同时决定的，考虑了各个库存点的相互关系，通过协调的办法获得库存的优化。但是中心化策略在管理上协调难度大，特别是当供应链的层次比较多，即供应链的复杂度增加时，更增加了协调控制的难度。

供应链的多级库存控制应考虑以下几个问题。

1. 库存优化的目标是成本还是时间

传统的库存优化问题毫无例外地进行库存成本优化。在强调敏捷制造、基于时间竞争的条件下，这种成本优化策略是否适宜？供应链管理的两个基本策略——有效客户响应（ECR）和快速反应（QR）——集中体现了顾客响应能力的基本要求。因此，在实施供应链库存优化时要明确库存优化的目标是成本还是时间。成本是库存控制中必须考虑的因素，在现代市场竞争的环境下，仅考虑优化成本这一个因素显然是不够的，应该把时间因素的优化也作为库存优化的主要目标来考虑。

2. 明确库存优化的边界

供应链库存管理的边界即供应链的范围。在库存优化中，一定要明确所优化的库存范围是什么。供应链的结构有各种各样的形式，有全局的供应链，包括供应商、制造商、分销商和零售商各个部门；有局部的供应链，其中又分为上游供应链和下游供应链。在传统的所谓多级库存优化模型中，绝大多数库存优化模型是下游供应链，即关于制造商（产品供应商）—分销中心（批发商）—零售商的三级库存优化，很少有关于零部件供应商—制造商的库存优化模型。在上游供应链中，主要考虑的是供应商的选择问题。

3. 多级库存优化的效率问题

理论上讲，如果所有的相关信息都是可获得的，并且把所有的管理策略都考虑到目标函数中，中心化的多级库存优化比基于单级的库存优化的策略（非中心化策略）要好。但是，现实情况未必如此。当把组织与管理问题考虑进去时，现实的情况是，管理控制的幅度常常是下放给各个供应链的部门独立确定，多级库存控制策略的好处也许会被组织与管理的考虑抵消。因此，简单的多级库存优化并不能真正产生优化的效果。需要对供应链的组织、管理进行优化，否则，多级库存优化策略的效率是低下的。

4. 明确采用的库存控制策略

在单库存点的控制策略中，最基本的策略有四种：① 连续性检查的固定订货量 Q、固定订货点水平 R 策略，即（Q，R）策略；②连续性检查的固定订货点水平、最大库存量 S 策略，即（R，S）策略；③周期性检查策略，每隔一个时间间隔 t 检查剩余库存 S，即（t，S）策略；④综合库存策略，设一个固定的检查周期 t、最大库存量 S、固定订货点水平 R，即（t，R，S）策略。这些库存控制策略对于多级库存控制仍然适用。但是，关于多级库存控制，都是基于无限能力假设的单一产品的多级库存，对于有限能力的多产品的库存控制，是供应链多级库存控制的难点和有待解决的问题。

下面分别从时间优化和成本优化的角度探讨多级库存的优化控制问题。

二、基于成本优化的多级库存控制

基于成本优化的多级库存控制实际上就是确定库存控制的有关参数：库存检查期、订货点、订货量。

在传统的多级库存优化方法中，主要考虑的供应链模式是生产—分销模式，也就是供应链的下游部分。我们进一步把问题推广到整个供应链的一般情形——如图 9－10 所示的供应链模型。

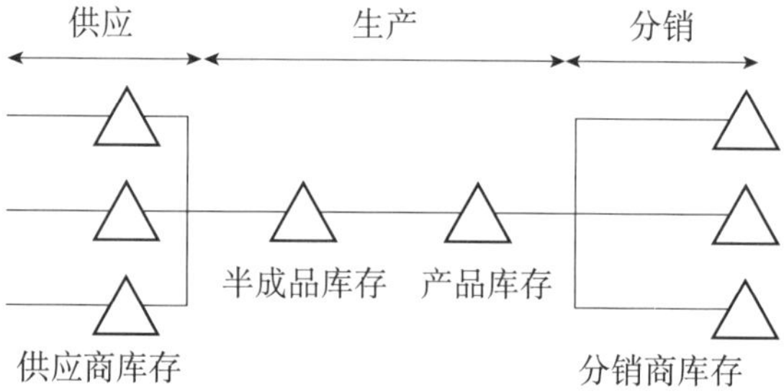

图 9－10　多级供应链库存模型

在库存控制中，考虑中心化（集中式）和非中心化（分布式）两种库存控制策略情形。在分析之前，首先确定库存成本结构。

1. 供应链的库存成本结构

（1）维持库存费用（holding cost）C_h。在供应链的每个阶段都要维持一定的库存，以保证生产、供应的连续性。这些库存维持费用包括资金成本、仓库及设备折旧费、税收、保险金等。维持库存费用与库存价值和库存量的大小有关。维持库存费用沿着供应链从上游到下游有一个累积的过程，如图 9－11 所示。

h_i为单位周期内单位产品（零件）的维持库存费用。如果用 v_i表示 i 级库存量，那么

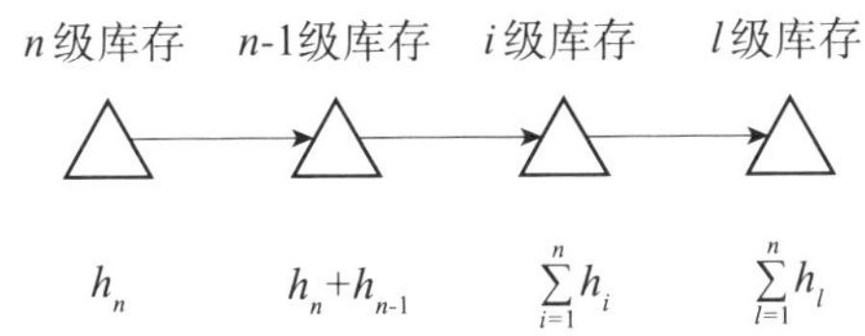

图 9-11　供应链维持库存费用的累积过程

整个供应链的库存维持费用为：

$$C_h = \sum_{i=1}^{n} h_i v_i$$

如果是上游供应链，维持库存费用是一个汇合的过程，在下游供应链则是分散的过程。

（2）交易成本（transaction cost）C_t。即在供应链企业之间的交易合作过程中产生的各种费用，包括谈判要价、准备订单、商品检验、佣金等。交易成本随交易量的增加而减少。

交易成本与供应链企业之间的合作关系有关。建立一种长期的互惠合作关系有利于降低交易成本，战略伙伴关系的供应链企业之间交易成本是最低的。

（3）缺货损失成本（shortage cost）C_s。缺货损失成本是由于供不应求，即库存 v_i 小于零的时候，造成的市场机会损失以及用户罚款等。

缺货损失成本与库存大小有关。库存量大，缺货损失成本就低；反之，缺货损失成本就高。为了减少缺货损失成本，维持一定量的库存是必要的，但是库存过多将增加维持库存费用。

在多级供应链中，提高信息的共享程度，增加供需双方的协调与沟通，有利于减少缺货带来的损失。

总的库存成本为：

$$C = C_h + C_t + C_s \tag{9-1}$$

对多级库存控制的目标就是优化总的库存成本 C，使其达到最小。

2. 库存控制策略

多级库存的控制策略分为中心化控制策略和非中心化控制策略，下面将分别加以说明。

（1）中心化库存控制。目前关于多级库存中心化控制策略讨论不多，采用中心化控制的优势在于能够对整个供应链系统的运行有一个较全面的掌握，能够协调各个节点企业的库存活动。

中心化控制是将控制中心放在核心企业，由核心企业对供应链系统的库存进行控制，协调上游与下游企业的库存活动。这样核心企业也就成了供应链上的数据中心（数据仓库），担负着数据的集成、协调功能，如图 9-12 所示。

中心化库存优化控制的目标是使供应链上总的库存成本最低，即

$$\min TC = \sum_{i=1}^{n} (C_{hi} + C_{ti} + C_{si}) \tag{9-2}$$

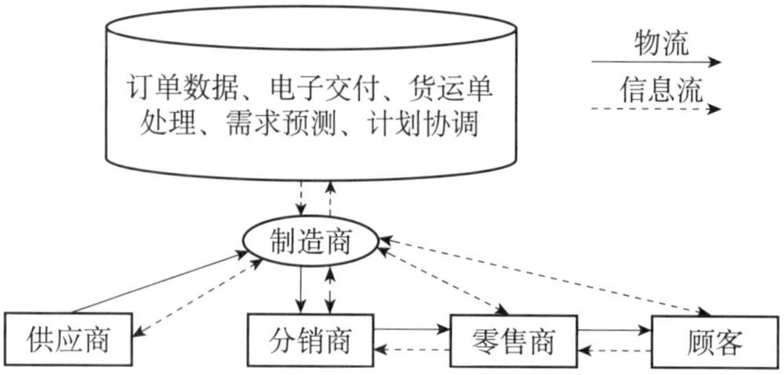

图 9-12　供应链中心化库存控制模型示例

理论上讲，供应链的层次可以是无限的，即从用户到原材料供应商，整个供应链是一个 n 层次的供应链网络模型，分为一级供应商、二级供应商、……、k 级供应商，然后到核心企业（组装厂）；分销商也可以是多层次的，可分为一级分销商、二级分销商、三级分销商等，最后才到用户。现实的供应链层次并不是越多越好，而是越少越好，因此，实际供应链的层次并不是很多，采用供应商—生产商—分销商这样的典型三层模型就足以说明供应链的运作问题。

图 9-13 为三级库存控制的供应链模型。

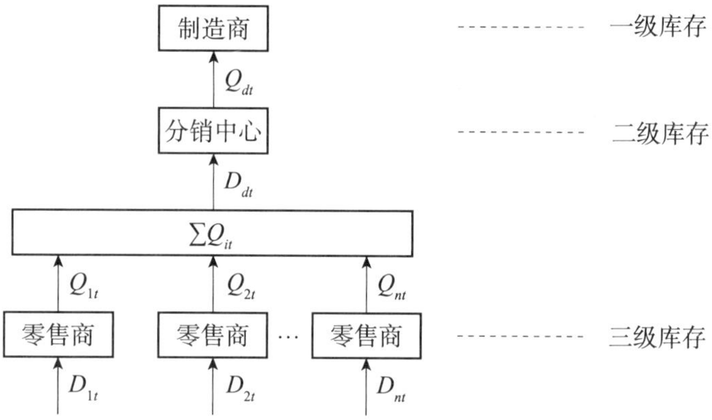

图 9-13　供应链中心化库存控制模型

各个零售商的需求 D_{it} 是独立的，根据需求的变化得出的订货量为 Q_{it}。各个零售商的订货汇总到分销中心，分销中心产生一个订货给制造商，制造商根据订货决定生产计划，同时对上游供应商产生物料需求。整个供应链在制造商、分销商、零售商三个地方存在三个库存，这就是三级库存。这里假设各零售商的需求为独立需求，需求率 d_i 与提前期 LT_i 为同一分布的随机变量，系统销售同一产品，即为单一产品供应链。对这样一个三级库存控制系统，这是一个串行与并行相结合的混合型供应链模型，控制模型如下：

$$\min\{C_{mfg}+C_{cd}+C_{rd}\} \tag{9-3}$$

式中，C_{mfg} 为制造商的库存成本；C_{cd} 为分销商的库存成本；C_{rd} 为零售商的库存成本。

关于订货策略采用连续性检查还是周期性检查的问题，原则上讲二者都是适用的，但各有特点。问题在于采用传统的订货策略时，其有关参数的确定和供应链管理环境下的库存参数应有所不同，否则不能反映多级库存控制的思想，因此，不能按照传统的单点库存控制策略进行库存优化，必须寻找新的方法。

按照传统的固定量订货系统，其经济订货量为：

$$Q_i^* = \sqrt{\frac{2D_i C_{si}}{h_i}} \tag{9-4}$$

如果我们按照这个算法推断多级库存各个阶段的供应商或分销商的订货策略，就没有体现供应链的中心化控制思想。这样计算的库存信息是单点库存信息而没有考虑供应链的整体库存状态，因此采用这样的计算方法实际上是优化单一库存点的成本而不是优化整体供应链的成本。

那么，如何体现供应链这种集成的控制思想呢？可以采用级库存取代点库存解决这个问题。点库存控制没有考虑多级供应链中相邻节点的库存信息，容易造成“长鞭效应”。采用级库存控制策略后，每个库存点不再是仅检查本库存点的库存数据，而是检查处于供应链整体环境下的某一级库存状态。级库存和点库存不同，我们采用“级库存”这个概念重新定义供应链上节点企业的库存数据：

$$\text{供应链的级库存} = \begin{matrix}\text{某一库存节点}\\\text{现有库存}\end{matrix} + \begin{matrix}\text{转移到或正在转移给}\\\text{其后续节点的库存}\end{matrix}$$

这样检查库存状态时，不但要检查本库存点的库存数据，而且要检查其下游需求方的库存数据。级库存策略的库存决策是建立在对其下游企业的库存状态完全掌握的基础上的，避免了信息扭曲。建立在 Internet/EDI 技术基础上的全球供应链信息系统为企业之间的快速信息传递提供了保证，因此，实现供应链的多级库存控制是有技术保证的。

(2) 非中心化库存控制。非中心化库存控制是把供应链的库存控制分为三个成本归集中心，即制造商成本中心、分销商成本中心和零售商成本中心，各自做出库存成本优化控制策略，如图 9-14 所示。非中心化的库存控制要取得整体的供应链优化效果，需要提高供应链的信息共享程度，使供应链的各个部门都共享统一的市场信息。非中心化多级库存控制策略能够使企业根据自己的实际情况独立快速做出决策，有利于发挥企业的独立自主性和灵活机动性。

非中心化库存订货点的确定，可完全按照单点库存的订货策略进行，即每个库存点根据库存的变化，独立地决定库存控制策略。非中心化的多级库存优化策略要求企业之间的协调性比较好，如果协调性差，有可能导致各自为政的局面。

三、基于时间优化的多级库存控制

前面我们探讨了基于成本优化的多级库存优化方法，这是传统的做法。随着市场变化，市场竞争已从传统的简单成本优先的竞争模式转向时间优先的竞争，这就是敏捷制造的思想。因此，供应链的库存优化不能简单地仅优化成本。在供应链管理环境下，库存优化还应该考虑对时间的优化，比如库存周转率优化、供应提前期优化、平均上市时间优化

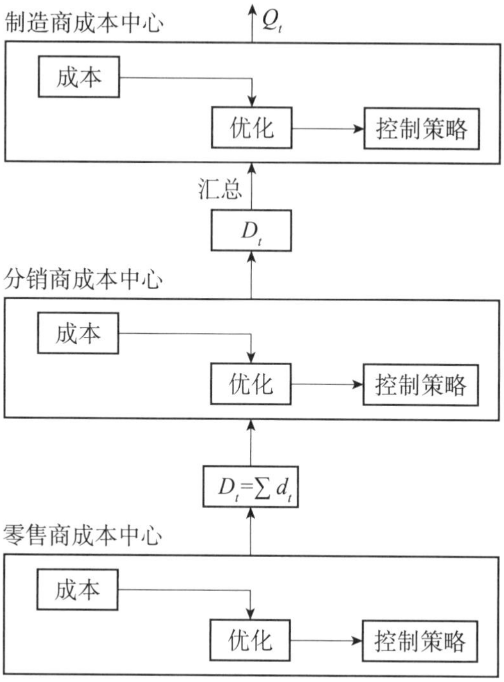

图 9－14　多级库存控制模式

等。库存时间过长对产品的竞争力不利，因此，供应链系统应从加快用户响应速度的角度提高供应链的库存管理水平。

思考题

1. 对于整个供应链来说，什么是库存？举例说明。
2. 试举例阐述目前我国企业在供应链管理环境下的库存管理存在哪些主要问题。
3. 如何理解供应链管理中的不确定性？它对供应链管理会产生怎样的影响？作为供应链管理执行经理，你如何控制供应链运作过程中的不确定性？
4. 阐述 VMI 的基本思想。如果你是一位采购经理，你如何在实际管理中运用 VMI?
5. 比较联合库存管理思想与多级库存管理思想的异同点。
6. 供应链库存管理中涉及的成本主要包括哪些?

案例

江铃发动机：探索全新汽配供应链

为了提高供应链上的制造商与供应商之间的协同性，江铃汽车集团发动机有限责任公司采用了一种更加协同的供应链运行模式。它实施了由第三方物流企业代理供应商将零部件直送工位的模式，并将自己 6 个月内的生产计划通过供应链平台与上游供应商进行协同。

1. 从 VMI 到 3PL-VMIHUB

江铃发动机公司是江铃汽车集团的全资子公司，从意大利引进 VM 发动机项目后成为国内为数不多能达到欧Ⅲ、欧Ⅳ排放标准的先进发动机生产企业，2007 年 11 月正式投入量产，已经和中兴、长城、长丰、陆风等 9 家整车厂签订了配套协议。

实际上，江铃发动机还在企业筹建阶段就把建立全新供应链管理模式放在了战略高度。

江铃发动机董事长、有十几年在汽车供应链中上游汽配企业任 CEO 经验的冯幸平，做过齿轮厂和变速箱厂的负责人，对于中上游汽配企业的“苦难”感同身受。他感叹，过去汽配行业里下游企业的盈利其实部分是通过变相“压榨”上游供应商来实现的。虽然这是个并无任何供应商敢反抗的规则，但冯幸平还是有了改变现状的想法，因为转嫁到供应商的成本最终仍会影响江铃发动机自身的竞争力，提升整个供应链的盈利能力才是根本。

江铃发动机的 CIO 史应明说，在这种情况下，第三方物流企业整合供应商管理库存（VMI）并实现直送工位（简称 3PL-VMIHUB）的管理模式进入了江铃的视野。由供应商单独实施的 VMI 是汽配行业供应链管理的普遍模式，尽管 VMI 对采购商来说已经是一种先进的库存控制技术，但用在汽配行业有很多局限性。第一，库存成本不过是从供应链核心企业转移到上游企业，供应链整体库存成本根本没有降低；第二，管理库存和实施及时配送并非供应商的核心竞争能力，不能及时提供制造商所需要的零配件。

还有一点，一些大型整车厂或发动机厂附近往往必须有数目庞大的供应商零件仓库，由于这些仓库分属不同的零配件厂，当采购商需要处理与供应商繁杂的业务关系时，也增加了自己的运作管理成本。因此，这样的 VMI 模式下往往不能快速响应整车厂需求的变化。

于是，江铃发动机建厂时的供应链规划就用 3PL-VMIHUB 取代 VMI。在 3PL-VMIHUB 模式中，要在江铃发动机公司附近设立由第三方物流企业管理的集配中心，用于储存来自上游供应商的所有或部分供应物料，第三方物流企业再根据江铃发动机的日装配计划将物料分拣出来后直接送往江铃发动机的生产工位。

3PL-VMIHUB 是欧美国家已经开始应用的先进供应链管理模式，尤其适合汽车制造这样的加工装配行业。不过江铃发动机 CIO 史应明认为，3PL-VMIHUB 复杂的多方协同模式其实并不好实施，对管理基础有极高要求，江铃发动机经过了艰苦摸索。

2. 用信息化做支点

3PL-VMIHUB 模式最基础的支撑系统还是 IT。在第三方物流企业直送工位过程中，供应商、第三方物流集配中心和江铃发动机之间要求及时共享信息，就需要一个共同的信息平台，才能实施供应链同步运作。

汽车整车有 2 000 多个配件，发动机也有 300 多个配件，而发动机生产又是一个少平台、多品种的模式，处于混线生产状态。因此，必须用 IT 系统保障第三方物流企业严格地按节拍将配件送到。因为出错不仅会延误江铃发动机的生产，更会带来下游长丰、陆风等整车装配的延误。

3PL-VMIHUB 仅仅在上海大众、武汉神龙等整车厂进行过部分尝试，在发动机行业更是没有先例，“勇敢吃螃蟹”的江铃发动机如果购买成型的应用软件也并不合适，于是选择了和用友软件一起开发这套供应链系统，江铃发动机提出自己的详细需求，用友在

U8 软件框架下进行大规模二次开发。系统的第一版终于在江铃发动机量产前完成了，“没有这套系统，我们几乎没法开始和整车厂配套量产，因为汽车行业对供应链配合的稳定性要求实在太高了。”史应明说。

第一版供应链软件系统基本实现了江铃、第三方物流企业和上百家供应商之间的三方协同，第三方物流企业根据江铃发动机 ERP 中每天算出的日生产计划安排送货。

江铃发动机和供应商采取下线结算的模式。虽然在每台发动机售出后，江铃发动机才和供应商进行结算，但供应商能通过供应链平台清楚地看到自己每批配件的流向情况，从发运到第三方物流、质检、入库、在第三方物流的库存、再出库、上江铃的生产线、在生产线上的情况以及工料费的情况，甚至配件损耗的情况、最后下线出厂的情况，无一不清楚掌握。清楚掌握供应链整体库存真实情况，为供应商科学计划生产打下了良好基础。

这只是供应链协同的第一步，江铃发动机还设计了一个“6+1”体系，即由江铃做 6 个月的生产计划加 1 个月的滚动计划，这个计划也通过供应链平台同步发布给供应商，供应商就可以按照江铃发动机的半年生产计划来组织生产。同步计划生产最大限度地减少了供应商的库存风险，保障了供应链的共赢。

3. 从生产协同到研发协同

在物流库存上的协同只是江铃发动机新型供应链模式的第一步，随着深入发展，协同运作会延伸到生产、设计、研发等各个核心环节上。

江铃发动机供应链软件系统的下一版希望把一些核心供应商的 ERP 也整合进来，这样江铃对供应链的稳定性控制才会更有把握，这就对二、三级供应商的管理和信息化提出了更高的要求。

作为 CIO，史应明对信息化有非常全面的规划，除了供应链 IT 系统，还选定艾克斯特作为 PDM 供应商，规划建设一个产品研发与产品数据管理系统，利用系统建立一个电子化企业产品数据中心，为 ERP、MES 和 SCM 提供产品数据，达到缩短开发周期、提高设计质量、降低开发成本的目的。

与此同时，对供应商的要求也提高到了设计协同上。史应明等在艾克斯特的 PDM 系统中已经为核心供应商的 PDM 系统预留了接口，将来江铃发动机产品研发的新动向会通过供应链系统实时发布给供应商，希望它们能够同步介入各种型号产品的研发，进入江铃发动机的虚拟研发中心。

新型供应链管理模式对中上游供应商意味着更高的地位和更好的利润，不过也对它们提出了更高的要求。“汽配行业供应链发展的趋势应该是一个以核心制造商为中心的企业联盟，而不是互相争夺资源的买卖关系，这种联盟是以供应链的共同利益为基础的。”这是江铃发动机董事长冯幸平对汽配供应链发展的展望，这个美好的愿景对成千上万家上游供应商也意味着更严格的考验，因为进入这个联盟的门槛将越来越高。

全新的汽配供应链管理模式对于中小汽配企业来说，既是机会，也是挑战。

问题讨论：

以江铃发动机为核心的汽配供应链有何特点？它会给发动机企业和零部件供应商带来哪些好处？对整个供应链的竞争力有何贡献？你还有什么新的建议？

第10章

供应链企业运作的绩效评价

| 学习目的 |

我们从事任何一项工作，都要对该活动所产生的效果进行度量和评价，以此判断这项工作的绩效及其存在的价值。同样，在供应链管理中，为了能够使供应链管理健康发展，科学、全面地分析和评价供应链的运营绩效就成为一个非常重要的问题。本章在对供应链管理及其运作特点进行研究的基础上，提出了供应链绩效评价原则、供应链绩效评价指标体系及供应链绩效评价关键指标的优化方法。此外，还介绍了供应链绩效评价参考模型，如SCOR模型等。通过这一章的学习，读者应了解对供应链管理绩效进行评价的目的和意义，了解供应链管理绩效评价的理论和方法，掌握绩效评价的基本原则和相关技术，能够充分利用绩效的杠杆作用调动合作企业的积极性，提高整个供应链的竞争力。

第1节 供应链绩效评价的特点及原则

一、传统企业绩效评价指标的特点

如前所述，供应链管理是通过前馈的信息流和反馈的物流及信息流，将供应商、制造商、分销商直到最终用户联系起来的一个整体模式的管理，因此，它与传统企业管理模式有较大区别，在对企业运行绩效的评价上也有许多不同。

传统企业绩效评价指标侧重于单个企业，评价的对象是企业内各职能部门或者员工，其评价指标在设计上具有如下特点：

(1) 企业绩效评价指标的数据来源于财务结果，在时间上略为滞后，不能反映供应链的动态运营情况。

(2) 企业绩效评价指标主要评价企业职能部门的工作完成情况，不能对企业业务流程进行评价，更不能科学、客观地评价整个供应链的运营情况。

(3) 企业绩效评价指标不能对供应链的业务流程进行实时评价和分析，而是侧重于事后分析，因此，当发现偏差时，偏差已成为事实，其危害和损失已经造成，并且往往很难弥补。

鉴于此，为衡量供应链整体运作绩效，以便决策者能够及时了解供应链整体状况，应该设计出更适用于度量供应链企业绩效的指标和评价方法。

二、供应链绩效评价指标的特点

根据供应链管理运行机制的基本特征和要达到的目的，供应链绩效评价指标应该能够恰当地反映供应链整体运营状况以及节点企业之间的运营关系，而不是孤立地评价某一供应商的运营情况。例如，对于供应链上的某一供应商来说，该供应商所提供的某种原材料价格很低，如果孤立地对这一供应商进行评价，就会认为该供应商的运行绩效较好。若其下游节点企业仅仅考虑原材料价格这一指标，而不考虑原材料的加工性能，就会选择该供应商所提供的原材料，而该供应商提供的这种价格较低的原材料的加工性能不能满足该节点企业生产工艺的要求，势必会增加生产成本，从而使这种低价格原材料所节约的成本被增加的生产成本抵消。因此，评价供应链运行绩效的指标，不仅要评价该节点企业（或供应商）的运营绩效，而且要考虑该节点企业（或供应商）的运营绩效对其上游节点企业或整个供应链的影响。

传统企业绩效评价指标主要是基于部门职能的绩效评价指标，不适用于对供应链运营绩效的评价。供应链绩效评价指标是基于业务流程的绩效评价指标。基于职能的绩效评价指标和基于供应链业务流程的绩效评价指标的构成情况分别如图 10-1 和图 10-2 所示。通过示意图，可以看出它们之间的差异。

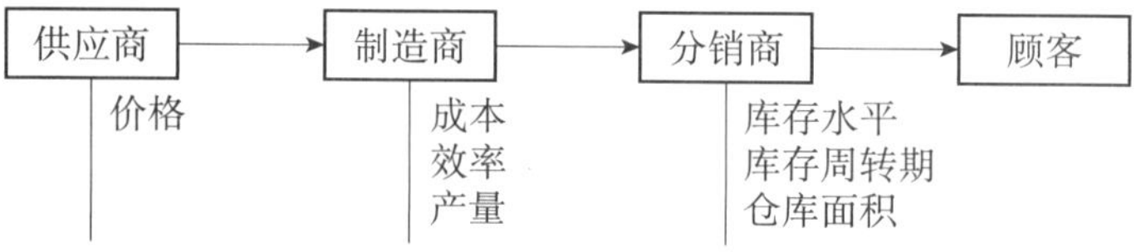

图 10-1　基于职能的绩效评价指标示意图

三、供应链绩效评价应遵循的原则

随着供应链管理理论的不断发展和供应链管理实践的不断深入，为了科学、客观地反映供应链的运营情况，应该考虑建立与之相适应的供应链绩效评价方法，并确定相应的绩效评价指标体系。反映供应链绩效的评价指标有自身的特点，其内容比现行的企业评价指

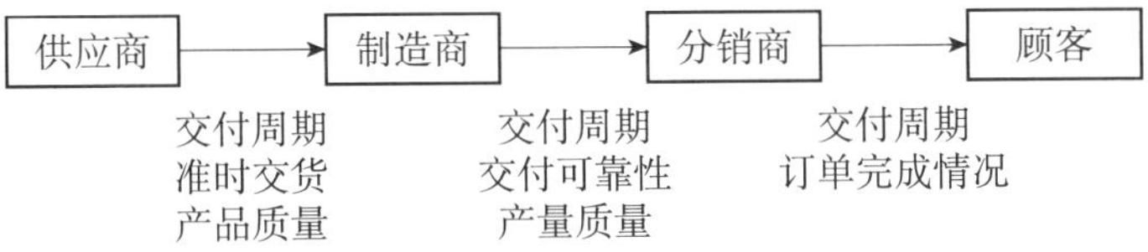

图 10－2　基于供应链业务流程的绩效评价指标示意图

标更为广泛，不仅仅代替会计数据，同时还提出一些方法来测定供应链的上游企业是否有能力及时满足下游企业或市场的需求。在实际操作上，为了建立能有效评价供应链绩效的指标体系，应遵循如下原则：

（1）应突出重点，要对关键绩效指标进行重点分析。

（2）应采用能反映供应链业务流程的绩效指标体系。

（3）评价指标应能反映整个供应链的运营情况，而不是仅仅反映单个节点企业的运营情况。

（4）应尽可能采用实时分析与评价的方法，把绩效度量范围扩大到能反映供应链实时运营的信息，因为这要比仅作事后分析有价值得多。

（5）在衡量供应链绩效时，应采用能反映供应商、制造商及用户之间关系的绩效评价指标，把评价的对象扩大到供应链上的相关企业。

四、供应链绩效评价指标的作用

为了评价供应链的实施给企业群体带来的效益，方法之一就是对供应链的运行状况进行必要的度量，并根据度量结果对供应链的运行绩效做出评价。供应链绩效评价主要有以下四个方面的作用。

（1）用于对整个供应链的运行效果做出评价。主要考虑供应链之间的竞争，为供应链在市场中的存在（生存）、组建、运行和撤销的决策提供必要的客观依据。目的是通过绩效评价来获得对整个供应链的运行状况的了解，找出供应链运作方面的不足，及时采取措施加以纠正。

（2）用于对供应链上各个成员企业做出评价。主要考虑供应链对其成员企业的激励，吸引企业加盟，剔除不良企业。

（3）用于对供应链内企业之间的合作关系做出评价。主要考虑供应链的上游企业（如供应商）对下游企业（如制造商）提供产品和服务的质量，从用户满意度的角度评价上下游企业之间合作伙伴关系的好坏。

（4）除了对供应链企业运作绩效进行评价，这些指标还可起到对企业的激励作用，包括核心企业对非核心企业的激励，也包括供应商、制造商和销售商之间的相互激励。

为了达到这些目的，供应链的绩效评价一般从三个方面考虑：

（1）内部绩效度量。主要是对供应链上的企业内部绩效进行评价。常见的指标有成本、客户服务、生产率、订单履约率、质量等级等。

（2）外部绩效度量。主要是对供应链上的企业之间运行状况的评价。主要指标有用户满意度、订单交付可靠性、订单柔性等。

（3）供应链综合绩效度量。正如有人指出的，21 世纪的竞争是供应链之间的竞争，人们对供应链总体绩效和效率日益重视，要求提供能从总体上观察透视供应链运作绩效的度量方法。这种方法必须是可以比较的。如果缺乏整体的绩效衡量，就可能出现制造商对用户服务的看法和决策与零售商的想法背道而驰的现象。供应链综合绩效的度量主要从用户满意度、时间、成本、资产等几个方面展开。

本章以上述三个方面的供应链绩效度量为主线，同时又给予一定的扩展，比较系统地论述了有关供应链的绩效评价指标。

关于供应链绩效评价的一般性统计指标如表 10－1 所示。

表 10－1　供应链绩效评价的一般性统计指标

客户服务	生产与质量	资产管理	成本
订单满足率	生产效率	库存周转	全部成本/单位成本
脱销率	人均发运率	库存水平	销售百分比成本
准时交货	废品率	废弃的库存	进出货运输费
补充订单	退货数	供应天数	仓库成本
订单交付周期	破损率	净资产回报	管理成本
发运错误		投资回报	直接人工费
订单准确率			退货成本

除了以上一般性统计指标，供应链的绩效还辅以一些综合性的指标如供应链生产效率来度量，也可用某些由定性指标组成的评价体系来反映，如用户满意度、企业核心竞争力、核心能力等。

第 2 节　供应链绩效评价理论

一、供应链管理思想对绩效评价的冲击

在供应链管理环境下，原有的企业管理思想发生了巨大的变化。很多企业都意识到供应链管理的潜力，但是由于缺少对集成供应链的全面理解，绩效评价的有效性较差。对于供应链指标而言，传统绩效评价方法重视独立部门的绩效的思想很难推动供应链的生产力提高。在供应链管理中，管理者将注意力从内部控制转向外部监督，组织也从单一的独立个体发展为群体的企业群落，那么对整个供应链运作绩效的评价也随着管理运作方式的变化而发生改变。

表 10－2 概要地对比了传统运作模式和供应链管理运作模式的差异，从而可以进一步分析对绩效评价及供应链运作绩效的影响。

表10-2　传统运作模式供应链管理运作模式的绩效评价及要求

传统运作模式	供应链管理运作模式	评价及指标	绩效要求
客户服务/内部流程方面			
降低单位成本，获得经济效益	合理控制成本，获得最高服务质量	订单边际收益及产品边际收益	服务导向供应链
标准产品，大规模生产	个性化产品，大规模定制生产	个性化产品服务解决方案	供应链个性化和柔性化运作
降低产品不合格率，提高质量水平	客户对于产品生命周期中的质量满意	在产品生命周期中对产品升级感到满意的客户比例	集成产品技术改进、再设计的供应链
成本约束下的高边际收益的产品竞争	基于价值的增值服务的竞争	客户满意度	客户导向的供应链
产品管理/技术、客户管理			
单一产品大量生产	特定需求的、独一无二的短周期产品	订单至交货的提前期，非运转时间	压缩交货期，定制化生产
产品简单地推销给客户	客户参与制造商的设计	客户参与设计的程度	按订单生产，延迟制造
产品的柔性较差	产品在交货点最后装配，生命周期中可再配置	满足个性化需求的能力，不同品种生产的转换时间	延迟制造，产品的持续创新升级
通过物流降低成本	增值流，为客户提供顾客化服务的平台	物流的透明化、准确性，而非成本节约性	物流增值，物流信息化、数字化
竞争合作方面			
大而全、小而全型	相互依赖型	每个组织的价值增值比率	供应链内部协作和跨组织接触增加
供应商关系一般，合作意识薄弱	与供应商结成战略合作伙伴，建立多方合作共享机制	关于共享和伙伴的公司政策，彼此依赖的合作关系	供应商管理
没有统一的信息传递机制	集成信息框架	网络传递的规模	信息集成平台
员工个体分散行为	团队工作机制	工作自我指导团队的比例	—
分割的组织机构	跨组织结构并行机构	—	跨组织，强调功能机制的重要性
处理变化以及不确定性方面			
多级组织形式	组织层次较少	—	扁平化组织形式
静态消极结构	动态、积极共享机制	—	重组供应链，供应链韧性
集中决策中的风险规避	分布式的决策机制	规避风险并做出决策的管理层次	—

由此可以看出，与传统绩效评价思想相比，供应链管理绩效评价的侧重点有了较大的

变化。第一，有关运营的评价得到加强，对成本绩效的要求一如既往，时间、地点、柔性也成为关注的中心。第二，扩展了企业产品以及运营的框架内涵，注重技术、人力资源的集成，这是流程改进和创新的关键。第三，注意到最优绩效是不断改进和发展的结果。这些特点决定了绩效评价系统的界限和重点。

另外，随着供应链的增值点由大规模生产的规模经济向大规模定制生产的范围经济转化，核心企业通过技术革命，将非核心业务外包，并与上游企业的供应商组成紧密的战略联盟。供应商和客户在增值链中的作用越来越大，而 OEM 的地位则发生了转变，对增值所起的作用（比重）降低了。从图 10－3 中可以看出供应链价值增值点的转移。

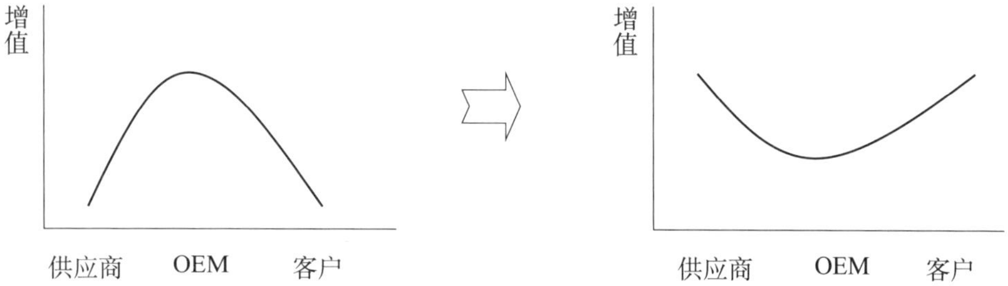

图 10－3　供应链运作价值增值点转移图例

在供应链管理模式下，企业的生产控制以及评价应该做出改变和调整，以适应供应链管理的要求。由于供应商和分销商取代了 OEM 企业的很大一部分生产运作，同时，横向跨组织、跨功能的集成得以扩展，OEM 企业在增值流程中的地位不断下降。供应商在与 OEM 企业的合作设计和制造中生产了大量产品的上层模块，并销售给 OEM 企业，OEM 企业则根据设计将产品组装下线；分销商再根据客户订单进行最后加工和担当生产多样化的角色。这样，OEM 企业几乎从生产和控制中被“撇出”，于是更加注重操作面的管理和供应链伙伴的合同与关系管理。因此，很难再用传统的绩效评价指标来对待 OEM。

那么，评价指标体系应该如何反映供应链管理的绩效？从图 10－4 中可以看出 OEM 在运作中作用的转变。供应链管理环境下的供应链绩效评价侧重于流程的角度、核心企业与上下游的合作关系、对供应链最终客户的价值增值，以及由此带来的整个供应链的资产管理。

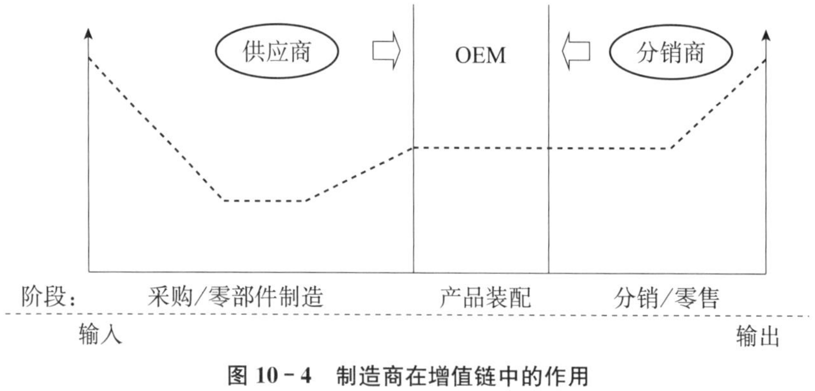

图 10－4　制造商在增值链中的作用

此外，就绩效评价系统本身而言，现有的绩效评价指标过于侧重成本指标的使用，全面性不足，与供应链管理的目标难以一致，同时较少考虑不确定因素对供应链绩效的影响。传统上，企业追踪绩效主要基于财务会计指标，财务会计指标用于提供企业经营状况和企业发展潜力的信息，并在现有的评价理论中占有绝对优势。财务会计中的财务目标——股东利益最大化依然是企业经营的主要目标。但是，对于整个供应链的绩效评价，单纯的财务指标评价已经不能满足实际操作的需要，从财务指标的计算机理中我们可以看出：

（1）财务指标的计算数据来自历史的会计数据，通过对过去的经营报表提供的信息进行加工处理后得出。这种历史导向的评价思想希望从历史的趋势中找出未来的经营目标和趋势，很难适应供应链管理的敏捷性和前瞻导向的思想。

（2）财务指标集中于评价企业的成本收益方面的绩效，忽视了重要的、战略性的、非财务的指标，如顾客忠诚度、服务水平、产品质量等。同时，财务指标缺乏实时追踪性，不能随时提供反映生产经营状况的信息，使得战略执行的预警缺乏实效。

（3）财务指标反映的是生产运营的效率结果，缺乏对过程的适时评估，不能直接提供生产运营过程中的物流信息等状况。

供应链管理的理念使得不同行业的企业为了同一个目标结合在一起，但是企业生产经营的多样性使企业的经营可能跨多个供应链。财务指标建立在整个企业的经营状况的基础上，使得介入供应链经营的部门很难获得自身行为的准确评价数据，不利于整个供应链绩效评价的准确性。此外，绩效评价系统内部的子系统之间缺少平衡关系。虽然现有的绩效评价系统已经或即将引入非财务指标，但是它们没有从一个相互制衡的系统观的角度来理解指标，导致指标之间的关系重叠，评价效果与目标偏差较大。在供应链的运行环境中，生产流程跨越上下游多个企业，生产周期变得更长，对于制造、分销的日常控制使用非财务指标，而在战略决策时则更多地使用财务指标。再者，评价指标缺乏在不同经营层次上的差异，供应链管理的战略目标和战术目的都要通过各级指标的逐级反馈得到，有必要将指标在各级中进行分类。

综上所述，供应链管理环境下的绩效评价具有以下新的特征：

（1）相比传统的绩效评价，供应链绩效评价指标更为集成化。这种方法使得评价公司可以更好地从整个供应链而不是单独一个公司的角度分析问题，以反映整个供应链的优化；同时，该方法还包含非集成指标，用于诊断单一企业内部与供应链有关的绩效问题。

（2）供应链绩效评价注重组织的未来发展性，加强了绩效管理的前馈性。

（3）供应链绩效评价除了包含对企业内部运作的基本评价，还把更多的注意力放在外部链的测控上，以保证内外绩效一致。

（4）供应链绩效评价对非财务指标和财务指标并重，关注供应链的长期发展和短期利润的有效组合。

（5）供应链绩效评价系统注重指标之间的平衡。

二、供应链绩效评价的一般方法

针对应用传统财务指标评价供应链管理时存在的问题和缺陷，出现了不同的供应链绩效评价方法，如 ROF 法（resources，output，flexibility）、供应链运作参考模型法（supply chain operations reference，SCOR）、基于活动的作业成本法（activity-based costing，ABC）等。

1. ROF 法

该方法由比蒙（Beamon）于 1999 年提出，为避免传统绩效评价中出现的问题，他提出了三个方面的绩效评价指标，可以反映供应链的战略目标，分别是资源（resources）、产出（output）以及柔性（flexibility）。资源评价和产出评价在供应链绩效评价中已经得到广泛的应用，而柔性指标的应用则比较有限。这三种指标都有各自不同的目标。资源评价在很大程度上是反映成本的评价，也是高效生产的关键；产出评价（即客户响应评价）必须达到很高的水平，以保持供应链的增值性；柔性评价则要达到在变化的环境中快速响应。它们之间是相互作用、彼此平衡的。它们之间的关系如图 10－5 所示。

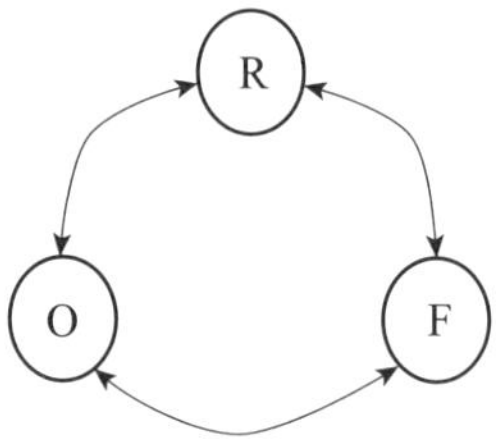

图 10－5　比蒙的平衡绩效评价

比蒙认为，供应链评价必须从这三个方面进行：

（1）资源评价包括库存水平、人力资源、设备利用、能源使用和成本等方面。

（2）产出评价主要包括客户响应、质量以及最终产出产品的数量。

（3）柔性评价主要包括范围柔性和响应柔性两种。

2. SCOR 模型

SCOR 模型为了体现“从供应商的供应商到客户的客户”的供应链管理思想，覆盖了从订单到付款等的所有客户的交互环节、从供应商的供应商到客户的客户的所有物流转运、所有的市场交互、总体需求和每个订单的执行。SCOR 模型提供了涵盖整个供应链的绩效评价指标。

（1）物流绩效。物流系统已成为企业必不可少的竞争武器，国际市场的竞争压力迫使物流配送的提前期越来越短。SCOR 模型从以下三个方面进行评价：从接到订货到发运的提前期、订单完成率、订单的响应速度。

（2）柔性与响应性。主要就生产柔性、供应链提前期进行评价。生产柔性被定义为非计划产出提高 20%的生产时间；供应链循环期/提前期则被定义为内部零库存生产或外包的平均时间加上生产完成到交货的平均提前期再加上预测提前期。实现以上优化必须保证和供应商的有效联系与共同改进，以提高整体绩效。

（3）物流成本。主要包括整体的物流管理成本、订单管理成本。

（4）资产管理。供应链资产主要包括库存、厂房、资金和设备，可以通过库存占销售产品成本的比例、现金周转率以及净资产收益率来表示。此时的现金周转率是指从原材料的现金投入到客户端的现金收回的平均日期。

3. ABC 法

传统成本会计在计量生产成本时采用成本随着产品的加工而流动的方法，将产品制造费用等间接费用按照数量或加工工时在产品之间进行分配。作业成本法提出成本动因和增值/非增值作业的概念，认为生产成本的计量应该建立在分解为成本动因的作业上，从而突出了作业流程中的核心作业/资源。这就为更精确地评价供应链的成本和作业分布奠定了基础。作业成本法并不是替代传统成本方法来进行绩效测量，而是从另一方面为供应链绩效评价提供信息来源。

1994 年安德森咨询公司发表了关于第二届精益企业的报告，这项工作是在对 100 家世界级企业的调查基础上，在供应链流程控制方面从四个角度进行了评价：

（1）供应链质量。包括物料进入生产流程的质量、组织内部的失误率、客户对质量的抱怨。

（2）供应链库存。包括零部件的库存水平、装配领域的库存、产成品的库存、库存更新率。

（3）供应链的时间绩效。包括订货的频率、装配前的准备时间、产品运至客户的提前期、交货频率。

（4）进度安排。包括从确定客户订单到开始发运的时间间隔、主要供应商生产进度变动所产生的影响、对于主要客户生产变动的影响。

三、供应链绩效评价的侧重面

（一）供应链组织的角度

供应链组织的角度和业务流程重组比较相近。在构建特定的供应链组织结构的基础上，评价供应链组织绩效以提高整体重组效果是十分重要的。

1. 柔性

供应链的组织形式就是为了能够更好地适应激烈的市场竞争，提高对用户的服务水平，及时满足用户的要求，如交货期、交货数量、商品质量以及用户对产品/服务的某些特殊要求。为了提高供应链的柔性，还需要互联网和物联网等信息技术的支持，以加快市场信息在链中的反馈速度和链中各企业的响应速度。柔性的高低就成为评价供应链组织结构合理性的一个指标。

2. 集成度

供应链不同于传统单个企业之间的相互关系，它将链中的企业加以集成，使得链中企业的资源能够共享，获得优势互补的整体效益。供应链集成度是指企业间信息集成、物流集成和管理集成的程度及发挥的作用等。集成度的高低或者说整体优势发挥的程度，关键在于信息集成和管理集成，即需要形成信息中心和管理中心。

3. 协调性

供应链是不同企业之间的集成链网，每个企业都是独立的利益个体，所以供应链比企业内部各部门之间的协调更加复杂、更加困难。供应链的协调性包括利益协调和管理协调。利益协调必须在供应链组织结构构建时明确链中各企业之间的利益分配。管理协调则要求适应供应链组织结构要求的计划和控制管理以及信息技术的支持，协调物流、信息流的有效流动，降低整个供应链的运行成本，提高供应链对市场的响应速度。

4. 简洁性

供应链是物流链、信息链，也是一条增值链，它的构建并不是任意而为的。供应链中每一个环节都必须是价值增值的过程。非价值增值过程不仅增加了供应链管理的难度，增加了产品/服务的成本，而且降低了供应链的柔性，影响了供应链中企业的竞争实力。因此，在设计供应链的组织结构时，必须慎重选择链中企业，严格分析每个环节是否存在真正的价值增值活动。

5. 稳定性

供应链是一种相对稳定的组织结构形式。影响供应链稳定的因素，一是供应链中的企业，必须是具有优势的企业，要有竞争力。如果供应链中的企业不能在竞争中长期存在，必然影响整个供应链的存在。二是供应链的组织结构，比如供应链的长度。如果供应链的环节过多，信息在传导中就会发生扭曲，造成整个供应链的波动，其稳定性就差。

（二）供应链采购供应的角度

现在有很多文献谈到从采购供应的角度对供应链进行评价。从这个角度看，供应链管理与从传统采购物料部门演化而来的供应商群（supply base）集成战略是等同的，它的思路是通过与供应链上的供应商达成目标共识，从而建立战略合作伙伴关系。

可见，供应链管理的内容主要侧重于供应商群的设计，如供应商、分包商的选择，供应战略，外包战略、生产计划、生产作业计划和跟踪控制，库存管理，供应商与采购管理等。

1. 提前期的评价

这是一种有效考察整个组织经营的全面指标。缩短采购提前期涉及很多方面。比如过长的调整准备期（setup time）、频繁的停机时间、不协调的工作日程、不可靠的供应商、过长的运输时间以及大规模的存货等一系列问题，都可能导致采购提前期过长。过长的提前期表现为供应链中的运输周期、加工周期、储存周期较长，并引起高额成本。

2. 柔性的评价

所谓柔性，是指系统对于外部或内部干扰导致的变化做出调整的能力。由于供应链的运行处于不确定环境下，当客户需求发生变化时，供应方的柔性就成为其生存的关键因素。斯莱克（Slack，1991）定义了两种柔性：范围柔性（range flexibility）和响应柔性（responsive flexibility）。前者指运营可以变动的程度范围；后者指运营可以变动的时间性，即响应速度。高柔性可以提高顾客满意度，增强对需求变动的应变能力，减少过多订货和错过机会的可能性，也有利于增强开拓新市场和新产品的能力。

3. 鲁棒性的评价

鲁棒性（robustness）即稳健性，指变化过程中的稳健性和强壮度。对于供应方而言，鲁棒性意味着在与委托人的合作中，即使委托人的需求在一定程度上发生变化，供应方也能够保证产品质量、正常交货，从而保证供应链整体的稳定运行。

4. 成本的评价

从供应链整体运营的角度出发，采购供应系统所发生的成本一般用供应链总成本来表示，包括供应链信息成本、供应链库存费用及各节点企业外部运输总费用，以反映供应链运营的成本效率。供应链信息成本包括各节点企业之间的网络通信费用、供应链信息系统开发和维护费等；供应链库存费用包括各节点企业的在制品库存和产成品库存费用、各节点企业之间的在途库存费用；各节点企业外部运输总费用等于供应链所有节点企业之间运输费用的总和。

（三）供应链物流的角度

从这个角度看，人们在评价物流系统的运行绩效时，提出了很多基于时间和阶段的库存管理工具，如分销需求计划、物料需求计划、制造资源计划等，以提高物流的可视性，降低需求的不确定性。物流的改进对于提高整个供应链的顾客服务水平、减少库存量、降低运输成本都有极大的推动作用。

1. 物流速度指标

物流速度就是物流业务中相关行为的数据传输、计划更新以及执行的速度。

（1）数据传输速度，指各项业务中关键数据如计划、预测、项目的联系等各种信息的传输速度。

（2）计划更新速度，指计划调整、重新制订的速度，以及运输能力和产品调整能够满足计划进度变动的能力。

（3）执行速度，指通过减少制造、包装、运输的时间来缩短提前期，以最少的时间满足客户服务的要求，以此来考核物流需求的执行速度。

2. 物流的柔性

反映对客户物流需求变动的柔性，以及对运输要求变动处理的能力。

3. 物流的可视性

物流的可视性描述了供应链系统中与合作伙伴共享信息的程度，以及合作伙伴进入企业内部服务器获取相关信息的程度。物流的可视性是为了提高供应链整体运作的透明度，消除由于信息不透明而引起的物流中断甚至更大的问题。

物流的可视性可以分为企业内部和企业之间两个方面。企业内部重要员工以及相关部门可以获得生产计划以及需求信息，是更好地提供客户化服务的基础。对于内部员工而言，信息的共享使他们意识到自身在整个组织中的作用。供应链企业之间的可视性有助于了解合作伙伴和客户的库存状况、销售计划、产品销售情况等信息，使企业能够及时掌握供应链的运行状态，主动做好计划修改、物流重整等应变性工作，改善整个供应链的绩效。

（四）供应链柔韧性的角度

当今全球面临着诸多不确定性因素的影响，如疫情、局部战争、地缘政治、自然灾害等，这些不确定性因素很容易导致供应链运作的中断，进而影响供应链的绩效。因此，人们越来越强调供应链的柔韧性，亦即供应链在受到外部或内部因素打击出现中断或不能正常运营后能够快速恢复到正常水平的能力。目前人们主要从以下几个方面进行衡量。

1. 供应链动态感知能力

供应链动态感知能力指供应链是否具有比较强的对各种影响因素变化进行感知的能力。它是一种判断供应链是否会因为某些因素的影响而产生运作上的问题，如不能按期交货、物流不畅、供应链中断等的能力。

2. 供应链动态优化能力

过去，人们设计供应结构是从稳定的运作环境假设出发的，也就是说，供应链体系一旦设计完成投入日常运作后，基本上就不再改变原有供应链的结构了。这是一种静态思维模式。21 世纪的今天，供应链几乎每天都会受到运作中断的威胁，这就要求管理者必须具备对供应链进行动态调整和优化的能力。在原有物流通道受阻的情况下，能够很快找到替代的物流通道，不至于因物流受阻而导致整个供应链中断。

3. 供应链复原周期

供应链复原周期（time to recovery），是指供应链从中断到恢复正常运作所经历的时间。当供应链危机真的发生了，就应该采取措施尽快恢复供应链的运作，所消耗的时间当然是越短越好。

4. 供应链复原成本

除了压缩供应链复原周期，还要考虑复原所需成本，要在复原周期和复原成本中进行权衡，使供应链获得最佳的绩效水平。

第 3 节　供应链绩效评价体系设计

设计一套供应链绩效评价体系，主要应从明确供应链绩效评价的目的、掌握影响供应链绩效的外部驱动力和内部驱动力、掌握供应链绩效评价的原则和方法等几个方面展开。

一、明确供应链绩效评价的目的

如前所述，供应链管理的目标主要可归纳为以下内容：

1. 压缩时间

缩短从订货到发运的周期。当生产和物流的流程能够在较短的时间内完成时，供应链中所有的实体都能够更为高效地运转，从而最终降低供应链中的库存。通过缩短订单交付的时间周期，现金周转率也会得到相应的提高。压缩时间意味着供应链中的信息和产品能够十分迅速和流畅地传递。

2. 提高柔性

柔性越强，意味着供应链中各个企业能够迅速根据客户的独特需求进行顾客化操作，也意味着客户的需求能够在合理的成本效率下得到快速满足，并具有较高的处理客户临时性需求的正常运作能力。

3. 减少浪费

供应链企业试图通过尽量减少功能重叠、协调运作系统以及提高质量来减少整个供应链的浪费。供应链内部存在大量的库存节点，导致整个系统积压了大量的资源，影响了供应链的竞争力。如果供应链企业之间能够达到运作上的统一性和一致性，协调的系统中所传递的信息就可以做到及时、高质量和互动，从而减少不必要的活动，达到减少浪费的目的。此外，保持资产、产品、运作体系的质量是整个供应链减少浪费的基础。

4. 增加利润

供应链企业高效、准时地满足客户需求的最终目的是获取供应链企业的资本利润。最常用的指标是降低成本，以提高边际收益。现金流将会因供应链企业的集成运作和减少浪费而得以改善，而柔性和时间绩效的提高则为供应链赢得和留住客户群、保证供应链长期盈利奠定了基础。

从本质上讲，供应链压缩提前期、减少浪费都是从资源观的角度减少供应链的资源浪费，提高资源的利用率，为增加供应链的利润创造空间。增强供应链的柔性，可降低机会成本损失，减少因供应链内部流程的效率降低所造成的客户订单流失，从而增加供应链盈利的机会。所以说，供应链的价值成为评价的核心，绩效评价体系最终反映了供应链的价值。与价值相关的指标反映在以下三个方面：当前盈利性（货币指标）、增值能力的可持续性（价值维持指标）、增值能力的增长潜力（价值驱动因素）。

结合以上所谈的绩效变革的影响设计出的供应链绩效评价体系主要应能完成三个目标：考察供应链的当前盈利性，分析供应链盈利的可持续性，培养供应链盈利的增长潜力。

二、掌握影响供应链绩效的外部驱动力

供应链运作的环境是不断变化的，供应链内部不断改进和提高就是为了应对外部环境对供应链管理的消极作用，提高整体适应能力，增强竞争力。图 10－6 是一个对供应链运行绩效产生作用的外部驱动力与内部驱动力的分析框架。这个框架反映了环境因素和供应链运作本身因素的影响，指出需要通过优化成本、提高服务水平、加快对市场需求和机遇的响应速度及提高技术创新能力来支持供应链的竞争优势。图 10－6 中外层的两个同心圆表示影响供应链绩效的驱动力来自供应链外部和供应链内部的两种情况。

1. 行业特征

就不同的范围而言，供应链管理所涉及的行业特征使得供应链管理对绩效的考虑角度差异很大。例如，目前供应链的实践和理论研究多集中于制造行业和仓储、零售行业。在制造业，供应链管理侧重于采购过程及物料管理，并将其作为一个基本战略，其管理的逻辑是传统内部行为扩展至企业外部，达到和战略合作伙伴共同发展的目的。在仓储、零售业，供应链管理则偏重于运输、仓储和配送管理，它将过去狭隘的企业物流部门扩展为从供应商到客户的物流价值链，有效的商品分销和物流组织是其业务流程的主要组成部分。这两种行业的供应链管理内容和方法均有所不同，由此而言，其绩效的侧重点也有所

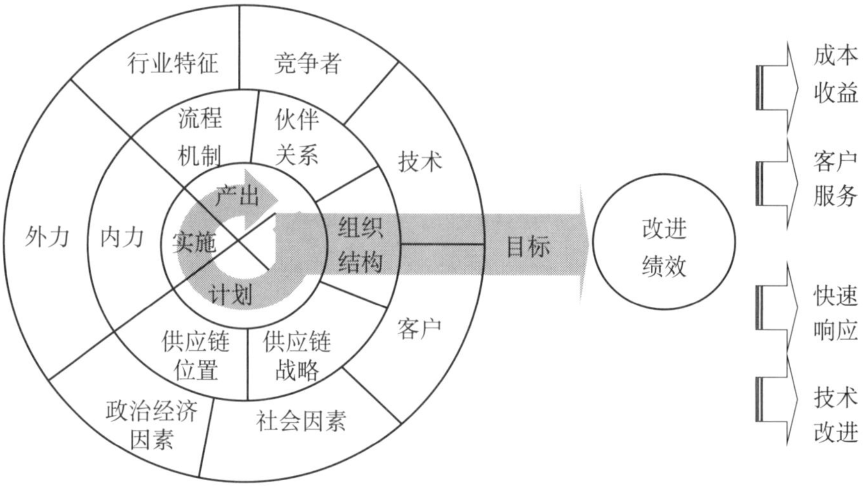

图 10－6　供应链绩效驱动力分析

不同。

2. 竞争者

供应链的核心竞争力使得供应链能在竞争过程中保持独有的竞争优势。竞争者的技术优势、产品以及流程的革新、人力资源的整合都成为影响供应链绩效的长期驱动力。通常很难用模拟或数学分析的方法准确掌握竞争者的优势所在，但是作为供应链的运作驱动力，一般情况下都从客户角度，利用标杆法，对供应链中的非增值活动进行分析，找出竞争者在可能的领域对供应链的潜在威胁和机遇，从而提出改进的目标和方向。

3. 技术

技术的作用主要是在产品/服务以及信息流上对供应链的绩效产生影响。不断涌现的先进开发技术对于产品设计快捷的影响自不必说，先进管理技术的不断推进也使得供应链管理不断适应环境变化，使管理绩效得以提高，供应链伙伴之间的信息集成将信息的滞后和扭曲问题减到最少。此外，各项技术的不断推进也使以往实践中难以实施的绩效测评变得容易和可行。

4. 客户

客户作为供应链的市场导向和利润来源，是供应链绩效评价的主要驱动因素。客户不断变化的个性化要求、不断降价的要求和消费的偏好，都增加了供应链在运作成本和生产周期上的压力，同时，产品的质量、计划的柔性不能有丝毫降低。当今的客户对产品为自身带来的价值增值或成本节约愈发注重，使得供应链要在每一个环节提高管理水平和追求更好的运作绩效，否则将会失去供应链的竞争优势。

5. 政治、经济以及社会环境

包括世界范围内的普遍经济前景和政治环境。经济压力通常会迫使供应链降低成本，以面对世界范围的竞争，而良好的供应链管理可以帮助降低成本。社会环境的变化对于形成与供应商的伙伴关系也会产生重要的影响。另外，全球性供应链在不同国家和地区的工业结构、经济发展阶段、客户要求等变量的作用下，其构成和运作管理都会出现不同的绩效目标，不能一概而论。

三、掌握影响供应链绩效的内部驱动力

1. 流程机制

供应链运作的流程因产品、服务和客户的分布性特点在业务流程的设计上有不同的策略。一般可分为分散采购、集中制造和集中采购、分散制造两种类型。具体应该采用哪一种策略，则由供应链系统所提供的产品/服务及客户的特点决定。此外，不同的市场层面也会使业务流程在设置上有相当大的差异。供应链绩效评价所关注的问题由于流程的不同而有所差异。

2. 伙伴关系

过去，由于供应链内部各个企业缺乏战略合作意识，它们之间的关系往往被认为是“敌对的”或者是“互不相干的”。任何特定的供应链关系都被视为临时的而不是永久的关系，注重短期的个体利益而忽视长远的战略利益和整体利益。降低价格往往成为合作的唯一筹码。传统的交易对象之间的关系被视为“零和博弈”。所谓“零和博弈”，是指一方的收益与另一方的损失相当，因此各方都希望将自己的收益建立在别人损失的基础上。显然，这种合作是不可能长久的。供应链管理就是要将这种零和博弈转变为所有参与者都赢的“双赢”战略，从而使整个供应链获得更大的利益，并且供应链上的所有企业都能获得自己应得的那部分利益。

3. 组织结构

供应链在组织结构上有四种分类。首先考虑将供应链流程分为采购/供应（sourcing）、制造（make）、交付（delivery）三个大的环节，然后按照产品的模块化水平和流程的延迟（postponement）原则分为如图 10－7 所示的四种类型。

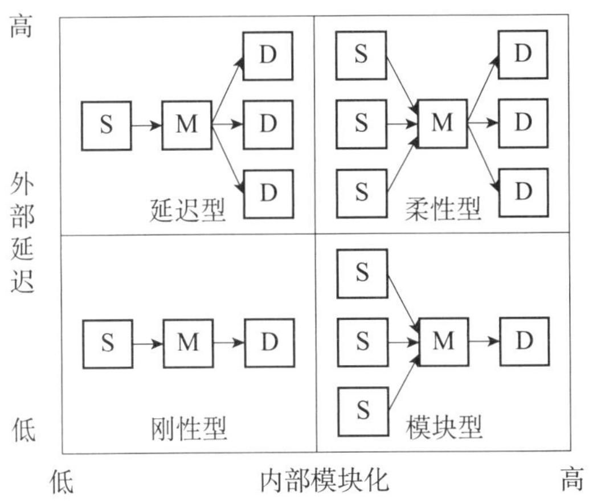

图 10－7　供应链组织结构分类模型

资料来源：参考 Ernst（1999）的观点提出。

从图 10－7 中可以看出，刚性型是典型的纵向集成的供应链，是以满足库存为目标的大量生产，追求的是大批量生产的规模经济。另一个极端是柔性型的结构，通过大量的外

包、外协运作制造差别化组件，同时装配完工产品，满足纷繁各异的客户需求。模块型的结构则有大量生产组件/部件的供应商，最终分销少量完工产品，这是最典型的供应链结构。延迟型结构的供应链以大规模定制的思想满足客户的个性化需求，追求范围经济。不难看出，这四种供应链结构在产品制造和业务流程上的差异直接决定着供应链绩效目标的要求。

4. 供应链战略

供应链绩效是战略执行的结果，绩效评价要求与战略目标相一致，以反映供应链战略的执行效果。供应链战略因为供应链发展集成的层次阶段以及供应链经营的方式不同，对绩效提出了不同的要求。史蒂文斯（Stevens，1989）将供应链集成归结为四个阶段，即基础建设阶段、功能形成阶段、内部集成阶段、外部集成阶段，将供应链战略从单一组织向多组织协调集成，从市场反应型发展为市场导向型。供应链绩效从内部单一评测扩展到多方共同决定。供应链运作方式的不同将导致战略管理重心的不同。以计算机制造业为例，惠普公司注重设计、制造、分销和市场的全过程，戴尔公司则在装配、市场、服务上下大力气。不同的选择与它们的外部供应链的战略是相关的，绩效指标的要求也必然有所差异。

5. 企业在供应链中上下游的位置

企业在整个供应链运作中所处的层次不同，对绩效的评价要求也是不一样的。例如，在供应链伙伴中，供应商可能更注重交货质量和交货的可靠性，地区分销商更注重所提供的产品种类和价格，当地分销商注重产品送货速度和服务水平，等等。

四、掌握供应链绩效评价的原则和方法

（一）供应链绩效评价的原则

供应链绩效评价的原则与传统绩效评价的原则有一定的相似之处，但是也有很大的差别，尤其是在所涉及的评价范围上，要远大于传统绩效评价所覆盖的范围。

（1）供应链绩效评价必须直接与供应链绩效战略相一致，同时也要和各公司的战略相容。

（2）必须考虑非财务指标，而且特别强调非财务指标在评价中的主要地位。

（3）绩效评价指标应该容易用于基准的制定。

（4）绩效标准必须处于评价单位的直接控制之下。

（5）绩效指标应当简单易行，能够给出准确的目标和计算方法。

（6）绩效指标能够提供及时的反馈，同时考虑到前馈信息的重要性。

（7）绩效指标能够激励组织进行持续的改进而不只是监控。

（8）相对比例指标要优于绝对指标，客观指标要优于主观指标。

（9）各个指标之间能够反映彼此的因果关系，减少相互冲突和抵触。

（二）供应链绩效评价的方法

绩效指标的选择和绩效评价方法要与供应链的战略目标相一致，这是供应链绩效评价

的重要原则。但是，供应链绩效评价因为每一个供应链成员企业的现有竞争地位以及战略方向不同而难以达成一致，因此，在设计供应链绩效评价指标时，必须充分考虑到这一差异，选择适当的方法消除供应链成员企业间的隔阂。绩效评价的方法因评价范围和目标不同可分为基于部门的方法、基于流程的方法和基于跨企业的方法。

企业的经营过程一般可分为以下三个发展阶段。

（1）功能型。企业需要使内部的各个单一的部门，如制造部门、客户服务部门、物流部门，达到优秀的业绩。这一阶段的企业绩效评价需要集中于各个功能部门。

（2）企业集成型。这一阶段的企业将竞争优势建立在跨部门的流程之上而不再追求单一的部门绩效。因此，绩效评价就应该建立在流程功能的集成基础上。

（3）扩展企业型。当企业的经营扩展到外部时，外部的影响在企业决策中所起的作用不断扩大，此时绩效评价就必须将目光集中到扩展企业的整体绩效上。

目前大多数企业还是集中于部门的绩效评价。随着供应链管理的发展，企业在绩效评价时也逐渐开始考虑整个供应链，考虑扩展企业的目标，同时也必须考虑企业自身的部门绩效。

这里提出以下几种绩效评价方法。

（1）以功能型评价为基础。大多数绩效评价系统遇到的问题是指标偏重于部门化。在这些系统中，每个领域的部门绩效评价又只用于其领域本身，以达到该领域所要达到的目标和任务。据此评价系统改进自身绩效的部门或组织个体经常是以牺牲或影响其他部门的绩效为代价的。当每个部门的绩效评价都孤立于其他部门时，会导致部门影响整个组织的目标。

因此，从整个供应链来看，功能型绩效评价过于注重单一目标，可能会与供应链整体目标相抵触。但是，在反映供应链节点企业的绩效评价中则能用于系统的诊断，为供应链优化打好基础。将其纳入供应链的评价范畴就可以使之排除目标的单一性而成为绩效评价的基础性指标。

（2）基于流程的企业级的绩效评价。为实现供应链运作的集成，企业必须打破部门的孤立壁垒，按照业务流程进行组织评价。为了实现这一点，可以建立一个全职负责整个业务流程的部门，或者成立跨部门的工作小组。为了支持业务流程的变动，需要为流程性指标补充功能性指标，以强调整个流程的绩效并使用功能性指标提供影响整个供应链绩效的诊断信息。流程性指标和功能性指标之间存在一种紧密的层级关系。

（3）建立跨企业的评价指标。用于评价供应链的跨职能流程指标不但可以用于企业内部，也适用于企业外部的流程。供应链管理不但关注本企业的经营状况，而且关注合作伙伴的经营状况对供应链绩效可能产生的影响。

但是，没有一个企业能够控制整个供应链的绩效，供应链运作的增值流程往往会因为企业组织间的界限有所迟滞。传统企业在供应链环境中，组织界限经适当模糊化之后（企业间流程的适当集成），交易成本往往会下降。对这种“适当”也必须加以评估，确保其有效性，即外部流程的评价也成为供应链管理中不可缺少的一环。

表10-3给出了一些供应链评价指标，其中包括功能性指标和跨企业指标。

表 10－3　供应链可选指标实例

客户服务指标	采购指标	流程、跨功能指标
订单完成率	物料库存	预测准确性
客户满意度	供应商交货绩效	完美订单率（perfect order）
客户收益	物料/元件质量	新产品推出时间
订单执行的准确性	物料缺货率	循环期
订单运输与追踪绩效	单位采购成本	生产进度变动
客户抱怨	物料采购及时率	
订单进入处理的时间		
物流方面的指标	**制造方面的指标**	**跨企业指标**
准时交货	产品质量	产品完成成本
库存准确率	在制品库存	需求地产品可用量
物流成本	产量	供应链整体库存量
准时装货发运	调整准备时间	销售渠道在途库存
交货时间	物料利用度	供应商库存
运输成本	生产循环期	现金周转周期
仓储成本	生产能力	客户库存
在途库存	主生产计划稳定程度	客户库存量（VMI/CRP）
	采购制造循环期	VMI/CRP 供求比例
财务评价指标	**市场方面的指标**	**供应链韧性指标**
现金流	市场占有率	供应链中断率
EVA	新产品占销售总量的比例	供应链复原周期
收益率		供应链复原成本

第 4 节　平衡供应链计分卡评价体系

一、平衡计分卡概述

上一节就供应链绩效的内、外驱动力进行了分析，从中可以了解到，供应链运作需要很强的相互支持的评价体系，以满足综合评价的需要。在实践中，人们倾向于平衡各个方面的绩效指标，能够同时反映供应链整体战略的执行情况，以体现集成、跨流程指标和诊断性指标之间的相互作用，着重强调企业战略在绩效评价中所扮演的重要角色。结合卡普兰（Kaplan）和诺顿（Norton）在《哈佛商业评论》上提出的平衡计分卡，将其转换为供应链的绩效评价系统工具，建立合理的平衡供应链计分卡（balanced SCM scorecards，BSC-SC）。

卡普兰和诺顿在《哈佛商业评论》上发表了一系列关于平衡计分卡的文章。他们认为传统的财务指标（如投资回报率）只提供了业务绩效的较为狭窄而不完备的信息，业务绩效的评价依赖于历史数据，而这些数据又阻碍了未来商业价值的实现。因此，财务指标不能单独用于评价绩效，需要补充反映客户满意度、内部业务流程以及学习成长性的评价内容。平衡计分卡的设计将过去绩效的财务评价和未来绩效的驱动力设计紧密结合起来。

平衡计分卡的概念反映了在一系列指标间形成平衡，即短期目标和长期目标、财务指标和非财务指标、滞后型指标和领先型指标、内部绩效和外部绩效之间的平衡。管理的注意力从实现短期目标转向兼顾实现战略目标，从对结果的反馈思考转向对问题原因的实时分析。平衡计分卡具有以下四个主要特征：

（1）平衡计分卡以单一的形式将组织竞争力各个角度的指标表现出来，防止次优行为的出现，提供了对公司绩效更为全面的理解。

（2）平衡计分卡假定是和企业未来信息系统紧密联系的。

（3）平衡计分卡不是简单地将指标列示出来，而是将其分为四个类型，每种类型都提供了公司绩效的特定角度。

（4）最后也是最具特色的，绩效指标的选择必须以与公司战略的紧密联系为基础。

平衡计分卡分为四个方面，它们代表了三个主要的利益相关群体——股东、客户、员工，以确保组织从系统观的角度反映战略的实施情况。

（1）客户方面。企业为了获得长远、出色的财务业绩，就必须创造出客户满意的产品和服务。平衡计分卡给出了两套绩效评价方法：第一套是企业对在客户方面期望达到的绩效所采用的评价指标，主要包括市场份额、客户保有率、客户获得率、客户满意度等；第二套是针对第一套指标的各项进行逐层细分制定出评分表。

（2）内部流程运作方面。这方面是平衡计分卡与传统绩效评价的显著区别之一。传统绩效评价虽然加入了生产提前期、产品质量回报率等评价，但是往往停留在单一部门绩效上。仅靠改造这些指标，只能有助于组织生存，而不能形成组织独特的竞争优势。平衡计分卡从满足投资者和客户需要的角度出发，从价值链上针对内部的业务总流程进行分析。在内部运作方面回答如何经营才能满足或超越顾客的需求。平衡计分卡对四种绩效属性加以考虑，即质量导向的评价、基于时间的评价、柔性导向的评价和成本指标。

（3）学习与成长方面。这方面为其他方面的绩效突破提供了手段。平衡计分卡实施的目的和优势之一就是避免短期行为，强调未来投资的重要性，同时并不局限于传统的设备改造升级，更注重员工系统和业务流程的投资。平衡计分卡注重分析满足需求的能力和现有能力的差距，将注意力集中在内部技能和能力上，这些差距将通过员工培训、技术改造、产品服务得以弥补。指标包括新产品开发循环期、新产品销售比率、流程改进效率等。

（4）财务方面。企业各个方面的改善只是实现目标的手段而不是目标本身，企业所有的改善都应通向财务目标。平衡计分卡将财务方面作为所有目标评价的焦点。如果说每项评价是综合绩效评价制度的一部分，那么因果链上的结果还是归于提高财务绩效。卡普兰和诺顿从产品/服务生命周期的相关阶段选择评价指标，包括成长期、持续期、收获期。成长期的指标包括销售量、新加盟客户及流程改进；持续期的指标如投资回收期、现金流、EVA；收获期则基于现金流分析，包括收益率等。

平衡计分卡在这四个方面的主要目标及其相互关系如图 10－8 所示。

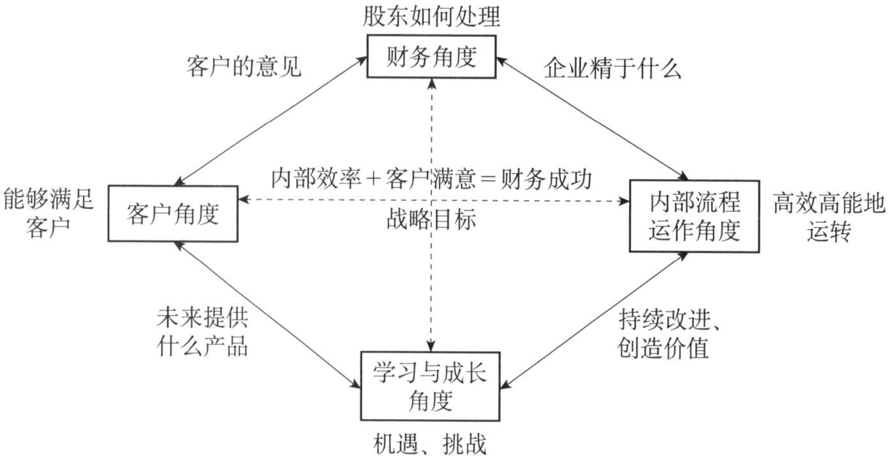

图 10－8　平衡计分卡

二、平衡供应链计分卡的四个评价角度

下面分别从各个评价的角度，融合平衡计分卡四个方面的特征以及前面给出的供应链运作框架所涵盖的范围，提出以下指标实例，以反映平衡计分卡在各个角度的目标与任务。这些指标不是绝对的，甚至对于特定供应链运作还远远不够。平衡计分卡中的大多数指标并不常用，只有诊断级的指标具有更强的操作性。这些指标难以广泛应用的原因在于绩效评价的思路过多地集中于内部运作，忽视了与伙伴的绩效集成。

（一）客户方面

供应链的目标之一是为整个供应链中的客户提供持久、稳定的收益。因此，供应链管理的核心之一就是客户管理，了解客户的需求以及评价满足客户需求的程度，以调整供应链的经营方法和策略。客户所关心的事情可分为四类：时间、质量、性能与服务、成本。循环期（生产周期）可以衡量供应链满足客户需求所需的时间，供应链订单完成循环期给出了相关的测度，并就完成订单的各个阶段在实现客户需求中的作用进行评估；质量自 20 世纪 80 年代以来就是至关重要的竞争手段，作为供应链竞争的必要手段，它已经不再是必要的战略竞争优势，而是作为一项硬指标存在；性能与服务成为客户保有以及获取新客户的重要因素。除了质量、时间、性能与服务，客户对所负担的产品成本也保持着很高的敏感性。客户与供应商的交易过程中，价格只是客户负担的成本的一部分，其他还有与供应商交易产生的成本，包括对产品的订货，从安排订货到付款，产品的接收、检验处理，以及产品造成的废品、返工等，从中节约的成本能够为客户提供价值增值，为客户价值的评价提供了相关的测评。这些评价指标的选择集中体现了客户意志，反映了客户需求。指标既可以是反映客户价值和客户反馈的一般指标，也可以是集中于诸如客户价值等特定范畴的指标，如服务质量、柔性、成本等。

1. 供应链订单完成的总周期

供应链订单完成的总周期是指整个供应链对于客户订单的总体反应时间，其中包括订单的接单时间、从投料到生产的时间、从生产到发运的时间、从发运到客户签单的时间、从客户签单到客户收到的时间，如图 10－9 所示。

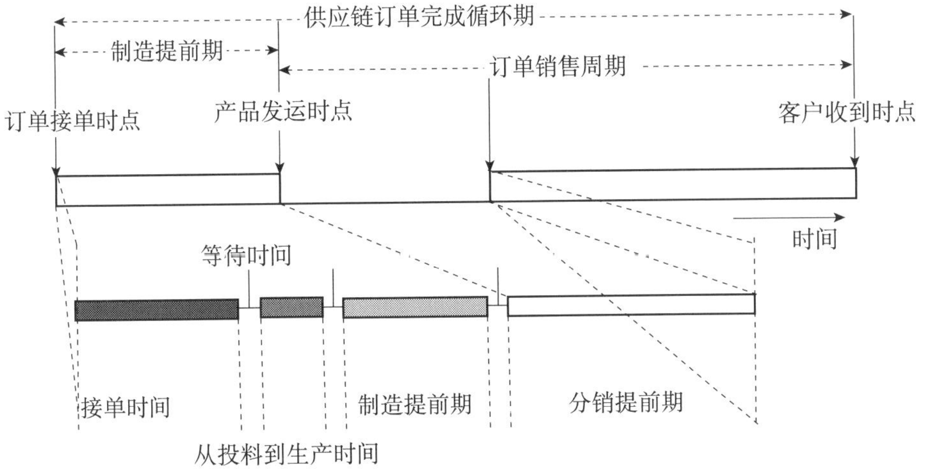

图 10－9 订单周期的构成

单从客户服务的角度而言，注重考虑面向客户的方面，即订单的接单时间、从发运到客户签单的时间、从客户签单到客户收到的时间。总循环期的缩短将减少供应链的响应时间，这是供应链竞争优势的主要源泉之一。快速的生产周期不但加快了对客户的响应，降低了客户成本，提高了客户的价值，还反映了供应链内部响应的便捷和流畅。尽可能缩短订单的完成循环期，有利于发现供应链内部的冗余。循环期运作的可靠性以及一致性同样重要。由于供应链中瓶颈和低效率流程以及订货数量变动性的存在，订单的完成时间屡有变动。跨功能工作团队实施的“制造单元”机动地处理客户的订单变动，以缩短周期时间，提高客户满意度。对于供应链订单完成的总周期的评价涉及客户满意的内容，也包含对供应链内部运作流程的反映。

2. 客户保有率

供应链持久利润的来源是核心客户。若想通过特定的客户群体保持或增加市场份额，最方便的就是保有现有的客户。努力保持和客户的关系，满足客户的需求，允许客户积极参与合作项目或产品的开发设计过程，使客户能够成为持久利润来源。客户保有率就是“从绝对或相对的意义上说，留住客户，与客户保持现有关系的比例”。除了留住客户，供应链管理还要通过对与现有客户交易量的分析衡量客户的忠诚度。当然，要扩大利润源，还要在现有客户的基础上制定不断扩大客户范围的战略。

3. 客户对供应链柔性响应的认同

客户对供应链柔性响应的认同用于评价客户在供应链提供的运营服务中对客户化以及响应速度的认同。这个指标反映了两个目标：第一个目标是调查数据将反映客户能否自由地就订单的包装、产品性能等提出客户化的要求；第二个目标则是评价客户感到这种客户化的要求能否及时得到实现。也就是说，它反映了客户对客户化要求的自由度以及服务及时性的要求。

4. 客户价值

客户价值反映在为客户提供产品或服务时对客户节约或增值方面做出的贡献，它可以提高客户对供应链的依赖度。客户价值率等于客户对供应链所提供服务的满意度与服务过程中发生的成本进行比较所获得的价值比。不同于以前在时间、质量、柔性方面所进行的评价，客户价值的评价偏重于导致客户发生的成本指标。

5. 销售增长以及利润

表现为供应链产品的年销售增长和利润率。这类指标反映了供应链下游在三个主要方面的绩效：销售量年增长的情况；对于特定客户服务所获收益是否随着合作关系的增进而进一步提高；接受服务的基数是否增加。扩大销售量、增加新的客户都将获得新的利润点。

（二）供应链内部运作方面

客户绩效指标很重要，但必须将其转化为内部流程的指标后才能得到反映。优秀的客户绩效毕竟来自组织的流程决策和运作。供应链内部运作方面回答如何经营才能满足或超越顾客的需求。内部测量指标应当测出对客户利益和财务价值影响最大的业务流程，同时确定自己的核心能力以及保证供应链持久保持市场领先的关键技术。为了把内部运作方面和财务价值以及客户目标结合起来，供应链应该把握两种全新的内部流程运作：第一，理顺现有供应链流程中各个参与方的关系，缩短经营过程的周期，同时降低成本。由于供应链流程牵涉供应链成员的生产流程，这样就将不同成员的绩效联系起来，构成供应链流程的整体。这一联系使得供应链成员对于各自的运作有了明确的目标，其改进也将有利于整个供应链的改进。第二，应该预测并影响客户的需求。供应链经营要从短期的运作中跳出来，积极寻找市场，进行产品的创新改造，以牢牢抓住客户。

虽然不同的供应链存在不同的流程，但是供应链的内部流程大致可以分为三个部分：产品改进与创新、供应链经营过程、客户服务过程（售前、售后）（如图 10－10 所示）。客户服务的过程由于和客户满意度直接挂钩，将其归入客户方面进行评价。

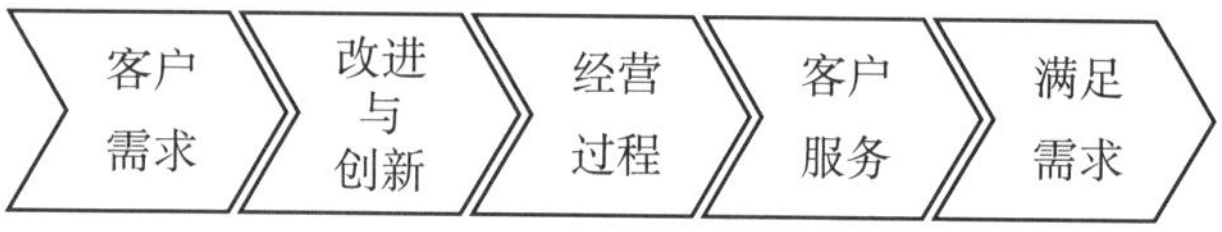

图 10－10　供应链运作的普通模式

1. 产品改进与创新过程测评

在传统业务的供应链中，研发工作被认为是某种业务的辅助或者支援而非确定价值的基本因素。一方面，因为评价的标准难寻，投入产出的关系不明确；另一方面，企业对于产品的创新重视不足，资金的投入有限，人们忽视产品开发设计的业绩评价。但是，作为供应链价值实现的长期影响因素，必须对产品开发进行测评，测评的内容包括：

（1）新产品在销售额中所占的比例；

（2）比原计划提前推出新产品的时间差；

（3）开发下一代新产品的时间；

（4）第一次设计出的全面满足客户要求的产品百分比。

这一衡量方法综合了产品开发过程的三个至关重要的因素：一是公司要在开发过程中收回开发成本，必须着眼于开发的成果，同时着眼于开发过程中投资的收回；二是强调利润；三是强调时效，鼓励开发人员先于竞争对手推出产品。

2. 经营过程测评

经营过程对于供应链在创造价值时是一个短周期过程，这一过程包括自企业收到客户订单开始到向客户发售产品和提供服务为止的全部内容。供应链运作方面实现的目标主要有四个方向：缩短提前期、提高柔性水平、减少单位成本、建立敏捷结构。首要的非财务指标主要集中于以下四个绩效考察方面：运作质量指标、时间指标、弹性指标、目标成本指标。集成信息系统在帮助供应链企业分解、诊断集成指标中发挥了极其重要的作用。一旦异常信息在指标中得以体现，就可以通过整个集成的信息系统及时、准确地发现问题所在。

（1）供应链有效提前期率。供应链有效提前期率反映了供应链在完成客户订单过程中有效的增值活动时间在运作总时间中的比率。包括两个指标：供应链响应时间和供应链增值活动总时间。

$$\begin{aligned}\begin{matrix}\text{供应链响应}\\\text{时间}\end{matrix}&=\begin{matrix}\text{客户需求及预测}\\\text{时间}\end{matrix}+\begin{matrix}\text{预测需求信息传递到}\\\text{内部制造部门时间}\end{matrix}+\text{采购、制造时间}\\&\quad+\text{制造终结点运输到最终客户的平均提前期（或者订单完成提前期）}\end{aligned}$$

$$\text{供应链增值活动总时间}=\sum\text{（供应链运作的相关部门增值活动的时间）}$$

$$\text{供应链有效提前期率}=\frac{\text{供应链增值活动总时间}}{\text{供应链响应时间}}$$

该指标体现了供应链内部运作的增值时间在整个流程时间中所占的比例。通常组织之间的传递空间和时间很大部分被非增值活动占用，很多资源被浪费了。为了达到世界级的供应链水平，必须保证合作企业之间的物流过程达到流畅的无缝连接，减少时间损失。

同种性质的指标还有库存闲置率，即供应链中库存闲置的时间和库存移动时间的比率。库存闲置时间包含库存以物料、在制品（WIP）、产成品等形式在供应链运作中的总停滞、库存、缓冲时间。库存移动时间则是指库存在加工、运输、发运中的总时间。库存闲置率指标反映了库存在整体运作中的时间占用，提供了库存经营效率提高的空间。

（2）供应链生产时间柔性。生产柔性是指系统对于外部或内部干扰导致的变化所能调整的范围。根据SCOR提出的定义，这个指标反映出在意识到由市场需求变动导致非计划产量增加20%后，供应链内部重新组织、计划、生产所消耗的时间。柔性制造系统（FMS）、成组技术（GT）以及计算机集成制造（CIM）等先进生产技术的应用为提高供应链整体柔性创造了条件。据研究者的调查，一流的制造商柔性在内部的制造能力上几乎没有约束，唯一的限制就是物料。要达到高效的柔性和响应性，需要在系统流程中注重与供应商紧密合作，采用战略联盟的方法减少供应商的数量，提高流程的连续性，采用准时化采购，注重部件的通用化以及高效计划信息系统的采用。

（3）供应链目标成本达到比率。目标成本法是丰田汽车公司 20 世纪 60 年代提出的，是具有特定水平功能、质量、价格的产品在其整个生命周期中能够产生满意利润的一个业务过程。该指标从单一产品和流程的角度，分析供应链在质量、时间和柔性上的流程改进是否达到预定的目标成本。目标成本从产品开发就嵌入整个流程，和供应链的战略紧密联系。目标成本合理化而非最小化是供应链运作所要达到的主要成本目标。

（4）供应链运作质量。供应链运作的质量综合反映在其运作对象——原材料、WIP、完工产品/服务的质量上。20 世纪 80 年代，企业意识到质量可作为市场竞争的主要武器，到现在已经成为企业生存的基本条件和必要的基础，因此，供应链质量更注重在整个供应链基础上的全面质量管理，保证供应链运作的有效性和客户服务的真实能力。

（5）完美的订单完成水平。完美的订单是物流运作质量的最终测量标准，也就是说，完美的订单关注总体整合的供应链厂商绩效，而不是单一的功能。它衡量一份订单是否顺利通过了订单管理程序的全过程，而且每一个步骤都没有差错、快速而正确。完美的订单完成代表理想的绩效，一般应符合以下标准：第一，完成所需的各项发送；第二，根据客户提出的日期交货，允许发送偏差在一天以内；第三，精确无误地完成订货所需的文件，包括包装标签、提单和发票；第四，货品状态良好。当前最好的物流组织报告达到 55%～60%的完美订单绩效，大多数组织低于 20%。

（三）未来发展性方面

供应链的未来发展性直接关系到供应链的价值。激烈的全球竞争要求供应链必须不断改进和创新，发掘整合供应链内部和外部的资源，提高现有流程、产品服务和开发新产品的能力。供应链的改进是一个动态的过程，持续改进主要通过四个方面进行：第一，重新设计产品及其流程；第二，通过企业集成在组织间进行有效的调节和整合；第三，持续改进供应链的信息流管理，使得供应链伙伴能够共享决策支持所需要的准确信息；第四，每个供应链需要随时注意外部市场的潜在威胁和机遇，重新定义核心价值。指标包括新产品开发循环期、新产品销售比例、流程改进效率等。

（四）财务价值方面

虽然供应链绩效的评价侧重于流程导向以及非财务指标，平衡计分卡方法仍然将财务目标作为所有目标的中心。当供应链伙伴目标实现之后，供应链应该在财务上得到成功。经营目标的实现使得成本大大降低，从而提高了边际收益率，现金流得以更好地优化，收益和资本回收率也更高。不难理解，以上方面绩效的提高保证了财务方面的长期收益，因此，整个供应链的财务优化仍是重中之重。由于财务指标的测评基于现金流和传统的财务会计，因此对未来盈利能力缺乏直接参考价值。考虑到供应链资本包括应收账款、厂房设备、资本以及库存，资本流动性的降低或提高都会影响供应链财务价值，故应将财务评价的基础建立在驱动现金流的运营行为和流程上。

1. 供应链资本收益率

即客户的利润除以在此期间使用的供应链的平均资产。它反映了使用资产的增值性。

2. 现金周转率

这是一个联系供应链整个流程的关键指标，评价供应链运作过程中现金投入到原材料、劳动力、在制品、完工产品直至收回的全过程。

现金周转率=购买原材料到收到产品货款的平均时间
=供应的库存天数+销售天数-原材料的付款天数

供应链通过先进的信息技术以及产品流集成，使合作伙伴之间的运作实现了更高的现金周转率。

3. 供应链总库存成本

财务绩效很大程度上是可以从整个物流成本上反映的。物流成本是整个供应链生产运作中最为显著的成本源。在供应链中，库存包括原材料、生产装配中的在制品、成品以及在途的库存。传统上，这些都是用于处理生产中可能出现的不确定性。由于客户要求越来越苛刻，库存管理对于降低整个供应链的成本日益重要。供应链中的库存成本包括：

（1）物料占用资本的机会成本；

（2）储存状态以及 WIP 的库存成本；

（3）管理库存的管理成本；

（4）完工产品的在途成本；

（5）老化、残缺、损坏所造成的风险成本；

（6）修理返工成本；

（7）订单缺货造成的损失成本。

将供应链总库存成本进行分类，可以包括采购、库存、质量以及交货失误等方面。供应链采购成本的评价包括订货、发运、进货质量控制的总和。供应链库存成本包括供应链过程中发生的成本：原材料、WIP、完工产品的库存成本以及滞销和在途的库存成本。供应链质量成本是指在运作过程中由于质量问题而导致的沉没成本，包括产品残缺成本、维修成本和质量保证成本。交货失误性成本包括缺货成本、误投成本等。这些指标可以逐一进行评价计算，以更好地分析物流各部分的成本。

4. 供应链的库存天数

它反映了资本在供应链运营中以库存形式占用的天数。它等于某个时期的物料、WIP、产品以库存形式占用的时间。

平衡供应链计分卡框架在这四个方面提出的绩效评价方法如表 10-4 所示。

表 10-4 供应链绩效评价平衡计分卡框架

财务价值角度		内部运作角度	
目标	测评指标	目标	测评指标
收益 成本 效率	供应链资本收益率 供应链总库存成本 现金周转率	缩短提前期 弹性响应 成本运作 设计革新	有效提前期率 时间柔性 目标成本 新产品销售率

续表

财务价值角度		内部运作角度	
目标	测评指标	目标	测评指标
流程化 信息集成 组织协调	产品最后组装点 信息共享率 团队参与程度	订单时间 客户保有 服务及时 客户价值	订单总提前期/循环期 客户保有率 客户对订单响应时间的认同 客户价值率

三、平衡计分卡绩效测量的因果关系

平衡计分卡方法试图对供应链运作过程中的评价对象进行归类，并将其按照四个方面进行分组，从整个流程和相应的支持系统中找到彼此的联系，从而将评价的各方面在内在逻辑上按照供应链的绩效驱动建立正确的相互关系。这四个方面可以从整个组织的角度审视供应链运行。当供应链的一个评价方面出现了问题，一方面可以获得对本角度的认识，另一方面可以从因果链中发现其所导致的因果问题，从而避免对某一个评价方面过多关注而忽视了其他方面，同时使得供应链成员能够从系统观的角度认识自身的作用。

可以说，没有一个绩效评价系统能够适用于整个供应链。本章可以得出这样一个结论：在平衡的思想前提下，必须保证信息流、物流以及资金流的顺畅，简化供应链决策过程。要想在供应链的平台上建立有效的协同计划，减少非增值活动，重点在于建立和维持强有力的供应链伙伴关系，供应商不只是机械地适应买方的要求，而是和买方建立具有互动性的供应链战略关系。客户方面的影响已经深入管理的内核，必须在集成的基础上将客户的要求反映到管理的各个层面，这样客户源才能不断扩大。具体如图 10－11 所示。

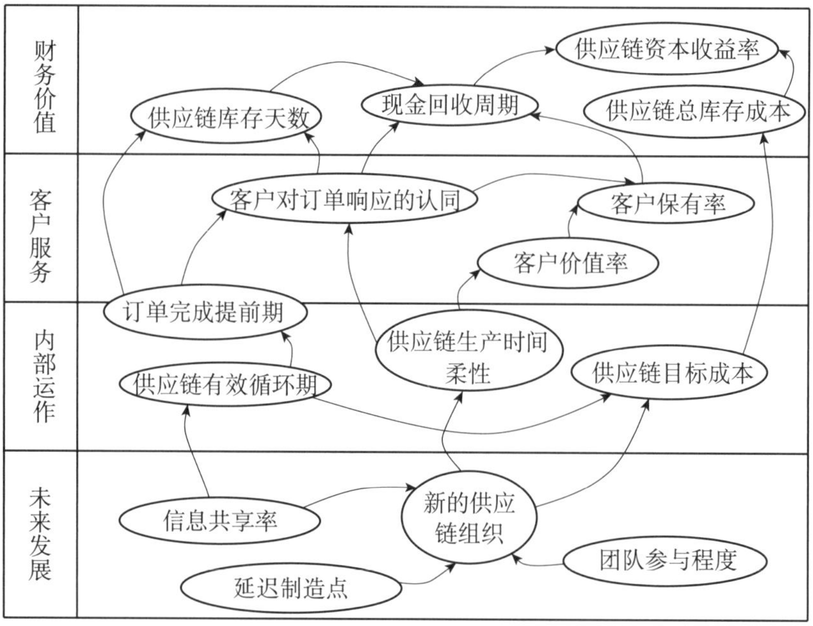

图 10－11　BSC-SC 的评价侧重面的因果关系示意

思考题

1. 传统企业的绩效评价指标与供应链管理环境下企业的绩效评价指标之间有哪些区别？

2. 在供应链管理环境下，对企业进行绩效评价应该注意哪些原则？

3. 如何建立供应链企业的绩效评价指标体系？评价指标应该具有哪些特点？

4. 试比较传统运作模式和供应链管理运作模式下企业绩效评价的区别。

5. 举例说明供应链绩效评价可以采用哪些基本方法。

6. 在供应链管理环境下，企业的绩效评价侧重面发生了哪些具体变化？

7. 供应链运作的环境是不断变化的，有哪些因素会对供应链绩效评价产生影响？从内部和外部两个角度举例阐述。

8. 试描述平衡供应链计分卡方法评价的角度及其指标体系。

9. 如何理解供应链柔韧性？

案例

乐事薯片公司的绩效控制

乐事薯片公司成立于1932年，在经历了一次失败的全球战略后，目前主要侧重于地区性经营。公司现在主要为三种零售企业客户（食品杂货店、杂货店、大商店）提供一系列的薯片产品。其大部分的产品出售给它的36家食品杂货店（年总值40 000销售单位，超过公司总销售量的50%）；它供应的杂货店有39家（年总值18 000销售单位，占公司总销售量的27%）；它供应的大商店只有一家（Buy4Less，有3个分店，年总值22 000销售单位，占公司总销售量的22%）。所有的分销过程都是直接的仓储到仓储，送货人员要处理所有的过期货物和搬运工作。

最近，乐事薯片公司对Buy4Less的销售量有所上升。虽然有这样的潜在利润前景，但是乐事公司也面临一些棘手的问题。

存在的问题

温德尔是乐事公司物流部门的物流成本分析师，物流部门总经理哈罗德转交给他一封Buy4Less的来信，信中抱怨乐事公司的运作绩效问题。抱怨的主要问题有频繁的缺货、客户服务响应性差、产品价格太高。Buy4Less提出，如果乐事公司要继续与其合作，就必须在以下方面做出改进：

（1）每周提供4次直接仓储交货（以前为3次），以减少缺货现象。

（2）建立一套自动订货处理系统（价值10 000美元），以提高客户服务响应性。

（3）降低产品价格（5%）。

哈罗德要求温德尔做一个详细的乐事公司按客户类型分类的利润分析。这是温德尔和乐事公司以前都没有碰到的问题。

绩效评价

温德尔最近刚刚参加了一个关于作业成本法（ABC法）的研讨会，他希望通过应用这种方法来分析目前的状况。首先，他获得了乐事公司的收入数据（见表 10－5）和针对不同类型客户的物流成本数据（见表 10－6）。

表 10－5　乐事薯片公司收入数据　　单位：美元

收入	
净销售收入	150 400.00
利息与其他收入	3 215.00
	153 615.00
成本	
销售成本	84 000.00
制造成本	5 660.00
营销等其他成本	52 151.20
利息成本	2 473.00
	144 284.20
税前收入	9 330.80
所得税	4 198.86
净收入	5 131.94

表 10－6　乐事薯片公司年物流成本数据　　单位：美元

成本项目	食品店	杂货店	大商店
库存成本（单位送货）	1.80	1.20	2.80
信息成本（年）	1 000.00	8 000.00	1 000.00
交货成本（单位送货）	5.00	5.00	6.00

对食品店是每周送货两次，对杂货店是每周送货一次，对大商店是每周送货三次。乐事公司为了及时获得反馈信息，通过设在食品店和大商店的扫描终端设备读取数据，需要在每个点花费年总成本 1 000 美元。杂货店则依靠手持扫描设备获得销售数据。送货成本取决于运输卡车的不同，食品店和杂货店采用普通卡车，大商店则采用加长卡车。

乐事公司对不同零售企业的产品价格是不一样的，食品店为 1.90 美元，杂货店为 2.30 美元，大商店为 1.50 美元。温德尔还被告知，Buy4Less 要求乐事附加条形码来替换原来的价格标签，增加的打标设备将使每年的成本增加 5 000 美元。劳动力和物料的成本每个销售单位要增加 0.03 美元。

问题讨论：

根据以上数据和作业成本法，温德尔应该如何对乐事公司目前的绩效进行分析？根据分析的结果，该公司应该采取什么策略来进行绩效控制？

第 11 章
供应链风险管理

| 学习目的 |

供应链管理作为一种新的管理模式与方法，在借助全球资源红利为企业提高享受价值与竞争力的同时，也因为全球环境下及供应链内部各种不确定性因素的存在增加了供应链运作中断的风险。随着供应链构成的复杂性不断增加，供应链的脆弱性也在增加，随之而来的是越来越多的供应链风险事件。因此，积极地进行供应链风险防范和管理，对提升企业和供应链的敏捷性起着举足轻重的作用。这不仅对企业界的实践，也对学术界的研究提出了更大挑战。本章从风险的相关概念、风险识别、风险分析、风险应急响应及建立风险管理机制等方面介绍供应链风险管理的基本理论和方法，并阐述构建弹性供应链、提高供应链韧性的理念，以协助企业有效地设计和重构供应链，从而更好地应对供应链风险，尽快从风险中恢复过来，并获得持续发展。

第 1 节　供应链风险管理概述

近几年来，随着供应链的复杂性不断增加，供应链的脆弱性逐渐加大，各种供应链风险事件让很多企业损失惨重。因此，面对各种风险事件或突发事件的冲击，供应链如何保持稳健运行，并尽快从各种危机和冲击中恢复过来，尽量减少损失，成为 21 世纪供应链管理的重要内容。

一、风险

早在 20 世纪初，作为科学管理代表的美国企业就很重视运营中的风险并采用科学的方法开展风险管理活动，逐步积累了丰富的经验。1950 年前后，风险管理成为管理学科的组成内容之一，并在全球受到关注。1983 年在美国召开的风险和保险管理协会年会上，各国专家学者云集纽约，共同讨论并通过了《101 条风险管理准则》，它标志着风险管理的发展进入了一个新的阶段。

一般人对于风险的观念及定义到现在仍然相当模糊，因为风险表达的其实是一个抽象、笼统的概念。风险的特性是在强调未来的可能性以及事件发生的不确定性，如果一个事件或活动没有不确定性，风险也就不会存在。

根据《韦氏词典》对风险“损失的可能性或危害的结果”的解释，风险有两层含义：一是易变化的特性和状态，即缺乏肯定性，也就是具有不确定性；二是具有无常的、含糊的或未知性质的事物。

许多学者都尝试去定义风险，目前公认度比较高的对风险的定义主要是米切尔（Mitchell，1995）的观点，认为风险是组织或个人发生损失的概率与损失严重性二者的组合；任一事件的风险为事件的发生概率与事件发生的后果的乘积。由此可知，风险包含两项基本组成：一为损失；二为不确定性。

我国国家标准《供应链风险管理指南》（GB/T 24420—2009）对风险的定义为：不确定性对目标实现的影响。

综合而言，关于风险的研究主要有两种视角：一是不确定性视角；二是损失性视角。从更切合实际的角度看，应该将不确定性视角和损失性视角综合起来，这样更能反映风险的本来面目。

二、供应链风险的含义

供应链所面临的市场竞争环境也存在大量的不确定性。只要存在不确定性，就存在一定的风险。所谓不确定性，是指当引入时间因素后，事物的特征和状态不可充分地、准确地加以观察、测定和预见。在供应链企业之间的合作过程中，存在着各种产生内在不确定性和外在不确定性的因素，因此需要进行风险管理。

供应链系统是一个复杂的系统，其风险是很难界定的，不同学者从不同的角度来定义。国外学者对供应链风险的研究是从供应风险开始的。例如，米切尔（Metchell，1995）认为，供应链风险是由各成员企业中的员工的教育层次、国别等因素的不同及供应市场的特征（如市场结构的稳定性、市场利率的变化等）影响供应上的不足而带来的风险；斯迪森等（Zsidisin et al.，2003）将供应链风险定义为“供应的不及时而导致货物和服务质量的降低”。也有学者按照风险的一般方法，将供应链风险分为可控制和不可控制的风险：不可控制的风险如恐怖主义行为、严重的劳工停工、自然灾害等；可控制的风险如供应商资格、来源方的产品和服务等。但是，他没有给供应链风险一个确切的定义，也没有具体分析其区别的依据。

根据德勤咨询公司 2004 年发布的一份供应链研究报告，供应链风险是指对一个或多个供应链成员产生不利影响或破坏供应链运行环境，而使得供应链管理达不到预期目标甚至导致失败的不确定性因素或意外事件。

英国克兰菲尔德大学管理学院（2002）把供应链风险定义为供应链的脆弱性。供应链风险因素的发生通常导致降低供应链运行效率，增加成本，甚至导致供应链的破裂和失败。有效的供应链风险管理将有利于供应链的运行安全，降低运行成本，提高供应链的运行绩效。

我国国家标准《供应链风险管理指南》（GB/T 24420—2009）也对供应链风险进行了定义：供应链风险是指有关供应链的不确定性对目标实现的影响。

由此可以看出，供应链风险包括所有影响和破坏供应链安全运行，使之不能达到供应链管理预期目标，造成供应链效率下降、成本增加，导致供应链合作失败或解体的各项不确定因素和意外事件，既包括自然灾害带来的风险事件，也包括人为因素产生的风险事件。

为了提高供应链的竞争力，获取竞争优势，企业需要高度重视供应链的风险管理，这不仅是供应链管理理论体系的核心内容之一，而且是供应链管理的内在要求。企业必须采取措施使供应链避免可能对其产生破坏的风险，尽量降低风险给供应链带来的损失，使供应链能够在受到风险事件冲击后迅速恢复到正常运行状态。这些目标只有通过合理的风险管理与控制措施才能达成。

三、供应链风险存在的客观性

无论是自然界中的各种自然灾害，还是社会领域中的冲突、意外事故或者战争，都不以人们的主观意志为转移而客观存在，它们的存在和发生就整体而言是一种必然的现象。因此，像许多风险一样，供应链风险也是客观和必然的，其本身是不可避免的。主要表现在以下几个方面。

第一，供应链本身结构的复杂性导致了风险客观存在。供应链从组织结构来看，是一个复杂的网络，由具有不同目标且相互独立的经营主体组成。因此，供应链的运作相比单个企业的运作要复杂得多，物资从供应源进入供应链到最后变成商品到达最终用户手中，经过了原材料供应体系、制造体系和分销体系中众多节点企业，包括运输、储存、装卸、搬运、包装、流通加工、配送、信息处理等诸多环节，伴随着商流、物流、信息流和资金流的发生。虽然整个供应链是一个利益共同体，但各节点企业有各自的经营战略、目标市场、技术水平、管理制度以及企业文化等，甚至同一个企业可能同时属于多个相互竞争的供应链，这些都增加了供应链管理的复杂性和难度，从而导致了风险的产生。

第二，供应链所处内外部环境的不确定性导致了风险客观存在。把供应链当作一个系统来看，其环境不确定性包括两方面，即系统外部环境的不确定性和系统内部环境的不确定性。系统外部环境的不确定性主要是指自然环境、市场需求环境、经济环境、政策环境、竞争环境以及资源环境等因素，这些都是客观存在的，并且是不能改变的，只能调整自身去适应。系统内部环境的不确定性主要是供应链上各节点企业运作的不确定性，如原材料供应商方面的运输问题、货源问题造成的不确定性，制造商方面由于生产系统的可靠性、计划执行的偏差、关键人员的临时短缺导致的不确定性，以及分销企业在配送、渠道设置方面的不确定性等，这些内部不确定性也是不能完全避免的。系统内外部这些不确定性因素的客观存在也决定了供应链风险必然客观存在。

第三，供应链全球化布局增加了风险。从过去盛行的本地化生产和营销策略转向全球化生产和营销已经是一个普遍现象。现在通过远程采购、全球生产和装配，供应链可以从地球的一端延伸至另一端。如一些电子产品，可在泰国采购零部件，在新加坡组装，然后在中国总装，最后卖到全球市场。全球化的采购和生产可能减少采购成本和劳动力成本，但也可能带来更长的提前期、更多的安全库存和更高的报废率，增加了风险。另外，全球化的趋势使得供应链企业分布范围更广，而热点地区或国家往往政局不太稳定，影响供应和生产，增加供应链运作的风险。

供应链风险发生的范围、程度、频率、形式、时间等可能表现各异，但总会以独特的方式显示自己的存在，是一种必然会出现的事件。人们收集的有关供应链风险的资料越多，对供应链风险的认识越清晰，就越容易发现供应链风险的规律性。

四、供应链风险的特性

供应链风险除了具有上述一般风险的共性，还具有以下几点不同于一般企业风险的特性。

1. 动态性

供应链管理目标的实现是供应链整合优化的过程。实现供应链目标的过程受到内部和外部各种因素的影响，不同的成员企业和业务面临的风险因素不同，其中有些因素随着环境和资源的变化及供应链管理目标的调整，可能会转化为供应链风险因素。供应链因外部客观环境或内部结构而产生风险，这些风险绝不会静止、僵化不变，而是随着风险处理的正确和及时与否而减少或增加。因此，供应链风险因素将与供应链的运作相伴存在，具有动态性特征。正因为供应链风险的动态性，星星点点的小风险有可能变成燎原之势的巨型风险。供应链风险变化的每一阶段，几乎都具有因果连锁效应，因此不能忽视供应链风险的动态性。

2. 复杂性与多样性/多层次性

供应链网络复杂性导致供应链风险的来源呈现复杂性的特征。供应链从构建起就面对许多风险，它不仅要面对单个成员企业所要面对的系统风险与非系统风险，还要面对供应链的特有组织结构所决定的企业之间的合作风险、技术与信息资源传递风险、文化冲突风险及利润分配风险等。因此，供应链风险相比一般企业的风险，类型多、范围广，也更为复杂。另外，供应链的结构呈现层次化及网络化，不同层次的供应链成员，如核心企业、供应商、经销商、协作层企业对供应链运作影响程度不同，同样的风险对不同层次的供应链成员的影响程度也不同。

3. 传递性

传递性是供应链风险最显著的特征，也是由供应链自身组织结构所决定的。由于供应链从产品开发、原材料采购、生产加工到仓储配送整个过程，是由多个供应链节点企业共同参与完成的，根据流程的顺序，各节点企业的工作形成了一个交错的混合网络结构，其中一项工作既可能由一个企业完成，也可能由多个企业共同完成，一个企业既可能参与一个环节，也可能参与多个环节。各节点环环相扣，彼此依赖，相互影响，任何一个节点出现问题，都可能波及其他节点，进而影响整个供应链的正常运作。供应链是链式生产结构，源头企业可以通过这种结构把一定风险传递到下游企业，下游企业也可通过信息流、资金流等途径把风险传递给上游企业。一个企业发生风险，造成生产、销售等运营的困难，整条供应链都要受到牵连。长鞭效应便是由这种传递性引起的。传递性会通过供应链系统的联动性，使风险对供应链系统造成破坏，给上下游企业以及整个供应链带来损害和损失。供应链整体的效率、成本、质量指标取决于节点指标。因为各节点均存在风险，所以供应链整体风险由各节点风险传递形成。

4. 此消彼长性

各种风险之间往往是互相联系的，采取措施消除一种风险可能会加剧另一种风险，同样，供应链上某个企业采取的措施可能会增加供应链上其他企业的风险。供应链中的很多风险是此消彼长的，一种风险的减少会引起另一种风险的增加。一方面，企业内部一种风险的减少会导致另一种风险的增加，比如为了加强与供应商的长期战略合作，减少交易成本，可能会选择比较少的供应商，这无疑增加了供应中断风险。另一方面，供应链系统内各节点企业之间风险会此消彼长，即一家企业风险的减少可能会导致相关企业的风险增加。比如，制造商为了减少自身的库存风险，要求上游供应商采用 JIT 方式送货，这必然导致上游供应商增加送货成本和库存积压。因此，在研究供应链风险、加强对供应链风险的控制时，要充分考虑风险之间的相互影响，对此消彼长的风险进行权衡，以确保供应链整体风险最小。

五、供应链风险管理

由以上论述可知，供应链在日常运营中的风险是客观存在的，随着供应链的全球化发展，这种风险会越来越大。为了降低由于各种不确定性因素引发供应链中断或其他危机而导致的损失，我们要加强对供应链的风险管理，提高供应链弹性（supply chain resilience）或供应链柔韧性，使得供应链始终稳健地运行。

供应链风险管理是对为提高供应链运行的稳健性而在风险环境分析、风险识别、风险应对及供应链危机恢复过程中所采取的风险应对计划、组织、协调与控制活动的总称。下面从供应链风险识别与分析、供应链风险管理的组织架构及应对措施、供应链弹性构建等几个方面加以阐述。

第 2 节　供应链风险的类型与风险识别

供应链风险管理的核心是识别、分析风险以及危机发生后的响应。过去，人们习惯于将风险理解为自然界的不确定性事件，如地震、飓风、冰雪灾害、流行病等突发性的非常规性事件。这些事件基本上是不可预测的，但也并不是每天都出现，不过一旦发生对人类社会的影响非常大，有时是灾难性的。供应链管理中的风险因素，除了上述这些非常规性事件，更多的是常规性的但是并没有引起管理者充分注意的事件。当这个风险因素不断累积，达到某个临界点爆发出来时，就转化为重大危机事件，这时再去处理就来不及了。因此，我们识别供应链风险因素，必须同时注意自然灾害产生的风险和人为因素产生的风险，并能清楚地识别不同的供应链风险。

一、供应链风险的类型

（一）按风险来源分类

于特纳等（Jüttner et al.，2003）根据对制造、零售和物流行业的多个公司的调研结果，将供应链风险的来源分成三类：环境风险源（environment risk sources）、网络风险源（network risk sources）以及组织风险源（organizational risk sources）（如图 11－1 所示）。其中，网络风险又包括三种不同的来源：所有权不明、供应链复杂性引起的上下游协调问题（如长鞭效应等）和因为惰性而产生的响应速度太慢。

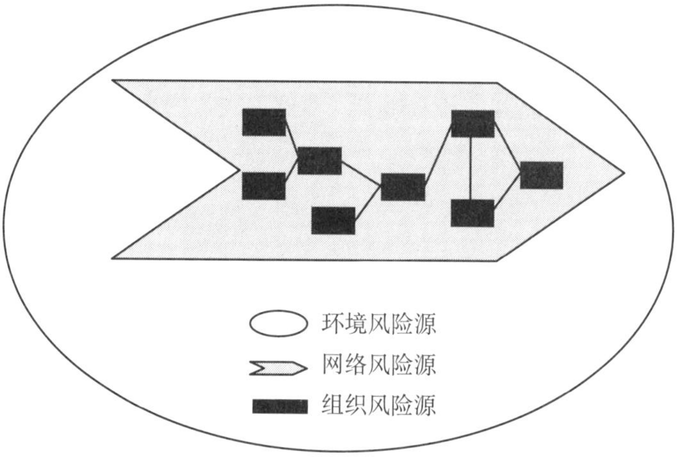

图 11－1　供应链风险源

资料来源：Jüttner et al.（2003）.

梅森和托厄尔（Mason & Towell，1998）把供应链风险来源分成五个相互交错的类型：环境风险源（environmental risk sources）、需求风险源（demand risk sources）、供应风险源（supply risk sources）、流程风险源（process risk sources）和控制风险源（control risk sources）。

1. 环境风险源

主要是指由外在不确定性因素造成的风险，大致可以分为以下四类：

（1）政治。例如海湾战争引起的石油危机、“9·11”恐怖袭击事件等。

（2）疾病与自然灾害。例如暴发口蹄疫、禽流感和突然发生的火灾、地震等。

（3）社会。例如 2008 年金融危机、迪拜债务危机等。

（4）经济。例如汇率波动、国家经济政策变化等。

2. 需求风险源

在流出物流中可能会发生的风险，基本归属于需求风险源的范畴（Svensson，2004），此外，还包括产品需求的变动，包括季节性变化、流行趋势引起的需求变化、新产品上市等。需求风险源主要来自供应链企业的客户，客户增加或减少订单都会引发供应链的风险。

3. 供应风险源

供应风险是一个多层面的概念，供应风险源大致分为两大类：第一类来自供应商自身，包括供应商无法掌握需求的变动、供应商的品质问题以及由于科技变化日新月异，供应商进步迟缓，等等。第二类来自供应市场特征，主要包括单一供应源以及市场产能的限制等。具体如表 11－1 所示。

表 11－1　供应风险源

供应商	供应市场特征
新产品开发	单一/有限货源
配送过程中突发状况	市场短缺
与上游供应商的关系	商品价格上涨
供应商对客户应尽的义务	供应商位于同一区域
供货质量出现问题	供应商是否拥有专利
价格/成本上升	
供货不足	
科技落后	
供货突然中断	

资料来源：Zsidisin（2003）.

4. 流程风险源与控制风险源

流程风险源指的是在供应链中各伙伴间合作的执行以及连接方式。根据产品的不同特性而采用不同的供应链策略时，特定供应链上的合作关系以及执行方式也会随之改变。如果能随着不同的产品及市场特性采用适合的供应链合作流程，就可以大大降低风险。

控制风险源指的是在供应链中决策的机制、政策或规定，包括订购量、批量以及安全库存。

严格意义上，流程风险源和控制风险源并不能算是真正的风险源，但是二者能够主导风险事件发生后果持续扩大还是得以减缓。比如，当客户需求突然发生变动时，如果关于订购量的政策不具有弹性，那么这个需求变动所带来的后果将被放大。流程风险源和控制风险源像是供应链中各企业作业的内部结构，二者的完善与弹性将决定环境风险源、供应风险源和需求风险源对于供应链所造成的影响程度的大小。

因此，于特纳将梅森和托厄尔划分的五种风险源归纳为两大类：环境风险和供应、需求风险作为一类，因为这些风险都是由外部事件引起的；流程和控制风险则作为另一类风险来源，因为它们本身不产生风险，但是可以减少或扩大风险。在对很多公司进行调研后，于特纳（Jüttner，2005）进一步指出，企业确定自身的风险来源在当今越来越复杂的供应链中变得十分重要；同一风险对整条供应链都会产生相似的影响，确定风险来源的范围应该扩大到整条供应链。

（二）按风险类别分类

参考于特纳等（Jüttner et al.，2003）的分类架构，按照风险因素的不同类别，可归纳出以下几类供应链风险。

1. 内部供应链风险

主要指供应链系统内部产生的风险，是构成供应链的各个企业（组织）之间的互动博弈与合作引发的风险。具体表现在以下各方面。

（1）组织风险（organizational risk）。如果企业（组织）内部供应链出现问题，应在组织内部层面探讨风险的来源，包括人力资源、质量管理、管理者决策、新产品开发等，涉及人员、设备和技术，其中任何一项出现错误，都可能造成组织供应链的损失。

（2）库存风险（inventory risk）。产品的存放地点、种类、数量以及补充方式必须与整体供应链相结合。当预测失真、调度或存货系统出现问题时，均可能造成损失。

（3）采购风险（purchasing risk）。采购的目的是以最适当的成本，在适当的时间、正确的地点，以最有效率的方式，将产品或服务顺利交给需求方。在采购的每一阶段都隐含着风险，比如采购成本过高可能降低竞争力，无法满足客户需求。

（4）配送风险（distribution risk）。配送的主要目的是让产品流动，尽可能快速交付给客户所需产品，同时符合生产进度。若发生运输设备故障或人为因素导致缺货率高，又无法迅速回应和配送，或是沟通不畅，以至于配送信息发生错误，都可能引发供应链风险。

（5）财务风险（financial risk）。财务风险产生于组织之间的现金流动，包括收入及支出、对整个供应链的投资、现金及财产处置、账款出纳流程及管理系统。财务风险存在于整个供应链中，无论上、中、下游都有可能受到外在环境风险或是内部运营状况问题的影响。

2. 相关网络风险

主要指合作伙伴关系网络和信息网络形成的风险。

（1）伙伴关系风险（partnership risk）。伙伴关系是一种组织间的临时性关系，当彼此同意改变个别的经营方式，相互整合、共享利益时，就形成这种伙伴关系。这种关系建立在彼此信任的基础上，一旦这种关系有所变化，将影响整条供应链。

（2）信息风险（information risk）。在互联网时代，从订单到交货，都是通过网络技术帮助实现，一旦信息网络出现问题或是系统出错，将会严重影响供应链上信息的传递，从而引发供应链风险。

3. 外部供应链风险

供应链外部因素所产生的风险，主要包括政治风险、自然风险和市场风险。

（1）政治风险（political risk）。政治风险并不仅仅是指狭隘的政治法律因素所造成的风险，而是指所有因为政治变动因素而改变企业利润或目标的风险。从供应链角度出发，政治风险是指因政治变动因素使供应链传递发生阻碍，如战争、内乱、对自由贸易的限制、税制变动、外汇法令变动与管制所造成的风险。这类风险很难避免与控制，只能依靠企业自身的调整适应改变。

（2）自然风险（natural risk）。指来自自然灾害或是偶发性意外事件如地震、火灾、水灾、疫情等灾害所造成的风险。这类风险虽然属于偶发性风险，但是一旦发生，所造成的损失往往难以估计，企业只能事前多做保险、防范措施，让损失降到最低。

（3）市场风险（market risk）。指的是市场、产业以及新产品三者之间的不确定性所造成的供应链阻碍，包括客户需求的不确定性以及新产品的风险。现今产品生命周期逐渐缩短，产品不断推陈出新，供应链面临的风险越来越多。

（三）按风险的性质分类

1. 重大突发非常规风险事件

重大突发非常规风险事件是指由于社会突发事件（如恐怖袭击和突发战争）或者是自然灾害（如地震等）所引发的供应链风险。这类风险的特点是一击致命，一旦发生，将使得整个供应链瘫痪。这类风险往往是不可预测或很难预测的，但发生的概率则是相当低的。这类风险的管理重点是建立危机应急响应机制，一旦真的发生了风险灾害事件，要迅速采取事后补救措施，最大限度减少损害。

2. 常规风险事件

与重大突发非常规风险事件不同的是，供应链企业在日常运作中还受到另一类风险的影响。这类风险事件发生的频率很高，每次发生对供应链的危害并非一击致命，有时甚至微小到不能引起人们的注意。例如，在供应链企业日常运作中经常出现的诸如订单延迟、生产过程中断、库存过高、质量不过关、服务水平下降的现象。由于人们的忽视而使得这类风险在企业中不断累积（包括时间上的累积和范围上的累积），经历一个从量变到质变的过程，一旦爆发就会给供应链企业带来巨大的打击。比如 2008 年的三鹿奶粉事件，就是由于奶制品企业忽视频发性质量风险而导致的结果。如果当初奶制品企业在与上游供奶企业合作的过程中能够更严格地监控，采取更有效的措施来管理上游供应商，就不会让大量有问题的原奶层层传递直达供应链的末端——消费者的手中。实际上，在每天收购的原奶中已经隐含了风险因素，但是谁也没有把它看作一种致命的风险。结果是，奶粉事件几乎给中国的乳品行业带来了毁灭性的打击。

在各种文献中，对供应链风险及其来源描述比较全面的是乔普拉和索迪（Chopra & Sodhi，2004）对各种供应链风险进行的总结。他们把风险的类型归结为中断、延误、系统、预测、知识产权、采购、应收账款、库存、生产能力等，如表 11-2 所示。各种风险又有独立的风险来源，如知识产权风险，其来源包括供应链的垂直整合以及外包等。

表 11-2　供应链风险及其引发因素

风险类型	风险因素
中断风险 (disruption risk)	● 自然灾害 ● 劳动纠纷 ● 供应商破产 ● 战争与恐怖袭击事件 ● 依赖唯一供应商，同时后备供应商的生产能力和敏捷性差
延误风险 (delay risk)	● 供应商的生产利用率高 ● 供应商敏捷性差 ● 产品质量差或供应失败 ● 过境或中转时处理环节过多
系统风险 (system risk)	● 信息基础设施崩溃 ● 系统整合或系统网络过于庞杂 ● 电子商务
预测风险 (forecast risk)	● 提前期长、季节性因素、产品多样性、生命周期短、客户基础薄弱等造成预测不准确 ● 促销、激励、供应链缺乏可见性以及产品短缺使需求夸大，导致长鞭效应和信息失真
知识产权风险 (intellectual property risk)	● 供应链垂直整合 ● 全球外包和全球市场
采购风险 (procurement risk)	● 汇率波动 ● 依赖单一供应源的主要部件以及原材料百分比 ● 行业的生产利用率 ● 长期合同与短期合同
应收账款风险 (receivable risk)	● 客户的数量 ● 客户的财务实力
库存风险 (inventory risk)	● 产品报废率 ● 产品库存持有成本 ● 产品价值 ● 需求与供应的不确定性
生产能力风险 (capacity risk)	● 生产力成本 ● 生产力弹性

资料来源：Chopra & Sodhi (2004).

二、供应链风险的识别

供应链风险识别是供应链风险管理的首要步骤，是指对供应链所面临的及潜在的风险加以判断、归类和鉴定性质的过程。对风险的识别过程，首先是对供应链上各节点的构成与分布的全面分析与归类，其次是对各节点所面临的和潜在的风险以及发生风险损害的可能性的识别与判断，最后是对风险可能造成的后果与损失状态的归类和分析。必须强调的是，风险识别不仅要识别所面临的风险，更重要也更困难的是对各种潜在风险的识别。在此基础上，还要鉴定可能发生风险的性质，即可能发生的风险是属于动态风险还是静态风险，是可管理风险还是不可管理风险，等等。只有这样，才能针对不同的风险采取有效的应对措施。

（一）供应链风险识别的程序

沃尔特（Walter，2007）指出，供应链风险识别有五个主要步骤：

第一步，定义整体供应链的流程。

第二步，将整体流程细化为一系列彼此独立又相关的运作活动。

第三步，系统地审视每一项运作活动的细节。

第四步，识别存在于每一项运作活动中的风险及其特点。

第五步，描述出最具影响的风险。

识别风险绝非易事，尤其是在第四个步骤中，许多正式的工具被开发用来识别现实所发生的风险。其中有些工具具有普遍使用意义，可以用来识别任何一种风险，比如历史数据分析法、头脑风暴、因果分析、事故树、流程图、可能性冲击矩阵、情景规划等。另外一些工具方法则是专门用来识别供应链风险，例如供应链视图和审计、关键路径识别、与上游供应商及客户的相关重要性。

以上这些识别风险的工具，有的需要分析过往事件，有的需要集思广益，有的则需要直接分析运作活动，才能充分发挥作用。

（二）分析过往事件

1. 根原因分析法——五个“为什么”

当有的风险事件确实已经发生，那么识别未来可能发生的风险最简单的方式就是对于过往事件发生的原因不断地提出问题和进一步挖掘，从而确定这种风险在未来发生的可能性。比如：

提问：发生的风险事件是什么？

回答：接到一位客户的投诉，原因是我们没有提供让他满意的服务。

提问：为什么呢？

回答：因为我们缺货。

提问：为什么呢？

回答：因为我们的供应商没有按时送货。

提问：为什么呢？

回答：因为我们的订单送晚了。

提问：为什么呢？

回答：因为采购部门将所有的订单都延迟递交了。

提问：为什么呢？

回答：因为招聘的新人没有得到充分的培训。

谈话到最后，就能很明确地知道问题出在采购部门，尤其是负责招聘和培训的员工。此时，经理可以评估类似事件再次发生的概率，明确这个风险事件是不是一个具有重要影响的风险。显而易见的是，这种方法可以称为“五个‘为什么’”，或者给出一个更正式的说法——“根原因分析”（root cause analysis，RCA）。

根原因分析法的目标是找出：

- 问题（发生了什么）；
- 原因（为什么发生）；
- 措施（什么办法能够阻止问题再次发生）。

根原因分析是一种结构化的问题处理法，用以逐步找出问题的根本原因并加以解决，而不是仅仅关注问题的表征。根原因分析是一个系统化的问题处理过程，包括确定和分析问题原因，找出问题解决办法，并制定问题预防措施。在组织管理领域，根原因分析能够帮助利益相关者发现组织问题的症结，并找出根本性的解决方案。

这种方法的优点在于分析调查了现实中所发生的风险，并且清晰地显示出问题与原因之间的关联性。其局限性在于：这一方法认为问题的根本原因比较单一，实际情形往往要复杂得多。

2. 因果图

我们可以用因果图（cause and effect diagram），以图表的形式表示风险事件与发生的各级原因之间的联系。因果图还称为鱼骨图或石川图（Ishikawa diagram），是由日本质量控制兼统计专家石川馨教授发明的一种图解法，用以辨识和处置事故或问题的原因。因果图如图 11－2 所示。

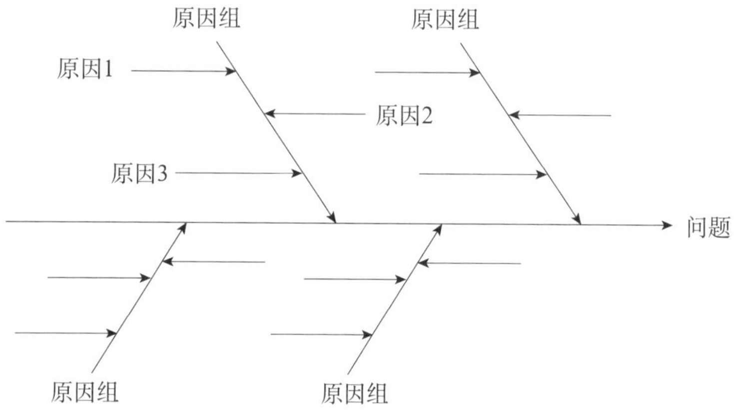

图 11－2　因果图

石川馨教授在 1943 年首次运用鱼骨图帮助川崎钢铁厂的工程师理解造成生产问题的各因素之间是如何相互关联的。

这种方法的优点在于：通过结构性的工作方法，全盘考虑造成问题的所有可能原因，找出造成问题的根本原因，而不是只看那些显著的表面原因。同时运用有序的、便于阅读的图表格式阐明因果关系，在整个项目过程中，有利于团队成员的学习、理解和分析，也有利于增强组织的流程知识。局限是对于极端复杂、因果关系错综复杂的问题效用不大。

3. 帕累托分析法

根据以往发生的风险事件频率图，可以归纳出在将来最有可能再次发生的风险事件。帕累托图的绘制基础是根据 80/20 法则：80%所发生的风险后果是由 20%的主要原因造成的。

帕累托分析法（Pareto analyses）首先将导致某种风险结果的各种可能原因按照其数量的多少，递减排序，横坐标表示原因，纵坐标表示结果数量或累积百分比，分析出主要原因供决策者作为参考。

根据帕累托规则，20%的原因往往产生 80%的问题，如果由于条件限制，不能 100%解决问题，只要专注全部原因的 20%部分，就能够取得解决 80%问题的成效。因此，在风险识别的过程中，帕累托分析法常被用来找出问题的主要原因，是一种有效且得到广泛应用的方法。

4. 风险项目检查列表

企业在不同的运作活动中会出现各种各样的风险，可以形成一个“列表”，这个列表向企业的管理人员提供了另一个识别风险的思路，即检查在列表中已经有哪些风险。风险项目检查列表（checklists）可以是来自同一组织的不同供应链，也可以是来自其他企业，或者是行业范围内的论坛、研究机构、咨询机构研究讨论出的标准项目。

风险项目检查列表的优势在于：企业的管理人员不需要从头开始，而是可以基于之前的宝贵经验，迅速找到答案。这种方法也受到了许多批评：

- 风险列表中列出大量的事无巨细的潜在风险项目，但其中很多风险微不足道，而往往在列表中被忽略的一些风险，对于某些企业却十分重要。
- 只列出常规的风险，忽略了那些基本上不为人所知的风险。
- 列表提供了太多应对风险的可选择方案，但是对实际发生的风险缺乏足够的指导作用。
- 只给出常规风险的应对方案，却忽略了“创新性风险”。
- 集中关注风险在单一组织内的影响，忽视了供应链的跨界影响作用。

（三）集思广益

1. 访谈

如果对于过往风险事件的分析还是无法对未来风险的发生、防范提供更多的信息，那么管理人员就要着手准备收集新的信息。最直接的方法就是与相关知识背景、经验丰富的人员进行访谈（interviews）。他们对于风险的发生状况最为熟悉和了解，从他们那里收集风险的详细信息，不仅组织起来简单方便，而且迅速。从另一个角度看，由于个人观点取决于个人的知识积累，因此访谈方法的缺点在于还要考虑到他们的个人偏见、技能的缺乏，总体而言，缺乏预测力。

2. 专家会议

如果个人的观点不具有可信度，那么取而代之的是组织专家小组，让他们研究讨论企业的各项运作活动，并最终形成一份重要风险的列表。这种专家会议（group meetings）形式多种多样，可以是严谨正式的，也可以是非正式和非结构化的。

正式的专家小组讨论，首先是个人的陈述，接下来是围绕陈述的要点展开讨论，最终得出结论。这种正式的讨论形式并不适合那些在会议中不善言辞以及在正式的组织中容易局促紧张的人，同时，正式小组的讨论结果往往趋向于保守而无创意。鲍曼（Bowman）和阿什（Ash）的研究发现，相比个人的访谈，小组讨论所得到的结果往往更冒进、更具风险性，其原因在于：一方面，“集体”的形式容易导致责任分散；另一方面，在小组讨论中，相比性格温和或是沉默寡言的成员，个性过于坦率、更有影响力的成员的观点更为极端。

避免正式讨论所带来的负面作用的方法就是要减少正式的程序，比如可以展开更为宽松、接受度更高的头脑风暴的形式。头脑风暴通过会议形式，采用自由畅谈、禁止批评的规则，鼓励所有参加者在自由愉快、畅所欲言的气氛中，通过相互之间的信息交流，毫无顾忌地提出各种想法。没有了拘束的规则，参加成员没有心理压力，有助于在短时间内得到更多创造性的成果。头脑风暴的安排上要注意：

● 确定参加会议人员，一般以 8～12 位专家为宜，集中讨论供应链风险。参与人数太少不利于交流信息，人数太多又不容易掌握且每个人发言的机会相对减少。

● 在开会前要做好准备工作，将会议的时间、地点、所要解决的问题、可供参考的资料和设想、需要达到的目标等事宜一并提前通知参加成员，让大家做好充分的准备，了解议题的背景和外界动态。

● 整个会议要有严格的时间规划，最好是限于 2～3 个小时。

3. 德尔菲法

任何一个专家会议都难免遇到权威人士的意见影响他人，有些专家碍于情面，不愿意发表不同意见，或者发言时间过长导致偏题。要解决这样的问题，可以通过问卷调查的方法来收集信息。

组织 15 名供应链方面的专家成立专家小组，一般不要超过 20 人。向所有专家发出问卷，收集他们对于供应链风险的看法。将各位专家第一次的问卷意见汇总、分析、整理，再分发给各位专家，让专家比较自己同他人的不同意见，修改自己的意见和判断。所有的回复均采用匿名或背靠背的方式，使每一位专家都能独立自主地做出自己的判断。

所有专家的修改意见收集起来，汇总，再次分发给各位专家，以便做第二次修改。逐轮收集意见并为专家反馈信息是德尔菲法（Delphi method）的主要环节。收集意见和信息反馈一般要经过三四轮。在向专家进行反馈时，只给出各种意见，并不说明发表各种意见的专家的具体姓名。这一过程重复进行，直到每一位专家不再改变自己的意见或者专家的意见逐渐趋同。

（四）分析运作活动

1. 流程分析图

流程分析图（process charts）指企业风险管理部门将整条供应链的生产过程的所有环

节系统化、顺序化，制成流程图，从而便于发现企业面临的风险。这种方法强调根据不同的流程，对每一阶段和环节进行调查分析，找出风险存在的原因，从中发现潜在风险的威胁，分析风险发生后可能造成的损失和对全部生产过程造成的影响。

2. 流程控制

在生产过程中，原料、交通、天气、设备、员工、情绪、时间、压力等一系列因素的波动是不可避免的。有的波动是微小的，但它们始终存在，这就是为什么交货提前期总有变动。有观点认为来自供应链计划的变动会产生风险，因此，要识别主要的风险，就要监督运作活动，找到最容易出现波动的运作领域。

监督波动最简单的方式就是制作流程控制（process control）图，如图 11－3 所示。控制图画在平面直角坐标系中，纵坐标表示测到的目标特征值，图中中心线表示计划目标值，上下两条水平线表示目标值的上限与下限。如果数值一直在上下限之间，说明流程活动在控制范围内，风险很小；当数值出现明显的趋势变化或频频出界时，表明异常波动，风险开始上升。

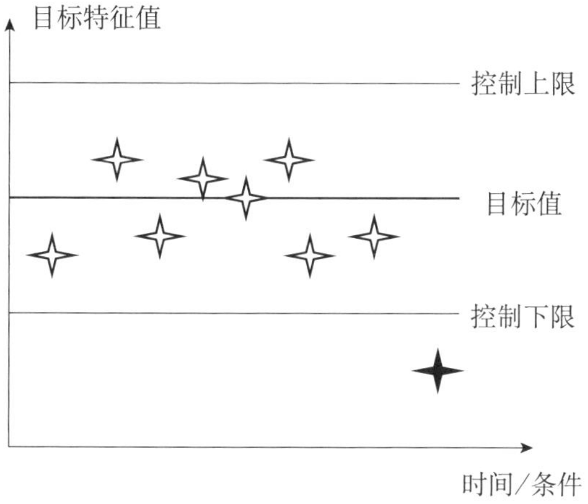

图 11－3 流程控制图

（五）供应链风险识别应注意的问题

1. 风险意识

风险识别作为一项科学的管理活动，本身要有组织性和制度性，特别对供应链这种特殊的企业群而言，风险识别的制度性更为重要。但是在很多企业，对风险的认识还处于非常初级的阶段。比如，企业的管理人员已经意识到某类风险，但是他们认为向高级管理人员汇报风险情况，等于承认他们自身能力不足。如果他们并不是特别熟悉企业的各项运作活动足以消除风险，或者面对这样的风险并没有掌握足够的相关知识和技能，也就意味着他们无法解决问题，那么这些管理人员会隐藏即将发生的风险，假装它们并不存在。另外一个忽视风险的动机在于：最先发现风险问题的人通常会被赋予解决这一问题的责任——即使并不是他们的职责所在，他们没有足够的知识和技能来处理，远远超出其控制范围。因此，在风险识别时一定要强制地规范，要求每一个节点企业按要求运作，配合风险管理主体定期进行风险识别的工作。

2. 系统性

上面类似的情况也会出现在组织层面。供应链上的每一个节点企业都希望其他成员尽可能地降低风险，这使得每个企业都不愿意承认自身存在风险，因为它们如果承认自身的风险，很有可能会因此失去很多商机，获利的则是那些不那么开诚布公的竞争对手。

因此，供应链风险识别不能局限于一个企业、一个环节或一个方面，而要研究识别整个供应链系统的全部风险，包括识别供应商、供应商的供应商、制造商、用户及用户的用户的所有风险，包括识别原材料和零部件的采购供应环节、制造环节、分销环节以及整个运作过程中的物流运输环节的所有风险。总之，要从系统全局全方位识别和分析整个供应链的风险。

第 3 节　供应链风险管理的措施

一、供应链风险管理机制建立的策略

人们通过大量的研究，通常将供应链企业面对的风险因素分为两类：不可预知的不确定性因素和可预知的（可观测到的）不确定性因素。针对两种不同特性的风险事件，也有两种不同的风险管理机制，如图 11－4 所示。

对于不可预知的不确定性因素，人们不可能观测到，也无法预计什么时候将发生风险。针对这类风险事件，应建立起有效的风险应急机制，也就是说，在风险爆发之后，企业能够做出快速响应，不至于因为没有应急机制而手足无措，错失风险处置良机。

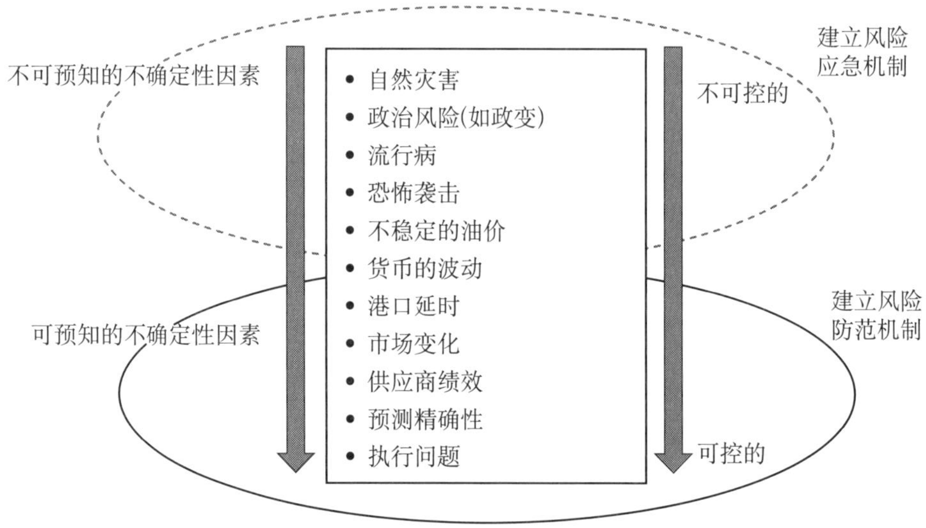

图 11－4　两种不同的风险管理机制

对于可观测到的某些不确定性因素，可以建立风险防范机制，将可能发生的危机消除在萌芽状态。实际上最好的风险管理是不要让风险真的爆发出来，因为风险一旦形成，再有效的处理也无法避免损失，只是尽量减少损失而已。如果能够防范风险发生，则可以大大减少不必要的损失。

二、构建供应链风险管理体系

根据企业对风险的不同态度，可以总结出企业供应链风险管理的一些基本措施。不同的企业可能会采取不同的措施，不管采取何种措施，都无一例外地应该建立起一套有效的风险管理体系和运行机制，从组织上保证对风险管理的需要。

（一）建立正式的风险管理组织机构

与供应链企业内其他管理职能一样，真正了解和重视供应链风险管理的组织，首先要做的就是在组织内建立一个专门负责风险管理的部门。有的企业建有风险管理小组这类临时性机构，虽然对风险管理有一定作用，但是缺乏长效机制。因此，最有效的风险管理机制是在企业高层确定主管的领导，在企业内建立一个专司供应链风险分析和管理的部门，至少应该设立与其他相关部门合署办公的供应链风险管理机构（小组）。

（二）确定供应链风险管理部门的职能

（1）制订风险应急计划，系统进行风险分析。供应链风险管理部门要对企业及供应链系统所处内外部环境进行风险因素分析，详细掌握各种风险因素的动态，然后定期或不定期地进行企业运营风险分析，并将分析报告及时提交给最高决策者。

（2）做好风险爆发后的“被害预测”。如前所述，有些风险事件是无法预测的，其爆发时无任何征兆，对这类风险，供应链风险管理部门要事先制定预案，然后进行风险分级管理。一旦真的发生重大风险，要迅速做出“被害预测”，根据每一项风险的解决方案，明确责任人与责任完成时间。

（3）进行处理风险事件的模拟训练。根据“被害预测”，除了制定对应的预案和实施措施，还要不定期举行不同范围的风险爆发处理的模拟训练。不仅要对高层管理者进行应对风险的训练，还要对全体员工进行应对各种风险事件爆发的训练。平时的训练非常重要，一是让企业员工建立起风险防范意识，二是让企业员工知道一旦发生风险如何应对，否则，风险爆发后将会给企业和个人造成巨大损失。

三、制定风险防范措施

针对供应链企业存在的各种风险及其特征，应该采取不同的防范对策，制定出不同的风险防范措施。对风险的防范，可以从战略层和战术层分别考虑。主要措施包括以下几种：

（1）建立战略合作伙伴关系。要实现预期的战略目标，客观上要求供应链企业进行合作，形成共享利润、共担风险的“双赢”局面。因此，与供应链中的其他成员企业建立紧密的合作伙伴关系，成为供应链成功运作、防范风险的一个非常重要的先决条件。这不仅包括制造商之间的横向合作，也包括供应商与制造商之间的纵向合作，这两种合作都对降低供应链的脆弱性和减少风险起着举足轻重的作用（Leat & Revoredo-Giha，2013）。建立长期的战略合作伙伴关系，首先要求供应链的成员加强信任。其次，应该加强成员间信息的交流与共享。最后，建立正式的合作机制，在供应链成员间实现利益共享和风险分担。

（2）加强信息交流与共享，优化决策过程。供应链企业应该通过相互之间的信息交流和沟通来消除信息扭曲，从而降低不确定性，减少风险。

（3）加强对供应链企业的激励。对供应链企业间出现的道德风险的防范，主要是通过尽可能消除信息不对称，减少出现败德行为的土壤来实现。同时，要积极采用一定的激励手段和机制，使合作伙伴能获取比败德行为更大的利益，以消除代理人的道德风险。

（4）进行柔性化设计。供应链合作中存在需求和供应方面的不确定性，这是客观存在的。供应链企业在合作过程中，通过在合同设计中互相提供柔性，可以部分消除外界环境不确定性的影响，传递供给和需求的信息。柔性设计是消除由外界环境不确定性引起的变动因素的一种重要手段。

（5）加强风险的日常管理。竞争中的企业时刻面临着风险，因此对于风险的管理必须持之以恒，建立有效的风险防范体系。要建立一整套预警评价指标体系，当其中一项以上的指标偏离正常水平并超过某一临界值时，发出预警信号。临界值的确定是个难点。临界值偏离正常值太大，会使预警系统在风险来临之前才发出预警信号，导致反应不及；而临界值偏离正常值太小，则会使预警系统发出太多的错误信号。必须根据各种指标的具体分布情况，选择能使指标错误信号比率最小的临界值。

（6）建立应急处理机制。在预警系统发出警告后，应急处理系统要及时对紧急、突发的事件进行应急处理，以避免给供应链企业带来严重后果。建立针对合作当中可能发生的各种意外情况的应急处理机制是一项复杂的工程，必须从多方面、多层次考虑。通过应急处理系统，可以化解供应链合作中出现的各种意外情况带来的风险，减少由此带来的实际损失。

（7）资源配置到位。当对策制定完毕，应急处理系统开始运作时，保障硬件与软件相互配合的资源特别是经费一定要充足。

（8）确保对话渠道畅通。确保企业内外部对话渠道畅通，与外部企业建立良好的互动、协作关系，改善企业外部的生存环境。如果缺乏内外部的沟通渠道，风险可能会无限放大。

第4节　供应链弹性/韧性

当今企业处于不确定、动荡的市场环境中，供应链的脆弱性成为企业头疼的大问题。

随着供应链越来越庞大复杂，供应链风险越来越威胁到企业的生存和供应链的正常运作。企业只有通过不断提高供应链弹性或韧性（supply chain resilience，以下统称供应链弹性），才能更好地管理和规避风险。

一、供应链弹性

自然灾害、事故、人为破坏毫无疑问都会严重地甚至长期影响企业及整个供应链的正常运作。现有的技术不可能完全地预测和防范风险的发生，尤其是影响大的风险，如新冠疫情或者口蹄疫、恐怖袭击等，没有足够的历史数据和经验可以用来有效地阻止这些风险的发生。

面对供应链风险，有的企业可以做得比别的企业更好，并不是它们有比其他企业更多的秘方或者诀窍，而是因为它们的供应链更具有弹性。

组织弹性并不是一个新的概念，它一般是指一个组织成功地处理非预期事件的能力。这已经成为企业成功的关键因素之一。随着供应链中越来越多、越来越大的风险的存在，弹性在获得供应链竞争优势中扮演了越来越重要的角色。

供应链弹性不仅仅是指管理风险的能力，它指的是供应链作为一个复杂系统，在风险发生后，能快速恢复到初始状态，或者进化到一个更有利于供应链运作的状态的能力，而且涉及如何在供应链中断的环境下比竞争者更好地重新定位。特别需要指出的是，在供应链风险发生后的恢复过程中，支出的成本也是一个需要考虑的因素。既能使供应链快速复原，又要尽可能降低用于复原的成本。

二、提高供应链企业弹性的途径

在材料力学中，弹性代表材料恢复到原始状态的能力。对于企业而言，弹性体现了企业在大的供应链中断后快速复原的能力，比如快速恢复到之前的绩效水平（产量、服务水平、客户满意度等）的能力。

企业可以通过以下几个方面来提高自己的弹性：增加冗余、提高柔性、树立正确的企业文化。

1. 增加冗余

就理论而言，供应链上的企业能够通过设置冗余产能来提高弹性。比如，企业可以保持一定备用库存量，维持设备的低利用率，选择多个供应商，设置备用的运输工具保证物流能力，等等，这些冗余资源都可以使得企业在供应链中断时有足够的缓冲空间。显然，这是一种非常费钱的方法，多余的库存必然占用更多的资金和能力，导致总成本增加、利润下降等。因此，通过增加冗余提高弹性需要全面权衡企业的收益和成本，再加以取舍。

2. 提高柔性

相对而言，企业提高供应链的柔性，不仅有助于企业在供应链中断时稳住阵脚，还可以更有力地对需求波动做出快速响应。

要实现内在的柔性，企业可从以下几个方面入手：

（1）采取标准化流程。企业需要在分布在全球的工厂之间实现产品部件的可替换性和可通用性，有的时候甚至需要实现全球产品的设计和生产流程统一，并且大多数时候需要多技能员工的支持。这些都可以帮助企业快速地对供应链做出响应。举例来说，英特尔公司在全球建设统一模式的生产工厂，包括车间布局和生产流程都实现全球统一，这种标准化的生产设计使得英特尔可以快速地在不同工厂之间进行产量的调整，以应对不同地区产生的供应链风险。

（2）采用并行流程。在生产、分销、配送过程采用并行流程这种模式，可以帮助企业加快供应链中断之后的恢复过程。朗讯技术公司通过集成化的供应链组织来实现这种并行性，不同的组织职能分布在这个集中化的供应链中。采用并行流程，企业可以同时观测到不同职能部门的同步运作，快速地评估不同运作流程的状态，并且在紧急事件发生时通过协同快速地应对。

（3）采用延迟制造的生产组织方式。产品、流程以及决策的最大化延迟可以提高企业的运作柔性。让产品处于半完成状态，可以实现产品在过多和不足市场之间的调拨，从而实现供应链的柔性。这不仅可以提高满足率和服务水平，还可以控制库存成本。意大利服装制造和零售巨头贝纳通，就是通过重新设计生产流程来保证企业能够达到最大限度的延迟，以满足客户的不同需求。

（4）加强供应商关系管理。如果企业依赖少数的关键供应商，这些供应商的任何事故、风险都会给企业带来灾难性的影响。路虎公司就是因为它的唯一的车身底盘供应商 UPF-Thompson 在 2001 年突然宣布破产，而不得不支付大量的资金来确保车身底盘的供应。通过有效的供应商管理，通过相互之间更多的沟通和了解，企业就可以更好地掌握供应商的内部运作情况，并且对产生的各种风险做出快速的响应。即使企业不是依赖少数的关键供应商，庞大的供应商网络也需要企业对自己的供应商伙伴有足够的了解，以通过紧密的合作关系来化解各种风险。

3. 树立正确的企业文化

从丰田、UPS、戴尔、美国西南航空公司的成功中，我们可以发现，在供应链中断之后能够快速应对、快速恢复的企业，往往在企业文化方面具有特殊之处。这些企业在文化方面具备一些共性。

（1）保持高效的员工之间的信息沟通。高效的信息沟通可以使企业所有员工清楚理解企业的战略目标，掌握企业日常运作甚至每分每秒的进展。例如，戴尔公司的员工可以获得产品生产和运输方面的大量信息，因此，当供应链风险发生时，员工可以很清楚地掌握当前状况，快速地运用掌握的信息做出判断，制定准确的应对措施。

（2）员工授权。这样可以保证在供应链风险发生时有适当的员工快速地做出响应。丰田公司的总装线就是一个典型的例子，总装线的任何一个员工都可以按下一个特定的警报按钮，以快速地解决装配过程中出现的故障，在风险通过一层层的上报被高层管理人员意识到之前，风险已经被员工处理。这样的权力分散机制保证了在风险发生或者供应链中断的早期，企业就可以快速做出响应。

（3）工作激情。企业的成功往往取决于员工。美国西南航空的 CEO 认为，要使员工意识到自己是在搭建房子，而不仅仅是在堆积砖块。激励措施可以保证企业员工的工作激情，避免风险的发生或者对产生的风险做出快速的响应。

三、构建弹性供应链的工作重点

根据克里斯托弗和佩克（Christopher & Peck，2004）的研究，可以从以下四个方面构建弹性供应链的工作重点，如图 11－5 所示。

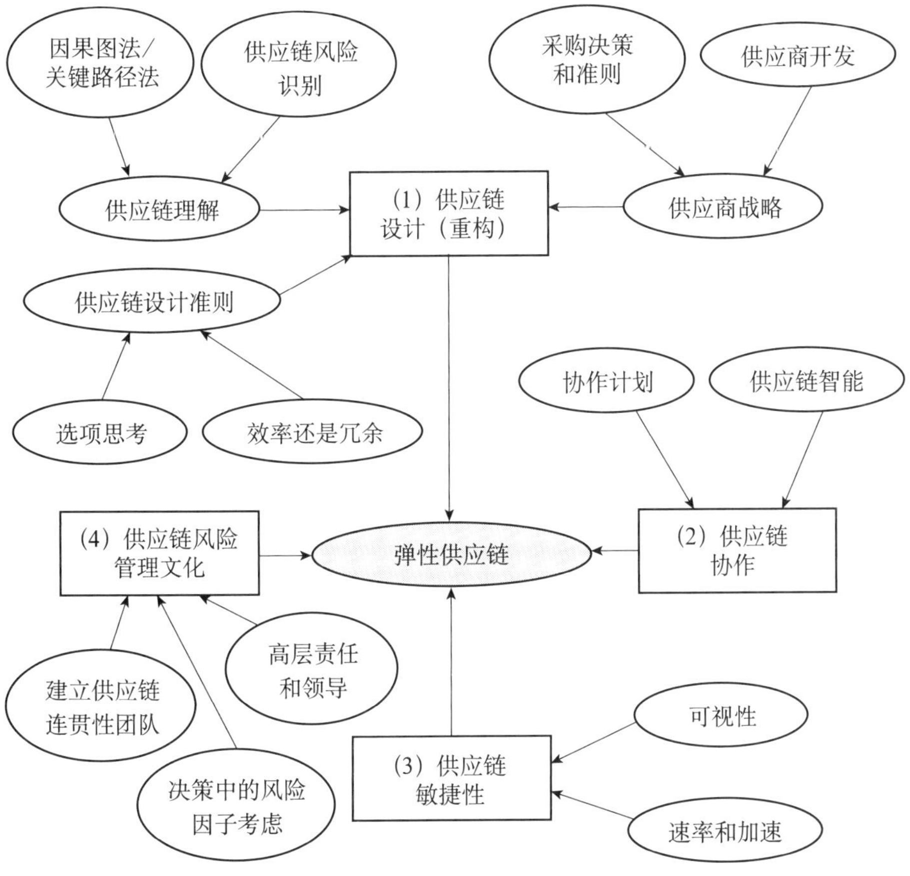

图 11－5　构建弹性供应链

资料来源：Christopher & Peck (2004).

1. 供应链设计（重构）

传统的供应链更多地侧重优化成本和客户服务，很少把弹性作为考虑因素。现代供应链则更加强调供应链弹性。越来越多的学者和企业人士强调，要在供应链设计过程中考虑弹性。

（1）供应链理解。这是改进供应链、提高弹性的前提。更好地理解供应链网络结构，更好地理解供应商以及供应商的供应商，或者客户及客户的客户，都是进行有效的供应链设计和重构的基础。因果图法和关键路径法都有助于识别供应链中的关键点和关键路径。一般认为，关键点是供应链的瓶颈所在，能力的约束可能导致整个供应链风险的产生。关键路径是网络和供应链的一个特征，在一个供应链中，可以有一条或者多条关键路径。关键路径一般具有以下特征：提前期长、单源供应、可视性差、高风险。供应链风险识别的结果一般与关键点和关键路径相关，因此监控关键点和关键路径就成为风险管理的重点。

（2）供应商战略。本书的前面章节提到供应商群的发展趋势：减少供应商，实现单源供应。但这同时带来相应的风险。单源供应的好处在于质量和服务的保证，但是降低了供应链的弹性。因此，企业确定采购策略和选择供应商时，就应该将潜在的风险考虑进去。供应商是否具有风险监控和应对机制成为选择供应商的一个标准。同时，企业应该与供应商紧密合作，对上下游的潜在风险进行监控和防范。

（3）供应链设计准则。在供应链风险激增的市场环境下，产生了一些新的供应链设计准则。比如，选择供应链战略时确保有其他后备可选项；重新思考效率和冗余之间的平衡，尤其是对于关键点和关键路径。

2. 供应链协作

供应链脆弱性是一个网络范围的概念，因此，供应链风险管理也从企业的范围扩展到整个网络的范围。毫无疑问，高水平的供应链协作有助于控制和减缓风险。传统的供应链偏重自身企业的管理，但是越来越多的行业开始展开企业之间的合作，尤其是快速消费品行业。制造商和零售商之间在合作计划、预测和补货方面都实现了很高层次的供应链协作。

供应链协作的关键之一就是通过信息共享来降低供应链的不确定性。因此，供应链共同体的形成就是为了在成员企业之间更好地实现信息共享，从而降低供应链风险，同时，它的目标也是达到更高水平的供应链智能。所谓的供应链智能，是指供应链形成的在成员之间分享知识的过程，这些知识可以是战略层次的，也可以是运作层次的。

3. 供应链敏捷性

供应链敏捷性可以定义为快速响应不可预知的需求或者供应变化的能力。企业存在风险的原因很多时候在于不能快速对变化做出响应。敏捷性有很多维度，并且与供应链网络结构密切相关，而不仅仅是与单个企业相关。敏捷性的两个主要维度是供应链可视性和供应链速率。

（1）供应链可视性。这里的可视性可以简单定义为一个渠道从头到尾的能见度，包含对库存、需求、供应状况、生产计划、采购计划等信息的清晰掌握。可视性的实现依赖于企业和上下游合作伙伴之间的紧密协作。与客户的协作计划是确保需求可视的关键，与供应商之间的协作计划和时间管理逻辑是确保供应不会中断的关键。一个明显的可视性障碍来自核心企业内部组织结构，职能化的组织结构容易导致部门之间缺乏沟通，这相应地导致与企业外部合作伙伴之间沟通困难。跨职能部门之间的流程团队的存在是一个很好的解决途径。

（2）供应链速率。速率一般定义为距离和时间之比，为了提高速率，时间必须缩短。与敏捷性相关的不仅仅是从源头到终点的总时间，更重要的是加速度，也就是说，供应链有多快的速度响应需求的变化。改进流水线流程、缩短上游提前期、缩短非增值时间是三种主要的提高速率和加速度的方法。流程的重构和并行设计可以减少活动的数量，在小批量的基础上可以更好地提高柔性和经济批量效应。选择具有快速响应能力的供应商是保证缩短上游提前期的关键，并且基于共享信息的同步计划可以确保供应商具有更高的敏捷性，而不是通过库存来实现快速响应。从客户的角度而言，在供应链中减少非增值活动的时间可以大大提高供应链的敏捷性。

4. 供应链风险管理文化

众所周知，全面质量管理的实施有赖于企业文化的培养。同样，供应链风险管理的实现，也需要在企业形成相应的供应链风险管理的文化，并且这样的文化应该是跨企业的而不是局限在企业内部的，从而形成整个供应链的连贯性管理。和所有的文化变革一样，没有来自企业高层的支持，是不可能成功的。同时，供应链风险评估应该成为每一层次的决策过程中应该考虑的部分。供应链风险管理团队的设置是非常必要的，而且这个团队应该是跨职能部门的。

思考题

1. 如何理解供应链风险的含义及其存在的原因？
2. 供应链风险识别的一般程序如何？
3. 比较定性和定量分析风险方法的优劣势。
4. 分析导致供应链脆弱性的原因。
5. 如何选择合适的供应链风险应对策略和措施？
6. 举例说明如何构建弹性供应链。
7. 为什么说建立有效的风险管理组织机制是保证供应链风险管理的基础？
8. 建立风险应急机制和风险防范机制各有何作用？
9. 如何理解常规风险事件对供应链风险的影响？为什么说常规风险事件才是供应链风险管理真正要重点关注的对象？

案例

大洋专用汽车制造有限公司

史密斯先生是印度环保公司的采购经理，公司最近准备从中国市场购买 12 辆洒水车，史密斯先生的商业合作伙伴向他推荐了位于中国中部的大洋专用汽车制造有限公司。过去的几天史密斯先生带领的采购小组对大洋专用汽车制造有限公司进行了详细的调研。紧张的调研工作终于结束了，面对小组收集整理的资料，史密斯先生陷入了深深的思考之中。

大洋专用汽车制造有限公司简介

大洋专用汽车制造有限公司（以下简称大洋公司）是中国的汽车改装企业之一，是一家后来居上的民营企业。该公司下设汽车销售公司、生产管理中心和 30 多个国内分支机构，是集研发、制造、销售、服务于一体的专用车制造企业，年生产能力超过 5 000 辆车。

组织结构

大洋公司为民营企业，董事会由 3 人组成，公司由总经理全面领导。公司下设生产总经理、销售总经理、财务总监、质量总监、公司办主任，分别负责相关部门管理工作。

公司现有员工 320 人，其中行政管理人员、销售人员及后勤人员共 120 多人，生产工人 192 人。

公司现阶段组织结构如图 11－6 所示。

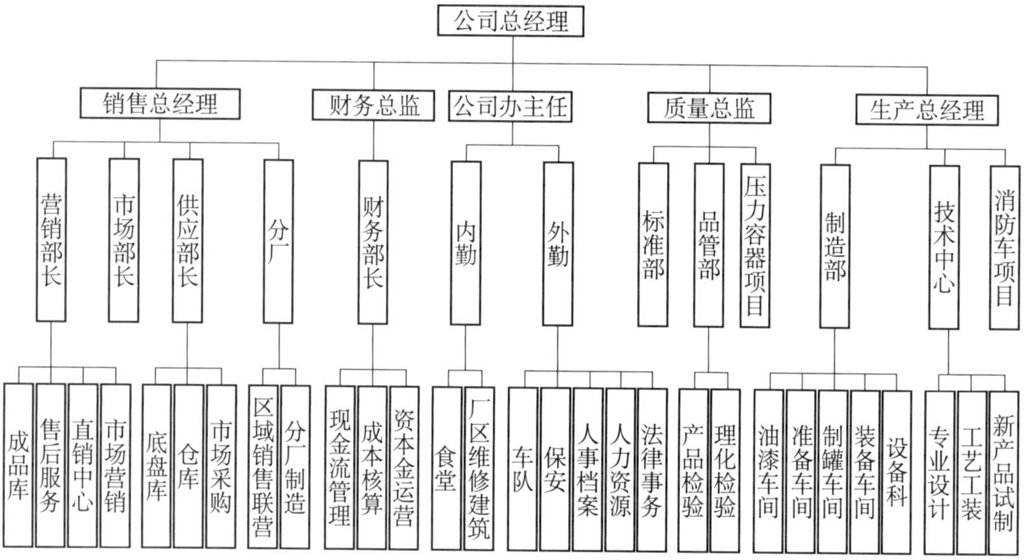

图 11－6　大洋公司组织结构

主要产品/业务

公司主导业务专用车类型分为罐式车系列、厢式车系列、工程车系列、环卫车系列、半挂车系列、消防车系列等 250 多个品种，具备产品自营进出口资质。

主要产品包括油罐车、洒水车、散装水泥车、搅拌车、消防车、液化气体运输车、吸污车、粉粒物料运输车、垃圾车、高空作业车等。

公司致力于在安全、环保、高效、节能、自动化方面的技术研究和应用，强调产品的美观性、经济性和功能性。为了提高企业竞争力，公司不断开发新产品。

技术设备

大洋公司拥有一流的技术和一流的设备，拥有数控大型拼板焊机、锻压机、水下等离子切割机、大型罐体成型卷板机、无尘水旋式喷漆室等国内尖端和先进水平的专用车制造设备。大洋公司凭借在行业中雄厚的实力，以及技术、品质和服务优势，使其产品确立了在国内同类产品中的领先地位。目前大洋公司正进行设备更新工程，引进先进的焊机，力求设备在全国范围内达到领先水平。

重点业务现状分析

大洋公司各部门运作完全由客户订单驱动，是典型的 MTO 生产模式。公司销售部不断开拓客户类型，现有客户包括政府部门等大客户，以及由分销商承揽的分散小客户。

总体业务流程

一般产品的流程描述如下：

销售公司接到客户订单后，与生产部门协商，确定交货时间并与客户签订销售合同；销售公司将销售合同转化为生产计划单，编制贯穿整个流程的生产单号，生产计划单一式六份，分别送采购部、制造部、技术部、品管部、本部门存根和生产总经理。技术部根据生产计划单编制生产图纸，并制定物料清单。采购部依据生产计划单和物料清单制订采购计划。物料清单交仓库完成领料业务后返回采购部做财务统计。制造部依据生产计划单制订生产计划，生成生产通知单，并将图纸和物料清单交各生产车间。制造部核算员根据物料清单开具领料单。

生产车间经过下料→拼焊→制罐→油漆→装配→面漆→检验（品管部）→成品等过程，将成品交成品库。生产车间根据领料单到仓库领取零配件等物料。

销售公司在办理合格证、说明书、标牌、3C等后，将产品交付客户。

大洋公司运作流程图如图11－7所示。

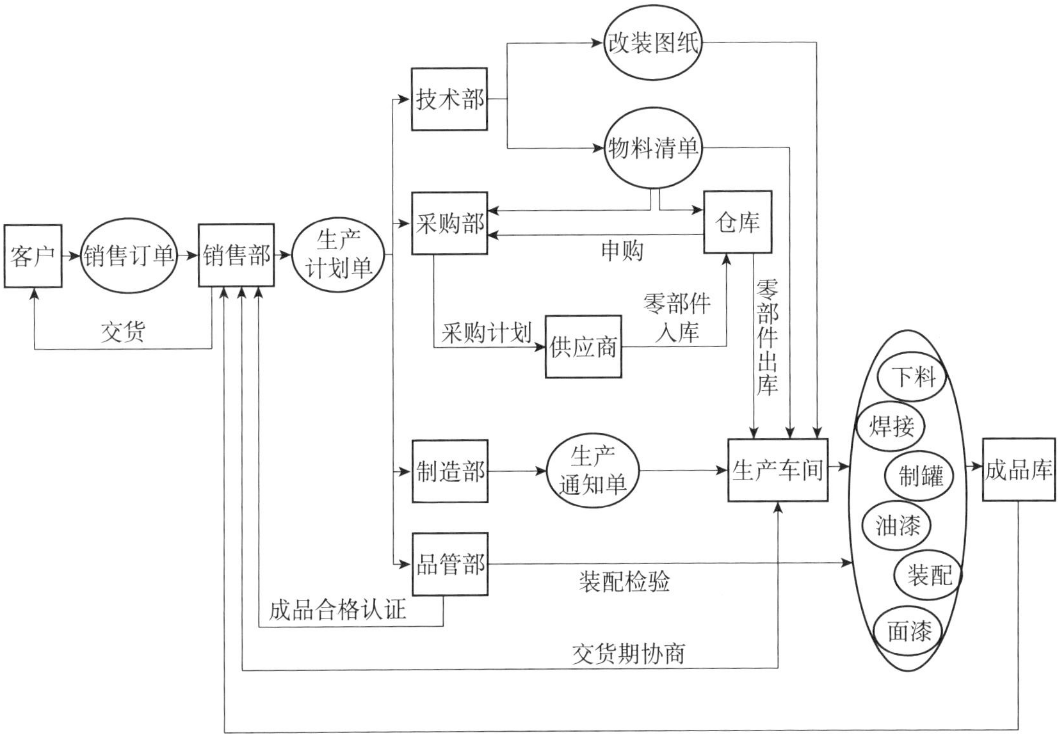

图11－7　大洋公司运作流程图

采购

采购部负责零部件、金属材料、辅助材料的采购工作，负责部分办公用品采购，以及外委外协零件和产品的管理工作。由于大部分常规零部件都可以从本地快速获得（一两个小时），一般不超过一天，因此没有严格的采购计划。特殊物资采购，例如空压机，最长的采购周期需要一周；资金占用量较大的，如钢板、油漆等物料根据安全库存进行集中采购。

供应商由品管部门、技术部门、采购部门根据价格、质量、服务、物流、交货时间联合确定，采购部门提供供应商名单，提交给技术部评定，出具评估报告。每年评审一次，未采用招投标管理。

采购不是依据每笔客户订单的需求来确定，而是根据各仓库的临时缺料情况或根据安全库存来申请采购，而且采购的数量和所需要的时间没有明确的规定，这样形成大量的库存积压，而有时又因为缺料满足不了生产需要。外购、加工组装存在不同步的问题，延长了生产周期。

领料单由车间根据图纸填制，车间主任审核，这样领料随意性大，没有根据生产订单领料，成本无法控制，同时仓库备料也没有依据。采购管理流程和岗位职责较为混乱，存在物资多个部门采购问题。采购管理人员素质较低，人员流动性较大。

库存

仓库属采购部管理。仓库管理不规范，取料流程不严格，由于工人可用小单领料，经常出现多领的情况，车间加班而仓库未通知加班时，车间工人会直接取料，不进行任何登记。未使用的零部件到处乱放，造成严重浪费。钢板无仓库，在准备区堆放，工人根据需要下料，无人对其进行管理。仓库设施不完善，面积小，安全性差。仓库与生产车间没有明显的界线，工人随意进出，领取物料管理混乱。货架无分类，所有零部件使用相同的货架。分车型存放零配件。对物料没有定期检查，对库存没有定期盘点。

生产

生产是所有活动的核心，但存在以下问题。

（1）生产与销售的矛盾。销售部门经常在未与生产部门商量的情况下直接接受顾客交货期短的订单；销售订单经常变更；增加零部件、改动订单时常发生；销售公司改单，导致生产成本上升；销售公司将压力转给生产部门，出现问题不承担责任。

（2）生产与采购的矛盾。底盘无法按期到达，无底盘时生产停工，有底盘时晚上加班，导致费用增加；底盘不能维持较高库存，因为每个客户的需求都不同，若维持库存底盘，成本太高，占用资金；采购底盘需要与供应商保持信息共享，但底盘生产周期长，难以实现JIT供货。

（3）生产与技术的矛盾。出图时间不及时，耽误交货期；有图纸反比没图纸效率低，没图纸时质量和交货期还要好一些；图纸有错误，生产不协调，工人明知图纸有误，但不愿指出；图纸不全，导致生产过程中才发现需要某种原料，再采购耽误交货期；图纸不一致，相同的产品，不同的设计师设计的格式不一样，导致生产不便；技术部无法估计客户需要的零部件规格，以致生产的时候才意识到。

（4）生产与生产调度的矛盾。调度太粗略，作业时间按天而非小时；工序快慢不一致，有些工序忙，有些工序闲；订单排序随机。

（5）生产管理层变动较大；车间布置不合理，导致工艺流程时间浪费；设备陈旧，效率不高；工人绩效考核缺乏手段。

（6）员工薪酬实行计件工资，在同行业中工人工资较低，员工懈怠，出工不出力；有能力的员工流失严重，造成产品质量下降，工作效率降低。

（7）车间主任的权力过大，经常架空生产经理，不同班组接到生产计划后按照自己的想法分配工作，使得工人的岗位职责不明确，无法划分责任到人。

(8) 近期质量下滑严重，导致损失。其原因有三：工人责任心不强，技术不高，质量不能保证；设备陈旧，也难以控制质量；品管部虽设专人监督产品生产过程，但涉及处罚生产工人，执行难度较大。

销售

销售部设销售总经理全面负责工作。现有的整个公司运作均靠销售公司拉动，签订合同→接订单→下给生产部门（如果是常规订单，直接下订单；如果有特殊要求，需组织评审）。

交货期根据客户的要求、生产状况调整。一般交货期范围为水泥车15天，油罐车7天，消防车22天，洒水车7天。销售部下达给生产部门的交货期比实际交货期稍提前，如客户的交货期是15天，则生产部门的交货期为13天。海外客户主要集中在东南业，因为企业刚刚开始有出口业务，在进出口贸易、报关流程等方面处于学习过程，经常因为一些文件问题导致发货推迟。另外，第三方物流公司不能很好地和公司协调，经常出现车生产出来但无法发送到出口港的问题。

付款方式、付款地点分两种方式：一种是用户到厂里来提货，款付清则提货；另一种是送货上门。物流部门车队独立核算，同时对外经营物流业务。

经调研发现，销售过程存在以下问题：

(1) 交货期长，流失了很多客户。30%的订单不能按时交货。大订单造成零散订单延期。产品质量问题多，质量不稳定，急剧滑坡。品管部在质量控制中没有尽到职责。

(2) 3%～5%的改单率。产品设计有问题，没有为用户考虑，因此用户改单率高。改单给生产和技术部门带来负担。

(3) 客户满意度非常低。原因为各部门之间协调性差，沟通脱节，各部门从自身利益出发，各自为政。销售公司追求市场而盲目接单；生产部无法提高出车准时率；技术部门在企业中不受重视而闭门造车，产品无创新；采购部门因为底盘供应商的选择缺乏弹性影响产品交货期；没有工艺部门，生产车间现场制作效率、质量低下；品管部监督无力；等等。

技术

技术人员负责图纸和物料清单制作。技术部门人员时间浪费多，很多时间用于答复销售人员、客户，参与订单洽谈，占工作时间的40%，兼做工艺和现场指导。一般出图时间1个小时，新产品出图时间大于2.5天。公司没有单独的产品开发部，对新产品设计开发也没有投入。新产品，如半挂车的设计需要10天，按照工序步骤出图，时间上可以与生产部衔接；一般情况下不会按照产品整套出图后发放，其缺点是首先不利于车间排程，其次是总装图的尺寸会与前面设计有出入，除非是新产品试制。

很多产品出不了装配图，只能出一些大的简单的尺寸。每辆车每张装配图都不一样，主要原因是人手不够与人员水平的制约。其他的只有在物料清单上反映与现场指导，批量的车为了保证一致性有装配图。

品管

品管部门负责零部件质量检测、生产过程质量控制、产成品质量检测以及合格证发放工作。产品质量问题多，质量不稳定，并且急剧滑坡。品管部在质量检验中没有尽到职责，生产过程中的检验也没有严格控制，有问题的产品也能得到合格证。

信息化建设现状

大洋公司已建成内部局域网，企业内部网主干带宽 100M，采用企业内部专线，应用范围包括开发、设计、产、供、销等部门。已建成企业对外网站，可以实现发布企业新闻和产品信息、收集客户信息及接收订单等功能。企业已接入互联网，采用数据专线方式，最高速率 2M。目前有 20 台计算机接入网络，占总计算机数的 67%。企业信息技术专业人员 3 人，占企业总人数的 1%。技术力量薄弱。

大洋公司拥有一套财务软件、人力资源管理信息系统和 CAD 系统。企业已认识到信息化建设的重要性，但是存在 IT 人才力量薄弱、软硬件缺乏、信息化建设力度不够等问题。企业信息化“整体规划、分步实施”的主要难点在于流程、组织变化太快，缺乏规范的基础信息。企业希望通过企业诊断、信息化战略设计、投资项目评估等专业咨询的实施，逐步实现业务流程重构，实施 ERP 和电子商务。

面对大洋公司的现状，史密斯有些束手无策。一方面，因为急需一批洒水车提高公司服务质量，公司总经理要求他尽快做出供应商的选择；另一方面，虽然大洋公司迫切地想与印度环保公司合作，并且提出了非常优惠的价格，但他对大洋公司存在的隐患还是心有顾虑。

问题讨论：

1. 如果与大洋公司合作，史密斯应该预期到哪些潜在的风险？

2. 印度环保公司作为一个国际客户，有哪些风险最值得引起重视？

3. 对于潜在的风险，史密斯应该采取哪些措施防止这些风险的发生？又应该向大洋公司提出哪些改进措施？

参考文献

[1] 马士华，林勇．供应链管理．6版．北京：机械工业出版社，2020.

[2] 马士华．企业物流管理．北京：中国人民大学出版社，2011.

[3] 杰拉德·卡桑，克里斯蒂安·特维施．运营管理．任建标，译．北京：中国财政经济出版社，2006.

[4] 尤西．谢菲．柔韧：麻省理工学院供应链管理精髓．杨晓雯，戴悦，章琦，译．上海：上海三联书店，2008.

[5] 中华人民共和国国家标准供应链风险管理指南（GB/T 24420—2009）．北京：中国标准出版社，2009.

[6] 薛明德，王茂林，杨波．物流系统规划与设计．北京：企业管理出版社，2004.

[7] 霍佳震，马秀波，朱琳婕．集成化供应链绩效评价体系及应用．北京：清华大学出版社，2005.

[8] 唐纳德·J. 鲍尔索克斯，戴维·丁．克劳斯，M. 比克斯比·库珀．供应链物流管理：英文版．北京：机械工业出版社，2002.

[9] 肯特·N. 卡丁．全球物流管理：新千年的竞争优势．綦建红，杜培枫，祁宁，译．北京：人民邮电出版社，2002.

[10] 张成海．供应链管理技术与方法．北京：清华大学出版社，2002.

[11] 鲁晓春．仓储自动化．北京：清华大学出版社，2002.

[12] 骆温平．物流与供应链管理．北京：电子工业出版社，2002.

[13] 周金宏，汪定伟．分布式多工厂、多分销商的供应链生产计划模型．信息与控制，2001（2）.

[14] ALAN H，REMKO H. Logistics management and strategy. Upper Saddle River，N. J.：Pearson Education Limited，2005.

[15] BOWERSOX D J，Close. D J，COPER M B. Supply chain logistics management. New York：McGraw-Hill，2006.

[16] JOHNSON J C，WOOD DF，WARDLOW D，et al. Contemporary logistics. 7th ed. New York：Prentice Hall，2004.

[17] SIMCH-LEVI D，KAMINSKY P，SIMCH-LEVID E. Designing and managing the supply chain：concepts，strategies，and case studies. Boston：McGraw-Hill/Irwin，2008.

[18] CHOPRA S，MEINDL P. Supply chain management：strategy，planning，and operation. Upper Saddle River，N. J.：Pearson Prentice Hall. 2007.

[19] FISHER M L. What is the right supply chain for your product？. Harvard Business Review，1997，75（2）：105－116.

［20］ STEPHAN K, MICHAEL P. Planning and scheduling in supply chains：an overview of issues in practice. Production and Operations Management，2004，13（1）：77.

［21］ STOCK J R, LAMBERT D M. Strategic logistics management. 4th ed. New York：McGraw. Hill，2001.

［22］ LEE H L, BILLINGTON C. The evolution of supply chain management models and practices at Hewlett-Packard. Interfaces，1995，25（5）：42－63.

［23］ EDDIE W L, CHENG HENG L, PETER E D. A e-business model support supply chain activities in construction. Logistics Information Management，2001，14（1/2）：68－77.

［24］ MORGAN J, MONCZKA R M. Supplier integration：a new level of supply chain management. Purchasing，1996，120（1）：110－113.

［25］ NARASIMHAN R, CARTER J R. Linking business unit and material sourcing strategies. Journal of Business Logistics，1998，19（2）：155－171.

［26］ PATTERSON J L, FORKER L B, HANNA J B. Supply chain consortia：the rise of transcendental buyer-supplier relationships. European Journal of Purchasing and Supply Chain Management，1999，5：85－93.

［27］ TRENT R J, MONCZKA R M. Purchasing and supply management：trends and changes throughout the 1990s. International Journal of Purchasing and Materials Management，1998，34（4）：2－11.

［28］ HOPP W J, SPEARMAN M L. Factory physics：foundations of manufacturing management. New York：McGraw-Hill，2001.

［29］ KIRK A P, CURTIS M G, THOMAS M. Adopting new technologies for supply chain management. Transportation Research，2003，39（10）：95－121.

［30］ CHOPRA S, SODHI M S. Managing risk to avoid supply-chain breakdown. MIT Sloan Management Review，2004，46（1）：52－61.

［31］ CHRISTOPHER M, LEE H. Mitigating supply chain risk through improved confidence. International Journal of Physical Distribution & Logistics Management，2004，34（5）：388－396.

［32］ DELOITTE. Disarming the value killers：a risk management study. London：Deloitte Development，2005.

［33］ EVANS J R, OLSON D. Introduction to simulation and risk analysis. 2nd ed. New York：Prentice Hall，2002.

［34］ JÜTTNER U. Supply chain risk management understanding the business requirements from a practioner perspective. The International Journal of Logistics Management，2005，16（1）：120－141.

［35］ JÜTTNER U, PECK H, CHRISTOPHER M. Supply chain risk management：outlining an agenda for future research. International Journal of Logistics：Research and

Applications, 2003, 6 (4): 197 - 210.

[36] CHRISTOPHER M, PECK H. Building the resilient supply chain. The International Journal of Logistics Management, 2004, 15 (2): 1 - 14.

[37] MASON-JONES R, TOWILL D R. Shrinking the supply chain uncertainty cycle. Institute of Operations Management Control Journal, 1998, 24 (7): 17 - 23.

[38] MINAHAN T A. The supply risk benchmark report. Boston, MA.: Aberdeen Group, 2005.

[39] MITCHELL V W. Organizational risk perception and reduction: a literature review. British Journal of Management, 1995, 6: 115 - 133.

[40] PONOMAROV S Y, HOLCOMB M C. Understanding the concept of supply chain resilience. The International Journal of Logistics Management, 2009, 20 (1): 124 - 143.

[41] SVENSSON G. Key areas, cause and contingency planning of corporate vulnerability in supply chains. International of Physical Distribution & Logistics Management, 2004, 34 (9): 728 - 748.

[42] SHEFFI Y. Building a resilient supply chain. Harvard Business Review: Supply Chain Strategy, 2005, 1 (8): 1 - 4.

[43] ZSIDISIN G A. A grounded definition of supply risk. Journal of Purchasing & Supply Management, 2003, 9 (5 - 6): 217 - 224.

[44] RAVINDRAN A R, WARSING D P Jr. Supply chain engineering: models and applications. Boca Raton: CRC Press, 2013.

[45] 中国物品编码中心. http: //www. ancc. org. cn/.

中国人民大学出版社　管理分社

教师教学服务说明

中国人民大学出版社管理分社以出版工商管理和公共管理类精品图书为宗旨。为更好地服务一线教师，我们着力建设了一批数字化、立体化的网络教学资源。教师可以通过以下方式获得免费下载教学资源的权限：

★ 在中国人民大学出版社网站 www.crup.com.cn 进行注册，注册后进入“会员中心”，在左侧点击“我的教师认证”，填写相关信息，提交后等待审核。我们将在一个工作日内为您开通相关资源的下载权限。

★ 如您急需教学资源或需要其他帮助，请加入教师 QQ 群或在工作时间与我们联络。

中国人民大学出版社　管理分社

教师 QQ 群：648333426（工商管理）　114970332（财会）　648117133（公共管理）
教师群仅限教师加入，入群请备注（学校+姓名）

联系电话：010-62515782，82501868，82501048，62514760

电子邮箱：glcbfs@crup.com.cn

通讯地址：北京市海淀区中关村大街甲 59 号文化大厦 1501 室（100872）

管理书社　　人大社财会　　公共管理与政治学悦读坊